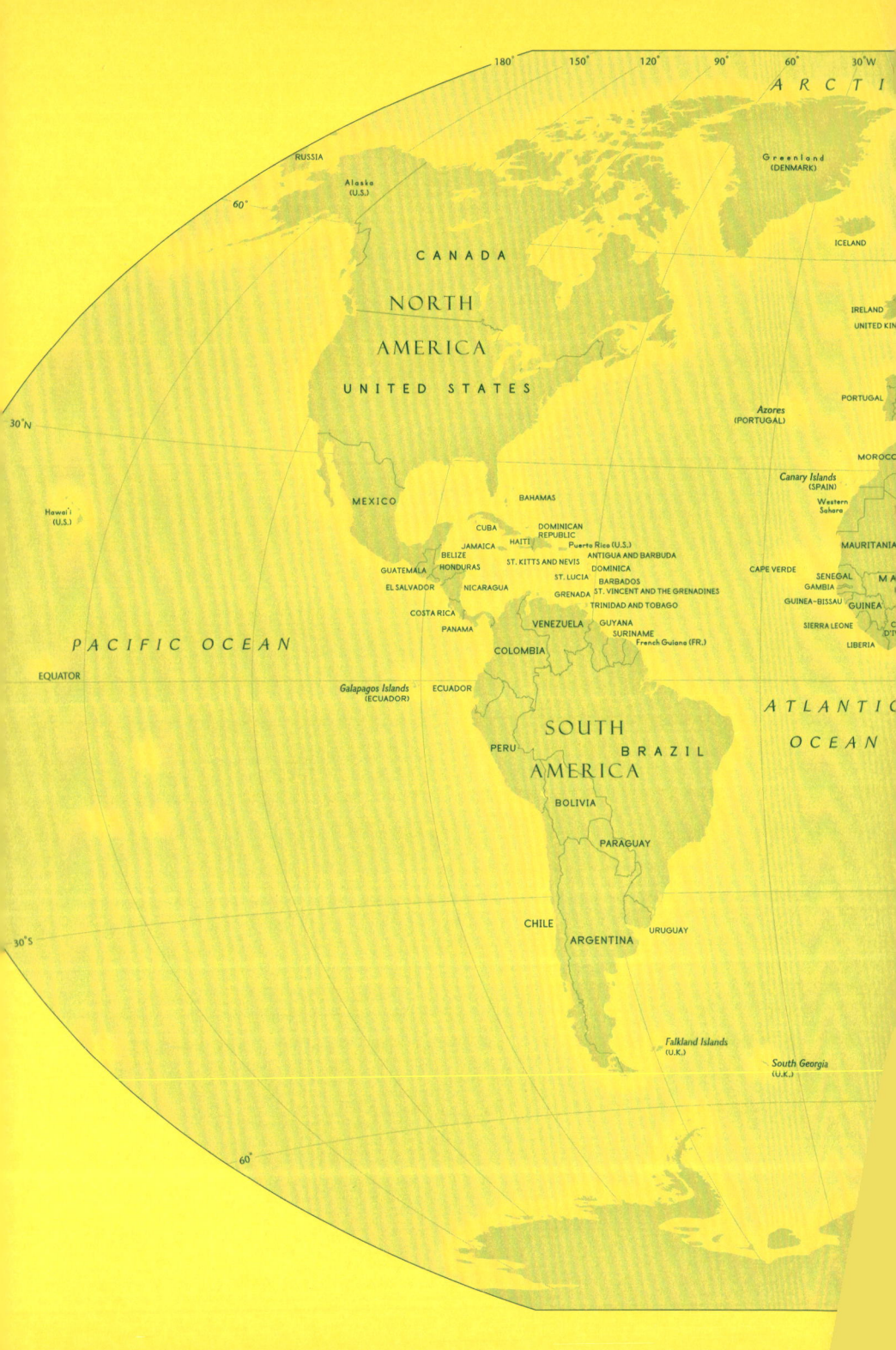

세계여행사전 ❷

일생에 한번은 맛보고 싶은
음식 여행 500

500 Food Journeys of a Lifetime by National Geographic
Copyright ⓒ2009 Toucan Books Ltd. All rights reserved.
Copyright Korean edition ⓒ2011, 2017 Toucan Books Ltd. All rights reserved.
This Korean edition published by Touch Art Publishing Co.
by arrangement with National Geographic Society, USA
through Yu Ri Jang Literary Agency, Korea.

이 책의 한국어판은
유리장 에이전시를 통해 저작권자와 계약한 (주)터치아트가 출간했으며
이 책의 한국어판 저작권은 National Geographic Society에 있습니다.
저작권법에 의해 한국 내에서 보호를 받는 저작물이므로
무단 전재와 무단 복제를 금합니다.

세계여행사전 ❷

일생에 한번은 맛보고 싶은
음식 여행 500

내셔널 지오그래픽 엮음 | 김화곤·김명하·이선희 옮김

터치아트

여행의 묘미

새벽 4시, 나는 친구와 함께 도쿄에 있는 세계 최대 수산물 도매시장인 '쓰키지 어시장'에 나와 있다. 양동이마다 문어, 성게, 연어 그리고 과학 다큐멘터리에 등장할 법한 괴상한 해산물들이 가득하다. 우리는 도쿄에서 가장 오래된 초밥 전문점인 '다이와 스시' 안으로 들어간다. 친구가 일본어로 술술 주문을 시작한다. 난데없이 새우가 한 마리씩 우리 앞에 놓인다. 멀쩡히 살아서 팔딱거린다. 친구가 싱긋 웃으며 새우를 꿀꺽 삼킨다. 나는 바둥거리는 새우를 지켜보다가 목구멍으로 넘긴다.

이렇게 작은 모험을 즐기며 음식을 맛보는 것이야말로 유쾌한 여행의 필수 요소다. 나는 언제나 어느 여행지를 생각할 때면 내가 먹은 음식 혹은 그 음식을 함께 먹었던 사람들과의 추억을 떠올린다. 요르단의 베두인 족 천막에서 책상다리를 하고 앉아 새끼 양의 볼살을 먹어 보았고, 아마존 강에서 갓 잡아 올린 피라냐로 배를 채웠다. 태국의 하늘빛 강물 위로 다리를 내려뜨리고 앉아 달콤한 새우를 맛보기도 했고, 프랑스를 배낭여행으로 돌아다니며 바게트와 치즈, 살라미 소시지만 먹은 적도 있다. 외국에서 먹는 식사 한 끼는 칼로리 섭취 이상의 의미가 있다. 그것은 그 나라 문화에 몰입하는 연습이다. 사람들이 무슨 음식을 언제, 어디서, 어떻게 마련하여 어떤 식사 예절을 따르는가 보면서 그 지역과 현지인들에 대한 강한 통찰을 얻는다.

이 책은 여행과 음식, 곧 지역과 요리 사이의 독특한 관계를 기념한다. 또한 여러분의 여행을 풍요롭게 하고, 미각에 놀라움을 선사하며, 심지어 집에서 차려 내는 식사에도 활기를 불어넣어 줄 것이다.

이 책은 그야말로 '여행의 묘미'를 전해 준다.

내셔널 지오그래픽 트래블러 편집장
키스 벨로스 Keith Bellows

차례

여행의 묘미　　　　　　　　　　5

1 Specialties & Ingredients
특선요리와 재료들

캐나다　바닷가재와 굴	20	
미국　메이플 시럽	22	
TOP 10　식품 공장과 박물관	24	
미국　입스위치 도끼조개	26	
미국　트래버스 시티의 체리	28	
미국　캘리포니아의 장인 치즈	30	
멕시코　세상에서 가장 매운 칠리 고추를 찾아서	32	
TOP 10　국가 대표 음식	34	
중국　백호은침차	36	
터키　무화과 수확	38	
일본　쓰키지 어시장의 스시	40	
그리스　올리브 수확	43	
이탈리아　산 다니엘레 햄	46	
이탈리아　모데나의 발사믹 식초	48	
이탈리아　피에몬트의 치즈들	50	
이탈리아　에트나 산의 오렌지	52	
독일　베스트팔렌의 품퍼니클	54	
스코틀랜드　자연 그대로의 스코틀랜드	56	
TOP 10　최고의 낚시터	58	
프랑스　바다의 풍미	60	
프랑스　파리 최고의 바게트	62	
TOP 10　프랑스 치즈 여행	64	
스페인　라만차 지방의 사프란 수확	66	
스페인　하몬 이베리코	68	
에티오피아　커피의 고향	70	
레위니옹	마다가스카르	코모로　바닐라	72	

2 Outstanding Markets
세계의 명물 시장

미국 뉴욕 델리	76
미국 페리 빌딩 마켓플레이스	78
TOP 10 유서 깊은 식품점	80
캐나다 그랜빌 아일랜드 시장	82
멕시코 푸에블라의 시장들	84
페루 쿠스코의 크리스마스 시장	86
필리핀 살세도 시장	88
태국 담넌 싸두악 수상시장	90
말레이시아 라마단 시장	92
터키 이스탄불의 발륵 파자르	94
TOP 10 추억을 파는 사탕 가게	96

인도 올드 델리의 찬드니 초크 98
스페인 메르카트 데 라 보케리아 101
오스트레일리아 퀸 빅토리아 시장 104
체코공화국 프라하의 크리스마스 시장 106
이탈리아 리알토 어시장 108
TOP 10 재래시장 110
이탈리아 캄포 데이 피오리 112
프랑스 도르도뉴의 야시장 114
잉글랜드 런던의 푸드 홀 116
이집트 칸 엘 칼릴리 118

3 Seasonal Delights
제철에 즐기는 별미

미국	사과와 호박	122
미국	버섯 채취	124
TOP 10	텃밭	126
미국	램프	128
미국	물렁게	130
이탈리아	토리노의 슬로푸드	132
중국	제철에 즐기는 털게	135
중국	한식절	138
태국	푸켓 채식주의자 축제	140
핀란드	가재 파티	142
노르웨이	루테피스크	144

TOP 10	성축일 축제	146
그루지야	작은 마을로 떠나는 봄 소풍	148
독일	아스파라거스 축제	150
TOP 10	새해맞이 축제	152
오스트리아	겨울 별미	154
프랑스	버섯 채취	156
프랑스	송로 산지로 떠나는 여행	158
프랑스	부르고뉴의 포도 수확	160
TOP 10	미식가들을 위한 자전거 여행	162
프랑스	야생의 코르시카	164
잉글랜드	딸기의 계절	166

4 In The Kitchen
주방 이야기

미국	산타페의 칠리 예찬	170
쿠바	아바나에서 맛보는 가정식	172
TOP 10	깜짝 별미들	174
멕시코	유카탄식 요리	176
중국	베이징 요리 학교	178
태국	태국 요리의 비법	180
인도	라자스탄 주의 향신료	183
베트남	집에서 배우는 베트남 요리	186
요르단	페트라 키친	188
뉴질랜드	남섬의 시가스 요리 학교	190
그리스	그리스 섬의 요리	192
TOP 10	이탈리아의 요리 학교	194
이탈리아	토스카나 지방의 고귀한 전통	196
프랑스	프로방스의 맛	199
프랑스	파리의 르코르동블뢰	202
이탈리아	피렌체 사람들과의 식사	204
TOP 10	오랫동안 사랑받는 원조 음식	206
스페인	안달루시아에서 즐기는 아랍 요리	208
잉글랜드	패드스토의 해산물 요리	210
모로코	현대 모로코 음식	212
남아프리카공화국	보캅의 케이프 말레이 요리	214

5 Favorite Street Foods
이름난 길거리 음식

미국 뉴욕의 길거리 요리사	218
미국 필라델피아 샌드위치	220
미국 캔자스시티의 바비큐	222
미국	
로스앤젤레스 패스트푸드 기행	224
자메이카 보스턴 베이의 돼지고기 육포	226
베네수엘라 카라카스 지방의 아레파	228
멕시코 베라크루즈의 다양한 음식	230
싱가포르 싱가포르의 퓨전 음식	233
일본 오사카의 다코야키	236
대한민국 한국의 길거리 음식	238
중국 베이징의 알뜰 먹거리	240
태국 방콕의 길거리 음식	242

TOP 10 독특한 음식 축제	244
말레이시아 코타바하루에서 즐기는 야식	246
베트남 베트남의 길거리 음식	248
인도 뭄바이에서 먹는 챠트	250
모로코 마라케슈에서의 저녁 식사	253
인도 캘커타의 푸츠카	256
이스라엘 이스라엘의 길거리 음식	258
보스니아 헤르체고비나	
사라예보에서 즐기는 체바피	260
벨기에 겐트의 프렌치프라이	262
네덜란드 헤이그에서 맛보는 청어	264
잉글랜드 피시 앤 칩스	266

6 Great Food Towns
소문난 미식 도시

캐나다	몬트리올에서 즐기는 퀘벡 음식	270
미국	찰스턴 시의 음식	272
TOP 10	여행객을 위한 레스토랑	274
미국	샌안토니오 시의 텍사스풍 멕시코 요리	276
미국	뉴올리언스 시의 케이준 요리	278
미국	마이애미의 누에보 라티노 요리	280
브라질	리우데자네이루의 페이조아다	283
푸에르토리코	산후안에서 맛보는 퓨전 요리	286
멕시코	멕시코시티의 맛	288
아르헨티나	부에노스아이레스의 스테이크	290
일본	도쿄의 이자카야	292
TOP 10	별난 레스토랑	294
필리핀	마닐라의 통돼지 꼬치구이	296
싱가포르	싱가포르 스타일	298
중국	베이징 오리구이	300
중국	홍콩에서 즐기는 딤섬	302
중국	쓰촨 요리	304
인도	고아 지방의 복합적인 요리	307
태국	환상적인 도시 방콕	310
TOP 10	전 세계의 차이나타운	312
인도	방갈로르에서 맛보는 탈리	314
오스트레일리아	시드니의 해산물 요리	316
그리스	아테네의 타베르나	318
TOP 10	바닷가 레스토랑	320
이탈리아	나폴리의 피자	322
이탈리아	볼로냐	324
덴마크	덴마크의 스뫼르레브뢰	326
네덜란드	암스테르담의 리즈스타펠	328
잉글랜드	런던의 레스토랑	330
프랑스	카술레를 만드는 비법	333
프랑스	파리의 비스트로 모던	336
프랑스	정통 부야베스	338
스코틀랜드	에든버러의 고품격 요리	340
스페인	바스크 요리	342
스페인	세고비아의 새끼 돼지 구이	344
스페인	발렌시아의 빠에야	346
TOP 10	유서 깊은 레스토랑	348
스페인	마드리드의 레스토랑	350
포르투갈	리스본의 생선 요리	352
튀니지	튀니스의 만찬	354
남아프리카공화국	케이프타운에서 즐기는 외식	356

7 Ultimate Luxuries
최고급 음식

미국	뉴욕의 명물	360
미국	시카고 스타일	362
미국	샌프란시스코의 색다른 음식	364
미국	최고급 음식의 열전, 라스베이거스	366
일본	가이세키 연회	369
생 바르텔르미	이국적인 생 바르트 섬	372
TOP 10	세계의 유명 주방장	374
중국	세계의 입맛을 사로잡은 베이징	376
일본	일본 최고의 음식	378
러시아	모스크바의 호화 레스토랑	380
스위스	클로스터스에서 즐기는 만찬	382
TOP 10	세계에서 가장 높은 레스토랑	384
프랑스	리옹의 고급 레스토랑	386
프랑스	파리의 최고급 요리	388
TOP 10	초고가의 칵테일	390
프랑스	프로방스에서 즐기는 미각 여행	392
이탈리아	전통과 현대가 조화된 밀라노	394
이탈리아	베네치아의 치프리아니 호텔	396
잉글랜드	스코틀랜드 | 아일랜드	
	영광의 12일	398
잉글랜드	영주의 저택에서 즐기는 만찬	400
모리셔스	열대 지방의 미식 레스토랑	402

8 The Best Wine, Beer, & More
세계의 술

미국	버번	406
미국	소노마 와인	408
미국	워싱턴의 와이너리	410
미국	오리건의 소규모 맥주 양조장	412
멕시코	메스칼 트레일	414
그린란드	그린란드 빙하 맥주	416
자메이카 | 푸에르토리코 | 바베이도스 | 세인트루시아		
	카리브 해의 럼	418
TOP 10	문인들의 명소	420
페루	페루의 정신이 깃든 피스코	422
브라질	브라질의 카사사	424
아르헨티나	멘도사의 와이너리	426
일본	삿포로의 싱글몰트 위스키	428
일본	사케를 찾아서	430
오스트레일리아	바로사 밸리 와인	432
독일	밤베르크의 맥주	434
TOP 10	양조장이 있는 수도원	436
독일	뮌헨의 옥토버페스트	438
이탈리아	고귀한 네비올로 포도	440
이탈리아	토스카나의 산지오베제	442
이탈리아	파르마의 에노테카	444
벨기에	브뤼주의 맥주	446
네덜란드	스키담의 예네버르	448
TOP 10	프랑스 와인 기행	450
프랑스	소규모 샴페인 하우스	452
포르투갈	포르투의 포트 와인	455
프랑스	프랑스의 스위트 와인	458
스페인	세비야의 셰리와 타파스	460
스페인	라 리오하의 와인	462
포르투갈	마데이라 와인	464
스코틀랜드	아일러 위스키 증류소	466
아일랜드	딩글 타운의 퍼브	468
TOP 10	잉글랜드의 퍼브	470
남아프리카공화국	프란스훅 밸리 와인	472

9 Just Desserts
디저트의 천국

미국	뉴욕의 달콤한 디저트	476
미국	펜실베이니아 더치 파이	478
TOP 10	카페 문화가 살아 있는 도시	480
미국	키라임 파이	482
중국	홍콩의 애프터눈 티	484
인도	초파티 해변의 쿨피	486
터키	이스탄불의 달콤한 디저트	488
이탈리아	시칠리아의 마지팬	491
헝가리	맛있는 부다페스트	494
덴마크	덴마크 페이스트리	496
독일	바이에른의 제빵 장인	498

오스트리아	빈의 카페	500
이탈리아	로마의 아이스크림	502
TOP 10	맛있는 아이스크림 가게	504
벨기에	브뤼셀의 초콜릿	506
프랑스	파리 페이스트리 기행	508
TOP 10	초콜릿 천국	510
프랑스	파리의 부활절 달걀	512
프랑스	몽텔리마르의 누가	514
잉글랜드	베티스에서 즐기는 차 한 잔	516
잉글랜드	데번셔 크림 티	518

1
특선 요리와 재료들
Specialties & Ingredients

맛있는 음식을 사랑하는 사람들에게 지역 특선 요리를 맛볼 수 있는 기회는 여행이 주는 가장 큰 즐거움 가운데 하나다. 그리고 여행지와 현지인들의 마음과 영혼을 느낄 수 있는 최선의 방법은 그들이 수확한 농작물과 어부들이 애써 잡아 올린 해산물, 제빵사들이 빚은 별미 그리고 이러한 식재료들로 최상의 맛을 내는 소중한 요리법을 함께 나누는 것이다.

지금부터 펼쳐지는 여행을 통해 여러분은 세계에서 가장 매혹적인 풍경들 가운데 일부를 경험하게 될 것이다. 그리스의 유서 깊은 올리브 과수원, 미국 미시건 주의 시골에 있는 장미꽃처럼 붉은 체리 과수원, 대서양 해류에서 자란 조개와 굴의 향기 또는 해산물을 굽고 튀기는 냄새가 가득한 매사추세츠 주 해안과 같은 풍경들이 포함된다.

칠리 애호가라면 매운맛을 찾아 멕시코 중심부로 떠나는 여행을 통해 칠리 고추의 훈제 향과 단맛의 미묘한 차이를 음미할 수 있다. 대도시로 떠나는 모험도 있다. 매일 흠집 하나 없는 다랑어들이 경매를 통해 경이로운 요리 예술가인 스시 조리장들에게 팔려 나가는 도쿄의 쓰키지 어시장에서는 활력 넘치면서도 절제된 분위기를 체험할 수 있다.

전 세계 해안과 연안 해역에서 수확된 놀랍도록 다양한 해산물은 싱싱한 바다의 향취를 물씬 풍긴다.

차곡차곡 쌓여 있는 바닷가재잡이용 나무 통발은 뉴브런즈윅 해안 도시의 부두에서 흔히 볼 수 있는 광경이다.

캐나다

바닷가재와 굴 Lobsters and Oysters

뉴브런즈윅 주의 동부 해안을 따라 여행하며
대서양에서 가장 맛있는 해산물 중 몇 가지를 먹어 보자.

　배로 갓 잡아 온 싱싱한 해산물을 찾고 있다면 멍크턴 시 북동쪽에 있는 셰디악에서 여행을 시작하는 것이 가장 좋다. 이곳에서는 통째로 찐 바닷가재를 실컷 즐기면서 유람선을 타고 바닷가재 잡는 법을 배울 수 있다. '전 세계 바닷가재의 수도'를 자처하는 셰디악은 1949년부터 해마다 7월에 바닷가재 축제를 개최한다. 바닷가재 먹기 대회와 바닷가재 만찬을 즐길 수 있다. 셰디악에서 북쪽으로 올라가면 여러 어촌에서 다양한 바닷가재 스튜와 비스크 (bisque, 새우나 게, 바닷가재 등을 삶아서 만든 진한 크림수프), 바닷가재 소스를 얹은 파스타, 마요네즈로 살짝 버무린 촉촉한 바닷가재 롤을 맛볼 기회도 있다.

이 지역에서 잡히는 굴은 보솔레유(Beausoleil) 품종으로 바로 앞바다에서 수확한다. 북투시와 시패건 지역에서는 이 굴을 찜이나 구이, 볶음 또는 걸쭉하고 푸짐한 차우더(chowder, 생선이나 조개류와 야채로 만든 수프)로 조리해 메뉴에 올린다. 한편, 아카디아 지역에서는 근처의 샬루어 만(Chaleur Bay)에서 잡은 고소하고 달콤한 카라켓(Caraquet) 품종의 굴을 맛볼 수 있다.

다시 남쪽으로 내려가 컨페더레이션 대교를 건너 프린스에드워드 섬(PEI)으로 가서 맬페크 만 굴도 먹어 보자. 섬의 북서쪽 해안에 있는 맬페크 만에서 자라는 이 굴은 아주 큼직한데다 달고 부드러운 맛이 일품이다. 섬 중심부에 있는 호프리버에서는 세인트 앤즈 교회(St. Ann's Church)를 찾아가 보자. 이곳에 가면 바닷가재 만찬을 알리는 알림판이 보일지도 모른다.

When to go 싱싱한 해산물을 1년 내내 맛볼 수 있다. 대다수의 관광 명소를 개방하는 여름과 가을에 날씨가 가장 좋다.

Planning 비행기로 그레이터 멍크턴 국제공항에 내린 뒤 자동차를 빌린다. 적어도 일주일은 머물면서 바닷가재와 굴을 실컷 먹고, 뉴브런즈윅 주에 있는 호프웰 바위와 펀디 국립공원, 프린스에드워드 섬의 샬롯타운, 루시 모드 몽고메리의 유명한 소설 《빨간 머리 앤》의 배경이 된 캐번디시의 초록 지붕의 집과 같은 관광 명소에도 들러 보자.

Websites www.tourismnewbrunswick.ca, www.peiplay.com, www.lobstertales.ca, www.lobstersuppers.com

바닷가재는 이 지역의 여러 메뉴에서 빠지지 않는 단골 재료다.

해산물 축제

- 8월에 멍크턴에서 열리는 대서양 해산물 축제에 맞춰 여행 일정을 잡아 보자. 축제에서는 이름난 요리사들의 요리 시범, 와인 시음회와 요리 시식회, 요리 경연대회가 흥겨운 음악 공연과 함께 펼쳐진다. 경연대회 참가자들은 '굴 껍질 빨리 까기 챔피언'이나 '가장 맛있는 해산물 차우더 요리왕'과 같은 타이틀을 놓고 경합을 벌인다.

- 프린스에드워드 섬 국제 갑각류 축제(Prince Edward Island International Shellfish Festival)가 열리면 세 개의 서로 다른 굴 껍질 까기 경연대회가 벌어진다. 9월에 열리는 이 축제에서는 가장 맛있는 감자 해산물 차우더 선수권 대회와 가장 맛있는 크림 차우더 선수권 대회는 물론 캐나다 요리 협회의 갑각류 해산물 조리 시범도 펼쳐진다.

미국 버몬트 주

메이플 시럽 *Maple Syrup*

겨울이 끝나갈 무렵 단풍나무 천국인 버몬트 주를 찾아가 보자.

    메이플 시럽 제조소의 문을 열자 구름처럼 자욱한 증기가 방문객들을 감싼다. 안에서는 현지의 사탕단풍나무 숲(sugarbush)에서 채취한 수액을 증발기라고 하는 커다란 금속판에 담아서 졸이는 작업이 한창이다. 메이플 시럽 제조공이 국자를 갈색 액체에 담갔다가 들어올리더니 증발기에 똑똑 떨어뜨리며 '에이프런(apron, 수액이 국자 끝에서 넓게 퍼지며 떨어지는 것)' 모양인지 살펴본다. 그런 상태라면 수액이 졸아서 시럽이 되었으니 다른 곳에 옮겨 부어도 된다는 뜻이다. 이런 광경은 2월 말부터 4월 초까지 버몬트 주의 메이플 시럽 제조소에서 되풀이된다. 이 시기에는 밤에는 꽁꽁 얼었다가 낮이 되

사탕단풍나무에 끼운 대롱에 양동이가 하나씩 걸려 있다. 날씨가 적당해지면 수액이 녹아서 대롱을 통해 흘러나온다.

면 따뜻하게 풀리는 날씨가 계속된다. 일교차는 사탕단풍나무 수액의 양과 질을 결정하는 중요한 조건이다.

수액을 받기 위해서 각도를 살짝 위로 향하게 해서 드릴로 나무 겉부분에 구멍을 뚫고 대롱이나 꼭지를 끼운다. 구멍에서 수액이 흘러나와 꼭지에 연결된 양동이에 고이거나 플라스틱 관을 통해 저장된다.

상점에서 메이플 시럽과 메이플 설탕 케이크를 구입해 보자. 현지 도시들에서 열리는 축제나 시럽 제조소의 '오픈하우스 주말 행사'에서 눈 사탕 만들기 파티(sugar-on-snow party)에 참석해 보는 것도 좋은 추억이 된다. 이 파티에서는 뜨거운 메이플 시럽을 눈이 담긴 접시 위로 조금씩 흘려서 사탕을 만드는데, 시럽이 식으면서 여러 가지 끈 모양으로 굳는다. 아이스크림 막대로 메이플 시럽 사탕을 떠서 먹어 보자. 입가심이 필요하다면 새콤한 딜 피클을 한 입 베어 물면 좋다.

When to go 메이플 시럽을 만드는 시기는 날씨에 따라 다르지만, 전통적으로 3월 첫째 화요일 '타운 미팅 데이(Town Meeting Day)' 즈음에 시작해서 4월까지 지속된다. 수많은 메이플 시럽 제조소가 대중에게 시설을 개방하는 '버몬트 메이플 오픈하우스 주말 행사(Vermont Maple Open House Weekend)'가 매년 봄 첫째 주말에 열린다.

Planning 이 기간에는 많은 메이플 시럽 제조소가 방문객을 환대한다. 미리 전화해서 당일에 메이플 시럽을 달이는 작업을 하는지 확인하고, 추위에 떨지 않도록 옷을 든든히 입고 가보자. 눈 사탕 만들기 파티는 초봄 축제 행사의 일부로 해마다 열린다. 지역 신문이나 버몬트 메이플 시럽 생산자 협회(Vermont Maple Sugar Makers' Association) 웹사이트에서 해당 정보를 얻을 수 있다.

Websites www.vermontmaple.org, www.travel-vermont.com

메이플 제품

■ 메이플 시럽은 팬케이크와 와플 위에 뿌려 먹는 시럽으로 가장 널리 알려져 있지만, 그 쓰임은 생각보다 다양하다. 진하고 달콤한 메이플 시럽은 고기, 디저트는 물론 심지어 보드카의 감미료로도 쓰인다. 또한 많은 메이플 시럽 생산자들이 초기의 아메리카 원주민처럼 수분이 증발해서 푸석푸석한 알갱이 형태의 설탕만 남을 때까지 시럽을 졸여서 '단풍당', 즉 인디언 설탕을 만든다.

■ 걸쭉한 상태로 졸인 시럽을 형틀에 넣고 눌러서 굳히면 설탕 케이크로 알려진 사탕을 만들 수 있다. 토스트와 머핀에 발라 먹는 메이플 크림이나 메이플 버터는 버몬트 지역 사람들에게 인기다. 메이플 크림은 시럽을 끓여서 빨리 식힌 뒤 멍울이 지지 않을 때까지 저어서 만든다.

TOP 10

식품 공장과 박물관
Food Factories & Museums

음식을 기념하기 위해 세운 박물관과 방문객을 위해 개방하는 식품 공장을 찾아가 음식에 대한 열정을 느껴 보자.

❶ 벤 앤 제리 Ben & Jerry's 미국 버몬트 주 워터베리

커다란 기계로 기본 재료를 배합하고 과일, 캐러멜, 견과류 등을 첨가해서 아이스크림을 만드는 과정을 구경해 보자. 시장에서 성공을 거두지 못하고 사라진 아이스크림들을 기리는 '아이스크림 묘지'도 있다.

Planning 주요 공휴일을 제외하고 날마다 개방한다. www.benjerry.com

❷ 월드 오브 코카콜라 World of Coca-Cola 미국 조지아 주 애틀랜타

음료수를 병에 담는 보틀링(bottling) 과정을 구경하고, 세계 60개국의 코카콜라 제품을 맛볼 수 있다. 1905년부터 지금까지 제작된 광고물과 팝 컬처(Pop Culture) 갤러리도 있다.

Planning www.worldcocacola.com

❸ 마운트 호렙 겨자 박물관
Mount Horeb Mustard Museum 미국 위스콘신 주

1986년에 설립된 마운트 호렙 겨자 박물관에는 세계 도처에서 수집한 수천 종의 겨자와 옛날 겨자통을 비롯한 관련 수집품 등이 소장되어 있다.

Planning 마운트 호렙에서 처음 개관했지만 지금은 미들턴에 있다. 공휴일을 제외하고 날마다 문을 연다. www.mustardweb.com

❹ 신요코하마 라멘 박물관
Shin-Yokohama Raumen Museum 일본 요코하마

라멘과 관련된 모든 것을 기념하는 박물관 겸 역사 테마 공원이다. 박물관 아래층에는 인스턴트 라면이 처음 등장한 1958년의 도쿄 거리를 그대로 재현해 놓았다.

Planning JR 신요코하마 역에서 가깝다. www.raumen.co.jp

❺ 빵 문화 박물관 Museum of Bread Culture 독일 울름

피카소를 비롯한 미술가들의 빵 관련 작품을 모아 놓은 갤러리와 빵의 종교적 의미를 기리는 전시물도 있다.

Planning 16세기에 지은 '잘츠슈타델'(Salzstadel, 소금 창고) 안에 박물관이 있으며 날마다 개관한다. www.museum-brotkultur.de

❻ 피크 살라미 · 세게드 파프리카 박물관
Pick Salami and Szeged Paprika Museum 헝가리 세게드

헝가리 남동부에 있는 세게드 시는 살라미 소시지와 파프리카의 주산지다. 파프리카는 18세기 중반부터 재배되기 시작했고, 헝가리의 식품 기업인 피크(Pick) 사가 1868년에 살라미 공장을 건립했다. 바로 이 공장에 살라미와 파프리카의 역사와 생산 과정을 보여주는 박물관이 있다.

Planning 화요일부터 토요일까지 오후에만 개관한다. 국경일과 크리스마스에는 휴관한다. www.pickmuzeum.hu

❼ 무세오 델 페페론치노 Museo del Peperoncino 이탈리아 마이에라

마이에라의 공작궁 안에 있는 이 박물관은 150종 안팎의 고추와 그림을 전시하고 있다.

Planning 계절제로 개방하므로 사전 확인은 필수다. www.aptcosenza.it

❽ 알리멘타리움 Alimentarium 스위스 브베

브베(Vevey)에는 거대 식품 회사인 네슬레의 세계 본사가 있다. 이 식품박물관에는 1867년에 시작된 네슬레 사의 역사뿐만 아니라 요리, 식사, 식량 생산의 역사, 감각과 음식, 소화 과정 따위를 다룬 전시관들이 있다.

Planning 화요일부터 일요일까지 개방하며, 어린이를 위한 특별 전시관도 있다. 브베는 제네바에서 기차로 1시간 걸린다. www.alimentarium.ch

❾ 코코아 · 초콜릿 박물관
Museum of Cocoa and Chocolate 벨기에 브뤼셀

초콜릿을 마음껏 맛보고 생산 과정까지 속속들이 구경할 수 있는 아담한 박물관이다. 최초로 초콜릿을 만든 아즈텍 문명부터 코코아를 미용 재료로 쓰는 최근에 이르기까지 초콜릿의 역사를 탐구해 보자.

Planning 공휴일을 제외하고 화요일부터 일요일까지 개방한다. 7~8월에는 매일 개방한다. www.mucc.be

❿ 브라마 홍차 · 커피 박물관
Brama's Museum of Tea and Coffee 잉글랜드 런던

차와 커피의 역사에서 런던이 차지하는 비중을 보여 주는 박물관이다. 홍차에 스콘과 진한 크림, 잼을 곁들여 먹는 오후 간식을 파는 찻집도 있다.

Planning www.teaandcoffeemuseum.co.uk

정박해 있는 요트 한 척이 부드럽게 흔들리고 있다. 멀리 케이프 앤의 여섯 등대 가운데 하나가 보인다.

미국 _ 매사추세츠 주

입스위치 도끼조개 *Ipswich Clams*

매사추세츠 주 해안의 갯벌과 강 어귀에서
몇 가지 대표적인 해산물 요리의 주재료인 도끼조개가 잡힌다.

썰물 때 글로스터에서 에식스와 입스위치까지 이어진 매사추세츠 주 133번 도로를 따라가면 갯벌의 향기가 고소하게 튀긴 해산물 냄새와 뒤섞여 공기 중에 감돈다. 133번 도로가 1-A번 도로와 합류하는 지점에서 뉴베리포트(Newburyport)를 향해 계속 북쪽으로 가보자. 현지에서는 '클램 섀크 앨리(Clam Shack Alley)'로 알려진 쭉 뻗은 이 도로가 바로 조개 요리 애호가들의 성지다.

입스위치의 '클램 박스(Clam Box)'와 'J.T. 파넘(J.T. Farnham's)'을 비롯하여 사람들이 많이 찾는 식당들은 언제나 북적인다. 조개 튀김 요리의 원조라 할 수 있는 에식스의 '우드먼 식당(Woodman's)'에는 나무 칸막이 좌석이 손님들로 미어터진다. 이곳에서는 주문하는 즉시 바삭바삭한 조갯살을 새콤한 가정식 타르타르 소스에 찍어서 맛볼 수 있다.

유명한 입스위치 도끼조개는 그레이트 마시(Great Marsh)의 여러 갯벌에서 손으로 캐낸다. 그레이트 마시는 케이프 앤에서 북쪽으로 뉴햄프셔까지 이어져 있으며, 이 해안을 따라 뉴잉글랜드 전통 조개 요리를 맛볼 수 있다. 이 요리는 뜨거운 돌에 젖은 해초를 한 겹 깔고, 그 위에 조개와 함께 옥수수, 홍합, 바닷가재, 소시지, 감자 등을 얹어서 찐 것으로 그 맛이 일품이다.

When to go 대다수의 조개 요리 식당은 봄부터 늦가을까지 영업하고 10월 말에 장사를 마무리한다.

Planning 여름철, 특히 주말과 공휴일에 가면 길게 줄을 서서 기다려야 한다. 포장 주문을 받는 식당도 있으니 미리 전화로 확인하자.

Websites www.massvacation.com, www.ipswichma.com/clam-box, www.woodmans.com

포르투갈식 조개찜

■ 재료(4인분)

도끼조개 1.8kg
코셔 소금 또는 천일염
옥수수 가루(폴렌타) 150g
포르투갈 하드 소시지 자른 것
녹인 무염 버터

1. 조개를 잘 씻어서 모래를 제거한다. 깨졌거나 금이 간 조개는 버린다. 입이 열린 조개는 톡 건드려 봐서 입이 닫히지 않으면 죽은 것이므로 버린다. 죽은 조개를 먹으면 식중독에 걸릴 수 있다.

2. 깨끗한 싱크대나 커다란 팬에 찬물을 채운다. 소금(물 4ℓ에 소금 2작은술 또는 50g)과 옥수수 가루를 넣고 휘젓는다. 조개를 넣고 한두 시간가량 두었다가 다시 헹군다.

3. 조개를 속 깊은 냄비에 넣고 물 2컵을 붓고 소시지를 넣는다. 냄비 뚜껑을 닫고 조개가 열릴 때까지 5~10분간 익힌다. 조개를 커다란 접시에 옮겨 담는다. 조개 삶은 물(육수)을 망이나 차 여과망으로 걸러서 주전자에 붓는다.

4. 조개를 오목한 그릇에 담고 육수와 녹인 버터를 각각 작은 접시에 담아 낸다. 조개를 먹기 전에 수관을 덮고 있는 검은 막은 벗겨 낸다. 조개를 먼저 육수에 헹구어 혹시 남아 있을지 모르는 모래를 제거한 다음 버터에 찍어 먹는다. 입이 열리지 않은 조개는 버린다. 진짜 뉴잉글랜드 사람들은 조개를 다 먹고 나서 육수까지 마신다.

그랜드트래버스 만 곳곳에 있는 과수원에서 체리 송이들이 빨갛게 익어 간다.

미국 _ 미시간 주

트래버스 시티의 체리 *Cherries in Traverse City*

'전 세계 체리의 수도'를 표방하는 트래버스 시티에서
체리로 만든 각종 음식의 매력에 푹 빠져 보자.

    미시간 호의 그랜드트래버스 만 서쪽에 있는 리라노 반도의 소박하고 평화로운 시골길 주변에는 몇 킬로미터에 걸쳐 체리 농장들이 있다. 탱글탱글하고 루비처럼 붉은 체리가 송이송이 영그는 7월에는 이 길을 따라 농장 가판대들이 줄 지어 선다. 나무로 만든 판매대 위에 갓 따온 새콤한 몽모랑시(Montmorency) 품종의 체리가 수북이 담긴 바구니들, 높이가 7.5센티미터나 되는 속이 꽉 찬 체리파이, 체리 알맹이가 그대로 살아 있는 병조림들이 잔뜩 놓여 있는 것을 볼 수 있다. 또 이 시기에 일부 농장에서는 직접 체리를 따는 체험을 할 수도 있다. 이탈리아 투스카니 지방을 연상시키는 이곳의 목가적인 전원에는 와인 양조장이 12곳 넘게 있는데, 그중 한 곳에 들러서 체리 와인을 맛보고 트래버스 시티로 이동해 보자.

체리가 미시건 주 북부에 위치한 트래버스 시티의 경제와 요리에서 빼놓을 수 없는 일부가 된 것은 벌써 150여 년 전 일이다. 1852년 한 장로교 선교사가 올드미션 반도에 최초의 체리 농장을 일구면서 체리 산업이 시작되었다. 현지의 여러 식당에서는 창의적인 요리사들이 체리 소스를 뿌린 흰 살 생선 요리, 체리 닭고기 수프, 체리를 곁들인 잘게 찢은 돼지고기 요리와 같은 기발한 요리로 제철 체리를 선보인다. 상점에는 지역 특산 체리 제품이 선반에 즐비하다. 체리파이, 말린 체리, 체리 잼, 초콜릿을 입힌 체리는 물론이고 좀 더 색다른 제품인 체리 디종 겨자, 체리 바비큐 소스, 체리 살사 소스, 체리 차, 체리 블루베리 팝콘 등도 볼 수 있다.

When to go 7, 8월에 가면 시큼한 체리를 맛볼 수 있고, 그보다 몇 주 일찍 가면 달콤한 체리를 맛볼 수 있다. 5월에는 과수원에 벚꽃이 활짝 펴 장관을 이룬다. 7월 첫 주 내내 전국 체리 축제가 열리므로 이 시기에 맞춰서 일정을 잡는 것도 좋다.

Planning 해당 지역을 꼼꼼히 둘러보고 싶다면 일주일은 잡아야 한다. 트래버스 시티 시내에서 10분 정도 떨어진 거리에 체리캐피털 공항이 있다. 인근 반도를 여행하고 체리 농장과 와인 양조장을 둘러보려면 자동차를 빌리는 게 좋다. 7월에 8일간 열리는 전국 체리 축제 기간에 방문할 예정이라면 일찌감치 호텔을 예약해야 한다.

Websites www.cherryfestival.org

전국 체리 축제

- 전 세계에서 파이, 케이크, 잼, 젤리, 병조림의 재료로 쓰이는 시큼한 체리의 75%가량과 달콤한 체리의 20%가 그랜드트래버스 만에 있는 여러 과수원에서 생산된다. 이러한 사실을 기념하여 트래버스 시티에서는 해마다 전국 체리 축제가 열린다.

- 체리가 들어간 브라트부르스트(bratwurst, 굽거나 튀겨 먹는 독일식 돼지고기 소시지)와 알싸한 체리 겨자 소스를 뿌린 햄버거 등 현지에서 판매되는 수많은 체리 요리를 맛보면 감탄이 절로 난다.

- 체리 애호가들은 스위트 트리츠 체리 요리법 경연대회(Sweet Treats Cherry Recipe Contest)에서 최고 영예를 놓고 솜씨를 겨루거나, 체리파이 먹기 대회와 체리 씨 멀리 뱉기 대회에서 경합을 벌인다.

미국 _ 캘리포니아 주

캘리포니아의 장인 치즈 California's Artisan Cheeses

싱그러운 초목이 무성한 캘리포니아 주 북부의 농지는
특제 치즈 생산 농가를 둘러보기에 더없이 좋은 장소다.

    캘리포니아 주는 미국에서 수제 치즈를 만드는 장인의 수가 가장 많은 지역이다. 그 중에서도 특별히 명성을 떨치고 있는 곳은 샌프란시스코 골든게이트 해협 북쪽에 있는 소규모 치즈 생산지다. 노스베이(특히 마린카운티와 소노마카운티)의 구릉지 초원과 안개 낀 산 틈새에 아늑하게 자리 잡은 작은 농가들이 1980년대 초부터 특제 치즈를 생산하고 있다. 1980년대 초는 유기농 식당 셰 파니스(Chez Panisse)로 이름난 요리사 앨리스 워터스가 '로라 셔넬(Laura Chenel)'을 발굴한 시기다. 셔넬은 자신의 소노마 농장에서 애지

샌프란시스코의 페리 빌딩 마켓플레이스에서는 캘리포니아 장인 치즈를 비롯해서 세계 각지의 다양한 장인 치즈를 판매한다.

중지 기른 염소의 젖으로 크림처럼 부드럽고 고급스러운 미국산 염소젖 치즈를 만들어 냈다. 그 뒤로 노스베이의 장인 치즈 생산 농가들은 미국 내외에서 명성을 얻었고, 그들이 만든 치즈는 지역 시장뿐만 아니라 미국의 최고급 식당과 상점들에서도 판매되고 있다. 치즈 종류로는 부드럽고 크림이 풍부한 브리 치즈와 흙 냄새가 나는 캘리포니아 크로탱 치즈, 부드럽고 식감이 가벼운 염소젖 치즈 등이 있다.

노스베이 지역의 눈부시게 아름다운 시골길을 따라 치즈 생산 농가들을 둘러보고 제조 과정을 구경해 보자. 식도락 여행에 걸맞게 대다수 농가에서 치즈를 시식할 수 있는 기회도 얻을 수 있고, 입에 맞는 치즈를 구입할 수도 있다. 또한 이 지역이 미국에서 가장 유명한 와인 산지라는 사실도 잊지 말자.

When to go 3월이 되면 샌프란시스코에서 북쪽으로 51킬로미터 떨어진 페털루마에서 '캘리포니아 장인 치즈 축제'가 4일간 열린다. 그 외의 시기에는 자연의 풍광을 즐길 목적으로 여행 계획을 잡으면 된다. 2월에는 야생 겨자꽃이 만발하고, 5월부터 8월에는 날씨가 무덥고 주말에 여행객이 몰리지만 포도밭의 포도나무가 무성한 이파리를 뽐낸다. 9월과 10월은 수확기이고, 11월에는 가을 단풍이 아름답다.

Planning 세련된 힐즈버그나 스페인 식민지풍 광장이 있는 역사적인 소노마카운티에 거처를 정하자. 소노마는 샌프란시스코에서 북쪽으로 32킬로미터, 힐즈버그는 80킬로미터 떨어진 지점에 있다. '소노마카운티 팜 트레일즈(Sonoma Country Farm Trails)'에서 유익한 여행 정보를 얻을 수 있다.

Websites www.marinfrenchcheese.com, www.redwoodhill.com, www.bodegaartisancheese.com, www.cowgirlcreamery.com, www.laurachenel.com, www.artisancheesefestival.com

장인 치즈 생산업체

- 1865년에 설립된 마린 프렌치 치즈(Marin French Cheese)는 소노마카운티 페털루마에 있다. 브리, 카망베르, 슐로스 치즈와 같은 부드럽게 숙성된 치즈를 전문으로 생산한다. '트리플 크림(유지방 함량 75% 이상) 브리 치즈'와 '염소젖 브리 치즈'와 같은 신제품도 선보이고 있다.

- 레드우드 힐 농장(Redwood Hill Farm)은 소노마카운티 세바스토폴에 있다. 수상 경력이 있는 여러 가지 염소젖 치즈를 소량 생산한다.

- 카우걸 크리머리(Cowgirl Creamery)는 마린카운티 포인트레예스스테이션(Point Reyes Station)에도 있고 페털루마에도 있다. 버터처럼 식감이 풍부한 '트리플 크림 마운트 탬 치즈'와 여러 가지 유기농 치즈를 생산한다.

- 소노마카운티에 있는 '보데가 장인 치즈(Bodega Artisan Cheese)'는 딸기를 찍어 먹기에 안성맞춤인 사워크림과 비슷한 크레마를 생산한다. 견학이 가능하며 시식용 치즈 샘플도 제공한다.

멕시코의 시장에서는 말린 고추를 길게 매달아 놓은 다발들을 자주 볼 수 있다.

멕시코

세상에서 가장 매운 칠리 고추를 찾아서
In Search of the Hottest Chili

아메리카 대륙이 원산지인 칠리 고추는
멕시코 토속 요리에 특유의 매운맛을 더해 주는 대표 양념이다.

    칠리 고추의 매운맛을 찾아 떠나기에 가장 좋은 곳은 멕시코의 수도 멕시코시티다. 멕시코시티의 타코 식당에서 나오는 갖가지 살사 소스를 먹어 보는 것이야말로 여러 가지 칠리 고추를 맛보는 가장 좋은 방법이기 때문이다. 식당들은 저마다 타코에 매운맛을 더해 주는 독특한 살사 소스 조리법을 가지고 있다.
    멕시코시티에서 남쪽으로 내려가면서 점점 더 톡 쏘는 매운맛을 체험해 보자. 푸에블라 지역의 치포틀레(chipotle) 고추로 만든 피클은 세미타(cemita)를 만들 때 빠져서는 안 될 재료다. 세미타는 껍질이 딱딱한 참깨 롤빵에 푸짐한 고기와 치즈, 아보카도를 얹은 샌드위치로, 이것만 전문적으로 만드는 작은 식당에서 맛볼 수 있다. 더 남쪽으로 내려가면 오악사카(Oaxaca) 지역에서 파시야 오악사케냐(pasilla oaxaqueña) 고추의 풍미를 맛볼 수 있다. 오악사카 시의 중앙 광장에 늘어선 식당에서 '몰레 네그로 소스'를 맛보며 파시야 오악사케냐의 진수를 음미해 보자.

칠리 애호가라면 유카탄 반도로 여행을 떠나는 것도 좋다. 유카탄 반도에서는 고추의 캡사이신 함량, 곧 고추의 매운 정도를 표시하는 '스코빌 척도'가 가장 높은 하바네로 칠리를 이용해 혀가 얼얼할 정도로 매운 살사 소스를 만든다. 하바네로 살사 소스를 곁들인 지역 특산 요리인 코치니타 피빌(cochinita pibil, 양념에 재운 돼지 불고기)을 먹어 보자. 이 밖에 매운 고추로는 칠라카(chilaca), 할레페뇨(jalepeño), 세라노(serrano) 품종이 있다. 푸에블라·오악사카·베라크루스·치아파스 주에서는 이 고추들을 주로 말려서 요리에 쓴다. 고기, 치즈, 콩, 해산물 등 다양한 재료가 듬뿍 들어간 칠레스 렐레노스(chiles rellenos, 속을 채운 고추 요리)에는 날고추와 말린 고추가 전부 재료로 쓰인다.

When to go 입안에서 불이 날 듯 매운 하바네로 칠리가 들어간 토속 요리를 맛보려면, 더운 봄과 여름을 피해 가을이나 겨울에 유카탄 반도를 찾는 게 좋다. 멕시코 독립기념일인 9월 16일 전후 2주 사이에 멕시코 중부 푸에블라 지역을 방문해 보자. 최고의 '칠레스 엔 노가다(chiles en nogada)'를 맛볼 수 있다.

Planning 멕시코의 각 지역 시장에서는 칠리 고추로 만든 다양한 살사 소스와 양념을 시식할 수 있다. 멕시코 중부에서는 치포틀레스 엔 에스카베체(chipotles en escabeche, 말린 할라페뇨 칠리 피클)를 먹어 보자. 구운 육류나 가금류 요리에 잘 어울린다.

Websites www.travelyucatan.com, www.visitmexico.com

멕시코의 국민 음식 칠레스 엔 노가다.

칠레스 엔 노가다

■ 멕시코 사람들이 멕시코 요리의 상징으로 여기는 칠레스 엔 노가다(호두 소스를 곁들인 칠리 고추 요리)는 19세기 초 멕시코가 스페인으로부터 독립하면서 생겨난 요리다. 포블라노 칠리 고추(poblano chiles)의 초록색, 호두 크림 소스의 흰색, 석류 씨의 붉은색은 멕시코 국기의 3가지 색을 상징한다.

■ 요리법은 우선 크기가 크고 매운 맛이 중간 정도인 초록색 포블라노 칠리 고추를 구워서 씨를 빼고 껍질을 벗긴다. 그리고 다진 고기와 사과, 배, 복숭아, 건포도, 아몬드, 유자, 향신료 등으로 고추 속을 채운다. 여기에 호두 크림 소스를 듬뿍 뿌리고 석류 씨로 장식하면 요리가 완성된다.

■ 칠레스 엔 노가다를 만드는 고유의 요리법은 집집마다 대대로 전수되고 있다. 손이 많이 가는 음식으로 보통 여러 사람이 함께 만든다. 들어가는 모든 재료가 가장 신선할 때인 8, 9월이면 멕시코 각지의 식당에서 메뉴로 선보인다.

`TOP 10`

국가 대표 음식 *Great National Dishes*

한 나라의 국민들에게 가장 인기가 많고
국가 정체성의 일부를 이루고 있는 음식을 소개한다.

❶ 햄버거 Hamburgers 미국 코네티컷 주

햄버거의 유래에 관해서는 의견이 분분하지만 인기 음식이라는 데에는 이견이 없다. 미국에서 가장 오래된 햄버거 식당 '루이스 런치(Louis' Lunch)'에서 원조 햄버거를 맛보자.

`Planning` 보통은 점심 시간에 문을 연다. 새벽까지 영업하는 날도 있다.
www.louislunch.com

❷ 아키와 소금에 절인 대구 Ackee and saltfish 자메이카

자메이카의 국민 음식 아키는 버터 같은 질감과 견과류의 풍미를 지닌 영양가 많은 과일이다. 삶으면 달걀 스크램블처럼 보이는데, 여기에 소금에 절인 대구, 양파, 토마토를 넣고 볶는다.

`Planning` 트레저 비치에 있는 레스토랑인 '제이크스(Jake's)'가 유명하며 요리 강습도 한다. www.visitjamaica.com

❸ 쿠쿠와 날치 Coo-coo and flying fish 바베이도스

쿠쿠는 옥수수 가루와 오크라(풋고추처럼 생긴 열대 채소)로 만든 죽으로, 날치와 완벽한 맛의 조화를 이룬다. 라임 주스와 향신료, 채소를 넣고 찌거나 튀겨서 매콤한 소스와 함께 먹는다.

`Planning` 세인트 로렌스 만이 내려다보이는 곳에 자리 잡은 '플라잉 피시(The Flying Fish)' 식당이 원조를 자처한다. www.visitbarbados.org

❹ 불고기 Bulgogi 대한민국

불고기는 얇게 저민 최고급 소고기를 간장, 참기름, 마늘, 양파, 생강, 설탕, 와인을 넣은 양념에 재웠다가 석쇠에 구운 요리이다. 상추에 싸서 먹거나 김치를 곁들여 먹기도 한다.

`Planning` 서울에 있는 '벽제갈비' 체인점이 유명하다. www.visitkorea.or.kr

❺ 키베 Kibbeh 레바논 | 시리아

다진 양고기와 양념 등을 사용한 요리인 키베는 둥글넙적한 모양으로 빚어서 튀기거나 삶아서 먹는다. 하지만 생으로 먹을 때가 가장 맛있다.

Planning 시리아 북부의 알레포 지역이 혁신적인 키베 요리로 유명하다.
www.destinationlebanon.gov.lb, www.syriatourism.org

❻ 굴라시 Goulash 헝가리

헝가리 어로 '목동'을 의미하는 굴라시는 소고기와 채소, 붉은 양파, 향신료를 넣고 진하게 끓인 스튜 요리다. 소의 정강이처럼 진한 맛이 우러나는 부위를 뭉근히 끓이고 파프리카를 넣어서 맛을 낸다.

Planning 굴라시보다 더 담백한 맛을 찾는다면 구야실레베시(gulyásleves, 굴라시 수프)를 먹어 보자. www.hungarytourism.hu

❼ 비엔나 슈니첼 Wiener schnitzel 오스트리아

이탈리아에서 유래한 소박한 오스트리아 요리인 비엔나 슈니첼은 송아지 고기를 두드려서 연하게 만든 다음 빵가루를 입혀서 살짝 구운 요리다. 파슬리와 레몬 조각으로 장식하고 감자 샐러드를 곁들인다.

Planning 성 스티븐 광장 부근에 손꼽히는 비엔나 슈니첼 공급업체인 피글뮐러 직판점이 두 군데 있다. www.austria.info

❽ 포토푀 Pot-au-feu 프랑스

'불 속의 솥'이라는 뜻의 포토푀는 원래 겨우내 끓여 먹는 시골 요리다. 푹 고은 스테이크와 뿌리 채소, 향신료를 넣어 향긋한 맛이 나는 스튜로 체에 거른 육수를 고기와 따로 낸다.

Planning 포토푀 전문 식당인 '르 포토푀(Le Pot au Feu)'가 파리 시내 불르바르 파스토르 59번지에 있다. www.franceguide.com

❾ 소고기 구이와 요크셔 푸딩
Roast beef and Yorkshire pudding 잉글랜드

요크셔 푸딩은 원래 소고기를 먹을 형편이 안되는 사람들이 메인요리 전에 먹던 음식이었으나, 오늘날에는 대개 소고기 구이와 함께 먹는다. 그레이비 소스에 담근 구운 감자, 채소 등을 곁들인다.

Planning 1798년에 문을 연 '런던스 룰즈(London's Rules)'에 가보자.
www.enjoyengland.com

❿ 아이리시 스튜 Irish stew 아일랜드

원래는 양고기에 양파, 감자, 파슬리를 넣고 뭉근하게 끓인 진한 수프 요리다. 하지만 요즘에는 당근 같은 다른 채소들을 넣기도 하고, 먼저 양고기를 갈색이 되도록 볶아서 요리하기도 한다.

Planning 더블린의 조지스 스트리트에 있는 '시빈 치크(Shebeen Chic)'를 찾아가 보자. www.discoverireland.com

35

다원에서 일하는 아낙들이 차나무 사이에서 찻잎을 따고 있다.

중국

백호은침차 *White Silver Tip Tea*

창백한 은빛에 섬세한 풍미를 자랑하는 차 중의 차, 백호은침은 중국의 푸젠성에서 생산된다.

　중국 남동부에 있는 푸젠 산맥은 백차(白茶, white tea)의 '샹파뉴(Champagne, 샴페인으로 유명한 프랑스 북동부의 주)'라고 할 수 있다. 차는 와인과 매우 비슷하다. 재배지의 토양과 기후, 품종이 포도를 재배할 때 못지않게 중요하기 때문이다. 최고급 차는 차나무가 자생적으로 번성하는 산간 지역에서 자란다. 공기가 깨끗하고 환경이 훼손되지 않아야 하는데, 오늘날 중국에서는 찾아보기 힘든 조건이다.

여러 백차들 가운데 그 으뜸은 백호은침이라 할 수 있다. '백호은침(白毫銀針)'이라는 이름은 찻잎에 은빛 솜털이 나 있고 끝이 바늘처럼 뾰족하다고 하여 붙여진 것이다. 푸젠성(福建省)에 있는 높은 산간 지역의 차 농장에서 자라는 키 작은 차나무에서 채취하는데, 찻잎은 봄에 딴다. 이 시기에는 새로 돋은 잎이 아직 바늘 모양으로 말려 있다.

이른 아침, 계단식 차밭에서 아주 천천히 이동하며 숙련된 일꾼들이 초록색 여린 싹을 딴다. 점심 때가 되면 일꾼들이 전부 농장으로 돌아가 달짝지근한 국물에 삶은 달걀을 넣어서 식사로 먹는다. 식사가 끝나면 어린 찻잎을 평평한 대나무 채반에 널고, 도란도란 이야기를 나누며 쓸모없는 찻잎과 잔가지를 솎아 낸다. 그리고는 은빛 바늘처럼 생긴 찻잎을 커다란 대나무 선반에 널어 따스한 오후 햇살이 가장 잘 드는 곳에서 말린다. 하루 중 이맘때가 되면 농장의 지붕과 차밭이 온통 차로 뒤덮인 풍경을 볼 수 있다.

When to go 백호은침차는 봄이 시작되는 3월 말부터 4월 초 이른 아침에만 찻잎을 수확한다.

Planning 최고급 백호은침차는 푸젠성의 성도(省都)인 푸저우(福州)에서 북쪽으로 298킬로미터 떨어진 푸딩(福鼎) 지역 일대의 다원에서 생산된다. 푸저우에서 푸딩까지는 차로 약 3시간 정도 걸린다. 푸딩에는 현지 농민들이 바구니에 차를 담아 와서 파는 훌륭한 차 시장이 있고 흥미로운 차 가게도 많다. 다원에 방문하려면 푸저우에 있는 호텔을 통해 안내인을 고용하거나, 괜찮은 관광업자를 통해 맞춤 관광을 알아봐야 한다. 푸딩에서 영어를 하는 사람은 찾기 힘들 테니 표준 중국어를 할 줄 알거나 현지 사투리를 구사하는 사람을 찾아보는 게 좋다.

Websites www.rareteacompany.com, www.chinadiscover.net

백차

- 백차, 녹차, 홍차 등은 모두 카멜리아 시넨시스(Camellia sinensis)라는 학명을 가진 차나무의 싹과 이파리로 만든다. 차나무의 품종과 토질, 재배 여건, 처리 과정의 차이에 따라 서로 다른 종류의 차가 만들어진다.

- 유난히 순수하고 자연스런 맛이 살아 있는 백호은침은 차 중에서도 가장 적은 처리 과정을 거치며 항산화 성분 함량도 높다.

- 백차를 마실 때는 아무것도 곁들이지 않는 것이 좋다. 현지 음식의 강한 맛이 담백하고 섬세한 차의 풍미를 해칠 수 있기 때문이다. 현지인들은 흔히 백호은침차를 한 잔 다 마시고 나면 찻잎을 잔에 그대로 두고 뜨거운 물을 부어서 몇 차례 더 우려 마신다.

탐스럽게 무르익은 무화과는 터키 전역의 시장과 길거리 좌판에서 구할 수 있다.

> 터키

무화과 수확 *Fig Harvest*

터키 남서부 지역의 기후와 토양은 현지인들이 성스러운 과일로 여기는 무화과를 재배하기에 안성맞춤이다.

동틀 무렵, 하늘이 홍조를 띠면 농민들은 터키 남서부 아이딘(Aydin) 지방의 비옥한 평원에서 재배한 탐스러운 무화과 열매를 수확하러 모인다. 해마다 인지르 하르마느(harmanı, 무화과 수확)에는 많은 일손이 필요하기 때문에 가족과 친구들이 모두 참가해 단단히 다져진 흙 위에 밤새 떨어진 잘 익은 무화과들을 주워 모은다. 그러면 헐렁한 바지인 살바르(salvar)를 입은 여인들이 꿀처럼 달콤한 무화과를 양동이에 담는다. 그리고 과수원 빈터에 마련해 둔 돗자리와 선반에 늘어 놓고 지중해의 햇볕에 말린다. 여인들이 두르고 있는 화려한 두건이 무화과나무의 매끄러운 잿빛 몸통과 선명하게 대비된다.

점심 시간에는 모든 작업을 멈춘다. 햇살이 어룽대는 무성한 나뭇가지 아래 임시로 식탁을 놓고 그 위에 차리는 식사는 마치 끝없이 펼쳐지는 요리의 향연과도 같다. 신선한 딜, 마늘을 넣은 진한 요구르트와 오이 요리인 자지크(cacik)를 전채요리로 먹고 나면 양고기 케밥과 으깬 가지로 만든 소스가 피데(pide, 넓적하게 생긴 터키 빵)와 함께 나온다. 요구르트 음료인 아이란(ayran) 몇 잔으로 다채로운 식사의 열기를 식히고, 호두로 속을 채운 말린 무화과인 '인지르 타틀리시(incir tatlisi)'를 디저트로 먹으면 식사가 끝난다.

When to go 무화과는 8월 말부터 9월 말까지 수확한다. 해마다 9월이면 여러 도시에서 무화과 수확을 기념하는 축제가 열린다.

Planning 아이딘 관광버스 회사가 이스탄불의 뷰육 오토가르(Büyük Otogar, 주요 버스터미널)에서 아이딘 시까지 버스를 운행한다. 아이딘 시에서 자동차를 빌리거나 전세 택시를 이용해서 무화과 과수원들을 둘러볼 수 있다.

Websites www.tourismturkey.org

무화과로 만든 다양한 디저트

- 터키에서는 말린 무화과를 간식으로 자주 먹지만 사실 디저트의 재료로 쓰일 때가 더 많다. 그중 '인지르 타틀리시'는 말린 무화과를 시럽에 데쳐서 호두로 속을 채운 뒤 다진 호두나 피스타치오를 뿌리고 크림을 곁들여 낸다. 말린 무화과는 페이스트리 속에 벌꿀과 다진 호두 또는 피스타치오를 채워 넣은 '바클라바(baklava)'를 만들 때도 들어간다. 또는 향신료와 함께 뭉근히 끓여서 당절임 과일을 만들기도 하는데, 여기에 '카이막(kaymak)'이 토핑으로 올라간다. 카이막은 크림을 끓여서 수분을 증발시키는 방법으로 진하고 풍부하게 만든 터키식 엉긴 크림이다.

- 터키에서 가장 오래된 전통 디저트인 '아슈레(asure)'는 '노아의 푸딩'이라고도 불린다. 되브메(dövme, 껍질 벗긴 밀), 병아리콩, 쌀, 흰 강낭콩, 살구, 건포도 등 15가지 안팎의 재료에 말린 무화과를 더하여 만든 푸딩이다. 전통적으로 이슬람교의 희생제인 '쿠르반 바이라미(Kurban Bayrami, 조상인 아브라함이 아들 이삭을 신에게 제물로 바치려 했던 것을 기리는 축제)'가 열리고 난 다음 달에 먹는다. 노아의 방주가 터키 동쪽 끝에 있는 아라라트 산에 안착한 뒤, 노아가 남은 음식을 모아서 만든 푸딩을 상징한다.

일본

쓰키지 어시장의 스시 *Tsukiji Market Sushi*

도쿄의 명물 수산 시장을 둘러보고
세상에서 가장 싱싱한 스시도 먹어 보자.

오전 5시 도쿄의 부둣가, 쓰키지 어시장은 이른 시간임에도 한창 부산스럽다. 일꾼들이 나무 손수레와 미래의 골프 카트처럼 생긴 타레이(해산물 운반용 삼륜 전동차)에 해산물을 싣고 재빨리 움직인다. 시장 안쪽에 있는 창고에서는 경매를 통해 세계 최고급 다랑어들이 도쿄 전역의 주요 생선 가게 및 식당과 계약을 맺은 전문 구매자들에게 팔려 나간다. 다랑어의 몸통마다 붙어 있는 라벨에는 소말리아, 타히티, 아일랜드 등 원산지가 표시되어 있다. 나무 상자 위에 서 있는 경매사 주위에서 구매자들이 큰 소리로 경매가

완벽한 스시 한 접시.

시장 상인이 문어가 담긴 통에서 가장 싱싱한 문어를 고르고 있다.

를 부르는 가운데 분위기는 점점 달아오른다. 이 다랑어들 중 다수는 쓰키지 어시장에 빽빽이 들어선 1천 5백여 개의 가판대에서 팔린다.

이곳에서는 하루에 450종 안팎의 해산물이 거래된다. 대다수의 가판대들은 쓰키지 어시장이 설립된 1920년대부터 줄곧 가족 운영 체제를 고수하고 있으며 문어, 오징어, 민물 장어, 방어 등 특정 해산물을 전문으로 취급하는 곳이 대부분이다.

스시는 본래 냉장 기술이 없었던 시대에 소금과 밥을 이용해 해산물을 보존하기 위한 방편으로 고안된 것이다. 지금은 옛날식 나레즈시(소금에 절인 생선과 밥을 켜켜이 쌓아서 6개월간 발효시켰다가 먹는 음식)부터 아보카도와 게맛살이 들어간 캘리포니아롤 같은 현대식 초밥에 이르기까지 그 종류가 수백 가지에 이른다.

When to go 일본에서는 사시사철 스시를 즐길 수 있다. 쓰키지 어시장은 연중무휴로 영업한다. 다랑어 경매는 오전 5시 30분부터 7시까지 진행되며, 시장은 오후 일찍 영업이 끝난다. 그러므로 이곳을 방문하려면 이른 시간에 가는 게 좋다.

Planning 스시는 쓰키지 어시장 주변에 있는 여러 식당에서 먹을 수 있다. 현지 주민들은 새벽부터 일본 맥주나 독한 사케(일본 청주)를 반주로 곁들여서 스시를 먹기도 한다. 시장 분위기가 좀 더 물씬 풍기는 식당 중 한 곳으로는 '류즈시' 식당이 있다. 이곳에서는 바에 앉아 있는 손님들 바로 앞에서 요리사가 초밥을 만들어 준다. 3시간이면 넉넉하게 다랑어 경매와 시장 곳곳을 둘러보고, 간단히 요기도 할 수 있다. 시장 주변의 분주한 거리에는 회·스시용 접시, 간장 병, 나무 도마, 나무 젓가락, 훌륭한 수제 칼과 같은 조리용 소품을 파는 상점과 가판대가 줄지어 있다.

Websites www.jnto.go.jp, www.tsukiji-market.or.jp/tukiji_e.htm

고추냉이

- 회와 스시에는 둘 다 간장, 고추냉이, 생강 절임과 같은 몇 가지 대중적인 양념을 곁들인다. 순수한 맛을 추구하는 사람들은 고추냉이와 간장을 미리 섞어서 먹으면 안 된다고 주장한다. 하지만 일본에서도 고추냉이를 간장에 풀어서 매운 맛을 희석시키는 게 일반적이다.

- 고추냉이는 와사비 자포니카(Wasabi japonica)라는 잎이 무성한 초록색 식물의 굵은 뿌리로 만든다. 옛날에는 상어 가죽 강판에 뿌리를 갈아서 겨자처럼 걸쭉한 상태로 만들었다.

- 고추냉이에는 스시와 회의 맛을 보완해 주는 한편 날생선에 서식하는 기생충과 병원균을 죽이는 성분이 들어 있다고 한다.

- 고추냉이는 일본 열도에 자생하는 식물로, 예전에는 산골짜기에 흐르는 시냇물을 따라 무성하게 자랐으나 지금은 주로 농장에서 재배한다. 수요가 아주 많기 때문에 일본은 현재 중국, 대만은 물론 멀리 뉴질랜드에서도 고추냉이를 수입해야 하는 실정이다.

그리스

올리브 수확 *Olive Harvest*

올리브를 처음 재배하기 시작한 크레타 섬에서 세계 최고의 올리브를 먹어 보자.

차가운 10월의 아침, 크레타 섬의 회색빛 하늘에 해가 떠오르면 올리브나무 아래 그물을 치는 여인들의 소리가 아침의 적막함을 깨뜨린다. 이런 풍경은 올리브 품종에 따라, 또는 익기 전에 따느냐 익은 후에 따느냐, 익은 후에도 보라색일 때 따느냐 검은색일 때 따느냐 등의 수확 시기에 따라 다르지만 10월부터 이듬해 2월까지 크레타 섬 전역과 그리스 본토 곳곳에서 볼 수 있다.

기름을 짜기 위해 한데 모은 올리브 열매.

전통 방식으로 올리브를 수확하는 크레타 섬의 농부

크레타 섬은 그리스에서도 가장 큰 올리브 재배지 중 한 곳이다. 이 사랑스러운 섬의 올리브 재배 역사는 무려 4천 년 이상 되었다고 한다. 지금은 대부분의 농가에서 도리깨 같은 도구를 이용해 올리브를 수확하지만 여전히 전통 방식을 고수하는 농가도 많다. 올리브 나무 아래 몇 주 동안 그물을 쳐 놓고 열매가 저절로 떨어질 때까지 기다리는 것이다. 그러나 대개 자연은 도움의 손길을 받게 된다. 사람들은 보다 많은 열매를 얻기 위해 나무를 흔들거나 긴 막대로 콕콕 찔러 준다.

올리브를 수확하면 아주 섬세하고도 중요한 작업이 시작된다. 우선 반짝반짝 빛나는 잎 더미 속에서 귀중한 열매가 부서지지 않도록 분리한다. 그리고 광주리나 자루에 열매를 담아 황금빛 올리브유를 짜낼 압축기가 있는 곳으로 옮긴다.

이런 과정으로 얻어진 올리브유 중에서 최상급을 '엑스트라 버진(Extra Virgin)'이라 하고 그 다음 등급은 '버진(Virgin)'이라고 한다. 엑스트라 버진과 버진은 뜨거운 물이나 화학 물질을 넣지 않고 정제도 하지 않는다. 오직 수확한 올리브 자체만을 압착해 얻는다. '플레인 올리브유'는 향과 색을 좋게 하기 위해 엑스트라 버진이나 버진을 조금 첨가한 정제한 오일이다.

When to go 10월부터 이듬해 2월까지가 좋다.

Planning 미노아 문명의 중심지였던 아름다운 크레타 섬을 모두 둘러보려면 최소한 일주일 정도는 머물러야 한다. 올리브유를 비롯한 크레타 음식은 세상에서 가장 건강한 음식으로 알려져 있으니 시간을 내어 꼭 먹어 보자. 올리브 수확철에 간다면 올리브유 생산 과정을 꼭 구경하도록 한다.

Websites www.explorecrete.com, www.creteonthe.net, www.cookingincrete.com

다양한 올리브 품종

■ 크레타 섬은 '코로네이키', '트로움볼리아', '초우나티'를 포함한 여러 품종의 올리브가 자라며, 생산량 대부분을 올리브유 만드는 데 쓴다.

■ 그리스의 다른 지방에서 자란 올리브 품종은 소금물에 절여서 먹는다. 아몬드처럼 생긴 커다란 올리브인 칼라마타(kalamata)는 향이 풍부하고 속이 꽉 찬 품종으로 펠로폰네소스 반도 서쪽에 있는 메시니아(Messinia) 지방에서 자란다.

■ 그리스 사람들이 알갱이째로 즐겨 먹는 둥근 올리브는 콘세르볼리아(konservolia) 품종이다.

■ 약간 매콤한 향이 나는 할키디키(halkidiki) 품종은 그리스 북부 할키디키 지역에서 자란다. 크기가 매우 크기 때문에 치즈나 말린 토마토를 넣어 먹기도 한다.

■ 메가리티키(megaritiki) 품종은 그리스 남동쪽 아티카 지역에서 자란다. 소금에 절이고 말려서 쭈글쭈글하게 만들어 먹는다.

> 이탈리아

산 다니엘레 햄 *San Daniele Ham*

이탈리아 북동부의 신선한 산악 공기와 천일염이 만들어 낸
건조 숙성 햄은 뛰어난 풍미를 자랑한다.

    이탈리아의 햄 '프로슈토(prosciutto)'라고 하면 파르마(Parma) 시가 가장 먼저 떠오를 것이다. 하지만 해당 도시 이름이 햄의 대명사로 쓰이는 이탈리아의 도시가 한 군데 더 있는데, 파르마 햄보다 식감이 훨씬 뛰어나다는 평이 자자하다. 바로 프리울리 베네치아 줄리아(Friuli-Venezia Giulia) 주의 조용한 시골에 자리 잡은 '산 다니엘레'다. 이곳에서 만드는 햄은 분홍 장밋빛 고기에서 절묘한 단맛이 난다.

산 다니엘레 햄은 자연 건조를 거친다. 제조 과정에서 햄의 맛을 결정짓는 것은 공기의 질이다.

산 다니엘레 햄(prosciutto di San Daniele del Friuli)은 다른 원산지 명칭 보호(Protected Designation of Origin, PDO) 햄과 마찬가지로 염장, 압착, 숙성 단계를 거치며 천일염만 사용해서 만든다. 특이한 점은 돼지 넓적다리를 압착해서 햄이 기타(guitar) 모양이라는 것이다. 압착이 끝나면 햄은 자연 통풍이 되는 방에서 최장 18개월간 숙성시켜서 소금기를 제거한다.

햄의 독특한 풍미는 지정된 지역에서 생산하는 돼지고기뿐 아니라 천일염, 습도, 산악 공기가 한데 어우러진 도시 자체의 이상적인 숙성 조건에서 비롯된다. 산 다니엘레는 아드리아 해와 알프스 산맥이 만나는 지점에 위치해 있기 때문에 햄 제조에 적합한 천혜의 환경을 갖추고 있다.

햄을 시식할 수 있는 산 다니엘레의 '프로슈티피치(prosciuttifici)', 즉 햄 건조장 가운데 한 곳에 들러 그 맛을 직접 체험해 보자. 종잇장처럼 얇게 저민 햄으로 바삭바삭한 이탈리아 빵인 그리시니(grissini)를 싸서 먹거나, 현지산 프리울리 와인 한 잔을 곁들여서 햄만 먹어도 좋다.

When to go 봄과 가을이 방문하기에 가장 좋다. 해마다 열리는 햄 품평회를 구경하고 싶다면 6월에 가야 한다.

Planning 프리울리 베네치아 줄리아(Friuli-Venezia Giulia) 주의 역사적 수도인 우디네(Udine)를 돌아다니면서 무세토(musetto, 돼지고기, 화이트 와인, 후추, 계피 등을 넣어 만든 소시지)와 프리코(frico, 허브와 향신료를 곁들인 녹인 치즈)를 맛보자. 근처에 있는 중세 도시 치비달레 델 프리울리(Cividale del Friuli)는 마치 한 폭의 그림 같다. 장기간 여행할 계획이라면 멀지 않은 곳에 아름다운 도시 트레비소, 베로나, 베네치아가 있다.

Websites www.discoverfriuli.com, www.deliciousitaly.com, www.prosciuttosandaniele.it

산 다니엘레 햄

- 산 다니엘레에서 해마다 6월이면 햄 품평회인 '아리아 디 페스타(Aria di Festa)'가 4일간 열린다. 시식회와 음악회를 즐길 수 있고, 전통적인 햄 건조장도 방문할 수 있다.

- 산 다니엘레의 메인 광장에서 많이 볼 수 있는 식품 판매점인 살루메리아(salumeria)에서 햄을 구입하고 시식도 해보자.

- 메인 광장에 있는 '라 카사 델 프로슈토(La Casa del Prosciutto)'는 가족이 운영하는 작은 햄 건조장으로, 햄을 만드는 과정을 견학할 수 있다. 이곳에서 만든 햄을 그대로 또는 현지산 치즈와 함께 맛볼 수 있는 카페도 있다.

- 도시 외곽에 있는 또 다른 가족 경영 회사인 '프로슈토 코라다치(Prosciutto Coradazzi)'에서는 햄을 시식하고 제조 센터를 견학할 수 있다.

모데나의 발사믹 식초 뚜껑에 '엑스트라베치오'라는 표시가 있으면 25년 이상 숙성된 것이다.

`이탈리아`

모데나의 발사믹 식초 *Balsamic Vinegar of Modena*

새콤달콤한 발사믹 식초는 이탈리아의 에밀리아 로마냐(Emilia-Romagna) 지역의
전통 요리에 널리 쓰인다.

    북부 이탈리아의 역사 중심지인 모데나의 아무 건물에나 들어가 보자. 거의 모든 건물에서 모데나의 가장 유명한 수출품인 발사믹 식초 향기에 오감을 유혹당할 것이다. 이곳의 많은 가정에서는 여전히 건물 꼭대기층에서 식초를 만드는 수고를 아끼지 않는다. 그리고 색이 검고, 기름처럼 걸쭉하고, 새콤달콤한 맛이 나는 진짜 전통 모데나 발

사믹 식초(Aceto Balsamico Tradizionale di Modena)가 되기까지 적어도 12년을 끈기 있게 참으며 기다린다.

모데나 관광은 마땅히 식도락 중심지인 메르카토 코페르토(mercato coperto, 지붕 덮인 시장)에서 시작해야 한다. 풍부한 현지 농산물은 물론이고 바퀴처럼 둥근 파르미지아노 레지아노(Parmigiano-Reggiano) 치즈부터 수제 토르텔리니(tortellini, 고기가 들어간 작은 만두처럼 생긴 파스타)에 이르기까지 먹을거리가 다양하다. 닭고기 육수에 삶아서 금방 먹을 수 있게 준비된 토르텔리니는 이 고장의 또 다른 특선 요리다.

시장 귀퉁이에 있는 간이 식당 '스키아보네(Schiavone)'에서 훈제 거위 가슴살과 파르마산 치즈, 전통 발사믹 식초가 듬뿍 들어간 파니노(panino, 살짝 구운 샌드위치)를 먹으며 이 지역 특산 람브루스코(lambrusco) 와인도 한 잔 곁들여 보자. 좌석에 앉아 식사를 하고 싶다면 싹싹한 주인 에르메스가 직접 손님을 챙기는 '트라토리아 에르메스(Trattoria Ermes)'로 가보자. 안주인이 주방에서 발사믹 식초를 곁들인 송아지 고기 요리, 발사믹 식초를 뿌린 산딸기, 발사믹 식초를 넣은 색다른 맛의 아이스크림 등 모데나 전통 요리를 신선하게 장만해 준다.

When to go 연중 아무 때나 가도 좋다. 가을에는 발사믹 식초 관련 행사들이 모데나 시내와 인근 지역에서 열린다. 9월 말에는 식초 양조장 개방 행사, 10월에는 음식 축제가 있다.

Planning 모데나는 파르마, 볼로냐, 페라라, 라벤나에 인접해 있어 에밀리아 로마냐 지역을 돌아보기에 아주 좋은 곳이다. 관광 안내센터가 발사믹 식초 시식 여행을 주관한다.

Websites www.acetaiadigiorgio.it, turismo.comune.modena.it

모데나 지역에서 자라는 포도는 발사믹 식초의 주원료다.

발사믹 식초

■ 진정한 전통 발사믹 식초는 유명한 자동차 디자이너 조르제토 주지아로(Giorgetto Giugiaro)가 디자인한 독특한 공 모양의 유리병에 담겨 있다. 종류는 2가지가 있으며 뚜껑 색으로 구별된다. 빨간색 뚜껑은 12~25년간 숙성시킨 식초이고, 황금색 뚜껑은 25년 이상 숙성시킨 엑스트라베치오(extravecchio)다.

■ 모데나 발사믹 식초는 현지에서 생산되는 트레비아노(trebbiano) 또는 람브루스코 품종의 포도를 사용해서 전통 방식으로 만든다. 시간의 경과에 따라 본래의 포도즙이 농축되면 점점 작은 통으로 식초를 옮겨 담는다. 식초 발효통들은 노간주나무, 벚나무, 참나무, 밤나무 등 각기 다른 나무로 만든다.

■ 가정에서 발사믹 식초를 만드는 전통이 최근 점점 더 인기를 끌고 있으며, 많은 커플이 결혼 선물로 발효통 세트를 갖고 싶어 한다. 한 가족이 평생 쓸 수 있는 선물이다.

피에몬트 지방의 고산 목초지에서 사육하는 젖소들은 치즈의 원료가 되는 고급 우유를 생산한다.

이탈리아

피에몬트의 치즈들 *Piedmont's Cheeses*

이탈리아 북서부 외진 곳에 산과 호수, 낮은 언덕 그리고 풍요로운 요리를 즐길 수 있는 아름다운 지역이 자리 잡고 있다.

알프스 산맥과 아펜니노 산맥 사이에 위치한 피에몬트 주에는 고산 목초지와 수풀 우거진 골짜기, 포도원이 자리한 산비탈이 있다. 또한 허물어져 가는 성과 고풍스러운 성당을 품은 조용한 산간 마을들은 물론이고 매혹적인 패션과 식도락 쇼핑을 즐길 수 있는 주도 토리노(Turin)를 비롯한 현대 산업 도시들도 있다. 왁자지껄한 대중 식당과 바로크풍 천장으로 덮인 와인 바부터 현대적이고 파격적인 레스토랑에 이르기까지 식사를 즐길 만한 곳도 많다. 그중 제값을 하는 식당에서는 신선한 응유(우유가 산이나 효소에 의하여 응고된 것)가 배어 나오는 곰팡이 숙성 치즈, 짭짤하고 바삭바삭하면서도 퀴퀴한 냄새가 나는 치즈, 부드럽게 톡 쏘는 맛이 느껴지는 최고급 블루치즈 등 놀라울 정도로 다양한 모둠 치즈를 내놓는다. 모두 피에몬트 지방에서 생산된 치즈들로, 소젖·염소젖·양젖으로 만들며 3가지가 섞인 것들도 있다.

피에몬트의 치즈 가운데 자그마치 6개가 원산지 명칭 보호(PDO, 이탈리아 어로는 DOP) 제품이다. 그 밖에 많은 치즈들은 생산량이 너무 적은 탓에 DOP로 지정되지는 못했지만 먹어 볼 가치가 충분하다. 시내의 식품 가게나 와인 바 또는 현지 시장에 가면 있을지도 모른다. 아니면 지도를 챙겨 들고 장인 치즈 생산 농가를 찾아가면 구할 수 있다. 치즈 애호가라면 브라(Bra)에서 2년마다 열리는 치즈 축제에 가봐야 한다. 토리노 부근에 있는 이 소도시에서는 축제 때가 되면 거리마다 시각과 후각, 미각의 향연이 끝없이 펼쳐진다.

When to go 브라에서는 9월 말에 2년에 한 번씩 슬로푸드 협회 주관으로 치즈 축제가 열린다. 해당 지역에서 자라는 흰 송로버섯까지 맛보고 싶다면 10월 말에 가는 게 가장 좋다.

Planning 피에몬트 일대에 있는 산악 도로와 산간 마을, 현지산 치즈를 두루 즐기려면 며칠이 걸리며 자동차가 필요하다. 피에몬트 관광청이 토리노 걷기 여행을 위한 소책자와 치즈 안내 책자, 상세한 맛집 지도를 발간한다. 치즈 축제 기간에 방문하려면 일찌감치 숙박시설을 예약하는게 좋다.

Websites www.slowfood.com

피에몬트 모둠 치즈

- 토마 델 마카뇨(Toma del Maccagno)는 비엘라와 베르첼리에서 생산되는 고산 치즈다. 판매용 치즈는 숙성 정도가 다양하며 약간 순한 맛부터 톡 쏘는 맛까지 있다.

- 로비올라 디 로카베라노(Robiola di Roccaverano DOP)는 작고 부드러운 상아색 치즈다. 생염소젖으로 만들었는지 확인하자.

- 카스텔마뇨(Castelmagno DOP)는 쿠네오 지방에 있는 3곳의 지자체에서만 생산된다.

- 무라자노(Murazzano DOP)는 알타랑가(Alta Langa) 암양의 젖으로 만들어 7일을 숙성시킨 뒤 부드럽고 묽은 상태에서 판매하거나, 2개월간 숙성을 거쳐 단단하고 톡 쏘는 맛이 나는 상태로 판매한다.

> 이탈리아

에트나 산의 오렌지 *Oranges from Mount Etna*

시칠리아 동부에서 자라는 보석처럼 붉은 오렌지인 아란치아 로사(arancia rossa)는
그 지역에서 가장 귀한 과일에 속한다.

봄에 시칠리아 남동부에 있는 도시 '카타니아(Catania)'를 방문해 보자. 에트나 산의 낮은 산비탈을 뒤덮고 있는 과수원들에서 풍기는 자가라(zagara, 오렌지 꽃)의 향기가 가득할 것이다. 많은 과수원들이 이곳에 자리 잡고 있는 이유는 우연이 아니다. 유럽에서 가장 높은 활화산인 에트나 산에서 분출된 화산재가 세상에서 가장 비옥한 비료가 되기 때문이다.

에트나 산의 오렌지는 겉에서 보면 보통 오렌지와 다름 없지만 과육이 짙은 붉은색을 띤다.

에트나 산의 과수원에서는 레몬나무, 복숭아나무, 포도나무 등 다양한 과일나무가 자라고 있지만 보석 같은 열매와 반짝이는 나뭇잎을 달고 있는 수천 그루의 오렌지나무야말로 특별하다. 천혜의 비옥한 토양, 뜨거운 낮과 추운 밤의 일교차, 산기슭에 비치는 햇빛 덕분에 자연의 가장 큰 기적 가운데 하나인 '아란치아 로사'가 탄생한 것이다. 이 오렌지는 과즙이 풍부하며 달콤한 맛을 자랑한다. 항산화 물질인 안토시아닌 색소에 의해 과육이 특유의 붉은빛을 띠며, 비타민C 함량도 평균 이상이다.

아란치사 로사의 주된 품종은 3가지다. 산귀넬로(Sanguinello) 품종은 완전한 핏빛 오렌지로, 껍질과 과육이 모두 빨간색이며 맛이 달고 부드럽다. 신맛이 가장 강한 모로(Moro) 품종은 크기가 작고 과육이 짙은 선홍색이다. 토로코(Torocco) 품종은 껍질은 주황색, 과육은 연한 빨간색이다. 씨가 없고 단맛이 가장 강하며 비타민C 함량도 전 세계 오렌지 가운데 으뜸이라 시칠리아에서 가장 인기 있는 식용 오렌지다.

이 오렌지들을 시칠리아식으로 회향과 올리브를 넣고 샐러드로 먹어 보자. 아니면 주스로 만들어서 그 절묘한 맛을 즐겨 보자. 아무리 입맛이 없어도 순식간에 생기를 되찾을 것이다.

`When to go` 연중 언제라도 좋다. 그러나 에트나 산을 걸어서 여행할 계획이라면 더운 여름은 피하자. 오렌지 수확을 구경하려면 12월과 1월이 가장 좋다.

`Planning` 적어도 일주일은 머물면서 시칠리아 최고 명소인 카타니아와 에트나, 아름다운 고대 도시 시라쿠사를 둘러보자. 소도시인 렌티니는 오렌지 재배로 이름난 곳이다.

`Websites` www.mountetna.net, www.globusjourneys.com

시칠리아식 오렌지 샐러드

■ 재료(4인분)

시칠리아 핏빛 오렌지 4개
회향 구근 1개
올리브유 1작은술
검은 후추와 천일염
검은 올리브 12개

1. 오렌지의 껍질을 까서 하얀 부분을 전부 제거한다. 과즙은 모아서 크고 얕은 접시에 따른다.

2. 오렌지를 얇게 저며서 오목 접시에 원형으로 겹치게 배열하고, 그 위에 과즙을 끼얹는다. 회향(향이 강한 채소의 일종)을 아주 얇게 저며 오렌지 위에 놓는다.

3. 올리브유를 살짝 뿌리고, 검은 후추와 소금으로 간을 맞춘 뒤 올리브를 얹는다. 간혹 올리브를 빼고, 회향 대신 양파를 저며서 넣거나 아주 간단히 오렌지에 후추, 올리브유, 파슬리를 뿌려서 만들기도 한다.

여러 가지 품퍼니클이 다른 빵들과 함께 진열되어 있다.

독일

베스트팔렌의 품퍼니클 *Westphalian Pumpernickel*

품퍼니클은 오래된 숲과 중세 도시들이 있는 독일 북서부 지역에서 유래했다.

　독일식 호밀빵인 '품퍼니클(pumpernickel)'은 그 이름의 유래를 두고 의견이 분분하지만, 베스트팔렌 특유의 산성 반죽으로 만든 이 빵의 고소한 맛과 식감에 대해서는 아무도 이견을 달지 않는다.

　노르트 라인 베스트팔렌(North Rhine-Westphalia) 주에 속하는 베스트팔렌은 작은 도시들로 이루어져 있다. 베스트팔렌 북부에 있는 활기찬 대학 도시 뮌스터(Münster)부터 토이토부르거(Teutoburger), 데트몰트(Detmold) 시에 이르기까지 이 지역의 토속 음식들은 매우 높은 평가를 받고 있다.

그중에서 베스트팔렌의 품퍼니클은 수백 년간 변함없이 전통 방식에 따라 생산되어 왔다. 수증기가 가득 찬 오븐에서 24시간 동안 서서히 구워 딱딱한 겉껍질이 없으며, 특유의 단맛과 식감, 어두운 빛깔이 특징이다. 감미료나 색소는 전혀 첨가하지 않는다.

독일에서 가장 오래된 품퍼니클 빵집인 '하버란츠(Haverlands)'는 1570년에 중세 도시 조스트(Soest)에서 문을 열었다. 12대에 걸쳐 지금도 옛날과 같은 방식으로 품퍼니클을 만들어 팔고 있다. 호밀과 물, 발효를 일으키는 오래된 품퍼니클 한 조각으로 빵을 만드는 것이다. 제빵 과정은 데트몰트 남부에 있는 소도시 니하임(Nieheim)에 있는 베스트팔렌 쿨리나리움(Westfalen Culinarium)의 빵 박물관에 가면 구경할 수 있다.

품퍼니클은 버터를 조금만 발라서 담백하게 먹는 게 가장 좋지만 치즈와도 잘 어울린다. 그래서 겹겹이 크림치즈를 바른 샌드위치가 독일 사람들의 주식 가운데 하나다. 또 품퍼니클을 체리 브랜디인 키르슈(kirsch)에 적신 다음 설탕에 절인 체리나 생크림 등을 얹어서 디저트로 만들기도 한다.

When to go 봄과 여름이 방문하기 가장 좋지만, 겨울에 가면 매우 다양한 사냥감 요리를 즐길 수 있다. 2월에는 사순절맞이 사육제를 체험할 수 있다.

Planning 도시 사이를 이동할 때는 기차가 빠르고 믿을 만하다. 시골로 여행할 때는 자동차를 빌리는 게 좋다. '노르트 라인 베스트팔렌 맛집(NRW kulinarisch/Gourmet NRW)' 로고가 찍힌 술집과 식당에 들러 보자. 멧돼지 피로 만든 푸딩부터 품퍼니클 디저트에 이르기까지 특선 요리를 파는 엄선된 맛집들이다.

Websites www.nrw-tourism.com, www.hist-stadt.nrw.de, www.bahn.de, www.westfalen-culinarium.de

베스트팔렌의 진미

- 베스트팔렌 햄은 고기에 뼈를 다 제거하지 않은 상태에서 만들어 크노헨싱켄(Knochenschinken, 뼈 있는 햄)으로도 불린다. 고기는 소금에 절인 다음 훈연한다. 도토리를 먹여서 키운 돼지로 만든 것을 최고급으로 친다.

- 알트비어(Altbier)는 베스트팔렌 지역의 전통 맥주다. 지금도 뮌스터에 있는 핀쿠스 뮐러(Pinkus Müller) 양조장에서 생산되는데, 이곳은 독일에서 가장 오래된 유기농 인증 양조장이다. 베스트팔렌 쿨리나리움의 맥주와 슈납스(Schnapps, 독한 증류주) 박물관에서는 독일식 흑맥주를 생산하며, 맥주 제조 강좌도 연다.

- 베스트팔렌 쿨리나리움의 치즈 박물관에서는 부드러운 염소젖 치즈인 '테클렌부르거 호젠크노프(Tecklenburger Hosenknopf)'나, 발효 우유로 만들어 캐러웨이(미나리과의 식물)로 향을 낸 '니하이머(Nieheimer)' 치즈를 먹어 보자.

스코틀랜드의 유명 하천에서 잡히는 신선한 연어는 여러 메뉴에 단골로 올라오는 재료다.

스코틀랜드

자연 그대로의 스코틀랜드 *Wild Scotland*

스코틀랜드의 강과 호수, 황야, 숲, 해안에서 얻을 수 있는
풍부한 식재료들 덕분에 특색 있는 요리가 탄생했다.

스코틀랜드의 산과 황야는 때때로 지구의 어떤 곳보다 거칠고 황량해 보일 수 있다. 빗줄기가 깨진 유리 조각처럼 퍼붓고 보랏빛 산봉우리들과 험악한 하늘이 분간이 안 될 정도로 하나가 되었을 때 라노크 황야(Rannoch Moor)를 가로질러 가본다면 그 의미를 알 수 있을 것이다. 하지만 화창한 초여름에는 산들바람이 불고, 햇빛에 빛나는 호수

가 유리처럼 반짝이며, 물결치듯 일렁이는 풀밭에는 다소곳이 보라색 꽃을 피운 헤더가 줄지어 모습을 드러낸다. 이처럼 스코틀랜드는 다양한 얼굴을 가지고 있다.

스코틀랜드의 생선을 비롯한 해산물, 사냥한 짐승의 맛과 향 역시 연하고 부드러운 것부터 거칠고 야만에 가까운 것까지 이곳의 날씨만큼이나 실로 다채롭다. 사냥감은 들짐승이든 날짐승이든 스코틀랜드의 야생 버섯과 딸기류 열매, 송어, 연어 등과 마찬가지로 유명하며 종류 또한 매우 다양하다.

스코틀랜드를 찾는 사람들은 다양한 방식으로 자연을 체험한다. 야영, 하이킹, 야생 동물 관찰, 채집, 낚시, 사냥 등을 할 수 있다. 그리고 채집한 먹을거리와 물고기, 사냥한 짐승들을 전통적인 혹은 새로운 방식으로 제대로 요리하는 시골 여관이나 도시의 식당 또는 북부 산악 지대인 하일랜즈 지역의 호텔을 찾아다닐 수도 있다.

축축한 황야를 하루 종일 돌아다닌 뒤 야생의 자연을 더 가까이 느끼며 만끽할 수 있는 가장 좋은 방법은 아늑한 통나무 장작불 곁에서 편히 쉰 뒤 헤더와 고사리, 바다의 풍미가 가득 담긴 따뜻한 식사를 하는 것이다.

When to go 하일랜즈의 자연이 가장 온화한 때는 9월이다. 10월은 미식가들이 이곳을 방문하기에 가장 좋은 시기다. 뇌조, 자고새, 꿩, 붉은사슴, 야생 버섯, 딱총나무 열매, 스코틀랜드 토종 굴 등이 전부 메뉴로 올라온다. 음식 축제도 9월과 10월에 주로 열린다.

Planning 수많은 스코틀랜드 관련 웹사이트에서 야영 및 채집에 관한 규정, 계절별 야생 동물 관찰 및 야생 식품 시식 안내 정보, 3성급 레스토랑 약도 등을 구할 수 있다.

Websites www.wild-scotland.org.uk, www.snh.org.uk, www.foodtourismscotland.com, www.visitscotland.com

스코틀랜드의 야생 식재료

- 가장 인기 있고 맛 좋은 버섯은 가을이 제철인 살구버섯과 산새버섯이다.

- 서해안의 호수에서 잡히는 작은 바닷가재는 신선하고 단맛이 나며 육질이 단단하다. 4월부터 11월까지가 제철이다. 스코틀랜드 토종 굴은 대서양에서 잡힌 굴보다 살집이 좋고 가격도 비싸다.

- 사슴 고기는 붉은사슴, 노루, 다마사슴, 꽃사슴 등 여러 종류이며 원산지, 나이, 성별, 숙성 기간에 따라 맛과 육질이 달라진다.

- 스코틀랜드에는 다양한 수렵 조류가 있다. 취향에 따라 담백한 꿩고기와 자고새 고기 혹은 뇌조 고기를 선호할 수도 있다. 하지만 어느 쪽이든 사육한 것이 아닌 야생 조류인지 꼭 확인하자.

TOP 10

최고의 낚시터 *Places To Catch Your Supper*

직접 잡아 올린 생선만큼 맛있는 고기는 없다.
세계적인 낚시터에서 짜릿한 손맛을 체험해 보자.

❶ 가스페 반도 Gaspé Peninsula 캐나다 퀘벡 주

힘차게 흐르는 마타페디아(Matapedia) 강에서 보석 같은 보나방튀르(Bonaventure) 강에 이르기까지, 퀘벡 주 남부에 있는 대서양 연어 회귀천에서 짜릿한 낚시를 즐길 수 있다.

Planning 6월 중순부터 9월 중순까지가 가스페 반도의 연어잡이 철이다. '캠프 보나방튀르(Camp Bonaventure)'에 가면 낚시와 함께 맛있는 음식을 즐길 수 있다. www.campbonaventure.com

❷ 프린세스 로열 섬 Princess Royal Island 캐나다 브리티시컬럼비아 주

브리티시컬럼비아 북부 그레이트베어 우림 지대에 있는 프린세스 로열 섬에서는 연어 낚시뿐만 아니라 하이킹, 등반 등을 즐길 수 있다.

Planning 6월부터 9월까지가 가장 좋다. '킹 퍼시픽 로지(King Pacific Lodge)'에 편안한 게스트룸 17개가 갖춰져 있다. www.kingpacificlodge.com

❸ 페놉스코트 강 Penobscot River 미국 메인 주

메인 주에서 가장 높은 카타딘 산 아래를 흐르는 페놉스코트 강의 서쪽 지류에는 연어와 민물 송어가 풍부하다.

Planning www.baxterstateparkauthority.com

❹ 비버킬 강 Beaverkill River 미국 뉴욕 주

로스코(Roscoe) 시의 비버킬 강과 윌로위목(Willowemoc) 지류가 만나는 지점인 '정션 풀(Junction Pool)' 하류 지역에는 씨알 굵은 브라운송어가 많다. 하지만 잡은 뒤 다시 놓아 줘야 한다.

Planning 5월 초부터 6월 중순까지 수온과 물의 흐름이 가장 좋다. 비버킬 강 근처에 있는 '로스코 모텔'에서 숙박할 수 있다. www.catskillflyfishing.com, www.roscoemotel.com

❺ 매디슨 강 Madison River 미국 몬태나 주

빅혼 강부터 빅블랙풋 강, 미주리 강, 비버헤드 강을 거쳐 매디슨 강에 이르기까지 몬태나 주의 산맥에는 강이 많다. 매디슨 강에서 힘 좋은 무지개송어, 브라운송어, 목줄송어가 잡힌다.

58

Planning 낚시하기 가장 좋은 때는 7월과 9월이다. '베어투스 플라이피싱 로지(Beartooth Flyfishing Lodge)'를 찾아가 보자. www.beartoothflyfishing.com

❻ 리오그란데 강 Rio Grande 아르헨티나

남아메리카 남단에 위치한 티에라 델 푸에고 섬의 리오그란데 강에는 바다로 회귀하는 큼직한 브라운송어들이 그득하다. 인근의 여러 강에서도 무지개송어와 브라운송어가 잡힌다.

Planning 파타고니아 지방의 낚시 최적기는 12월부터 이듬해 5월까지다.
www.flyfishingpatagonia.com, www.toonken.com

❼ 뉴질랜드 New Zealand

뉴질랜드에는 엄청나게 큰 브라운송어와 무지개송어가 가득한 수로가 많다. 뉴질랜드의 투명한 개울은 세계 최고의 '사이트 피싱(물이 맑은 곳에서 고기를 보면서 하는 낚시)' 장소일 것이다.

Planning 낚시철은 10월부터 이듬해 4월까지다. www.flyfishingnz.co.nz, www.nzfishing.com

❽ 쿠파 강 Kupa River 크로아티아

크로아티아 북부의 산악 지대인 고르스키 코타르(Gorski Kortar)에 흐르는 쿠파 강은 슬로베니아공화국의 국경과 닿아 있다. 수정같이 맑은 강물에 커다란 브라운송어가 뛰논다.

Planning 쿠파 강에서 낚시를 즐기려면 5~6월에 가는 것이 가장 좋다.
www.kupa-flyfishing.com

❾ 나르세아 강 Narcea River 스페인

스페인 북부에 있는 나르세아 강은 수심이 깊고 물살이 빠르다. 이 강에서 대서양연어, 바다송어, 송어를 모두 잡을 수 있다.

Planning 6월 중순부터 말까지, 2주간이 낚시 최적기다. 코르넬라나 지역에 있는 '호텔 라 푸엔테(Hotel La Fuente)'는 전 세계에서 온 연어 낚시꾼들이 모이는 전통적인 클럽하우스다. www.flyfishingspain.co.uk, www.cti.es/la_fuente

❿ 모이 강 Moy River 아일랜드

모이 강은 아일랜드 서부에 있는 최고의 연어 낚시터다. 강물은 옥스 산맥이 보이는 농지를 거쳐 볼리나(Ballina) 지역에서 대서양으로 흘러 들어간다. 상류의 여러 지류와 호수들에서 송어가 많이 잡힌다.

Planning 6월과 9월이 모이 강에서 낚시하기에 가장 좋은 시기다. '아이스하우스 호텔 앤드 스파(Ice House Hotel & Spa)'가 마요 카운티에서 가장 좋은 숙박업소다.
www.northwestfisheries.ie, www.icehousehotel.ie

59

'뮈스카데'는 브르타뉴 해안에서 자라는 싱싱한 굴에 곁들여 마시는 인기 있는 화이트 와인이다.

프랑스

바다의 풍미 *Flavors of the Sea*

크고 작은 만(灣)과 섬들이 물결 무늬를 이루며 복잡하게 펼쳐진 브르타뉴 지방의 대서양 해안은 굴의 본고장이다.

항구 도시 브레스트 시에서 남쪽으로 휴양지인 라 볼레스쿠블락(La Baule-Escoublac) 근방에 있는 게랑드 염전에 이르기까지, 프랑스 해안의 차가운 바다에서는 놀라울 만큼 다양한 종류의 굴이 자란다. 굴을 맛보기 가장 좋은 곳 가운데 하나가 바로 모르비앙 만 일대다. '루트 드 뤼트르(Route de l'Huitre, 굴 트레일)'가 반느 시 남쪽에 있는 사르조 시에서 시작해서 뤼 반도를 따라 포르나발로 곶까지 이어지기 때문이다. 섬들이 점점이 흩어져 있는 모르비앙 만 바다의 굴 양식장에 비스듬히 꽂혀 있는 기둥들이 보인다. 지금은 양식으로 굴을 기르고 있지만 예전에는 자연산 굴이 번성하던 곳이다.

현지의 식당 메뉴에 올라오는 '위트르 뒤 골프(huitres du golfe)'는 만에서 채취한 굴이라는 뜻이다. 하지만 가끔씩 뿌루퉁한 굴이라는 뜻의 '위트르 부되즈(huitres boudeuse)'도 맛볼 수 있다. 이 작고 통통한 굴을 입안에 넣으면 진한 바다의 향기가 전해진다.

모르비앙 만에는 블롱(Belon) 굴도 서식한다. 납작하고 둥근 모양에 육질이 탱탱하고 끝맛이 고소한 이 굴은 키브롱 만에 있는 심해 종묘장에서 옮겨져서 퐁아벤 시 근처 블롱 강 어귀에 있는 굴 양식장으로 간다. 조류로 인해 양식장으로 바닷물이 흘러들면서 블롱 굴 특유의 맛을 가지게 된다.

해안을 따라 더 내려가면 게랑드 염전에서 소금을 긁는 일꾼들의 모습도 볼 수 있다. 그들은 염전에 깔려 있는 굵은 잿빛 소금층의 표면에서 결정체를 걷어 내어 '플뢰르 드 셀(fleur de sel, 소금의 꽃)'을 수확한다. 어느 층에서 수확하느냐에 따라 소금의 용도가 달라지는데, 플뢰르 드 셀은 식사에 마지막 간을 맞출 때 넣고, 그 아래층에서 수확한 천일염은 요리할 때 쓴다.

When to go 10월부터 이듬해 4월까지 가장 다양한 굴을 맛볼 수 있다. 한편, 프랑스 전역에서는 새해 첫날 브르타뉴산 굴을 먹는 전통이 있다. 12월과 1월에는 수심 50미터 지점에서 채취한 2~3년 된 위트르 소바주(huitres sauvages, 자연산 굴)를 맛볼 수도 있다.

Planning 모르비앙 만의 항구를 따라 거닐며 파란색 브르타뉴 저인망 어선과 바다 여행용 요트를 구경해 보자. 일주일 정도 머물면서 크레이프를 맛보고, 게랑드 염전을 탐방해 보는 것도 좋다. 루와르 하구 위쪽에 있는 뮈스카데 지방의 포도원에서는 와인을 시음할 수 있다.

Websites www.brittanytourism.com, www.golfedumorbihan.fr

그 밖의 브르타뉴 음식들

- 맛 좋은 브르타뉴 햄으로 속을 채운 따끈따끈한 크레이프나 메밀 전병을 먹어 보자.

- 지역 음악 축제인 페스트 노즈(Fest Noz) 행사를 알리는 포스터가 항구의 상점과 바에 붙어 있는지 살펴보자. 축제에서 현지 음식을 맛볼 수 있을지도 모른다.

- 슈샹(chouchen)은 원기를 돋우는 벌꿀과 효모로 빚은 브르타뉴 벌꿀술이다.

- 반느 시 부근 텍스 시에 있는 브라세리 모르 브라즈(Brasserie Mor Braz) 양조장에서는 바닷물을 원료로 한 맥주를 만든다.

- 키브롱에서 생산하는 가염버터 캐러멜이나 캐러멜 막대 사탕인 '니니슈'(ninche)를 맛보자.

파리에서는 바게트뿐만 아니라 크루아상과 다양한 페이스트리도 맛볼 수 있다.

`프랑스`

파리 최고의 바게트 *Best Baguette in Paris*

파리의 제빵사들은 가장 바삭바삭하면서도 부드럽고 맛있는
바게트를 만들기 위해 해마다 경합을 벌인다.

    검은 베레모나 에펠 탑과 함께 프랑스 문화의 상징이 된 바게트는 1920년대부터 파리 사람들의 주식으로 사랑받고 있다. 모든 제빵사가 가장 간단한 재료인 밀가루, 소금, 천연 효모로 바게트를 만들지만 반죽을 이기는 방법과 재래식 장작 오븐에서 빵을 굽는 시간은 저마다 비밀에 부친다.

제빵사마다 맛있는 바게트를 만드는 비결이 다르기 때문에 '파리 최고의 바게트'를 선정하는 과정 또한 만만치 않다. 대회가 열리면 12명의 심사위원이 외부와 접촉이 차단된 방에 모여 140개나 되는 바게트를 쿡쿡 찔러 보고, 맛보고, 냄새를 맡아 보고, 씹어 보는 블라인드 테이스팅(출품된 빵을 사전 정보 없이 시식하는 것)을 한다. 우승한 제빵사는 상금을 받는 것은 물론이고 1년간 엘리제 궁의 대통령 식탁에 오를 빵을 납품하게 된다. 대회는 첨가물을 넣지 않고 기계가 아닌 사람의 손만을 이용해 바게트를 만드는 파리의 제빵사라면 누구나 참가할 수 있으며 경쟁이 치열하다.

파리에 있는 수많은 빵집 중 한 곳에서 바게트를 구입하면서 몸소 심사위원이 되어 보자. 70센티미터 길이의 빵의 황금색 표면에 물집처럼 기포가 생기지는 않았는지, 바게트 윗면에 비스듬히 난 칼집은 간격이 고르고 조화로운지 살펴봐야 한다. 그런 다음 빵 끄트머리를 떼어내 헤이즐넛 향이 살짝 풍기는 밀가루의 향을 느껴 보자. 그리고 빵을 먹기 전에 구멍이 숭숭 뚫리고 잘 부푼 진줏빛 속살을 잠시 손에 들고 감상해 보자.

When to go 사시사철 언제 가도 좋다. 해마다 초봄에 '최고의 바게트' 우승자가 발표된다.

Planning 가장 맛있는 빵집으로 소문난 곳은 손님들로 북적이므로, 오후 늦게 바게트를 사는 것은 피하는 게 좋다. 라벨을 확인해 보자. 바게트 클라시크(baguette classique)라고 적혀 있는 것은 전형적인 흰색 바게트이고, 바게트 트라디시오넬(baguette traditionelle)은 무표백 밀가루에 첨가물을 넣지 않고 손으로 반죽해서 만든 바게트다.

Websites gridskipper.com/59453/pariss-baguettes-dor, www.dupainetdesidees.com

바게트와 유명 빵집들

■ 5월 중순 노트르담 성당 앞에서 열리는 빵 축제를 놓치지 말자. 바게트 명장 경연대회에 출전한 제빵사들이 자신들의 출품작을 빚는 것을 볼 수 있다. 어린이를 위한 빵 만들기 체험 교실도 마련된다.

■ 제빵사라고 바게트만 만드는 것은 아니다. 명성이 자자한 '푸알란(Poilâne) 제과점'은 산성 반죽으로 만든 공처럼 둥글고 겉껍질이 딱딱한 불르(boule) 빵으로 특히 유명하다. 파리 6구와 15구, 런던의 벨그레이비어(Belgravia)에도 매장이 있다.

■ 빵의 역사에 관심이 있다면 제빵장 크리스토프 바쇠르(Christophe Vasseur)가 파리 10구 이브투디 34번가 모퉁이에서 운영하는 작은 빵집인 '뒤 팽 에 데지데(Du Pain et des Idées)'를 꼭 방문해야 한다. 구리로 만든 빵틀과 옛날 제빵도구들이 가득하다. 환상적인 그림이 그려진 천장은 역사 기념물로 등재되어 있다.

TOP 10

프랑스 치즈 여행 *Cheese Tours Of France*

프랑스의 공기 좋은 산비탈과 비옥한 초원, 축축한 동굴은
훌륭한 품질의 다양한 치즈를 생산하는 데 이상적이다.

❶ 카망베르 치즈 Camembert 노르망디

노르망디에서 카망베르 치즈를 만드는 장인은 몇 되지 않는다. 카망베르 마을의 뒤랑(Durand) 농장을 찾아가 보자. 매일 카망베르 치즈 450덩어리를 생산한다.

Planning 노르망디의 중세풍 마을들은 파리에서 하루 거리에 있다.
www.normandie-tourisme.fr

❷ 브리 치즈 Brie 센에마른 주

소젖으로 만드는 부드러운 브리 치즈는 샤를마뉴 대제 때부터 파리 동쪽에 있는 초원에서 생산되어 왔다. 쿨로미에 지역에서 봄마다 열리는 치즈 품평회에 다양한 브리 치즈가 나온다.

Planning 쿨로미에 지역은 파리에서 50킬로미터 정도 떨어진 곳에 있다.
www.tourism77.co.uk

❸ 샤우르스 · 에푸아스 치즈 Chaource and Époisses 샹파뉴 | 부르고뉴

샹파뉴 지역의 샤우르스 마을에서 톡 쏘는 맛의 샤우르스 치즈를 맛본 뒤, 남쪽으로 내려가 에푸아스 마을의 베르토(Berthaut) 농장에 가보자.

Planning 파리 남동쪽에 있는 트로이(Troyes)에서 샤우르스 마을에 갈 수 있다.
www.burgundytoday.com/gourmet-traveller

❹ 셰브르 치즈 Chèvre 루아르 밸리

루아르 강 이남에 있는 발랑세(Valençay), 시농(Chinon), 비에르종(Vierzon) 마을 등지에서 다양한 셰브르(염소젖 치즈)를 맛볼 수 있다.

Planning 봄부터 초여름까지가 셰브르 치즈를 맛보기에 가장 좋은 시기다.
www.loches-tourainecotesud.com

❺ 콩테 치즈 Comté 쥐라 주

로마 시대 이전부터 쥐라(Jura) 지방의 치즈는 유명했다. 전통적으로 치즈 생산자들이 농장과 낙농조합, 숙성 전문가들과 협업하여 맛이 풍부하고 견과류의 끝맛이 느껴지는 콩테 치즈를 만든다.

Planning 퐁타를리에(Pontarlier) 마을이나 아르부아(Arbois) 마을에 가면 치즈 제조 과정을 볼 수 있다. www.lesroutesducomte.com

❻ 마루왈 치즈 Maroilles 피카르디 주

소젖으로 만든 정사각형의 벽돌색 마루왈 치즈는 냄새가 독해서 꺼리는 사람도 있으나 맛은 아주 순하며 시트러스 향이 난다. 릴(Lille) 시 퀴레 생테니엔 3번가에 있는 필리프 올리비에(Phillipe Oliver) 치즈점에서 관련 정보를 얻을 수 있다.

Planning 파리의 샤를드골 역에서 TGV로 1시간가량 걸리는 릴 시는 여름철 주말 여행지다. 일요일 아침에 열리는 바젬 시장(Wazemmes Market)은 프랑스 최대 시장 중 하나다. www.lilletourism.com

❼ 로크포르 치즈 Roquefort 아베롱 주

프랑스산 양젖만 사용해서 만드는 로크포르 치즈는 로크포르 쉬르 술종(Roquefort-sur-Soulzon) 마을 일대의 동굴에서 숙성된다. 원산지 명칭 통제(AOC)에 따라 '로크포르'라는 이름을 쓸 수 있는 유일한 지역이다.

Planning 가을에 몽펠리에(Montpellier)에서 북쪽으로 차를 몰아 로크포르로 가면 다채로운 단풍을 구경할 수 있다. www.ot-millau.fr

❽ 캉탈 치즈 Cantal 오베르뉴 주

캉탈 치즈는 2천 년 전부터 오베르뉴 지방의 전통을 이어가며 연중 생산되고 있다. 캉탈 치즈의 사촌뻘인 살레르(Salers) 치즈는 금방 짠 붉은 살레르 암소의 젖으로 만든다.

Planning 6월이나 9월에 살레르 · 캉탈 지역을 찾아가 보자. www.fromages-aoc-auvergne.com

❾ 오소 이라티 치즈 Ossau-Iraty 피레네 산맥

프랑스의 피레네 산맥 서부 고산 지대에서 생산되는 단단하고 향기로운 양젖 치즈다. 6월 체리 축제 기간에 생마탱 아르베루(St.-Martin Arberoue) 마을에 있는 '프로마제리 아제리아(Fromagerie Agerria)'에 들러 보자.

Planning 여름에 생테니엔 드 바이고리(St.-Étienne de Baïgorry) 마을에 머물러 보자. www.bearn-basquecountry.com

❿ 바슈랭 뒤 오두 치즈 Vacherin du Haut-Doubs 프랑슈콩테 주

전나무로 만든 넓은 띠로 포장된 겨울 치즈다. 샤르보니에르 레 사팽(Charbonnières-les-Sapins) 마을에 있는 로샤 형제의 가게에서 관련 정보를 얻을 수 있다.

Planning www.france-voyage.com

> 스페인

라만차 지방의 사프란 수확
La Mancha's Saffron Harvest

스페인의 오랜 전통인 라만차 지방의 사프란 수확은 무엇보다 그 시기가 중요하다.

    10월 말, 스페인 중부 카스틸레 라만차(Catile-La Mancha) 지방의 알마그로 시 외곽에 아침이 찾아온다. 해마다 딱 2주 정도만 꽃을 피우는 보랏빛 크로커스가 드넓게 펼쳐진 지평선 위로 동이 트자, 꽃을 따던 노동자들이 허리를 펴고 일손을 멈춘다. 꽃잎이 6장인 크로커스는 해가 떠서 꽃송이가 벌어지기 전에 따야 그 귀한 내용물이 태양열에 마

사프란 수확은 기후의 영향을 많이 받는다. 수확은 첫 꽃이 피자마자 시작해서 최장 10일간 계속된다.

르지 않는다. 꽃송이 안에는 피처럼 붉고 가녀린 암술이 있는데, 이것을 말리면 달콤하면서도 자극적인 향신료인 '사프란'이 된다. 사프란은 스페인 전통 요리인 빠에야에 빠져서는 안 될 재료다.

사프란 수확 광경은 바락스, 산 페드로, 콘수에그라 등 여러 인근 마을에서 볼 수 있다. 북동부에 있는 아라곤 지방에서도 사프란을 재배한다. 그러나 《돈키호테》에 등장하는 전설의 땅, 풍차가 여기저기 흩어져 있는 라만차 지방에서 생산하는 사프란이야말로 단연 최고라는 평을 듣는다. 이를 증명이라도 하듯 라만차 지방 사프란은 원산지 명칭 보호(PDO) 식품으로 지정되어 있다.

운 좋게 방문 시기를 잘 잡은 사람들은 사프란 수확에 참여할 수도 있는데, 실제로 일부 여행사들이 사프란 수확 체험 여행을 주선한다. 사프란을 수확한 다음에는 온 가족이 동원되는 '몬다(monda)' 작업에 참여해 보자. 몬다 작업이란 암술을 가마에 말리기 전 꽃잎에서 분리하는 일이다. 그리고 무엇보다도 사프란이 스며들어 절묘한 맛이 나는 생선·해산물 요리, 빠에야, 그 밖의 토속 음식들을 음미해 보는 것을 잊어서는 안 된다.

When to go 사프란은 10월의 마지막 2주 동안 수확한다. 간혹 11월까지 수확이 이어지기도 한다. 해마다 10월 말 콘수에그라 마을에서는 사프란 축제가 열린다.

Planning 인근의 템블레케 마을에 있는 치즈 생산 공장을 방문하여 양젖으로 만든 만체고 치즈의 뛰어난 맛을 느껴 보자. 스페인의 주요 와인 산지 가운데 한 곳인 발데페냐스(Valdepeñas, '와인의 도시'라는 뜻)에 가면 다양한 와인을 맛볼 수 있다.

Websites www.atasteofspain.com, www.euroadventures.net, www.cellartours.com

사프란 이야기

- 말린 사프란 450g을 얻으려면 6만 개가 넘는 꽃송이가 필요하다. 말린 사프란은 세상에서 가장 비싼 향신료 가운데 하나다.

- 사프란 분말에 강황(카레의 재료로 쓰이는 생강과의 식물)을 섞어서 양을 부풀리는 일이 심심찮게 발생한다. 따라서 분말 대신 말린 암술로 된 것을 구입하자. 색이 붉을수록 더 좋은 사프란이다.

- 말린 사프란 암술은 밀폐 용기에 넣어 서늘한 곳에 보관하면 2~3년이 지나도 변질되지 않는다.

- 뜨거운 물에 사프란을 담그고 적어도 20분간 불린다. 그 물과 불린 사프란을 요리에 쓰면 된다.

스페인의 일반 식품 판매점에 하몬 이베리코가 줄줄이 걸려 있다.

스페인

하몬 이베리코 *Jamón Ibérico*

스페인 남서부 지역에는 많은 이들의 찬사를 받는 햄을 생산하는 농가들이 있다.

    스페인의 거의 모든 바 혹은 식당에서는 공통적으로 돼지 넓적다리로 만든 햄이 천장에 매달려 있는 모습을 볼 수 있다. 햄은 스페인의 일상 생활에서 없어서는 안 될 식품으로 그 종류도 매우 다양해서 고르기가 벅찰 정도다. 하지만 대부분의 음식 애호가들에게는 단 하나의 선택이 있을 뿐이다. 그것은 바로 모든 햄 가운데 가장 뛰어나고 귀족적인 '하몬 이베리코(jamón ibérico)'다. 씨알 굵은 도토리인 벨로타스(bellotas)를 먹여 키운 이베리코 흑돼지로 만들어 감칠맛 나는 붉은 고기에 반투명 지방이 마블링을 이루고 있으며, 흙 향기와 함께 견과류 맛이 난다.

하몬 이베리코는 스페인의 여러 지역에서 생산되지만 엑스트레마두라(Extremadura)와 안달루시아(Andalusia) 지방에서 만든 것을 최고로 친다. 이 두 지역에는 특별히 관리하는 털가시나무와 코르크나무 숲이 있는데, 이곳에서 돼지가 좋아하는 먹이인 도토리를 얻는다.

돼지의 살을 찌우는 기간인 몬타네라(montanera)는 약 4개월 동안 계속된다. 고기를 전통 방식으로 염장·건조한 후 품질에 따라 9개월부터 36개월까지 숙성을 거친다. 이 과정을 통해 풍미가 독특하고 단일불포화 지방이 풍부한 햄이 탄생한다. 세계적으로 널리 인정받는 하몬 이베리코는 원산지 보호 표시 규정(PDO, 스페인 어로는 DOC)에 따라 생산된다.

하몬 이베리코를 원산지에서 맛보고 싶다면 엑스트레마두라 지방의 몬탄체(Montánchez) 마을을 찾아가 보자. 식품 판매점들이 많이 모여 있는 좁은 골목길들을 누비고 돌아다니면서 하몬 이베리코를 천주교 미사용 와인이나 시원한 셰리(sherry)와 함께 시식할 수 있다.

When to go 엑스트레마두라나 안달루시아를 방문하려면 봄이나 가을이 좋다.

Planning 엑스트레마두라에 간다면 몬탄체뿐만 아니라 인근에 있는 다른 햄 생산 마을들인 모네스테리오, 칼레라 데 레온, 카베사 라 바카, 세구라 데 레온, 헤레스 데 로스 카바예로스에도 가보는 게 좋다. 이 마을들에서 5월에 햄 품평회가 열린다. 햄을 구입하려면 '데에사 데 엑스트레마두라'(Dehesa de Extremadura, 엑스트레마두라 초원)라고 적힌 라벨이 붙었는지 살펴보자. 하루 더 시간을 내서 안달루시아 지방의 하부고 시에도 가보자. 그림처럼 아름다운 도시는 아니지만 이곳에서 생산하는 하몬 이베리코는 많은 이들이 스페인 최고로 꼽는다.

Websites www.atasteofspain.com, www.infohub.com

하몬 이베리코의 종류

■ 하몬 이베리코는 모두 이베리코 돼지를 원료로 하지만, 돼지의 먹이에 따라 크게 세 종류로 구분한다. 품질이 높은 순서대로 도토리만 먹여서 키운 돼지로 만든 '하몬 이베리코 데 베요타(jamón ibérico de bellota)', 도토리와 곡물로 사육한 돼지로 만든 '하몬 이베리코 데 레세보(jamón ibérico de recebo)', 곡물만 먹여서 키운 돼지로 만든 '하몬 이베리코 데 피엔소(jamón ibérico de pienso)'가 있다. '팔레티야(paletilla)'라는 이름으로 팔리는 것은 돼지 앞다리로 만들었기 때문에 엄밀히 따지면 햄이 아니지만 맛은 좋다. 통햄을 자를 때는 얇게 저미되, 식탁에 내기 직전에 잘라야 촉촉함을 유지할 수 있다.

커피나무 열매는 익으면 밝은 빨간색을 띤다. 열매 중심부에는 청록색 생두 한 쌍이 들어 있다.

에티오피아

커피의 고향 *The Home of Coffee*

커피는 에티오피아 남서부 고지대의 숲 속에서 1천 년 넘게 재배되어 왔다.

    에티오피아 남서부의 유서 깊은 카파(Kaffa) 주는 자랑스러운 커피의 원산지다. '커피'라는 이름도 이곳에서 유래했다. 전해지는 이야기에 따르면 칼디(Kaldi)라는 어린 소년이 자기가 기르던 염소들이 커피콩을 먹은 뒤 껑충껑충 뛰어다니는 것을 발견한 것을 계기로 커피의 강장 효능이 알려졌다고 한다.

자동차를 타고 수목이 울창한 카파 주의 대규모 커피 농장에 가보면 세계인에게 사랑받는 커피콩에 관해 흥미로운 사실을 알게 된다. 이 지역에서 생산하는 커피의 상당량이 숲에 조성된 외딴 커피 농장에서 재배된다는 것이다. 이곳에는 화려한 깃털을 자랑하는 새들과 흑백콜로부스원숭이가 우글거린다. 그리고 우람한 거목들이 드리운 그늘 아래 키 작은 커피나무들이 자라고 있다. 커피 외에 파파야, 생강, 소두구(생강과의 향신료), 망고도 재배하고 있다.

에티오피아의 '커피 세러모니(coffee ceremony)'는 커피 농장뿐만 아니라 일상 생활에서 중요한 의례다. 커피 세러모니를 거행하는 사람은 흔히 젊은 여성으로 숯 화로에 커피 생두를 볶고, 손으로 직접 갈고, 자신이 고른 향신료를 첨가한다. 그리고 목이 긴 토기 주전자인 제베나(jebena)에 커피를 끓인다. 전통적으로 팝콘과 볶은 보리를 곁들이며, 향긋한 풀과 꽃을 집안에 뿌린다. 예의를 갖추려면 적어도 3잔을 마셔야 하는데 양은 적지만 농도가 진하다.

When to go 폭우로 도로 사정이 위험해질 수 있기 때문에 6월부터 9월까지는 피하는 게 좋다.

Planning 에티오피아 남부에 있는 테피(Tepi)를 근거지 삼아 대규모 커피 농장을 둘러보자. 농장에 있는 게스트하우스는 청결하고 친절하며 평화롭다. 가장 오래되고 규모도 큰 커피 농장은 베베카 시에 있다. 카파 주의 주도인 짐마와 테피, 베델레 시를 포함하여 해당 지역을 한 바퀴 돌아보는 것도 아주 근사한 모험이 될 것이다. 단, 적어도 10일은 필요하며 열악한 환경과 조건임은 각오해야 한다. 그런 다음 아디스아바바에서 며칠간 안락한 환경과 맛난 음식들을 즐겨 보자.

Websites www.ethiopianquadrants.com

에티오피아의 음식

- '인제라(injera)'는 독특한 신맛이 나는 커다란 발효 팬케이크로, 한 쟁반에 펼쳐 놓고 공동으로 먹는 주식이다.

- 특별한 때에만 먹는 '도로 와트(doro wat)'는 완숙 달걀과 여러 시간 버터에 졸인 달콤한 양파를 넣은 걸쭉한 닭볶음탕이다.

- 따끈하고 영양이 많은 '시로(shiro)'는 병아리콩을 갈고 거기에 마늘, 토마토, 로즈마리를 넣어서 만든 소스다. 수백만 명이 매일 먹는 음식이니 만큼 맛도 좋다.

- 소고기는 매콤한 스튜인 '카이 와트(kai wat)'나 부드러운 스튜인 '알리차 와트(alicha wat)'로 만들어 먹는 게 일반적이다. 이외에도 소고기를 한 입 크기로 잘라 고추와 양파를 넣어서 먹는 '팁스(tibs)'나 살코기를 갈아서 양념 버터와 톡 쏘는 맛이 나는 흰 치즈를 넣고 스테이크로 만든 '킷포(kitfo)'가 있다.

수확한 바닐라는 햇볕에 3~4주 동안 말리고 크기와 품질에 따라 여러 등급으로 분류한다.

| 레위니옹 | 마다가스카르 | 코모로

바닐라 *Vanilla*

1841년, 12살의 노예 소년이 바닐라를 세계에 보급할 방법을 혼자 힘으로 찾아냈다.

에드몽 알비우스(Edmond Albius, 1829 ~ 1880)는 열대의 레위니옹(Réunion) 섬에서 자라는 바닐라 꽃을 손쉽게 인공 수분하는 방법을 발견했다. 그 덕분에 바닐라의 상업적 재배가 가능해지면서 인도양 서부 해역의 섬들에서는 바닐라 재배 붐이 일었다. 160여 년 후 바닐라는 레위니옹, 마다가스카르, 코모로 제도의 대표 식품이자 주요 수출 품목이 되었다. 가늘고 짙은 꼬투리가 달린 향기로운 바닐라는 농장들이 개방되면서 호기심 많은 관광객들까지 끌어모으고 있다.

"이 섬들은 온도와 습도가 바닐라 재배에 매우 적당합니다." 레위니옹 바닐라 협동조합의 관리자인 프랑수와 메이에(François Mayer)의 설명이다. "레위니옹에서 생산되는 바닐라는 마다가스카르와 코모로 제도 같은 곳에 비해 양은 많지 않습니다. 하지만 품질로 치자면 우리가 재배하는 바닐라가 최고라고 자부합니다. 바닐라 재배의 비결도 레위니옹에서 비롯되어 전 세계 다른 지역으로 퍼져 나갔습니다." 레위니옹 바닐라 협동조합은 브라 파농(Bras-Panon) 마을 인근에 조성된 대규모 농장으로, 이곳에 가면 역사 전시물들과 바닐라 가공 시범 등을 볼 수 있다.

레위니옹, 마다가스카르, 코모로 제도에서 생산된 바닐라는 거의 대부분 유럽으로 수출되지만 일부는 섬 주민들이 자신들의 몫으로 보관한다. 레위니옹의 크레올 식당에서 맛볼 수 있는 대표적인 요리 가운데는 바닐라가 들어간 닭고기·오리고기 요리뿐만 아니라 둘이 먹다 하나가 죽어도 모를 만큼 맛있는 바닐라 아이스크림, 크레이프, 럼 펀치 등이 있다.

When to go 바닐라는 6월부터 12월까지 재배한다. 수확기가 되면 밭에서 바닐라 꼬투리를 따서 바구니에 모은 뒤 농장에 있는 공장에서 건조한다.

Planning 바닐라 생산지인 레위니옹, 마다가스카르, 코모로 제도를 모두 방문하려면 2주는 필요하다. 목적지를 줄여서 딱 한 곳만 가보고 싶다면 2, 3일이면 충분하다. 마다가스카르의 안타나나리보(Antannarivo)와 레위니옹의 생 드니(St.-Denis)에 가장 훌륭한 식당들이 있다. 생 드니는 바닐라 요리법이 담긴 현지의 요리책들과 가정 요리에 쓸 만한 다양한 형태의 바닐라를 구입하기에 가장 좋은 곳이다.

Websites www.reunion.fr, www.air-mad.com

바닐라 설탕

- 재료

설탕 450g
바닐라빈(꼬투리) 2개

1. 설탕을 밀폐 용기에 쏟는다. 잘 드는 칼로 바닐라빈을 세로로 2등분하여 가른다. 씨를 긁어내서 설탕에 넣고 잘 섞는다. 바닐라 꼬투리를 설탕에 꽂고 설탕으로 완전히 덮은 다음 용기를 밀봉한다. 이틀이 지나면 설탕에 바닐라 향과 맛이 밴다. 일반 설탕처럼 사용하면 된다.

2. 바닐라 설탕은 몇 달간 쓸 수 있다. 다 쓰고 나면 바닐라빈의 향이 다할 때까지 설탕을 더 채워 넣는다. 바닐라 설탕은 여러 요리에 바닐라 맛을 더해 준다. 딸기나 아침 식사용 죽에 뿌려 먹으면 맛있다.

2

세계의 명물 시장

Outstanding Markets

슈퍼마켓에서 정기적으로 장을 보는 따분한 일상에서 벗어나 보자. 전문 요리사들이 재료를 구하는 곳, 미식가들이 즐기는 별미를 파는 호화 식품점, 몇 분 거리에 있는 산지에서 수확한 농산물을 진열해 놓은 활기찬 시장, 고대 무역로들이 만나는 교차로 위에 자유롭게 형성된 도심 장터 등을 여행해 보면 삶이 더할 나위 없이 풍요로워진다.

여러분이 세계 어디에 있든지 미각에 즐거움을 주는 음식들을 맛볼 수 있다. 뉴욕에서는 진짜 파스트라미 샌드위치나 자반 훈제 연어 아니면 신선한 베이글이나 다진 양파를 얹은 납작한 롤빵인 비알리를 먹어 봐야 한다. 모스크바에서는 궁전처럼 크고 화려한 옐리세예프스키 시장 건물에 들어가 러시아 혁명 이전 황제의 식탁에 올랐던 캐비아를 맛보자. 바르셀로나에서는 많은 이들이 찾는 라 보케리아 시장의 스낵바 가운데 한 곳에서 등받이 없는 의자에 앉아 얼큰한 해물 스튜나 푸짐한 감자 오믈렛을 즐길 수 있다. 태국의 수상시장에서는 햇볕에 데워진 열대 과일의 화려한 색과 향기에 취할 것이다.

이 모든 음식의 향연을 눈으로만 즐길 수는 없다. 어느 곳을 목적지로 삼든 간에 큼직한 장바구니를 들고 가보자.

멕시코의 도시와 시골 장터에서는 칠리 고추와 아보카도 등 탐스러운 과일과 채소를 볼 수 있다. 이 시장들은 세련되면서도 아주 매운 멕시코 요리의 재료들을 공급한다.

뉴욕에서 가장 사랑받는 델리 가운데 하나인 자바스는 훈제 생선과 치즈 등을 사러 오는 손님들로 매우 붐빈다.

미국 뉴욕 주

뉴욕 델리 *New York Delis*

훌륭한 델리가 많은 뉴욕에서도 로어이스트사이드(Lower East Side)에는 가장 좋은 델리들이 자리 잡고 있다.

뉴욕의 로어이스트사이드는 휴스턴 가와 그랜드 가 사이에 있는 도심 지역이다. 그 때문에 유행에 민감한 이들과 고급 의류용품점이 모여 있는 첨단 유행 지역이라는 오해를 살 수도 있다. 하지만 사람들로 붐비는 좁은 거리와 낡은 세입자용 다세대 주택 건물들은 동유럽 출신 유태인 이민자 수백만 명이 이곳에 머물렀던 역사를 증명한다. 이민자들은 정착한 뒤 그리운 고향의 맛을 살리려 애썼고, 당시에 확립된 요리 문화가 오늘날까지 이어지고 있다. 이 지역을 느긋하게 거닐다 보면 그 전통의 뿌리를 알 수 있다.

1888년에 설립된 '카츠 델리커트슨(Katz's Delicatessen)'은 노인들이 가장 좋아하는 가게다. 이곳에서 손으로 두텁게 자른 파스트라미가 들어간 큼직한 샌드위치와 가장자리를 바삭바삭하게 구운 감자 라트키(감자를 갈아서 만든 팬케이크)를 한 번 먹어 보면 그 맛을 쉽게 잊지 못한다.

애피타이저 판매점들은 유제품과 생선을 구비하고 있는데, 한때 로어이스트사이드에서 델리만큼이나 흔했다. 그러나 오늘날에는 '러스 앤드 도터스(Russ & Daughters)'만이 그 명맥을 유지하고 있다. 이 자그마한 가게는 12가지 훈제 및 자반 연어와 다양한 크림치즈뿐 아니라 과거 유럽에서 주식으로 먹던 훈제 연어 초절임과 청어 등을 판매한다. 남쪽으로 몇 블록 내려가면 '거스 피클(Guss's Pickles)'이 있다. 마늘향이 나는 새콤한 피클과 아주 매운맛 피클이 가장 인기있는 품목이다. 피클 몇 개를 먹으면서 현 주인이 들려주는 가게에 얽힌 이야기에 귀 기울여 보자.

허기가 진다면 어퍼웨스트사이드로 올라가 소규모 애피타이저 판매점에서 유명한 대형 식품매장으로 변신한 '자바스(Zabar's)'에 가보자. 엄선된 전통 식품들을 갖추고 있어서 찾아가 볼 만하다.

When to go 카츠 델리커트슨과 러스 앤드 도터스는 매일 영업을 하며 주말에는 특히 바쁘다. 거스 피클은 토요일에는 쉰다. 크리스마스 등 휴일이 낀 여행 최대 성수기에는 매우 혼잡하므로 되도록 피하는 게 좋다.

Planning 로어이스트사이드의 역사를 알고 싶다면 재건축 아파트 건물에 20세기 초 당시의 이민 생활을 재현해 놓은 '테너먼트 박물관(Tenement Museum)'에 가보자.

Websites www.tenement.org, www.katzdeli.com, www.russanddaughters.com, www.zabar's.com

애피타이저 판매점

■ 크림치즈, 훈제 및 자반 생선, 건과일, 견과류 등은 애피타이저 판매점에서 구할 수 있는 일부에 불과하다. 애피타이저 판매점들은 19세기 후반 뉴욕 시에서 생겨났다. 유대교의 율법에 나온 식사법에 따르면 고기와 유제품은 함께 팔거나 먹는 것이 금지되었다. 그래서 러스 앤드 도터스와 같은 상점들이 자반 훈제 연어와 크림치즈, 크림소스를 곁들인 청어 피클처럼 생선과 유제품을 짝지어 팔기 시작했다.

■ 애피타이저 식품이란 신선한 베이글과 비알리에 곁들여 먹는 여러 가지 달고 짭짤한 식품들을 뜻한다. 이것들은 한때 전형적인 이민자들의 음식이었지만 오늘날에는 귀한 음식으로 취급된다. 그러나 손님과 판매원이 나누는 교류는 지금까지 변하지 않고 이어져, 많은 판매원이 연어를 썰면서 20년이 넘은 단골 손님들과 안부를 주고받는다.

미국 _ 캘리포니아 주

페리 빌딩 마켓플레이스 *Ferry Building Marketplace*

마켓플레이스와 일주일에 한 번씩 열리는 농민 시장에서
최고 품질을 자랑하는 제철 농산물과 지역 특산물들을 구할 수 있다.

    샌프란시스코에서 가장 유명한 '페리 빌딩'은 베이 지역에 위치한 식도락의 낙원이다. 빌딩 문을 열고 둥근 천장에 채광창이 달린 중앙 통로로 들어가 보자. 통로 양편으로 북부 캘리포니아에서 가장 훌륭한 식품을 판매하는 상점들의 아치형 입구가 늘어서 있다. 매장에는 신선한 버섯이 담긴 바구니, 다발로 묶여 있는 해바라기 꽃, 고소한 페이스트리, 커피 판매대 등 없는 것이 없다.

    처음 눈에 들어오는 상점들 가운데 하나는 흙 냄새가 감도는 장인 치즈를 파는 '카우걸 크리머리(Cowgirl Creamery)'다. 그 옆집은 스티브 설리번(Steve Sullivan)의 전설적인 '애크미 브레드(Acme Bread)' 빵집이다. 고소한 냄새가 진동하는 이곳에서는 유기농 밀가루와 엄선된 곡물로 만든 빵을 날마다 벽난로 화덕에 굽는다. 통로를 쭉 걸어가서 미

화려한 빛깔을 자랑하는 싱싱한 현지산 과일은 수많은 사람들을 페리 빌딩으로 끌어 모으는 매력 포인트 중 하나다.

국내 철갑상어 양식의 선구자들이 운영하는 캐비아 카페인 '차르 니쿨라이 캐비아(Tsar Nicoulai Caviar)'에 가보자. 이곳에서 캐비아와 샴페인으로 호사스러운 간식을 즐길 수 있다.

통로를 따라 더 걸어가서 '레치우티 컨펙션스(Recchiuti Confections)'에 들러 대표 상품인 트뤼플(초콜릿 과자의 일종), 플뢰르 드 셀을 뿌린 캐러멜 등 보석처럼 매혹적인 수제 사탕 과자들을 골라 보자. 근처에 있는 고급 차 판매점인 '임페리얼 티코트(Imperial Tea Court)'에서 중국식으로 차를 마셔 보는 것도 좋다.

페리 빌딩에는 샌프란시스코에서 가장 유명한 식당과 카페가 여럿 있다. 그중에 으뜸은 베이 지역 농장에서 엄선한 재료로 현대식 베트남 요리를 만들어 파는 '더 슬랜티드 도어(The Slanted Door)', 닭고기 타말레(tamale, 옥수수 가루, 다진 고기, 고추로 만든 멕시코 요리)와 바하(Baja)식 생선 타코로 이름난 멕시코 식당인 '미히타(Mijita)'다.

When to go 마켓플레이스는 매일 문을 연다. 농민 장터는 화요일과 토요일에(계절에 따라 목요일과 일요일에도) 열리며, 특히 토요일 오전에 식도락의 절정을 이룬다.

Planning 마켓플레이스는 마켓스트리트(Market Street)가 끝나는 지점의 엠바카데로(Embarcadero, '부두'라는 뜻)에 위치해 있다. 농민 장터는 마켓플레이스 건물 앞쪽과 뒤쪽에서 열린다. 샌프란시스코 시티 가이드가 페리 빌딩을 무료로 둘러보는 걷기여행 프로그램을 제공한다. 샌프란시스코 포시즌스 호텔과 샌프란시스코 더블유 호텔을 통해 페리 빌딩 마켓플레이스 음식 여행에 참여할 수 있다.

Websites www.ferrybuildingmarketplace.com, www.slanted-door.com, www.mijitasf.com, www.sfcityguides.org, www.fourseasons.com, www.whotels.com

페리 플라자 농민 장터

■ 매주 화요일과 토요일, 마켓플레이스 밖에서는 농민 장터가 열리고 제철 유기농 식품을 판매한다. 토종 토마토, 지역 특산 와인, 벌꿀, 올리브유는 물론이고, 쐐기풀, 청자색과 연청색 기운이 도는 방목란처럼 구하기 힘든 농산물도 구할 수 있다. 이곳에서 점심 식사는 무료 시식만 해도 해결될 것이다. 그래도 여전히 식욕이 당긴다면 현지산 치즈와 갓 구운 빵, 지역 특산 와인을 사서 페리 빌딩 뒤에 있는 옥외 테이블에 자리를 잡고 앉아 샌프란시스코 만의 근사한 전망과 함께 즐겨 보자. '헤이즈 스트리트 그릴(Hayes Street Grill)' 매점에서 커다란 굴 샌드위치를 맛보는 것도 좋다.

TOP 10

유서 깊은 식품점 *Historic Food Shops*

대형 체인점들이 점차 시장을 장악해 가는 상황에서도
기품을 갖춘 식품점들이 당당히 맞서고 있다.

❶ 옐리세예프스키 Yeliseyevsky 러시아 모스크바

1907년에 문을 연 모스크바 최대의 식품점이다. 공산주의 시절에 방치되었다가 궁전처럼 호화롭게 복원되었다. 보드카와 캐비아는 물론 비싼 만큼 제값을 하는 진미들을 갖추고 있다.

Planning 트베르스카야 울리차(Ulitsa Tverskaya) 14번지에 있으며, 24시간 영업을 한다. www.smartmoscow.com

❷ 카데베 KaDeWe 독일 베를린

1907년 유럽 대륙에서 가장 큰 백화점으로 설립된 카데베는 1백 년이 넘는 역사를 자랑한다. 방대한 식품 매장은 독일 및 전 세계의 식품과 음료들을 매우 다양하게 갖추고 있다.

Planning www.kadewe.de

❸ 달마이어 Dallmayr 독일 뮌헨

1700년에 식료품점으로 출발한 이곳은 스위스 과일 브랜디, 보졸레 호두 살라미, 1백여 종류가 넘는 빵과 150가지가 넘는 치즈 등이 구비되어 있어 선택의 폭이 넓다.

Planning 디너스트라쎄(Dienerstrasse) 14-15번지에 자리 잡고 있다. www.dallmayr.de

❹ 안티코 피치케리아 데 미콜리
Antico Pizzicheria de Miccoli 이탈리아 시에나

투스카니 음식을 파는 식료품 가게로 1889년에 설립되었다. 내부에는 햄, 살라미, 소시지, 치즈, 꾀꼬리버섯, 송로, 올리브유 등이 가득하다.

Planning 비아 디 치타(Via di Città) 93-95에 있다. 내부에는 식사를 할 수 있는 자리도 마련되어 있다. www.sienaonline.com

❺ 포숑 Fauchon 프랑스 파리

1886년에 설립된 파리의 최고급 식료품점으로 최고급 샴페인과 캐비아, 송로, 초콜릿, 바닷가재 등 고급 식품을 판매한다. 자홍색과 검은색은 이

가게를 상징하는 색이다.

Planning 플라스 드 라 마들렌(Place de la Madeleine) 24-30에 있으며, 일요일과 공휴일에는 문을 닫는다. www.parisinfo.com

❻ 마이유 Maille 프랑스 파리

마이유는 창업자 앙투완 마이유(Antoine Maille)가 1747년 파리에 첫 점포를 연 겨자 전문점으로, 디종(Dijon)에도 가게가 있다. 블루치즈, 카시스(블랙베리 브랜디), 망고 등 30여 가지 맛의 겨자 소스를 판다.

Planning 포숑에서 멀지 않은 플라스 드 라 마들렌(Place de la Madeleine) 6번지에 자리 잡고 있으며 일요일에는 쉰다. www.maille.com

❼ 브와쟁 Voisin 프랑스 리옹

1897년에 설립된 리옹의 브와쟁 체인은 오렌지 껍질로 만든 술이 들어간 초콜릿인 '쿠생 드 리옹(coussins de Lyon)' 전문점이다. 오리와 백조를 비롯하여 다양한 동물 모양 초콜릿을 판다.

Planning 리옹 전역에 몇 군데 직영 매장이 있다. www.chocolat-voisin.com

❽ 팩스턴 앤 위트필드 Paxton & Whitfield 잉글랜드 런던

팩스턴 앤 위트필드는 1797년부터 상류 사회에 치즈를 공급해 왔으며 왕실에도 납품하고 있다. 이곳에서 가장 많이 팔리는 잉글랜드 최고급 치즈인 몽고메리 체다 치즈를 먹어 보자.

Planning 팩스턴 앤 위트필드는 저민가(Jermyn Street) 93번지에 있다. 바스(Bath)와 스트래트포드 어폰 에이번(Stratford-upon-Avon)에도 직영 매장이 있다. www.paxtonandwhitfield.co.uk

❾ 브릭레인 베이글 베이크 Brick Lane Beigel Bake 잉글랜드 런던

한때 유태인 거주 지역이던 런던의 이스트엔드 브릭레인에 위치한 이 가게는 소금에 절인 소고기나 훈제 연어가 듬뿍 들어간 쫄깃한 베이글을 판다. 하루 24시간 내내 유명 인사와 클럽에 놀러 온 손님들로 장사진을 이룬다.

Planning www.jewisheastend.com

❿ 이 올드 포크파이 숍 Ye Olde Pork Pie Shoppe 잉글랜드 멜튼 모브리

멜튼 모브리의 포크파이는 소금에 절이지 않은 돼지고기를 쓰며 약간 울퉁불퉁한 모양을 하고 있다. 1851년에 문을 연 이 옛날식 가게는 진짜 멜튼 모브리 포크파이를 만드는 마지막 가게다.

Planning 포크파이 만들기 시범 및 강좌를 마련하고 있다. www.porkpie.co.uk

그랜빌 아일랜드 시장에 있으면 군침 도는 모양과 냄새, 색깔이 끝없이 오감을 자극한다.

캐나다

그랜빌 아일랜드 시장 *Granville Island Market*

지역 농산물에 대한 열정이 넘쳐나는 이곳은
밴쿠버 중심부에 있는 다문화 시장으로 반드시 가봐야 할 명소다.

    과거 130년 동안 그랜빌 아일랜드는 폴스크릭(False Creek)에 있는 위험한 모래톱에서 탈바꿈하여 밴쿠버 시에서 가장 중요한 명소 중 하나가 됐다. '오야마 소시지 컴퍼니(Oyama Sausage Co.)'에서 일하는 제롬 듀던코트는 이곳을 '음식의 전당'이라 이른다. 그는 끊임없이 밀려드는 손님들에게 다양한 소시지와 향긋한 햄을 판매하느라 눈코 뜰새 없이 바쁘다. 소시지와 햄은 그랜빌 아일랜드 마켓 전체가 그러하듯 밴쿠버의 복잡한 인종 구성과 대도시적 취향, 현지산 재료를 이용해 전통 방식으로 생산한 유기농 제품에 대한 선호도를 반영한다. "저희는 프랑스와 이탈리아, 스페인, 독일, 네덜란드, 영국의 전통 조리법을 사용하되 시대에 맞게 변화를 줍니다." 듀던코트가 설명한다.

근처의 '에더블 브리시티 컬럼비아(Edible British Columbia)'도 접근법이 이와 비슷하다. 라벤더로 만든 젤리, 솔트 스프링 아일랜드(Salt Spring Island)에서 구운 원두, 가정에서 만든 태국 카레 등을 선전한다. '더사(Dussa's)'에서는 현지 생산 세이지 더비 치즈(sage Derby, 세이지 잎을 넣어 풍미를 낸 치즈)와 맛이 부드럽고 풍부한 솔트 스프링 아일랜드 염소젖 치즈 등을 판매하고 있다. 다른 식품 매장들에는 태평양에서 잡아 올린 싱싱한 연어와 가리비, 게 등이 수북이 쌓여 있다. 밴쿠버의 청과물 가게들은 중국인들이 주로 운영하며, 인도 카레와 이탈리아 아이스크림, 피시 앤 칩스에 이르기까지 온갖 먹을거리들을 판매한다.

구입한 음식은 바다가 보이는 테이블에 앉아 왜가리와 물범을 구경하면서 먹을 수 있다. 이곳에서는 간단한 식료품 쇼핑조차 특별한 경험이 된다.

When to go 연중 무휴로 운영하며 여름에 가장 붐빈다. 밴쿠버에서 가장 근사한 계절은 가을이다. 가을이 되면 낮에는 따뜻하고 건조하며, 저녁에는 시원하다. 또한 가로수가 늘어선 거리는 단풍으로 물든다.

Planning 퍼블릭 마켓(Public Market)은 2월부터 12월까지 일주일 내내 쉬지 않고 영업하지만, 1월에는 월요일마다 문을 닫는다. 아침 식사를 파는 다양한 매점들이 일찍 문을 여는데, 이때에는 자리가 넉넉히 비어 있어 바다가 보이는 자리에 앉을 수 있다. 화요일, 목요일, 토요일 오전 8시 30분에 시장 투어에 참여할 수 있으며 미리 예약해야 한다. 12인승 폴스크릭 여객선을 타고 시장에 가는 것도 여행의 즐거움 중 하나다. 여객선에서는 해수면 위로 솟아 있는 밴쿠버 시가 보인다.

Websites www.granvilleisland.com, www.edible-britishcolumbia.com, www.granvilleislandferries.bc.ca

시장 음식

- 독특한 현지 식품을 원한다면 브리티시 컬럼비아 자작나무 시럽을 구입하자. 나무 한 그루당 수액 생산량이 설탕단풍나무와 비교해 10%에 불과하지만, 더욱 풍부하고 복합적인 풍미를 자랑한다. 양념장으로 만들어서 지역 특산 연어를 재울 때 쓰면 아주 좋다.

- 가장 오래된 점포 중 한 곳인 '리즈 도넛(Lee's Donuts)'에서 만드는 고리 혹은 공 모양 도넛(가루를 묻히거나 글레이즈를 입힘)의 고소하고 달콤한 냄새가 진동한다. 핼러윈(Halloween) 무렵에만 특별히 만드는 호박 스파이스 도넛을 판매하는 날이면 가게 앞은 손님들로 장사진을 이룬다.

- 에더블 브리티시 컬럼비아에서는 요리사가 안내하는 3시간짜리 시장 투어를 제공하는데 매진될 때가 많다. 투어에는 식재료를 맛보고 용도와 조리법에 관해 토론하는 시간도 포함되어 있다. 심지어 현지인들도 투어에 참여해 시장에서 파는 식재료에 대해 새로운 지식을 배운다.

멕시코

푸에블라의 시장들 *The Markets of Puebla*

토속 요리의 전통과 구세계의 재료가 만나
멕시코 현대 요리로 재탄생하는 푸에블라 지역을 탐방해 보자.

멕시코시티에서 동남쪽으로 112킬로미터 떨어진 곳에 거대한 포포카테페틀(Popocatépetl) 화산이 있고, 그 기슭에 푸에블라 시가 자리 잡고 있다. 스페인 정복자들이 건설한 이 도시는 바로크 양식 건축물의 전시장이며, 그 주변에는 훨씬 더 오래된 인디오 마을들이 있다. 이 두 문화의 음식은 필연적으로 혼합되었고, 푸에블라의 시장들에서 이를 눈으로 확인할 수 있다.

흠 하나 없이 싱싱한 농산물이 예술적으로 쌓여 있는 모습은 푸에블라 주 도처에서 흔히 볼 수 있는 광경이다.

장작불 위에 올려 놓은 도기 냄비 속에서 끓고 있는 매콤한 스튜 냄새는 도시 외곽의 들판에서 날아오는 꽃 향기와 뒤섞인다. 여인들이 옥수수 가루로 만든 토르티야를 가볍게 다독여 펴는 소리, 즉 '멕시코의 심장 박동'이라 일컫는 소리에 더하여 행상들의 외침이 들린다. 잔뜩 쌓여 있는 과일과 야채, 바구니에 담긴 향긋한 향신료, 초록색이 선명한 풋고추와 빨간 건고추 더미가 줄줄이 펼쳐져 있는 골목들을 거닐어 보자.

길을 걷다 잠시 멈추고 호박꽃과 야생 버섯, 치즈를 채운 검은 옥수수 퀘사딜라를 먹어 보는 것도 좋다. 히비스커스 꽃으로 만든 개운한 화채로 갈증을 달랠 수도 있다. 약초상에서 약재와 양초, 행운의 부적을 구입해 보자. 정교하게 수놓아진 천 위에 방금 깃털을 뽑은 닭을 팔고 있는 여인이 요리법에 관해 조언을 해 줄 것이다. 마지막으로, 시장에서 구입한 물건들을 손으로 짠 장바구니에 담아 집으로 가져가면 된다.

When to go 온대기후에 속하는 푸에블라는 연중 언제 방문해도 좋다. 11월 1, 2일에 해당하는 '죽은 자의 날(Dia de los Muertos)'에는 가족 제단에 바칠 해골 모양으로 만든 사탕과 장식물뿐만 아니라 추수철에 거둬 들인 농산물이 시장에 가득하다.

Planning 가장 오래된 재래시장이 매주 일요일과 수요일에 촐룰라(Cholula)에서 열린다. 촐룰라는 스페인 식민 지배 이전에 생긴 마을로, 푸에블라에서 서쪽으로 12킬로미터 떨어져 있다. 이 시장에서 라스 카주엘라스(Las Cazuelas) 노점에 들러 맛이기가 막힌 몰레 소스와 피피얀(pipián, 호박씨 소스)을 구입해 보자. 이 소스들은 푸에블라 시내에서 오리엔테스트리트 21번지에 위치한 유명 재래시장인 메르카도 델 카르멘(Mercado del Carmen)에서도 판매한다.

Websites www.advantagemexico.com, www.planetware.com, www.mexconnect.com

타코나 스프, 크레이프를 만들 때 넣는 호박꽃.

몰레 소스

- 몰레 소스는 색이 어둡고 달콤하며 향이 강한 소스로 스페인과 멕시코의 토속 요리가 만나서 탄생한 퓨전 소스다.

- 몰레 포블라노(mole poblano, 칠면조나 닭고기를 곁들인 몰레 소스)는 16세기 푸에블라의 산타로사(Santa Rosa) 수녀원에서 처음 만들어진 것으로 생각된다. 세련된 맛을 자랑하는 이 소스는 토종 칠리고추와 초콜릿을 계피, 정향, 올스파이스와 함께 갈아서 만든다.

- 몰레 소스라고 해서 모두 초콜릿이 들어가는 것은 아니다. 씨앗을 주재료로 한 몰레인 '피피안'도 있다. 피피안을 호박씨와 풋고추로 만들면 초록색이 되고, 참깨와 건고추로 만들면 빨간색이 된다.

휴일 분위기를 한껏 드러내고 있는 화려한 빛깔의 쿠스코 아르마스(Armas) 광장.

페루

쿠스코의 크리스마스 시장 *Cusco's Christmas Market*

안데스 산지 사람들은 쿠스코 시 중심부에 있는 큰 시장에서 크리스마스를 축하한다.

　안데스 산맥에서 가장 큰 시장 가운데 하나인 '산투란티쿠이(Santuranticuy)'는 크리스마스 이브에 쿠스코의 광장과 주변 거리에서 펼쳐진다. 수천 명의 페루 인들이 한데 모여서 크리스마스 쇼핑을 하며 명절 분위기에 흠뻑 젖는다. 산투란티쿠이는 '성자 판매(selling of saints)'라는 뜻이다. 한때 이 시장이 예수 탄생화를 전문으로 거래했던 곳이라는 사실을 증명한다. 그러나 세월이 흐르면서 온갖 물건이 장터의 임시 노점에 더해졌는데, 토속 미술품과 공예품부터 안데스 전통 음식에 이르기까지 종류도 다양하다.

그중 단연 눈에 띄는 음식은 회전식 통구이틀에서 천천히 구워서 매콤한 칠리 소스를 곁들여 먹는 '쿠이(cuy, 기니피그)'다. 시장에서 맛볼 수 있는 다른 음식들로는 통옥수수 구이, 로코토 렐레노(rocoto relleno, 속을 채운 고추 요리), 안티쿠초스(anticuchos, 꼬치구이) 등이 있다. 산투란티쿠이의 대표적인 음료는 '폰체 데 레체(ponche de leche)'로, 우유와 피스코 브랜디(pisco brandy, 포도로 만든 증류주)를 섞어서 뜨겁게 마시는 독한 술이다.

페루에서는 온 가족이 크리스마스 이브에 성대한 명절 만찬을 먹는다. 그래서 쿠스코 중앙 광장 일대나 그 외 지역에 있는 식당들 다수가 속을 채운 칠면조와 돼지고기 구이, 여섯 종류나 되는 감자를 위주로 특별한 식사를 만들어 판다. 페루의 전통 명절 만찬을 제공하는 식당으로는 산 블라스 광장(Plazoleto San Blas)에 있는 '파차파파(Pachapapa)', 역사 미술 박물관(Museo de Arte Precolombino) 안에 있는 'MAP 카페', 주광장에 있는 '잉카 그릴(Inka Grill)' 등이 있다.

When to go 크리스마스가 되기 전에 쿠스코에 도착해야 잉카 유적지와 스페인 식민 시대 유적지를 다 둘러볼 여유가 생긴다. 크리스마스 무렵은 적도 이남에서는 엄밀히 말해 여름이지만, 쿠스코는 고산 기후에 속하여 그다지 무덥지 않다.

Planning 크리스마스 이브에 만찬을 먹으려면 예약은 거의 필수다. 쿠스코 성당에 들른다면 예배당 중앙의 회중석 위에 높이 걸려 있는 마르코스 사파타(Marcos Zapata)의 〈최후의 만찬〉을 감상해 보자. 그림을 들여다보면 예수와 제자들 앞에 놓인 음식 가운데 쿠이도 있다.

Websites www.perutourism.com/info/cusco.htm

감자

- 페루에서 가장 대중적인 식재료는 소박한 감자다. 감자는 수천 년 전 티티카카 호수 일대의 고산 지대에서 유래했다. 과학자들은 감자가 식물 진화의 결과라고 말하지만 고대 잉카인들은 감자가 신들의 선물이라고 믿었다.

- 오늘날 감자의 품종은 놀랄 만치 다양하다. 약 5천 종의 감자가 페루에서 재배되거나 야생에서 자란다. 갈색, 보라색, 빨간색, 흰색, 노란색 등 색깔도 여러 가지다. 감자는 주로 굽거나 쪄서 먹지만 드물게 그냥 날로 먹을 때도 있다. 페루 사람들은 감자에 치즈, 마늘, 양파, 라임 주스를 비롯해 수십 가지 양념을 곁들여서 풍미를 더한다.

토요 시장은 지역 사회 전체가 만나는 장소이며, 방문객들에게는 필리핀의 별미들을 맛볼 수 있는 기회를 제공한다.

필리핀

살세도 시장 *Salcedo Market*

일주일에 한 번 열리는 마닐라의 공동 시장에서 필리핀 81개 주의 요리들을 먹어 보자.

필리핀은 수백 년간 중국, 말레이시아, 스페인, 미국과 교역하거나 식민 지배를 받은 탓에 지역별로 다양한 요리 문화를 자랑한다. 필리핀의 다채로운 풍미를 맛볼 수 있는 가장 좋은 곳은 바로 살세도 시장이다. 마닐라 시내 중심가에서 토요일에만 서는 이 시장에는 130개가 넘는 매대가 모여 신선한 식재료나 조리한 음식을 판매한다. 현지인들을 따라다니며 음식을 먹거나, 공동 피크닉 테이블에 자리를 잡고 앉아 미식의 향연에 빠져 보자.

단것을 좋아한다면 필리핀 중부 네그로스(Negros) 섬의 음식인 '피아야(piaya)'를 찾아보자. 이것은 철판에 구워서 흑설탕이 스며 나오는 넓적한 빵으로 현지산 카카오 열매로 만든 핫초코를 곁들여 먹는다. 매운맛을 좋아하는 사람이라면 고추를 넣은 코코넛밀크에 신선한 게살을 담가서 만든 매콤한 '비콜라노(Bicolano)'를 먹어 보는 게 좋다.

쌀가루로 만든 반죽 속에 마늘이 들어간 돼지고기 소시지, 그린 파파야, 달걀을 채워 바싹 튀긴 '엠파나다(empanada)'는 필리핀 북부 일로코스(Ilocos) 주에서 먹는 음식이다. 일로코스 주와 가까이 있는 맛의 고장 팜팡가(Pampanga) 주의 엠파나다는 작고 섬세하며 게살로 속을 채운다.

토마토, 빨간 양파, 고수로 속을 채운 생선이 수북이 쌓여 있는 구이판 앞이나 바삭바삭한 새우와 얇게 썬 고구마가 지글거리는 튀김솥 앞에서 줄 서 있는 사람들 사이에 섞여 보자. 작은 포도송이를 닮은 짭조름한 해초 라토(lato)도 빠뜨릴 수 없는 음식으로 코코넛 식초 드레싱과 궁합이 잘 맞는다. 필리핀 기념품으로는 훈제 다랑어 뱃살과 염소젖으로 만든 '파스틸리아스(pastillas, 필리핀 유과)'가 좋다.

When to go 12월부터 이듬해 3월까지가 비교적 선선하고 습도도 낮다. 6월부터 10월까지 우기에는 축축하고 홍수가 나기 쉬우므로 피하는 게 좋다. 시장은 1년 내내 토요일 오전 7시부터 오후 2시까지 열린다.

Planning 시장이 열리는 장소는 마카티 시티(마닐라의 중심 업무 지구)에 있는 '하이메 벨라스케스 공원(Jaime Velasquez Park)'이다.

Websites www.philtourism.gov.ph

살세도의 대안 시장

■ 살세도 시장의 분신이라 할 만한 떠들썩한 아침 시장(오전 6시~오후 1시)이 마닐라 시내에서 20분 정도 떨어진 케손 시의 필리핀 폐질환 센터 부지에서 일요일마다 열린다. 살세도 시장에 비해 점포가 2배나 많고, 손님도 4배나 더 몰린다. 싱싱한 농산물과 육류, 생선, 적당한 가격의 필리핀 공예품 등 없는 게 없다. 이곳에서 맛볼 수 있는 지역 특선 음식으로는 네그로스식 룸피앙 우보드(lumpiang ubod, 싱싱한 야자순이 들어 있는 스프링롤), 비빙카(bibinka, 치즈를 얹어 먹는 쌀가루 팬케이크), 바라코(barako, 필리핀 남부 루손 섬에서 재배한 커피) 등이 있다.

태국의 전통 수상시장에는 음식을 조리하는 요리사들과 싱싱한 농산물을 파는 상인들이 한데 섞여 있다.

태국

담넌 싸두악 수상시장 *Damnoen Saduak*

태국에서 가장 분주한 수상시장에서 다채로운 음식의 풍미를 체험해 보자.

    그린 파파야와 난꽃 화환을 잔뜩 실은 삼판(sampan, 바닥이 판판한 거룻배)이 이른 새벽 물살을 가르며 미끄러지듯 나아간다. 클롱(klong, 운하)의 비단 같은 물에는 잔물결조차 거의 일지 않는다. 개 짖는 소리와 새 우는 소리만이 들려온다. 장을 보러 온 주부들이 운하 가장자리의 잔교(棧橋) 위로 조심조심 내려와 배에 타고 있는 장사꾼과 생필품을 놓고 흥정을 하는 모습이 보인다. 그리고 몇 분 뒤 배들이 미로 같은 수로를 따라 일제히 노를 저어 수상시장 운하로 향한다.

방콕에서 서쪽으로 1백 킬로미터쯤 떨어져 있는 담넌 싸두악 수상시장은 지역민들, 맛있는 음식을 찾는 방문객들 그리고 과수원과 텃밭에서 가꾼 과일과 채소를 팔러 돌아다니는 시골 아낙들이 만나는 장소다. 이국적인 과일이 가득하고, 비타민이 풍부한 채소는 탐스럽다. 태국가지와 줄콩, 연근, 죽순, 물시금치, 무, 꼬마옥수수 등도 있다.

배 위에 조리 도구를 갖춰 놓은 수상 주방에서 음식 볶는 고소한 냄새와 연기가 공기 중에 진동한다. 바나나 잎으로 감싼 음식을 먹거나, 현지인들과 한데 섞여 얼큰한 수프와 국수 또는 꼬치구이 아니면 동그란 어묵이나 두부, 새우를 곁들인 쌀밥을 즐겨 보자. 어떤 음식을 먹든지 레몬그라스와 고수, 라임, 생강, 타마린드의 톡 쏘는 맛과 많은 양의 코코넛밀크가 들어간다는 사실을 잊지 말자.

When to go 11월부터 이듬해 3월까지가 기온이 쾌적하며 대체로 비도 적게 온다.

Planning 수상시장은 매일 오전 8시부터 오전 11시까지 영업한다. 수상시장을 제대로 체험하려면 되도록 아침 일찍 담넌 싸두악으로 출발하는 게 좋다. 단체 관광객들이 도착하면 기념품 판매점들 탓에 어수선해진다. 방콕 남부 버스 터미널에서 오전 6시에 출발하는 담넌 싸두악행 첫 차를 타고 2시간 30분 정도 가면 된다. 도착하면 삼판을 타고 둘러보자. 배 뒷부분에 앉으면 구경하기에는 가장 좋지만 물에 젖을 것을 각오해야 한다.

Websites www.amazing-thailand.com/FandD.html, www.bangkok.com, www.thailand-huahin.com

태국식 오이 샐러드

■ 오이 샐러드는 꼬치구이나 매콤한 육류 요리를 먹을 때 개운한 맛을 더해 준다.

■ 재료(4인분)

식초 225ml
소금 1/4작은술
설탕 2작은술
오이 2개
곱게 다진 샬롯(양파의 일종) 2개
쥐똥고추 1개 (씨를 털어내고 어슷하게 썰어서 준비)
빨간 피망 1/2개 (네모지게 썰어서 준비)
고수 다진 것 1작은술
다진 땅콩 2작은술

1. 식초와 소금, 설탕을 작은 냄비에 넣는다. 설탕과 소금이 녹아서 소스가 약간 걸쭉해질 때까지 중불에 끓인 후 식힌다.

2. 오이를 씻어서 세로로 4등분한다. 얇게 썰어서 샬롯, 고추와 함께 샐러드 그릇에 담는다.

3. 식탁에 내기 직전에 샐러드 위에 소스를 뿌리고 버무린다. 다진 고수와 땅콩을 곁들인다.

말레이시아

라마단 시장 Ramadan Markets

라마단 금식이 끝난 뒤 쿠알라룸푸르의 길거리 시장에서 최고의 말레이 음식 몇 가지를 먹어 보자.

이슬람교의 금식월인 라마단 기간이 되면 말레이시아의 최대 도시 쿠알라룸푸르는 길거리 음식의 메카로 탈바꿈한다. 주차장과 골목과 길가에 음식을 파는 시장이 우후죽순처럼 수십 군데 들어서기 때문이다. 매일 오후 3시 30분쯤 되면 노련한 외식 전문가에서 솜씨 좋은 주부까지 수백 명이 시장에 나와 음식을 판다. 그들은 매대 위에 고추 소스로 양념한 멕시코 감자와 홍당무로 속을 채운 부드러운 스프링롤인 포피아(popiah), 기름진 코코넛밀크가 주재료인 무지개빛 푸딩 과자인 쿠이 탈람(kuih talam)을

가지런히 쌓여 있는 간식용 꼬치들이 하루 동안의 금식을 마친 배고픈 손님들을 유혹한다.

수북하게 쌓아 놓는다. 또 정향·계피·육두구·매콤한 베트남 고수잎의 향기가 감도는 고기 쌀죽인 부부르(bubur)도 통에 담아 내놓는다.

일부 상인들의 머리 위로 구름 같은 연기가 솟아 오르는 모습이 보인다. 고추와 코코넛 소스에 재운 닭고기 바비큐인 아얌 퍼칙(ayam percik), 양념한 생선 반죽을 바나나 잎으로 싸서 꼬치에 꿴 요리인 사타르(satar), 아주 매운 삼발(sambal, 고추 소스)에 재운 생선 요리인 이칸 바카르(ikan bakar)를 바나나 잎에 올려서 굽고 있는 것이다. 다른 상인들은 수북이 쌓아 둔 넙적한 쌀국수를 커다란 철판 위에서 볶는다.

오후 6시 30분 무렵, 부카 푸아사(buka puasa, 금식 해제)를 앞두고 시장은 군중들로 붐비고 분위기는 들떠 있다. 30분 뒤 금식이 완전히 끝나면 방문객은 이제 쿠알라룸푸르의 다른 라마단 시장 중 어떤 곳을 방문할지 결정할 일만 남는다.

When to go 매년 이슬람 태음력의 9월은 그 전년도보다 약 10일 일찍 시작된다. 라마단 시장은 이슬람 태음력 9월에 쿠알라룸푸르를 비롯한 말레이시아 전역에서 날마다 오후 4시 정도에 열리고 금식이 끝난 직후 파장한다.

Planning 시장의 수와 규모, 위치는 해마다 다르다. 자세한 시장 명단은 말레이시아의 주요 영자 신문들인 〈뉴 스트레이츠 *New Straits*〉와 〈더 스타 *The Star*〉의 웹사이트에 가면 찾을 수 있고, 쿠알라룸푸르 시청(DBKL)에서도 구할 수 있다. 구입한 음식은 인근 이슬람 사원에서 금식이 끝났음을 알리는 소리가 날 때까지 또는 호텔에 도착할 때까지 먹어서는 안 된다. 대다수 상인들은 손님이 요청하면 일회용 포크와 숟가락을 준다. 여성은 배꼽티, 핫팬츠, 미니스커트 등 노출이 심한 복장을 삼가야 한다.

Websites nst.com.my, thestar.com.my

라마단 시장의 요리들

- 가장 맛있는 말레이시아 음식은 가정식이라고들 한다. 라마단 시장에 나온 상인들은 다수가 가정주부이기 때문에 라마단 시장은 진짜 말레이시아 가정 요리를 맛볼 수 있는 좋은 기회를 제공한다.

- '케라부(kerabu)'는 활력을 주는 야생 양치식물의 새순부터 잘게 썬 그린망고에 이르기까지 다양한 재료로 만든 샐러드다. 코코넛밀크와 고추, 생선 소스, 라임 주스를 드레싱으로 곁들여 먹는다.

- '달차(dalca)'는 코코넛밀크와 고추, 강황을 넣고 스튜처럼 끓인 음식이다.

- '렌당(rendang)'은 닭고기나 소고기에 레몬그라스, 고추, 코코넛밀크, 정향·육두구·메이스(육두구 씨 껍질을 말린 향신료) 같이 성질이 따뜻한 향신료들을 넣고 고기가 부드러워질 때까지 끓인 요리다.

터키

이스탄불의 발륵 파자르 *Balik Pazari, Istanbul*

이스탄불의 실내 어시장은 터키에서 가장 좋은 생선과 조개류를
판매하는 것으로 정평이 나 있다.

'어시장'을 뜻하는 발륵 파자르(Balik Pazari)는 이스탄불의 활기 넘치는 베요글루(Beyoğlu) 지구에 속한 치첵 파사즈(Çiçek Pasajı), 즉 '꽃길'이라는 뜻의 이름을 가진 거리 근처에 있다. 이 어시장에는 은빛 고등어들이 마치 사열하는 군인들처럼 머리부터 꼬리까지 가지런히 줄을 맞춰 얼음 위에 놓여 있다. 에게 해에서 잡은 분홍빛이 도는 납작한 가자미들이 묵직한 금속 갈고리에 꿰인 채 걸려 있다. 생선 가게들은 보스포루스 해

발륵 파자르에 진열된 생선들은 현지 주민과 방문객은 물론 이스탄불의 최고 요리사들까지 끌어모은다.

협에서 잡은 가다랑어와 전갱이, 에게 해와 지중해가 만나는 터키의 항구 도시 보드룸(Bodrum)의 푸른 바다에서 잡은 주먹만한 문어 등 풍요로운 바다의 제철 해산물을 진열해 놓았다.

"오늘은 레브레크(levrek, 농어)가 물이 좋아요!" 콧수염을 말아 올린 발륵츠(balıkçı, 생선장수)가 지중해 생선을 또 한 상자 내리며 소리친다. 굵은 소금을 뿌려서 통째로 구워 먹는 농어구이는 터키의 대표 요리다. 테세튀르(tesettür, 머릿수건과 길고 가벼운 겉옷으로 된 전통 복장)를 입은 무슬림 여성들이 바로 뒤에 어린 아이들을 이끌고 그날 잡힌 생선들을 살펴본다. 이스탄불의 일류 식당에서 나온 요리사들도 보인다. 올리브유가 담긴 솥에서 지글거리는 홍합의 감질나는 냄새가 다양한 메제(meze, 전채요리)를 살펴보는 손님들을 유혹한다.

시장을 찾는 방문객들은 또한 싱싱한 농산물을 파는 뒤캰(dükkân, 소규모 식료품상)과 터키의 전통 술집인 메이하네(meyhane)가 뒤섞여 있는 다채로운 광경도 보게 될 것이다. 이 전통 술집에서는 라키(아니스 향이 나는 식전주)와 여러 가지 다른 술들을 마시며 모둠으로 나오는 메제를 맛볼 수 있다.

When to go 1년 내내 문을 열지만, 봄과 가을에 가야 날씨가 쾌적하다.

Planning 어시장은 새벽녘부터 해가 질 때까지 영업하며, 기도 시간에는 비교적 덜 붐빈다. 시장을 둘러보는 데 한 시간 남짓 잡아야 한다. 발륵 파자르에 있는 메이하네 중 한 곳에서 식사를 해보자.

Websites www.tourismturkey.org, www.turkeytravelplanner.com

터키 사람처럼 식사하기

■ 저녁에 메이하네에 가면 음주와 식사를 할 수 있다. 식사는 여러 가지 메제로 시작한다. 웨이터가 요리를 몇 가지 내오는데, 접시에는 각각 두세 명이 먹을 만큼 음식이 담겨 있다. 모든 사람이 시식하고 싶다고 하면 조금 더 준다.

■ 식사는 일반적으로 채식 위주의 차가운 메제인 치즈나 요구르트 식품, 퓌레(야채 따위를 갈아서 채로 걸러 걸쭉하게 만든 음식) 형태의 소스에 넙적한 터키 빵인 피데(pide)가 함께 나오거나 간혹 새우나 문어, 다른 해산물이 나오기도 한다. 그 다음에는 뜨거운 메제인 오징어 튀김이나 새끼양 간 소테(적은 기름이나 버터 등으로 살짝 튀긴 요리) 등이 나오고, 이어서 구운 소고기나 양고기, 닭고기 또는 생선이 한 사람 앞에 하나씩 앙트레(entrée, 주요리)로 나온다.

■ 디저트로는 흔히 바클라바와 카다예프(kadayıf, 페이스트리), 제철 과일 모둠이 나오는데, 터키식 커피를 곁들여 먹는다.

TOP 10

추억을 파는 사탕 가게
Old-Fashioned Candy Stores

알록달록한 색깔에 다채로운 모양의 사탕이 즐비한 상점에서
어린 시절로 추억 여행을 떠나 보자.

❶ 오른즈 캔디 스토어 Orne's Candy Store 미국 메인 주

1885년 소박한 어촌에 목조 건물로 세워진 이 가게는 유리와 나무로 만든 오래된 진열장에 수제 초콜릿과 사탕 등을 담아 놓고 판다. 가장 유명한 제품은 다양한 맛을 자랑하는 '퍼지(fudge)'다.

Planning 어머니날(5월 둘째 일요일)부터 10월 중순까지 매일 영업한다.
www.ornescandystore.com

❷ 이코노미 캔디 Economy Candy 미국 뉴욕 주

1937년에 문을 연 이 가게는 사탕을 무게로 달아 팔며, 목걸이 사탕과 담배 사탕 등 구하기 힘든 미국과 유럽의 사탕들이 있다.

Planning 맨해튼 로우어이스트사이트에 있는 리빙스톤 가 108번지에 자리 잡고 있다. www.economycandy.com

❸ 간테왈라 할와이 Ghantewala Halwai 인도 델리

인도에서 가장 오래된 과자점으로 찬드니 초크에 위치해 있다. 1790년 이래로 7대에 걸쳐 운영하고 있다. 건과일과 식물의 새싹, 설탕으로 만든 소한 할와(sohan halwa)로 유명하다.

Planning 오전 8시부터 밤 9시까지 문을 연다. www.ghantewala.com

❹ 알리 무히딘 하즈 베키르 Ali Muhiddin Hacı Bekir 터키 이스탄불

1777년에 하즈 베키르가 부드럽고 달콤한 핑크색 젤리 같은 정육면체 모양의 라하트 로쿰(rahat lokum)을 선보였다. 19세기까지 유럽의 여행자들은 이 사탕 과자를 '터키시 딜라이트'라고 불렀다. 지금은 사과, 생강, 계피 등으로 맛을 낸 다양한 사탕을 만들어 판다.

Planning 에미노뉴 하미디에 자데시 83번지에 있다. www.hacibekir.com.tr

❺ 아 라 메르 드 파미유 A La Mere de Famille 프랑스 파리

1761년 몽마르트에서 문을 연 이곳은 파리에서 가장 오래되고 명망 있는 제과업체다. 프로방스 지방의 칼리송(calissons, 사탕을 입혀서 얼린 과일)과

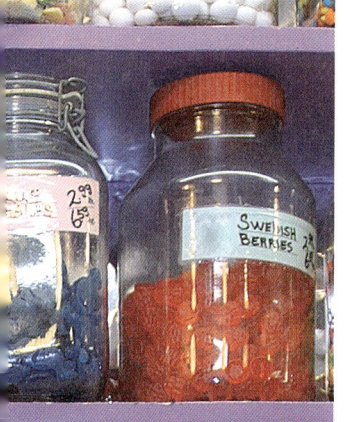

베르랭고(berlingots, 뒤틀린 모양의 막대 사탕)를 비롯하여 프랑스 여러 지역의 특제 과자 수백 가지를 판매한다.

Planning 몽마르트 뤼 뒤 포부르 35번지에 자리 잡고 있다.
www.parisinfo.com

❻ 콩피즈리 트메르망 Confiserie Temmerman 벨기에 겐트

1800년대로 돌아간 듯한 이 가게에는 특이하게 생긴 사탕이 있다. 라즈베리잼이 가득 들어 있는 코 모양 캔디 '퀴베르동(cuberdons)'이다. 소금을 묻힌 감초 사탕도 인기 있는 제품이다.

Planning 크랑레(Kraanlei) 79번지에 자리 잡고 있다.
www.visitflanders.co.uk

❼ 잉글랜드에서 가장 오래된 사탕 가게
The Oldest Sweet Shop in England 잉글랜드 노스요크셔 주

아름다운 전원에 둘러싸인 페이틀리브리지에 위치한 이 사탕 가게는 1827년에 문을 열었다. 가게 안에는 버터스카치 껌, 박하사탕 등 사탕이 가득 담긴 유리병들이 가지런히 놓여 있다.

Planning 수요일부터 일요일까지 문을 열며 공휴일에도 영업한다.
www.oldestsweetshop.co.uk

❽ 미시즈 키블즈 올드 스위트 숍
Mrs Kibble's Olde Sweet Shoppe 잉글랜드 런던

이 작은 가게는 180종이 넘는 사탕들을 판다. 설탕으로 만든 생쥐, 루바브·커스터드 사탕 등 옛날식 사탕을 판다.

Planning www.visitlondon.com

❾ 투론 공장 Turrón factory 스페인 히호나

구운 아몬드, 설탕, 벌꿀, 달걀 흰자로 만드는 투론은 오래전부터 알리칸테 지역 히호나(Jijona) 마을의 경제에 큰 보탬이 되어 왔다. 박물관이 딸린 투론 공장에서 생산 과정을 견학할 수 있다.

Planning 박물관은 알리칸테에서 북쪽으로 29킬로미터 떨어진 히호나 마을 외곽에 있으며 거의 매일 개방한다. www.museodelturron.com

❿ 라비올레타 La Violeta 스페인 마드리드

1915년에 설립된 이 가게는 제비꽃으로 만든 제품들을 판매한다. 제비꽃 에센스로 만든 사탕인 '비올레타(violeta)'는 마드리드 특산품이다.

Planning 푸에르타 델 솔(Puerta del sol) 부근에 있는 플라자 데 카날레하스(Plaza de Canalejas) 6번지에 있다. www.turismomadrid.es

| 인도 |

올드 델리의 찬드니 초크 Old Delhi's Chandni Chowk

델리의 '올드 시티'에 있는 이 활기 넘치는 시장은
전통 인도 음식을 찾는 사람이라면 누구나 가봐야 할 곳이다.

    찬드니 초크는 '달빛 비치는 거리'라는 뜻으로, 중세 도시 올드 델리의 중심부를 관통하는 부산스러운 대로다. 무굴 제국의 샤 자한(Sha Jahan) 황제가 건설했으며, 17세기 이래 올드 델리에서 가장 분주하고 다채로운 시장 중 한 곳으로 자리 잡았다. 전자계산기부터 새장에 이르기까지, 온갖 물건을 파는 노점상들이 줄지어 있는 이 거리와 그에 딸린 수많은 뒷골목들에서는 수천 가지의 전통 인도 음식을 제대로 맛볼 수 있다. 양념한 렌즈콩이나 감자에 녹두 가루를 입힌 짭짤한 도넛 종류로, 와다(vada, 기름으로 튀긴 조그만 빵)처럼 생긴 '챠트(chaat)'를 찾아보자. 또는 속이 텅 빈 바삭바삭한 빵에 카레를 채

찬드니 초크의 시장은 분주한 대로이기도 하다.

찬드니 초크에서는 보기 드물게 한가한 순간.

운 '파니 푸리(pani puri, '푸츠카'라고도 부름)'를 먹어 보자. 이 지역에는 인도에서 가장 오래된 사탕 가게도 여럿 있는데, 가게 주인들이 수백 년 동안 사탕 제조법을 대물림하고 있다. 짤주머니에 든 반죽을 원 모양으로 짜서 버터 기름에 노릇하게 튀긴 다음 달콤한 시럽을 뿌린 끈적끈적한 잘레비(jalebis)는 이 지역의 명물 음식이다. 고추가 들어간 매운 음식을 먹고 난 뒤에는 짭짤한 요구르트 음료인 남킨 라시(namkeen lassi)를 주문해서 입가심을 하는 것도 좋다.

사람, 염소, 삼륜 자전거, 수송아지가 끄는 마차가 뒤섞여서 이리 밀치고 저리 치이는 혼잡한 거리를 다니며 노점에서 옷가지와 보석, 기념품을 골라 보자. 쇼핑이 끝나면 시간을 내어 샛길에 즐비하게 늘어서 있는 유서 깊은 저택들을 둘러보거나, 찬드니 초크 외곽에 있는 여러 성스러운 신전들을 방문해 보자. 인도 최대의 이슬람 사원인 자마 마스지드(Jama Masjid)와 '붉은 성채'라는 뜻의 레드포트(Red Fort)는 꼭 가봐야 한다. 두 곳 모두 가까운 거리에 있다.

When to go 찬드니 초크는 오전 10시부터 오후 4시까지 영업한다. 일요일에는 많은 노점들이 문을 닫는다. 국경일과 종교 축일에는 가지 않는 게 좋다. 사람들이 너무 많아 발 디딜 틈도 없기 때문이다.

Planning 찬드니 초크의 왁자지껄함과 냄새, 소리 등 모든 것을 체험할 수 있는 가장 좋은 방법 중 하나는 삼륜 자전거를 타는 것이다. 시장 길 건너편에 있는 레드포트에서 자전거 수백 대가 손님을 기다리고 있다. 운전수에게 맛있는 음식을 파는 노점을 추천해 달라고 부탁하자. 노점상들이 수시로 자리를 옮겨 다니기 때문에 현지 사정에 밝은 사람이 있으면 큰 도움이 된다.

Websites www.ghantewala.com

찬드니 초크 특선 음식

■ 찬드니 초크 바로 남쪽에 벽으로 둘러싸인 도시 안에는 자이나 교 사원이 몇 개 있다. 이곳엔 채식주의를 엄격히 지키는 자이나 교도들이 살고 있으며, 이 지역 식당들은 이 도시에서 가장 훌륭한 채식주의 요리들을 만들어 판다.

■ 찬드니 초크에서 뻗어 나온 골목길인 파라타 왈리 갈리(Paratha Wali Gali)를 찾아보자. 이곳에 있는 가게 대다수가 '파라타'를 전문으로 취급한다. 파라타는 잘 섞은 양념을 얹은 다음 접어서 먹는 둥글넙적한 빵이다.

■ 레드포트 근처의 파테푸르 초크(Fatehpur Chowk)에 있는 '지아니 아이스크림' 가게는 '라브리 팔루다(rabri falooda)'로 유명하다. 이것은 소두구 향이 나는 진하고 달콤한 우유에 국수와 견과류를 넣은 얼음처럼 차가운 음식이다.

■ 델리 사람들이 가장 좋아하는 길거리 음식인 챠트를 맛보려면 시리 발라지 챠트 반다르(Shree Balaji Chaat Bhandar)나 랄라 바부 챠트 반다르(Lala Babu Chaat Bandar) 또는 나트라지 카페(Natraj Café)에 들러 보자.

스페인

메르카트 데 라 보케리아 *Mercat de la Boqueria*

바르셀로나의 주요 해안 산책로에서 약간 벗어난 곳에 있는
라스 람블라스(Las Ramblas)는 미식의 전당으로 들어가는 문이다.

흔히 '라 보케리아'로 알려져 있는 산 호셉 시장은 바르셀로나의 심장부이자 유럽에서 가장 유명한 시장 중 하나다. 이곳의 다양한 색채와 소음, 규모에 처음 찾는 방문객은 잊지 못할 경험을 하게 될 것이다. 이곳에서는 피미엔토스 데 파드론(pimientos de padrón, 작은 피망), 바칼라오(bacalao, 대구 자반), 카탈루냐 지방의 돼지고기 소시지인 푸에트(fuet) 같은 지역 특산물부터 타조알 같은 이국적인 식품에 이르기까지 3만 종류가 넘는 식품이 판매되고 있다. 육류와 돼지고기 조리 식품, 어패류, 견과류, 과일과 채소, 초콜릿, 치즈까지 그야말로 없는 것이 없으며 품질 역시 뛰어나다.

바르셀로나의 유서 깊은 라 보케리아 시장에는 풍성한 먹을거리가 있다.

키오스코의 훌륭한 재료가 되는 싱싱한 채소들.

바르셀로나에서 미슐랭 별에 빛나는 요리사들 가운데 대다수가 이곳에서 농산물을 구입한다. 그러나 라 보케리아의 진짜 보물은 수많은 '키오스코(kiosko)', 즉 음식을 파는 조그만 매점들이다. 키오스코는 쿠이나 데 메르카트(cuina de mercat, 시장 요리)가 탄생한 곳이며, 라 보케리아 시장에서 사온 신선한 재료를 쓴다. 키오스코에서 파는 음식은 맛이 최고일 뿐만 아니라 가격도 저렴하다. 손님들은 작은 부엌을 둘러싼 U자 모양 카운터에서 등받이가 없는 의자에 앉아 카탈루냐의 별미들이 빠른 속도로 나오는 걸 지켜본다.

현지인들이 즐겨 찾는 키오스코로는 '엘 피놋소(El Pinotxo)', '엘 큄(El Quim)', '바 보케리아(Bar Boqueria)' 등이 있다. 키오스코에서 와인에 찐 조개, 병아리콩과 순대, 달걀을 넣고 마늘과 올리브유에 살짝 볶은 야들야들한 꼴뚜기, 어딜 가나 보이는 카탈루냐 지방의 주식인 파 암브 토마케트(pa amb tomàquet, 토마토를 문지른 토스트) 등 군침 도는 음식들을 먹으며 스페인산 스파클링 와인인 시원한 카바(Cava)도 한 잔 곁들여 보자.

When to go 연중 언제 가도 좋지만 여름의 더위와 군중을 피하고 싶다면 봄에 가자. 시장은 월요일부터 토요일, 오전 8시부터 문을 연다.

Planning 시간을 넉넉히 내어 적어도 한두 시간은 매점 구경도 하고 간식이나 식사를 즐겨 보도록 한다. 라 보케리아는 바르셀로나 바리 고틱(Barri Gòtic)의 중심부에 있다. 시장 밖에는 밀크바가 많이 있어서 커피나 아주 진한 핫초코를 페이스트리와 함께 먹을 수 있다. 라스 람블라스의 아르데코 건물에 있는 에스크리바(Escriba)에도 가보자.

Websites www.boqueria.info, www.viator.com, www.travel-toe.com, www.saboroso.com

파 암브 토마케트

■ 파 암브 토마케트는 바르셀로나의 대표 음식이다. 단독으로 먹거나 코스 요리의 첫 음식으로 먹는다. 앤초비(멸치)와 볶은 채소, 살라미 소시지, 햄, 또는 다른 염장육을 함께 곁들이기도 한다.

■ 재료(2인분)

발효시킨 산성 반죽이나 빵 2개
마늘 1쪽
잘 익은 토마토 1개
올리브유, 천일염

1. 빵은 짙은 갈색이 될 때까지 굽는다. 마늘을 쓴다면 껍질을 까서 반으로 자른 뒤 빵 위에 문질러서 맛을 낸다. 남은 마늘은 버린다.

2. 토마토를 반으로 잘라 한쪽을 빵에 대고 문지른다. 빵이 약간 딱딱하게 잘 구워지면 토마토를 문지를 때 강판 구실을 할 것이다. 문지르면서 빵이 눅눅해지고 토마토는 껍질만 남게 된다. 껍질은 버린다.

3. 빵에 올리브유 약간과 천일염을 뿌린다. 남은 빵 한 조각에도 같은 과정을 되풀이한다.

델리홀은 쇼핑과 더불어 사람 구경하기에 좋은 장소다.

오스트레일리아

퀸 빅토리아 시장 <i>Queen Victoria Market</i>

세계적으로 훌륭한 미식 도시 멜번에 있는 드넓은 시장에 들러
커피를 마시거나 하루 종일 시장 곳곳을 돌아다녀 보자.

멜번에서 음식은 아주 중요하다. 1878년부터 시내 서북단에 줄지어 서 있는 여러 옛 건물에 자리 잡은 이 커다란 시장은 미식가들에게는 지상 천국이나 다름없다. 맛있는 파이와 크로아상, 바클라바, 초콜릿, 브라트부르스트(구운 돼지고기 소시지), 스시 등을 즐기는 사람들에게도 마찬가지다. 멜번 주민들은 음식 문화에 관한 한 취향이 세련되었

다. 그들이 사는 곳이 오스트레일리아의 다른 도시들보다 더 많은 이민자들을 계속해서 받아들인 결과다. 그리스, 중국, 크로아티아, 베트남, 이탈리아, 인도, 레바논 등지에서 온 수많은 이민자들은 그들만의 요리 문화도 가지고 왔다. 이 다양한 요리법이 현지에서 구할 수 있는 신선한 농산물과 결합하여 독특하면서도 뛰어난 음식이라는 확고한 전통을 만들어 냈다. 따라서 유서 깊은 퀸 빅토리아 시장의 여러 매장에서는 이 영광스러운 유산을 직접 눈으로 확인할 수 있다.

시장 안에는 가격이 만만찮지만 고급스러운 델리커트슨들이 있다. 싱싱한 현지 농산물을 매대가 무너질 듯 잔뜩 진열해 놓은 모습이 인상적이다. 또한 고소한 치즈, 달콤한 와인, 감미로운 과일과 채소, 맛있는 빵과 과자 등 일일이 나열하기도 어려울 정도로 다양한 식품들이 있다. 퀸 빅토리아 시장은 점심을 먹거나, 하루 중 아무 때라도 간식을 사러 들르거나, 아니면 그냥 돌아다니며 구경만 해도 좋은 곳이다. 세계 어디에 내놓아도 빠지지 않는 맛의 도시의 품격과 정수를 경험해 보자.

When to go 시장은 화요일, 목~일요일에 문을 연다. 영업 시간은 요일에 따라 다르며 공휴일에는 문을 닫는다. 미리 확인하고 가도록 한다.

Planning 멜번의 좋은 점 중 하나는 도시가 아담하다는 것이다. 따라서 퀸 빅토리아 시장은 도심의 가장자리에 있지만 멜번센트럴 역에서 금방 걸어갈 수 있는 거리에 있다. 시장은 여러 건물과 판매관에 걸쳐 있다. 주요 식품 코너는 엘리자베스 스트리트(Elizabeth Street)와 퀸 스트리트(Queen Street)에 자리 잡고 있으며 시장 투어도 할 수 있다. 대략 2시간 정도 소요되며 사전에 예약해야 한다.

Websites www.qvm.com.au

퀸 빅토리아 시장의 명소

- 퀸 빅토리아 시장에서 많은 이들이 가장 즐겨 찾는 지역은 델리홀(Deli Hall)이다. 이곳에는 식품 판매점을 비롯하여 빵, 올리브유, 치즈, 와인, 파스타, 커피를 전문으로 취급하는 특제품 판매대가 17개나 있다.

- 푸드코트는 현대에 와서 생겼는데, 바쁜 시간을 쪼개어 간식을 먹거나 푸짐한 식사를 즐기기에 아주 좋다. 포장 주문도 가능하다.

- 미트홀(Meat Hall)에는 최상급 정육점들과 생선 가게들이 있다.

- 엘리자베스 스트리트 상점가는 몇몇 미식 카페와 전문 상점이 늘어서 있는 유쾌한 19세기풍 쇼핑가다.

프라하의 크리스마스 시장들은 소형 전구 수천 개로 불을 밝히고 가장 아름다운 몇몇 건물을 배경 삼아 아련히 반짝인다.

체코공화국

프라하의 크리스마스 시장 *Christmas Fair in Prague*

해마다 겨울이 되면 체코공화국의 수도 프라하에서는
유럽에서 가장 분위기 좋은 크리스마스 시장이 몇 군데 열린다.

고딕 양식 건축물과 얼음처럼 맑은 겨울빛을 자랑하는 프라하는 전통적인 축제 기분을 내기에 이상적인 장소다. 불쑥 솟은 성당과 거대한 시계탑 사이에 자리 잡은 구시가지 광장에는 커다란 크리스마스 트리와 나무로 만든 예수 탄생 장면 주변으로 12월 내내 수많은 노점이 들어선다. 구시가지의 다른 광장들에도 크리스마스 시장이 열리는

데, 시장에는 저마다 경사진 지붕으로 덮인 아늑한 목조 매점이 줄지어 늘어서 있다. 상인들은 유리와 나무, 짚으로 만든 온갖 장식품을 비롯하여 꼭두각시 인형이나 자작나무 상자, 안경과 같은 수공예품을 판매한다.

크리스마스 철에만 나오는 현지 별미들도 맛볼 수 있는데, 그중 대부분은 손님이 보는 앞에서 직접 만들어 주는 것들이다. 설탕과 향신료를 넣어서 뜨겁게 데운 와인으로 몸을 녹이며 시장을 둘러보거나, 꿀로 만든 달콤한 체코식 리큐어(설탕과 식물성 향료 따위를 섞어서 만든 독주)인 '메도비나(medovina)'를 시음해 보자. 또 생강빵과 아몬드 케이크, 아몬드와 설탕 가루를 찍어 먹는 둥근 고리 모양의 달콤한 빵인 '트르들로(trdlo)'도 먹어 보자. 정교하게 장식된 생강빵, 설탕을 입힌 아몬드, 형틀로 모양을 찍어 낸 마지팬(설탕, 아몬드, 달걀 등으로 만든 반죽), 향신료가 들어간 쿠키 등 선물로 줄 만한 음식도 매우 많다. 매년 크리스마스가 다가오면 프라하는 동화에서 그대로 튀어나온 듯한 도시가 된다.

크리스마스 공연

■ 12월 내내 프라하의 구시가지에서는 전 세계에서 온 여러 합창단과 악단이 공연을 펼친다. 특히, 체코 공화국 방방곡곡에서 올라온 어린이들이 아름다운 전통 의상을 입고 크리스마스 캐롤을 부르고 춤을 추는 공연은 매혹적이다. 크리스마스 시장은 저녁에 분위기가 가장 좋다.

When to go 프라하의 크리스마스 시장들은 크리스마스이브 4주 전 토요일부터 이듬해 1월 1일까지, 오전 9시부터 저녁 7시 사이에 열린다.

Planning 규모가 가장 큰 시장 두 곳은 각각 노점 수가 80개 정도이며, 구시가지 광장과 웬체슬라스 광장(Wenceslas Square)에서 열린다. 하지만 트르지스테(Trziste)와 나메스티 레푸블리키(Náměstí Republiky)에 가면 규모가 더 작은 크리스마스 시장들도 볼 수 있다. 모든 시장들이 서로 걸어서 10분이면 닿는 거리에 있다. 호텔은 구시가지에서 구하는 게 좋다. 구시가지에 있으면 프라하의 거의 모든 주요 명소를 산책하듯 걸어갈 수 있기 때문이다.

Websites www.prague.net, www.pragueexperience.com

리알토 어시장은 아침 일찍 가야 생선이 싱싱하고 종류도 가장 많다.

이탈리아

리알토 어시장 *Rialto Fish Market*

베네치아의 다채롭고 떠들썩한 식료품 시장들은 대운하에 세워진
리알토 다리에서 금방 걸어갈 수 있는 거리에 있다.

    갈매기들이 하늘을 날고 모터보트 여러 대가 물살을 가르는 풍경 때문에 바닷가에 온 듯한 착각을 할 수도 있다. 그러나 이곳은 유명한 리알토 어시장이다. 줄지어 선 기둥 위로 지붕이 덮여 있는 어시장은 세계에서 가장 아름다운 도시 중 하나인 베네치아에 있다. 7시도 채 되지 않은 이른 아침, 싱싱하게 반짝이는 생선들이 끊임없이 작업대

위로 퍼덕이며 떨어진다. 이곳에는 우리가 떠올릴 수 있는 모든 생선과 갑각류가 있다. 또한 양동이에서 몸부림치는 검은 뱀장어, 보랏빛 문어인 모스카르디니(moscardini), 베네치아 사람들이 특히 좋아하는 오징어와 카노케(canocche, 새우와 게의 교배종), 스키에(schie, 석호에서 자라는 작은 새우) 등 보기 드문 생선 종류도 있다.

이곳에서는 5백 년이 넘게 생선 거래가 이루어져 왔으며, 아직도 지역 주민들이 매일 장을 보러 온다. 시장 벽면 가운데 한 곳에는 생선의 규격을 알려 주는 오래된 명판이 있다. 그리고 마치 석호에 이는 물결처럼 시장도 매 분마다 손님이 차고 빠지며 끊임없이 분위기가 바뀐다. 생선 장수들이 임시 작업대에서 솜씨 좋게 생선 살을 발라내면서 손님에게 큰소리로 말하는 통에 귀가 따가울 수도 있다.

정오 무렵이면 사람들이 엄청나게 모여들어 북새통을 이루지만 이런 부산함도 오래가지 않는다. 한 시간 만에 모든 상황이 종료되어 판매대들은 텅 비고 작업대와 사람들은 사라진다. 남은 거라곤 생선 찌꺼기를 먹으려고 달려드는 갈매기들뿐이다.

When to go 화요일부터 토요일, 오전 7시부터 오후 1시까지 영업한다. 인파에 시달리지 않으려면 일찍 도착해야 한다. 일반적으로 더위와 인파를 모두 피하려면 여름철 베네치아 여행을 삼가는 게 좋다.

Planning 어시장은 1시간이면 충분히 둘러볼 수 있지만, 내친김에 인접한 청과물 시장인 에르베리아(Erberia)에도 가보자. 베네치아와 그 주변 지역을 둘러보려면 적어도 일주일은 바쁘게 다녀야 한다.

Websites www.yourfriendinvenice.com, www.deliciousitaly.com, www.venicevenetogourmet.com

베네치아의 생선 요리

■ 캄포 델레 베카리에(Campo delle Beccarie)에서 다닥다닥 붙어 있는 노점들을 방문해 보자. 생선 자반, 통조림, 훈제 생선, 병에 담은 오징어 먹물을 살 수 있다.

■ 리알토 어시장 가까이 있는 '트라토리아 알라 마돈나(Trattoria alla Madonna)'에서 점심을 꼭 먹어 보자. 이 식당은 베네치아에서 가장 유명한 생선 요리 전문점이다. 이 집의 해물 리소토는 베네치아에서 가장 맛있는 리소토 중 하나다.

■ 리알토 다리 근처에 있는 나자리아(Nazaria), 반코지로(Bancogiro), 알 페사도르(Al Pesador)는 정식뿐만 아니라 간식을 먹기에도 좋은 식당들이다. 세피에 알 네로(seppie al nero, 먹물 소스로 맛을 낸 오징어 요리), 사르데 알 소아르(sarde al soar, 양파와 화이트 와인 식초에 재운 정어리 요리), 바칼라 만테카타(baccala mantecata, 크림소스로 만든 대구 요리) 등 베네치아에서 대표적으로 사랑받는 요리들을 꼭 먹어 보자.

`TOP 10`

재래시장 *Street Markets*

세계 각지의 재래시장들은 싱싱한 제철 농산물과 함께 현지인들의 생활을 엿볼 수 있는 기회를 제공한다.

❶ 세인트 로렌스 St. Lawrence 캐나다 토론토

이 시장은 1803년에 시작되었으며 120개가 넘는 소매점들이 해산물부터 커피까지 모든 물건을 판매한다.

`Planning` 농민 시장은 토론토 구시가지에 있으며 토요일에 문을 연다. www.stlawrencemarket.com

❷ 유니온 스퀘어 그린마켓 Union Square Greenmarket 미국 뉴욕 주

유니온 스퀘어는 한때 맨해튼의 중심이었으나 1970년 무렵 약물 중독자들의 집합소가 되었다. 그러나 1976년 시장이 설립되면서 뉴욕 시민들이 제철 농산물을 먹을 수 있게 된 것은 물론이고 허드슨 밸리 농민들의 가게에도 도움이 되고 있다.

`Planning` 이스트 17번가와 브로드웨이 사이에 있으며 월, 수, 금, 토요일에 문을 연다. www.cenyc.org

❸ 캐스트리스 마켓 Castries Market 세인트루시아

1894년 섬나라인 세인트루시아의 수도 캐스트리스에서 문을 연 시장으로 주황색 지붕이 인상적이다. 섬에서 생산하는 향신료나 열대 과일, 고추 소스 같은 양념들이나 어부들이 잡은 물고기를 구입해 보자.

`Planning` 일요일을 제외하고 매일 문을 연다. 토요일에 가는 게 가장 좋다. www.castriescitycouncil.org

❹ 베르오페소 Ver-o-Peso 브라질 벨렘

1899년 잉글랜드에서 들여온 네오고딕 양식의 건물에 위치하며 벨렘의 베르오페소 부두 가까운 곳에 있다. 그 옆의 대형 천막에는 현란할 정도로 다양한 과일과 뜨거운 음식을 파는 판매대들이 있다.

`Planning` 아침 일찍 방문하는 게 좋다. www.paraturismo.pa.gov.br

❺ 메르카도 센트랄 Mercado Central 칠레 산티아고

아르누보 양식의 연철 지붕이 있는 이 활기찬 어시장에는 따개비와 대형 오징어를 비롯한 특이 해산물이 많다. 생선을 다루는 생선 장수의 손놀림

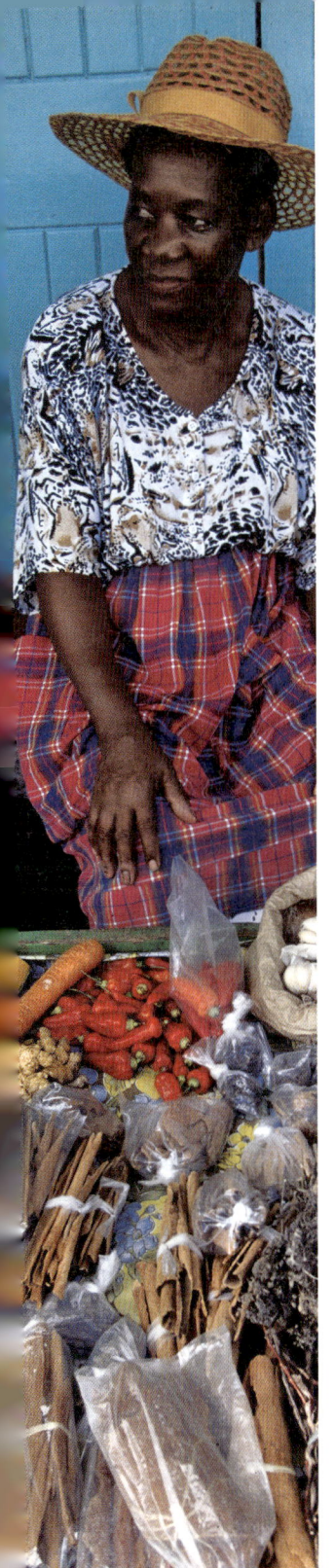

과 속도가 놀랍다. 현지 식당에 들러 향토 요리를 맛보자.

Planning 시장은 산토 도밍고 교회에서 북쪽으로 두 블록 떨어진 곳에 있다. www.allsantiago.com

❻ 크레타 에이어 웨트 마켓 Kreta Ayer Wet Market 싱가포르

차이나타운에 있는 이 시장은 규칙적으로 호스로 물을 뿌려 바닥을 청소하기 때문에 '젖은 시장(wet market)'이라고 불린다. 거북이, 개구리, 뱀장어, 뱀, 약재로 쓰는 말린 동물의 각종 부위 등을 판매한다.

Planning 오전 6시쯤 가야 인파를 피할 수 있다. www.visitsingapore.com

❼ 카우파토리 Kauppatori 핀란드 헬싱키

북극해의 정취를 맛보고 싶다면 핀란드 전통 음식의 향연이 펼쳐지는 이곳에 들러 보자. 말코손바닥사슴 · 순록 · 곰 고기로 만든 살라미 소시지, 연어와 대구로 만든 별미 등을 살 수 있다.

Planning 이 옥외 시장은 헬싱키 남항(South Harbor)에 자리 잡고 있다. www.hel2.fi/tourism

❽ 라 부치리아 La Vucciria 이탈리아 팔레르모

이곳의 명랑하고 떠들썩한 분위기는 사실 유럽보다는 중동에 더 가깝다고 할 수 있다. 음악가들이 드럼을 치며 아랍풍의 발라드를 노래하고, 바비큐 소시지와 케밥 냄새가 공기 중에 진동한다. 생선부터 과일까지 없는 게 없다.

Planning 산 도메니코 광장에서 조금 떨어진 곳에 있다. 현지 가이드와 동행하자. www.aapit.pa.it

❾ 쿠르 살레야 Cours Saleya 프랑스 니스

물건을 사려는 사람들로 북적대는 화훼 · 식품 시장이다. 니스 요리의 핵심 재료로 쓰이는 새끼양의 고환, 돼지 귀와 머리 등 특이한 식재료들도 판다. 여름밤에는 시장에 지붕이 덮여서 색다른 분위기가 난다.

Planning 쿠르 살레야는 화~일요일, 오전에만 영업한다. www.nicetourisme.com

❿ 보로 마켓 Borough Market 잉글랜드 런던

런던에서 가장 오래된 식품 시장으로 그 역사가 250년이 넘는다. 화요일부터 토요일까지 최고급 올리브유와 치즈, 타조 버거와 멧돼지 소시지 등 전 세계에서 온 훌륭하고 풍성한 먹을거리들이 미식가들을 즐겁게 한다.

Planning 날씨가 좋으면 시장 옆에 있는 서더크 대성당(Southwark Cathedral)의 정원으로 소풍을 가보자. www.boroughmarket.org.uk

이탈리아

캄포 데이 피오리 *Campo dei Fiori*

진정한 이탈리아 시장을 체험하고 싶다면
로마에서 가장 오래된 재래시장을 느긋하게 거닐어 보자.

    이탈리아의 수도에 위치한 '캄포 데이 피오리'는 예전에 초원에 지나지 않았다. 이름도 '꽃 핀 들판'이라는 뜻이다. 하지만 1860년대부터 화훼와 식료품 시장으로 자리 잡았으며, 현재 광장의 바닥은 조약돌로 포장되어 있다. 이곳을 지나다 보면 화사한 꽃 판매대들뿐만 아니라 오래된 바구니에 넘칠 듯 담겨 있는 과일, 가판대 위에 아름답게 진열되어 있는 허브와 채소에서 로마 시의 활력을 고스란히 느낄 수 있다. 또한 정통 지

캄포 데이 피오리는 예전과 달라진 게 별로 없다. 상인들은 150여년 간 한결같이 열심히 장사를 하고 있다.

중해 음식 외에도 잎사귀에 보라색 무늬가 있는 노란 양상추, 꽃이 달린 작고 실한 애호박, 줄기가 긴 아티초크, 이파리가 삐죽삐죽한 샐러드용 채소인 푼타렐레(puntarelle), 화이트커런트, 화이트체리, 야생으로 자라는 작고 달콤한 딸기인 프라골레 디 네미(fragole di Nemi)도 볼 수 있다.

눈이 부신 다채로운 색깔, 물건을 선전하는 상인들의 힘찬 목소리, 매대에서 풍기는 신선한 향신료의 강렬한 향기 등 이곳에서의 모든 경험은 그야말로 감각의 향연이라 할 수 있다. 또한 시장 내에는 다양한 종류의 육류와 빵, 생선, 치즈와 함께 일상 생활용품도 판매하고 있어 쇼핑을 즐길 수도 있으며 점심 때까지 마음껏 둘러볼 만한 곳도 많다.

오후 2시가 지나면 분위기가 잦아들기 시작한다. 3시 30분 무렵까지는 사람들이 시장을 말끔히 정리하여 광장이 다른 기능으로 쓰이도록 준비한다. 주변에 있는 여러 술집과 식당들이 문을 열 준비를 하고, 풍성한 밤 문화의 중심지로 탈바꿈한다. 그때까지 카페에 앉아 에스프레소나 아페리티프(식전 반주)를 시켜 놓고 이탈리아 사람들이 심심풀이로 즐기는 사람 구경을 해보자.

When to go 월요일부터 토요일, 오전 7시부터 오후 2시까지 시장이 열린다. 가장 생동감 넘치는 모습을 보려면 봄과 여름이 가장 좋다. 사람들이 많이 붐비는 토요일은 피하는 게 좋다.

Planning 시장을 둘러보려면 한두 시간 정도 걸린다. 광장 주변 지역을 전체적으로 둘러보며 하루 종일 보낼 수도 있다. 현지에는 수많은 교회와 미술관을 비롯하여 파르네제 궁전(Palazzo Farnese) 같은 감상할 만한 건축물들이 많다.

Websites www.rome.info, www.enjoyrome.com

카르치오피 알라 로마나

■ 로마식 아티초크 요리인 카르치오피 알라 로마나(Carciofi alla Romana)는 뜨거울 때 또는 실온으로 식혀서 낸다.

■ 재료(4인분)

글로브 아티초크 4개
레몬 1개 (반으로 자른 것)
다진 생박하 2작은술
다진 마늘 2쪽
올리브유 125ml

1. 박하와 마늘을 오목한 그릇에 담은 다음 올리브유 1작은술을 넣어 버무린다.

2. 아티초크는 바깥쪽에 난 짙은 녹색 잎을 떼내고, 노출된 가장자리 부위를 레몬으로 문질러 변색을 막는다. 아티초크를 꼭대기 부분에서 2.5cm 자르고, 숟가락으로 잔털이 난 부분을 긁어낸다. 줄기는 껍질을 벗긴다.

3. 허브 섞은 것을 숟가락으로 떠서 각각의 아티초크 속에 집어넣은 뒤 줄기 부분이 위로 가게 해서 냄비에 담는다. 아티초크가 냄비에 딱 맞아야 한다. 올리브유에 소금과 물을 섞어 1컵(225ml) 분량이 되게 해서 냄비에 붓는다. 뚜껑을 닫고 아티초크가 물러질 때까지 1시간 동안 뭉근히 끓인다.

베르주라크에서 동쪽으로 70여 킬로미터 떨어진 사를라(Sarlat) 마을에서 축제가 한창 무르익어 간다.

프랑스

도르도뉴의 야시장 *Night Markets, Dordogne*

도르도뉴의 야시장은 할아버지부터 유모차를 탄 아기들까지
모든 이가 모이는 인기 있는 지역 행사다.

한여름 밤, 도르도뉴 지역의 중세풍 마을로 떠나 보자. 어느 마을에 가든 프랑스의 소중한 향토 음식 시장이 성황을 이루고 있는 광경을 볼 수 있다. 마을로 통하는 도로들을 폐쇄한 채 크레스(Creysse), 이시자크(Issigeac), 에이메(Eymet) 등과 같은 마을의 중앙 광장은 현지 주민들과 방문객들로 인파를 이룬다. 사람들은 노점에서 노점으로 옮겨다니

며 이동식 화덕과 바비큐 그릴, 빠에야 냄비로 열심히 음식을 만드는 상인들에게서 저녁으로 먹을 음식을 산다. 굴, 홍합, 새우, 소라, 마늘이 들어간 감자 요리를 곁들인 마그레 드 카나르(magret de canard, 오리 가슴살), 빠에야, 사태(소 오금에 붙은 살), 갓 구운 빵, 샤르쿠트르(charcroute, 소금에 절여 발효시킨 양배추), 장어구이, 뱀어구이뿐만 아니라 딸기, 크레이프, 아이스크림, 현지 포도원에서 양조한 엄선된 와인 등은 야시장에서 파는 현지 음식 중 일부에 불과하다. 끝이 없을 정도로 많은 종류의 음식이 손님을 기다리고 있다.

먹고 싶은 음식을 주문해서 광장 테이블에 앉아 있는 사람들과 섞여 보자. 누구나 자기 마음에 드는 자리에 앉아 먹고 마실 수 있다. 운이 좋으면 악단이 연주를 하고 관객들은 일어나 춤을 추는 광경을 볼 수도 있다. 남편과 아내, 할머니와 손자, 엄마와 아들, 친구와 친구가 짝을 맞춰 춤추는 동안 음악은 전통 프랑스 라인댄스에서 왈츠와 폭스트롯(foxtrot, 사교 댄스의 일종)을 거쳐 로큰롤로 빠르게 바뀌며 연주된다.

When to go 야시장은 도르도뉴 지방 전역에 있는 수많은 마을들에서 7, 8월에 열린다. 마을마다 야시장이 서는 요일이 다르며, 보통 저녁 7시에 영업을 시작한다. 축제는 밤 11시쯤에 서서히 끝나기 시작한다.

Planning 베르주라크(Bergerac)는 일주일 동안 거처로 삼기에 좋은 장소다. 몇몇 마을들과 30여 킬로미터 정도 되는 거리에 있기 때문이다. 야시장은 소규모 지역 행사며, 테이블은 먼저 앉는 사람 차지다. 따라서 좋은 자리를 잡고 싶다면 일찍 도착해야 한다.

Websites www.northofthedordogne.com, www.pays-de-bergerac.com

인기 야시장 베스트 5

- 크레스 마을은 베르주라크 마을 동쪽에 있으며, 토요일마다 도르도뉴 강이 내려다보이는 곳에서 야시장을 연다.

- 더 동쪽에 있는 카두앵(Cadouin) 마을의 야시장은 월요일마다 유명한 시토 수도원(Cistercian Abbey) 아래에서 열린다.

- 몽바지악(Monbazillac) 마을은 베르주라크 마을 남쪽에 있으며, 일요일마다 시장을 연다.

- 더 남쪽에 있는 에이메 마을에서는 야시장이 화요일마다 열린다.

- 베르주라크 마을에서 가장 남쪽에 있는 이시자크 마을에서는 매주 목요일에 야시장이 열린다.

포트넘 앤 메이슨 백화점의 푸드 홀은 우아하게 꾸며져 있다.

`잉글랜드`

런던의 푸드 홀 *London's Food Halls*

런던의 최고급 백화점 몇 곳에는 세계에 내놓아도 손색없는 푸드 홀이 있다.

    잉글랜드의 풍요로운 수도 런던에서 미식가들은 캐비아와 송로를 마음껏 살펴볼 수 있다. 분주한 옥스포드 가에 위치한 셀프리지스 백화점(Selfridges & Co) 1층에는 규모가 조금 작은 푸드 홀(Food Hall)이 있다. 이곳에는 몇몇 훌륭한 간이 음식점과 나란히 전통 런던 파이 가게, 영국식 소시지 소매점, 이탈리아 젤라토 아이스크림 가게를 비롯해 보기 드문 식료품점들이 자리 잡고 있다. 더 전통적인 분위기를 경험해 보고 싶다면 피커딜리에 있는 포트넘 앤 메이슨(Fortnum and Mason) 백화점으로 가보자. 그곳에는 빈티지 마멀레이드(껍질이 있는 과일 잼), 장미와 제비꽃 크림, 튜더 왕조 시대부터 내려온 조제법으로 만든 겨자, 겨자채와 호두 피클 같은 양념 등 진귀한 옛날 식품들이 잔뜩 쌓여 있다. 백화점이 1707년에 개점했으니 푸드 홀도 3백 년 이상의 역사를 가지고 있는 셈이다.

런던에서 가장 풍요로운 푸드 홀은 아마도 나이트브리지 지역 '해러즈(Harrods)' 백화점에 넓게 자리 잡은 식품 매장들이다. 매장 하나의 크기가 무도회장 만하다. 1902년에 지어진 이 매장들은 당시의 모습을 상당 부분 간직하고 있다. 굴 전문 요리점 옆에 있는 싱싱한 해산물 진열 코너를 찾아보자. 생선들이 마치 화가의 팔레트처럼 색깔별로 구분되어 있다. 초콜릿 장인이 만든 초콜릿이 가득한 매장도 그냥 지나치지 말자. 15종류의 버터를 구할 수 있는 매장도 있다.

진열되어 있는 수백 가지 식품 가운데 하나를 고르기 전에 망설이지 말고 치즈나 돼지고기 조리 식품을 시식하고 싶다고 점원에게 말해 보자. 그리고 반드시 시간을 넉넉히 들여 세계에서 가장 훌륭한 미식의 전당 가운데 하나인 이곳을 샅샅이 둘러보자.

When to go 런던의 백화점들은 크리스마스 직전과 1월의 세일 기간에 사람들로 붐빈다. 식품 매장과 바, 식당은 개점 시각이 백화점의 다른 매장들과 다를 수 있다. 자세히 알고 싶으면 백화점 웹사이트를 확인하자.

Planning 구입한 식품은 백화점 안에서 먹을 수 없다. 혹시 허기가 진다면 여러 식당 중 한 곳에 들어가자. 복장은 간편해도 되지만 배낭을 메고 있거나 커다란 짐이 있으면 입장하지 못할 수도 있다.

Websites www.selfridges.com, www.fortnumandmason.com, www.harrods.com

포트넘 앤 메이슨 백화점의 차.

런던의 백화점 내 휴식 공간

■ 셀프리지스 백화점의 샤넬 부티크 위에 위치한 모에 바(Moët Bar)에서 격조 높은 음식과 샴페인 한 잔을 즐기며 손님으로 온 유명인사들도 구경해 보자. 모에 바는 패셔니스타들이 즐겨 찾는 곳이다.

■ 포트넘 앤 메이슨 백화점에서 쇼핑을 즐기고 위층에 있는 세인트 제임스 식당(St. James Restaurant)에서 애프터눈 티를 마시자.

■ 해러즈 백화점에서는 라듀레 티룸(Ladurée tearoom)이나 돼지고기 요리 전문점, 굴 요리 전문점, 스시 전문점에 가보자. 다른 몇몇 식당들과 나란히 푸드 홀에 자리 잡고 있다.

풍성하게 진열된 향신료들이 내뿜는 북아프리카와 중동의 강렬한 향기가 공기 중에 진동한다.

이집트

칸 엘 칼릴리 *Khan el-Khalili*

카이로에서 빠르게 팽창하고 있는 미로 같은 이 재래시장은
도시의 옛 이슬람 구역 중심부에 자리 잡고 있다.

    때때로 기도 시각을 알리는 무에진(muezzin, 이슬람 사원에서 예배 시각을 알리는 사람)의 나팔 소리가 가격 흥정을 벌이는 소란스런 상인의 목소리와 시끄러운 아랍 음악을 압도한다. 이곳은 바로 14세기에 형성된 카이로의 유명 재래시장인 '칸 엘 칼릴리'다. 금과 은, 파피루스 미술품, 직물, 향수, 시럽을 머금은 사탕 과자 등을 파는 상점들을 지나 향신료 판매 구역으로 가보자. 입을 벌리고 있는 큰 자루와 바구니에는 황금빛 사프란, 새

빨간 카레 가루, 달콤한 육두구, 붉은색과 초록색 후추 열매를 비롯한 이국적인 향신료들이 가득하다. 실에 꿰어 말린 피망과 가지가 상점 문가에 줄줄이 걸려 있다. 길거리 음식을 파는 노점에 잠깐 멈춰서 있노라면 이집트 전통 의상인 갈라베야(gallabéyah)를 입은 근엄해 보이는 사내들이 칸(Khan)에 있는 알 후세인 모스크로 가는 발걸음을 재촉한다.

노점에서는 으깬 누에콩에 마늘을 넣은 이집트의 국민 음식 '풀 무담마스(ful mudammas)'를 주문해 보자. 이 음식은 에이시 마스리(eish masri, 납작한 이집트 빵)와 함께 먹는다. 쇼핑이 끝나면 알 바디스탄(al-Badistan)에 있는 2백 년 된 '엘 피샤위 카페(El-Fishawi Café)'에서 느긋하게 쉴 수 있다. 이곳에서는 시샤(sisha, 물담배)를 피우고 샤이 비나나(shay bi-nana)라고 부르는 뜨거운 민트 차를 마시는 게 관례다. 또한 현지인들은 검붉은 히비스커스 꽃잎을 말려서 만든 차인 카르카디(karkady)를 차게 해서 마시기도 한다. 만약 커피를 주문하면 작은 도자기 잔에 담긴 진한 터키식 커피가 나올 것이다. 커피 가루가 바닥에 가라앉도록 조금씩 천천히 마시자. 그 전에 이집트 사람들은 커피를 매우 달게 마시므로 설탕을 얼마나 넣을지 의사 표시를 확실히 해야 한다.

When to go 카이로는 1년 내내 고온 건조하지만, 11월부터 이듬해 4월까지는 날씨가 비교적 온화하다.

Planning 상점들은 일요일을 제외하고 매일 오전 10시나 11시에 문을 연다. 금요일 정오 기도 시간에는 문을 닫는다. 물건을 가장 싸게 사려면 알 바디스탄 북쪽의 미단 엘 후세인(Midan el-Hussein) 너머에 있는 지역에서 쇼핑하는 게 좋다.

Websites www.touregypt.net/khan.htm, www.egypt.travel

풀 무담마스

■ 이집트 사람들의 주식인 이 음식은 얇게 썬 달걀 완숙과 함께 아침 식사로 먹는다.

■ 재료(2인분)

말린 누에콩 1컵
곱게 썬 양파 1개
올리브유 125ml
다진 마늘 2쪽
레몬즙 1개 분량
커민 가루 약간
소금과 후추

1. 누에콩을 물에 담가 하룻밤 동안 불리고 그 물은 버린다. 다시 누에콩을 깨끗한 물에 담근 뒤 양파를 넣고 물러질 때까지 약 1시간 동안 뭉근히 끓인다.

2. 누에콩의 물기를 제거한 뒤 오목한 그릇에 담고, 맛을 내기 위해 올리브유, 마늘, 레몬즙, 커민, 소금, 후추를 넣고 휘젓는다. 이때 누에콩을 으깨어 준다.

3. 납작한 빵, 다진 파슬리, 레몬 조각, 올리브유와 함께 낸다.

3

제철에 즐기는 별미
Seasonal Delights

진정으로 훌륭한 음식에 열광하는 사람들에게 가장 유용한 자원은 요리책이 아니라 바로 '달력'이다. 계절에 따라 먹거리가 무르익고, 해가 바뀌는 가운데 매 순간마다 맛을 탐험하고 체험할 기회가 생기기 때문이다.

가을이 되면 주황색 호박, 장밋빛 사과, 황금빛 사과즙이 담긴 주전자를 잔뜩 늘어 놓은 농장 가판대들이 미국 코네티컷주 북부의 시골길에 늘어서서 여행객을 부른다. 대서양을 건너 프랑스와 이탈리아 북부에서는 버섯 채취꾼들이 숲에서 송로와 야생 버섯을 캔다. 버섯은 현지 식당의 메뉴에 잠깐 등장했다 사라지는 특별한 제철 요리에 풍미를 더한다.

겨울이 되면 오스트리아의 알프스 산맥에서 불어오는 매서운 바람에 맞서기 위해 먹는 만두와 경단 요리가 감칠맛 난다. 땅에 온기가 도는 봄이 되면 애팔래치아 산맥에는 램프가 파릇파릇 움트고, 미국 메릴랜드 주 체서피크 만의 바다에서는 물렁게가 잡힌다. 마지막으로 태양이 영국 제도에 드리운 안개를 걷어내면 여름철 별미인 딸기와 크림이 제철을 맞는다.

해마다 9월이면 프랑스 부르고뉴 지방의 포도 농가들은 세계 최고의 와인을 만들기 위해 '방당주(vendange, 포도 수확)'에 나선다.

수확한 호박들이 핼러윈을 기다리며 늘어서 있다.

미국 _ 코네티컷 주

사과와 호박 *Apples and Pumpkins*

코네티컷 주 북서부에 가을이 오면 기분 좋은 추수철 농산물을 구할 수 있다.

 코네티컷 주 북서부의 리치필드 힐즈(Litchfield Hills)에 가을이 오면 한 폭의 그림 같은 풍경이 펼쳐진다. 지붕을 얹은 다리들과 1백 년 된 농가들, 외양간들이 추수철을 맞아 융단을 깔아 놓은 듯 알록달록한 가을 들판에 우뚝 서 있다. 불타는 듯한 빨간색, 생기발랄한 주황색, 미다스의 손길이 닿은 듯한 은은한 황금색이 추수철을 알린다. 단풍

잎뿐만 아니라 맛있게 익어 가는 과일에서도 화려한 색의 향연이 펼쳐진다. 수많은 농장 가판대에는 매킨토시(McIntosh), 머쿤(Macoun), 허니크리스프(Honeycrisp) 등 다양한 품종의 빨갛고 노란 사과들이 핼러윈에 쓰일 주황색 호박들과 뒤섞여 있다.

사과 수확 체험을 할 수 있는 과수원에 들러 보자. 과수원에 있는 제빵소의 열린 문 틈새로 계피와 육두구의 강렬한 향이 퍼져 나온다. 사과즙이 들어간 따끈따끈한 도넛을 먹으며 기계로 사과를 으깨고 달콤한 즙을 짜는 광경도 구경해 보자. 또한 갖가지 호박 버터와 사과 젤리, 기타 햇농산물로 만든 음식도 맛볼 수 있다.

가을 산행을 해보는 것도 좋겠다. 톰 산(Mount Tom)에 오르면 매사추세츠, 코네티컷, 뉴욕 등 3개 주의 전경이 한눈에 들어온다. 켄트폴스 주립공원(Kent Falls State Park)의 울창한 숲을 산책한 뒤, 저녁 식사로 교회나 공회당에서 햇농산물로 만든 음식을 먹어 보자. 사과 젤리를 발라 윤기가 도는 햄, 낙농장에서 방금 만든 신선한 버터를 넣은 으깬 감자, 달콤한 과일잼을 바른 두툼하고 쫄깃한 가정식 빵 등이 테이블에 그득하게 놓여 있다. 푸짐한 사과 파이와 호박 파이를 디저트로 먹을 수 있게 과식하지 않도록 하자.

When to go 가을 단풍이 절정을 이루는 10월 중순부터 하순까지가 가장 좋다.

Planning 숙소 예약은 필수다. 특히 가을 단풍철에 여행을 가려면 예약은 일찌감치 하는 게 좋다. 많은 여관과 민박집은 최소 2박이 기본이다. 그렇지만 이 지역의 아름다움을 즐기려면 적어도 3~4일은 머물러야 한다.

Websites www.litchfieldhills.com, www.ctvisit.com

여러 가지 사과 품종

- 코네티컷 주 북서부의 사과철은 8월 말부터 10월까지이나 품종마다 조금씩 차이가 있다. 제일 먼저 사과철이 시작될 때 과수원에 가면 폴라 레드(Paula Red)와 타이드먼(Tydeman) 품종을 볼 수 있다. 매킨토시와 갈라(Gala) 품종이 그 다음으로 익고, 레드 딜리셔스(Red Delicious)와 골든 딜리셔스(Golden Delicious), 아이다레드(Idared)는 끝물로 수확하는 품종이다.

- 품종에 따라 먹는 방법도 다양하다. 생으로 먹기에는 허니크리스프나 갈라, 매킨토시, 머쿤, 또는 레드 및 골드 딜리셔스가 좋다. 파이용으로는 크리스핀(Crispin)과 조나골드(Jonagold), 와인샙(Winesap)이 있다. 코틀랜드(Cortland)와 엠파이어(Empire), 노던 스파이(Northern Spy), 롬(Rome)처럼 새콤한 사과들은 굽거나 설탕을 넣어 조리해 먹으면 좋다.

아름다운 멘도시노 해안은 야생 버섯 철에 버섯 애호가들이 많이 찾는 곳이다.

미국 캘리포니아 주

버섯 채취 *Mushroom Picking*

캘리포니아에서는 가을이면 관광 성수기가 지나고 야생 버섯이 본격적인 제철을 맞는다.

    북부 캘리포니아에 첫 겨울비가 내리면 미식가들은 기대감에 마음이 부푼다. 태평양에서 처음으로 세찬 폭풍우가 불어오면 야생 버섯의 계절이 시작되기 때문이다. 11월부터 이듬해 4월까지 해안 산맥의 숲과 시에라 네바다(Sierra Nevada) 산맥의 서쪽 비탈에 우후죽순처럼 야생 버섯들이 자태를 드러낸다. 이 시기에 어떤 이들은 그저 자기들이 즐겨 찾는 식당의 메뉴에 야생 버섯이 올라오기를 기다리는 반면, 그 버섯들을 열심히 채취하러 찾아다니는 사람들도 있다.

캘리포니아 야생 버섯은 봄 버섯과 가을 버섯, 두 종류로 나뉜다. 가을 버섯은 이탈리아에서 '포르치니(porcini)'로 알려져 있는 스폰지 버섯류인 볼레투스(Boletus) 속(属)에 속하는 다양한 종을 포함한다. 이를테면 하야스름하고 섬세한 향이 나는 느타리버섯, 견과류 맛이 나고 세로로 홈이 패인 꾀꼬리버섯, 향이 아주 강한 송이버섯 같은 종류들이다. 특히 자연산 송이는 가장 비싼 버섯 중 하나로 1킬로그램에 수십 만원이나 한다. 봄에는 즙이 많고 고기 맛이 나는 그물버섯을 주로 채취한다.

야생 버섯을 가장 잘 요리하는 방법은 간단하다. 리소토를 만들 때 넣거나, 버터나 올리브유를 약간 넣고 볶거나, 국이나 진한 수프에 넣어 끓여 먹으면 된다. 하지만 반드시 조심해야 할 일이 있다. 버섯 채취 경험이 없다면 혼자서 버섯을 따서는 안 된다. 처음 몇 차례는 경험 많은 채취꾼의 안내를 받아 식별하기 쉬운 버섯 서너 가지를 찾는 데 집중하는 게 좋다.

When to go 버섯 채취는 보통 10월부터 이듬해 5월까지 이어지며, 가장 좋은 시기는 11월부터 이듬해 4월까지다.

Planning 소노마(Sonoma) 해안과 멘도시노(Mendocino) 해안에 머무는 게 좋다. 이 지역에 버섯과 훌륭한 식당, 편안한 숙박시설이 모두 있기 때문이다. 야생 버섯 철이면 샌프란시스코 야생 버섯 동호회(Mycological Society of San Francisco)가 노련한 채취꾼이 안내하는 버섯 채취 행사를 정기적으로 후원한다. 탐사를 하려면 적어도 일주일은 잡아야 한다.

Websites www.mssf.org, www.mykoweb.com, theforagerpress.com

꾀꼬리버섯

- 사람들에게 인기가 많은 꾀꼬리버섯은 보통 10월부터 12월까지 북부 캘리포니아의 침엽수림 전역에 걸쳐 자란다. 어디에서나 잘 자라고, 쉽게 식별 가능하며, 복숭아와 호두 맛이 난다. 풍부하고 복합적인 풍미를 지니고 있어 인기가 많다.

- 맛과 향이 비슷한 흰꾀꼬리버섯과 태평양꾀꼬리버섯은 가장 흔한 종류다.

- 주황색을 띠고 있는 꾀꼬리큰버섯은 주름이 더 조밀하다. 식용 버섯이긴 하지만 진짜 꾀꼬리버섯에 비해 맛이 떨어진다.

- 꾀꼬리버섯과 혼동하기 쉬운 호박등버섯(jack-o'-lantern mushroom, 한국 미기록종)을 조심하자. 꾀꼬리버섯보다 색상이 진하고, 주름의 구조도 다르다. 특히 먹으면 구토를 일으키므로 피해야 한다.

TOP 10

텃밭 *Kitchen Gardens*

싱싱한 제철 농산물을 즐길 수 있는 가장 좋은 방법은
손수 재배해서 먹는 것이다.

❶ 패트리넬라스 Patrenella's 미국 텍사스 주 휴스턴

1938년에 패트리넬라 일가의 소유가 된 이 식당은 텃밭에서 키운 신선한 유기농 허브와 채소로 시칠리아 특선 요리들을 만들어 내놓는다.

Planning 잭슨힐(Jackson Hill) 813번지에 있으며, 일요일과 월요일에는 문을 닫는다. www.patrenellas.net

❷ 셰 파니스 Chez Panisse 미국 캘리포니아 주 버클리

요리사 앨리스 워터스가 세운 식당으로 캘리포니아 요리의 발상지이기도 하다. 프랑스의 요리법과 캘리포니아의 식재료를 합쳐서 가장 신선한 재료로 매일 다른 메뉴를 내놓는다.

Planning 매일 영업하며 일요일에는 쉰다. www.chezpanisse.com

❸ 플리크 Flik 폴란드 바르샤바

모르스키에 오코 공원(Morskie Oko Park)이 내려다보이는 플리크에서는 여름철에 편안하고 낭만적인 분위기 속에서 쾌적한 식사를 즐길 수 있다. 식당 내부는 미술 전시장도 겸하고 있다.

Planning 식당은 울리카 풀라프스카(Ulica Pulawska) 43번지에 있다. www.flik.com.pl/kartadan

❹ 데 카스 De Kas 네덜란드 암스테르담

데 카스는 식당에 딸린 온실과 종묘장에서 유기농 채소와 허브를 재배하여 가장 신선할 때 요리한다. 육류는 친환경 축산업을 하는 현지 농부들이 공급한다. 매일 바뀌는 대륙식 정식 메뉴를 제공한다.

Planning 프랑켄다엘 공원(Frankendael Park) 안에 있으며, 토요일 점심 시간과 일요일을 제외하고 매일 영업한다. www.restaurantdekas.nl

❺ 라틀리에 드 장뤼크 라바넬
L'atelier de Jean-Luc Rabanel 프랑스 아를르

미슐랭 별을 수상한 요리사 장뤼크 라바넬이 연 아틀리에 겸 농장이다. 라바넬은 이곳에서 희귀한 식용작물들을 재배하여 신선할 때 요리한다.

약 12가지 시식용 메뉴가 있다.

Planning 수요일부터 일요일까지 문을 열며 예약은 필수다.
www.rabanel.com

❻ 샤토 드 라 부르데지에르
Château de la Bourdaisière 프랑스 루아르 밸리

16세기 르네상스 양식으로 지어진 성을 1991년 필립 모리스 공과 루이 알베르 드 브로글리 공이 사들여서 고급 민박집으로 개조했다. 성에 딸린 공원 부지에는 담장을 두른 텃밭을 만들어 색깔도 다양한 토마토 약 550종을 재배한다. 매년 9월 이틀간 토마토 축제가 열린다.

Planning www.chateaubourdaisiere.com

❼ 탠저린 드림 카페 Tangerine Dream Cafè 잉글랜드 런던

첼시 약용식물 정원(Chelsea Physic Garden)에 딸린 카페로, 점심을 먹거나 스콘과 케이크를 곁들여서 차를 마실 수 있다. 드넓은 정원 부지에서는 약 5천 종의 식물을 재배하고 있다.

Planning 4월부터 10월까지 수요일부터 금요일, 일요일과 국경일에 문을 열며, 겨울에도 며칠은 영업한다. www.chelseaphysicgarden.co.uk

❽ 피터샴 너서리즈 Petersham Nurseries 잉글랜드 런던

요리사 스카이 진젤(Skye Gingell)이 리치몬드힐의 강변에서 운영하는 종묘장이다. 빅토리아 시대의 유리 온실 세 개를 복원해서 식당으로 쓰고 있는데, 최신 유행 메뉴가 입맛 까다로운 미식가들을 사로잡는다.

Planning 지하철로 리치몬드까지 간 다음 65번 버스를 탄다. 식당은 화요일부터 일요일까지 점심 시간에만 문을 연다. www.petershamnurseries.com

❾ 롱빌 하우스 Longueville House 아일랜드 맬로우

조지 왕조 시대의 장원인 롱빌 하우스는 화려한 식당이나 친밀감이 느껴지는 온실에서 프랑스 요리와 현대 아일랜드 요리를 즐길수 있다.

Planning 맬로우 역에서 5킬로미터 떨어진 곳에 있으며, 저녁 시간에 영업한다.
www.longuevillehouse.ie

❿ 실버트리 Silvertree 남아프리카공화국 케이프타운

테이블 산에 자리 잡은 커스틴보시 국립식물원은 천혜의 식당이라 할 수 있다. 손님들이 여름에는 석양을 즐기면서 현지산 소비뇽블랑 와인을 마시고, 겨울이면 모닥불 가에서 건배한다.

Planning 오전 8시 30분부터 문을 연다.
www.kirstenboschrestaurant.com

전통적으로 램프는 알뿌리가 가장 연한 시기인 봄에 수확한다.

미국 _ 웨스트버지니아 주

램프 Ramps

파와 비슷하게 생긴 램프는 양파와 비슷한 향을 갖고 있으며 일종의 특선 식품으로
미국과 캐나다의 삼림지에 자생한다.

봄이 되면 움트는 식용 식물인 램프는 흔히 야생 부추 혹은 야생 마늘 등으로 불리며, 학명은 '알리움 트리코쿰(Allium tricoccum)'이다. 애팔래치아 산지에서 북쪽으로 캐나다에 이르는 지역의 사람들에게 특별히 사랑받는 이 식용 식물은 비타민C와 비타민A가 풍부하다.

수백 년간 아메리카 인디언들은 램프로 강장제를 만들었고, 미국 남부 사람들은 구루병을 치료하는 약재로 썼다. 시골 지역에서는 램프 출하를 기념하는 축제들이 열리고, 시장과 고급 식당들에 램프가 등장해 사람들의 마음과 미각을 사로잡는다.

램프는 삼림지, 특히 산비탈에서 자란다. 무리 지어 자라는 넙적하고 매끄러운 연초록색 잎사귀들을 찾아보자. 잎사귀를 찢어서 냄새를 맡아 보면 양파와 비슷한 향이 날 것이다. 삽으로 뿌리를 살짝 떠서 포기째로 캐내고 찬물로 흙을 씻어 낸다. 보라색 줄기에 붙어 있는 알뿌리는 우윳빛 하얀 속살이 드러나도록 껍질을 벗기자. 껍질을 벗기고 남은 부위는 전부 먹을 수 있다.

잎사귀는 부드럽고 살짝 단맛이 나는 반면, 알뿌리는 알싸한 맛이 난다. 램프 예찬론자들에 따르면 알뿌리에는 자꾸 입맛을 당기는 중독성이 있다고 한다. 램프는 마늘과 양파 대용으로 날로 먹거나 익혀서 먹는다. 샐러드와 달걀 스크램블, 콩으로 만든 음식, 파스타에 특별한 맛을 더해 준다.

When to go 램프는 미국 동부의 일부 주에서 자생한다. 애팔래치아 산맥에서 4월 초에 처음 돋아나고 6월이면 미시건 주 같이 좀 더 북쪽에 있는 여러 주에서도 모습을 드러낸다.

Planning 램프는 낙엽수림에서 자란다. 국립공원에서는 채취가 금지되어 있으므로 사유지에서 주인의 허락을 받아 채취해야 한다. 아니면 램프 축제에서 구입할 수도 있다. 웨스트버지니아 주와 노스캐롤라이나 주의 램프가 가장 좋다. 웨스트버지니아 주의 리치우드(Richwood)와 엘킨(Elken) 두 도시에서 4월이면 램프 축제를 연다.

Websites theforagerpress.com, www.cosbyrampfestival.org, www.richwooders.com

여러 가지 램프 요리법

- 램프는 양파와 마늘을 섞어 놓은 맛은 물론 흰 송로버섯의 맛도 살짝 느껴진다. 풍미가 독특하며 쓰임새도 다양하다. 얇게 저미거나 생으로 갈아서 샐러드나 샌드위치에 넣어 보자.

- 램프 자체만 요리해서 먹어도 된다. 엑스트라버진 올리브유와 천일염을 조금 넣고 간단히 볶는다.

- 기름에 볶은 램프와 향이 강한 숙성 체다 치즈를 듬뿍 넣어서 감자 그라탱을 만들면 여러 가지 풍미의 요리가 완성된다. 푸짐한 파스타 · 램프 · 야생 버섯의 궁합도 일품이다.

미국 _ 메릴랜드 주

물렁게 *Soft-shell Crabs*

미식가들은 체서피크 만의 어부들이 잡아 올린 제철 물렁게를
맛보기 위해 '세계의 꽃게 수도'라고 불리는 메릴랜드를 찾는다.

    날카로운 소리로 울어 대는 갈매기들이 체서피크 만(Chesapeake Bay)의 푸른 물결 위를 선회하며 꽃게잡이 어선들을 뒤따른다. 배들은 갑판에 물렁게를 잔뜩 싣고 체서피크 만 동부에 있는 크리스필드(Crisfield) 부두로 가고 있다. 물렁게란 탈피 후 껍질이 연할 때 잡히는 대서양 꽃게를 말한다. 어부들이 잡아 온 물렁게를 잔교 위로 들어 나르는 모습을 구경해 보자. 그리고 근처에 있는 '제이 밀러드 토즈 역사박물관(J. Millard Tawes

어부들이 체서피크 만의 크리스필드에서 많은 양의 꽃게를 쏟아 내고 있다.

Historical Museum)'으로 서둘러 가서 전시물들을 구경한다. 그런 다음 '세계의 꽃게 수도'라 불리는 이 고장을 둘러보는 걷기여행에 합류하는 것도 좋다. 여행 가이드가 꽃게 잡는 법을 설명한 뒤 해산물 가공 공장을 안내해 줄 것이다. 공장에서는 꽃게를 시중에 유통시킬 준비를 한다. 공장 견학은 스미스 아일랜드(Smith Island) 행 여객선 출항 시간에 맞춰 끝난다.

크리스필드에서 40분 떨어진 거리에 있는 스미스 아일랜드는 1600년대 후반에 최초로 사람이 정착했으며 체서피크 만 어부들이 15대에 걸쳐 살고 있다. 체서피크 만 연안에서 사람이 가장 많이 거주하는 섬이지만 인구가 5백 명도 되지 않는다. 꽃게잡이 어부들과 대화를 나누며 꽃게가 들어 있는 수조를 살펴보자. 그리고 이 섬에 있는 식당들 중 한 곳에 들러 물렁게 튀김이나 물렁게 볶음을 실컷 먹어 보자.

식사는 스미스 아일랜드 케이크로 마무리하는 게 좋다. 이 섬에서 '레이어 케이크'라고 부르는 이 디저트는 8~10겹의 얇은 층으로 이루어진 촉촉한 케이크에 설탕처럼 달콤한 당의(糖衣)를 입힌 것으로, 대대로 전해 내려온 조리법으로 만든다.

When to go 물렁게 철은 5월부터 9월까지이지만 날씨가 좋고 물렁게를 쉽게 구할 수 있는 5월과 6월이 가장 좋다.

Planning 크리스필드 걷기여행은 5월의 마지막 월요일인 전몰장병 추모일(Memorial Day)부터 9월 첫째 월요일인 노동절까지 날마다(일요일 제외) 오전 10시에 시작된다. 스미스 아일랜드를 오가는 여객선이 오후 12시 30분에 출발해서 오후 4시에 돌아온다. 그렇지만 날씨가 괜찮다면 1년 내내 운항하는 화물선과 우편선을 이용할 수도 있다.

Websites www.visitsomerset.com, www.smithisland.org

물렁게 메뉴

■ 물렁게는 센 불에 굽거나, 살짝 튀기거나, 석쇠에 구워서 먹는다. 하지만 현지식으로 먹고 싶다면 빵가루를 묻혀서 통째로 튀긴 다음, 찰진 흰 빵으로 만든 샌드위치에 얹어 달라고 주문하자. 아니면 물렁게 튀김에 다른 요리 두 가지를 곁들여서 큰 접시에 담아 달라고 하면 된다.

■ 체서피크 만 지역에서 가장 맛있는 물렁게 튀김은 크리스필드에 있는 '더 코브(The Cove)'나 '워터맨스 인(Waterman's Inn)'에서 맛볼 수 있다. 스미스 아일랜드에 가면 타일러튼(Tylerton)의 '드럼 포인트 시장(Drum Point Market)'에서 희귀한 물렁게 샌드위치인 '물렁게 포보이(Soft Shell Po' Boy)'를 먹을 수 있다. 아니면 이 섬에서 가장 큰 공동체인 유엘(Ewell)에 있는 '루크스 씨푸드 데크(Ruke's Seafood Deck)'나 '베이사이드 인(Bayside Inn)'에서 식사를 해보자.

이탈리아

토리노의 슬로푸드 *Slow Food in Turins*

이탈리아 북부에 있는 토리노에서는 물건을 사든 아니면 그냥 둘러보기만 하든
최고의 슬로푸드를 즐기는 것을 잊어서는 안 된다.

피에몬트(Piemont) 지방 토리노의 화창한 4월 아침, 유럽에서 가장 큰 야외 식품 시장으로 평가받는 '메르카토 디 포르타 팔라초(Mercato di Porta Palazzo)'는 쇼핑객들로 미어터진다. 이 시장은 음식 애호가들뿐 아니라 식탁에 올릴 최고의 식재료를 찾는 주부들이 꼭 들르는 장소다. 샐러드용 햇채소들이 수북하고, 슬로푸드 운동의 상징인 달팽이들이 진열용 상자에서 빠져 나오려 애쓰고 있으며, 정육 판매대 위에는 연한 새끼양고기가 놓여 있다. 이탈리아 인이라면 일 년 중 봄이 아닌 계절에 새끼양고기를 먹을 생각

잎에 싸인 무화과들이 미각을 유혹한다.

피에몬트의 눈부시게 아름다운 전원에서 자란 농산물은 토리노의 여러 시장에 공급된다.

은 하지 않을 것이다. 그만큼 이탈리아 인들은 가장 깐깐하게 계절을 따지는 사람들이며 철마다 먹는 음식들을 구별한다.

남쪽으로 5킬로미터 떨어진 곳에 슬로푸드 순례지가 한 군데 더 있다. 바로 토리노 교외 '링고토(Lingotto)'에 있는 카르파노 베르무트 주(酒) 공장을 개조해서 만든 '이탈리(Eataly)' 식품 매장이다. 전통적인 이탈리아 식품점이 보석 상자라고 한다면, 이곳은 그야말로 보물 창고다. 매장 전체가 싱싱한 청과물과 해산물, 말린 파스타와 생파스타, 염장육, 숙성 치즈, 와인, 빵, 커피 따위를 전문으로 취급한다. 시식 카운터와 특선 요리 전문점, 세미나실과 강의실도 있다.

이탈리는 상점이자 전통 소매 시장이며, 메르카토 디 포르타 팔라초에 진열되어 있는 훌륭한 식품의 가치를 소중히 간직하고 보존하겠다는 의지를 선언하는 장이기도 하다.

When to go 연중 아무 때나 가도 좋다. 겨울에는 북쪽의 눈 덮인 알프스 산맥에서 불어오는 시원한 냉기가 기분 좋다. 단, 한여름인 7월과 8월에는 찌는 듯이 더울 수도 있다. 2년마다 살로네 인테르나티오날레 델 구스토(Salone Internationale del Gusto)라는 성대한 음식 축제가 링고토에서 10월에 열린다.

Planning 피아차 델라 레푸블리카(Piazza della Repubblica)에 있는 메르카토 디 포르타 팔라초는 일요일을 제외한 나머지 요일에 오전 6시 30분부터 오후 1시 30분까지 문을 연다. 이탈리는 매일 문을 열며 도심에서 버스나 전차, 기차 또는 자동차로 쉽게 갈 수 있다. 자동차로 간다면 'Lingotto Fiere/8 Gallery'라고 적힌 표지판을 따라간다.

Websites www.eataly.it, www.slowfood.com, www.turismo-torino.org

슬로푸드 운동

- '슬로푸드(Slow Food)'라는 개념은 1980년대 중반 맥도날드 사가 로마 한복판에 있는 '스페인 계단' 옆에 햄버거 가게를 내려고 한 사건에서 비롯되었다. 토리노 남쪽에 있는 브라(Bra) 시에서 함께 모여 식사하던 기자들에게 그 사건은 자신들이 소중히 여기는 훌륭한 이탈리아 음식을 송두리째 짓밟으려는 위협이었다. 카를로 페트리니(Carlo Petrini)의 주도로 기자들은 패스트푸드에 반대하는 캠페인을 펼쳤다. 그들은 현지에서 생산된 좋은 재료, 장인 생산, 정성이 담긴 조리 과정을 통해 준비된 음식인 슬로푸드를 장려했다.

- 슬로푸드 운동은 많은 사람들에게 호응을 얻어, 현재 18만 명 이상이 슬로푸드 운동에 동참하고 있다. 또한 120개 나라에서 '콘비비아(convivia)'라는 지부를 운영하고 있다. 이 운동은 또한 토리노에서 2년마다 열리는 '살로네 인테르나티오날레 델 구스토' 축제와 '우니베르시타 디 시엔체 가스트로노미케(Università di Scienze Gastronomiche)'라는 요리 학교를 후원하고 있다.

중국

제철에 즐기는 털게 *Hairy-crab Season*

중국의 동남 해안의 분주한 대도시 상하이에는 세계 여느 도시와 달리 털게 철이 있다.
알이 꽉 찬 털게를 맛보려면 10월 중순 전에 가야 한다.

상하이에서 가을은 털게의 계절이다. 구불구불 골목길로 이어진 주택가들 사이에 들어선 여러 시장과 최고급 식당들에 가면 사람들이 즐겨 찾는 털게를 팔고 있다. 털게는 일반 게보다 달고 쫄깃한 흰 살과 방금 요리한 진한 달걀 노른자 같은 주황색 알 덕분에 중국 요리에서 귀한 대접을 받는다. 중국인들은 털게에 몸을 차게 하는 성질인 음(陰)의 기운이 있다고 믿는다. 상하이에서 팔리는 털게들은 대다수가 상하이에서 자동차로

털게는 발을 몸통 쪽으로 오므려 한 마리씩 라피아(raffia) 야자 섬유로 묶어 둔다.

상하이에서 맛볼 수 있는 털게 찜.

2시간 못 미치는 거리에 있는 양청후(陽澄湖)나 다른 민물 호수에서 잡힌 것들이다.

털게의 요리법은 간단하다. 우선 털게를 찐다. 그리고 설탕을 넣은 흑미 식초 소스와 얇게 저민 생강을 함께 곁들이면 된다. 뜨거울 때 한 사람당 2~4마리씩 먹으면 한 끼 식사로 든든하다.

과거 프랑스 조계지(외국인이 자유로이 통상 거주하며 치외법권을 누릴 수 있도록 설정한 구역)였던 상하이 남서부에 자리 잡은 식민 시대풍의 우아한 식당 '예상하이(夜上海)'에서는 손님들이 겨우 사람 손바닥만한 크기의 작은 게를 열심히 파먹는 모습을 볼 수 있다. 현지인처럼 쌀로 빚은 황주(黃酒)를 털게 요리에 곁들여서 마셔 보자. 통 크게 털게 요리 만찬을 주문한 사람들은 게살볶음과 게살완탕을 비롯한 요리들을 먹을 여유도 남겨 둬야 한다.

When to go 털게는 9월부터 11월 중순까지가 제철이다. 가장 싱싱하고 통통하며 알이 꽉 찬 털게를 맛보려면 10월 중순 전에 가는 게 좋다.

Planning 9, 10월에 상하이의 최고급 식당에서 식사를 하고 싶다면 몇 주 전에는 예약해야 한다. 특히 털게 만찬을 먹으려면 사전 예약은 필수다. 털게에 양청후 도장이 찍혀 있는지 확인하자. 양청후에서 잡은 털게를 최고로 꼽기 때문에 가짜 도장이 찍혀 있는 경우가 많다. 예상하이와 웨스틴 호텔 번드 센터 그 밖에 5성급 호텔 레스토랑 등 유명 식당에 가면 진짜 양청후 털게를 맛볼 수 있다. 장사꾼들이 자연산이라고 주장하는 털게는 피하는 게 좋다. 현재 중국에서 팔고 있는 털게는 환경 오염 문제 때문에 대다수가 양식한 것이다. 진짜 자연산 털게는 매우 귀해서 양식 털게보다 5배나 비싸다.

Websites www.elite-concepts.com, www.timeout.com/travel/shanghai

상하이 요리

■ 맛이 진하고 달기로 소문난 상하이 요리는 향긋한 소스에 설탕을 많이 넣어 감칠맛을 더한다. 조개와 닭고기를 살짝 익힌 뒤 술에 재워서 만드는 요리도 흔히 볼 수 있는 메뉴다.

■ 상하이는 고기나 채소에 간장 소스와 설탕을 넣고 재빨리 볶은 다음, 물을 조금 붓고 천천히 익히는 '레드 쿠킹(red cooking)'으로 유명하다. 계피와 팔각(八角)을 넣어서 풍미가 강렬한 돼지고기 요리를 먹어 보자. 또 다른 인기 음식 '스즈터우(獅子頭)'는 야구공만한 미트볼로, 양배추를 함께 넣어 스튜로 만든다.

■ 고기와 육즙이 가득 들어 있는 찐만두 '샤오롱바오(小籠包)'를 먹어 봐야 상하이 여행을 제대로 했다고 할 수 있다. 최고급 식당과 노점의 진열장에 줄지어 놓은 김이 무럭무럭 나는 바구니들을 찾아보자. 맛있는 만두가 가득 들어 있다.

■ '성지엔바오(生煎包)'라고 하는 큰 만두도 사람들이 즐겨 먹는 길거리 간식이다. 만두피 속에 다진 고기를 넣고 살짝 튀겨서, 바닥은 바삭바삭하고 윗부분은 부드러운 맛이 기가 막힌다.

한식절에 먹을 전통 음식을 준비하는 여인.

중국

한식절 Cold Food Festival

중국 남서부 샤먼 시 시민들은 매년 찬 음식만 먹는 전통 명절을 지켜오고 있다.

푸젠성의 샤먼(厦門) 시는 마천루가 빽빽이 들어선 현대적인 대도시다. 이곳 시민들은 매년 4월 4일이 되면 조상 대대로 내려온 한식절(寒食節)을 기념한다. 중국에 전해 내려오는 이야기에 따르면, 한식절은 그 기원이 2천 5백 년 이상 되었다.

한식절은 '개자추(介子推)'라는 신하를 기리는 날로, 그는 진(晉)나라 문공(文公)의 실수로 불에 타 죽었다고 한다. 회한에 찬 문공은 개자추를 기념하기 위해 백성들에게 해마다 사흘간 불을 때지 말고 찬 음식만 먹도록 명했다. 사흘이 지금은 하루로 줄었으며, 샤먼 시는 중국에서 한식절 전통을 지키는 몇 안 되는 지역들 중 하나다.

현지 주민들은 한식절에 차가운 소면과 춘권을 먹는다. 이 음식들은 보통 전채요리이나 이날만큼은 세 끼 식사로 먹는다. 한식절 다음 날은 중국의 국가 공휴일인 '청명절(清明節)'이다. 이날은 가족들이 모여 성묘를 하고 돼지고기 구이, 닭고기를 곁들인 쌀밥, 차 등을 조상들에게 바친다. 향을 피운 뒤 가족들은 묘 옆에서 음식을 먹으며 돌아가신 조상들을 기린다.

When to go 한식절은 동지로부터 105일째 되는 날로, 양력 4월 4일(윤년에는 4월 3일)경이다. 청명절은 그 다음 날이다.

Planning 해안 도시인 샤먼 시는 중국의 여러 도시에서 기차나 버스로 쉽게 갈 수 있다. 적어도 3일간은 머물면서 샤먼 시 남서쪽에 있는 작은 섬 '구랑위(鼓浪嶼)'를 거닐어 보자. 식민 시대의 건축물과 울창한 수목을 즐길 수 있다. 또한 찻집에도 꼭 들러 차를 마셔 보자. 샤먼 시에서는 훈연향이 나는 랍상 소우총(正山小種)과 발효차인 테관인(鐵觀音)등 몇 가지 유명한 차가 있다.

Websites www.whatsonxiamen.com

현지인들은 쥐를 비롯한 동물 모양으로 찬 음식을 빚는다.

푸젠 요리

■ 샤먼 시의 음식점들은 볶음면이나 온면 대신 차가운 소면에다 파, 마늘, 고추 소스를 얹어서 내놓는다. 면에는 닭고기나 새우가 들어가기도 하는데, 대개 그 전날 요리해 둔 것들이다.

■ 현지 사투리로 '보빈'이라고 부르는 푸젠성의 차가운 춘권은 죽순, 말린 새우, 콩나물, 두부, 굴소스 등을 얇은 밀가루 피에 싼 것이다.

■ 검은깨를 입힌 찰떡인 '마쓰(麻糍)'는 속에 달콤한 땅콩 가루와 깨가 듬뿍 들어 있다.

■ 푸젠성에서 가장 유명한 요리들 가운데 하나인 '불도장(佛跳牆, 퍼 티아오 치앙)'은 뜨겁고 진한 수프로 메추리알과 몇 가지 육류·해산물을 비롯한 재료가 무려 20가지 이상 들어간다. 값이 비싼 편이지만, 맛이 기가 막혀서 육식을 하지 않는 승려들조차 이 요리를 먹기 위해 담장을 뛰어 넘는다는 이야기도 있다.

푸켓 섬 주민들이 집에서 가져온 향을 절에 공양한 음식 사이에 꽂고 있다.

태국

푸켓 채식주의자 축제 *Phuket Vegetarian Festival*

해마다 태국 남부의 푸켓 섬 주민들은 고기를 멀리하여 부처를 향한 신앙심을 보여 준다.

매년 가을, 푸켓 섬에서는 흥미로운 행사가 열린다. 주민들이 9일 동안 철저히 채식주의자가 되어 고기나 달걀, 우유, 생선 소스 등을 입에 대지도 않는 것이다. 그러나 음식점들은 여전히 평소처럼 카레와 볶음 요리, 수프, 샐러드로 손님을 끌어들인다. 단지 밀 글루텐(wheat gluten, 밀단백)과 콩이 육류와 생선을 대신한다는 점이 다를 뿐이다. 큰 길가에 선 노점 식당들에서는 동글동글한 도넛, 카레 가루와 옥수수 가루로 만든 튀김, 춘권 튀김, 두부 튀김 등 갖가지 맛있는 튀김 요리와 갖은 모양으로 빚거나 자른 쫄깃한 밀 글루텐을 판다. 이 행사는 명색이 채식주의자 축제지만 음식 축제는 아니다. 사회의 병폐를 정화하는 행사로 영혼 정화와 공덕 쌓기가 수반된다.

1825년 이곳을 방문 중이던 중국 경극단 단원들이 집단으로 병에 걸렸다고 한다. 경극단원들은 고기를 먹지 않겠다고 맹세하고 제를 올리며 기도하여 병이 나았는데, 이후 채식주의자 축제가 시작되었다고 전해진다.

해마다 축제가 열리면 중국계 후손들은 9일 동안 정결한 생활을 하며 신체를 자해한다. 남자들은 시내를 행진하며 자기 혀에 톱질을 하고, 도끼로 자신의 등을 때리고, 날카로운 물체로 볼을 꿰뚫는다. 이 열성 신도들은 악한 기운을 다른 사람들로부터 떼어 내고 스스로에게 전가하면서 초자연적인 능력을 얻는다고 믿는다. 그들은 폭죽이 터지는 가운데 춤을 추며 이리저리 움직인다. 한편, 거리에서는 채식 요리를 배불리 먹은 사람들로 매우 붐빈다.

When to go 음력 9월 초, 양력으로는 10월 초에 축제가 열린다.

Planning 축제를 최대한 즐기려면 푸켓 시내에 머물러야 한다. 축제 에티켓에 따라 흰옷을 입는 것이 좋다. 시내에 도착하자마자 길에서 파는 싸구려 티셔츠와 면바지를 한 벌 구입하자. 가두행렬 등의 행사를 구경하려면 축제 시간표를 확인해야 한다. 행사들 대부분은 현지의 중국 절에서 그 분위기가 최고조에 이른다. 불꽃놀이도 놓치지 말자. 전망 좋은 자리를 잡으려면 일찍 나서야 한다.

Websites www.tourismthailand.com, www.phuketvegetarian.com, www.phuket.com

축제의 관례

- 예로부터 불교를 믿는 채식주의 요리사들은 고기를 먹고 싶어하는 손님들을 놓치지 않기 위해 최고의 기술로 콩과 밀 글루텐을 고기처럼 보이도록 정교하게 빚어 왔다.

- 축제 기간 동안에는 육체 관계 금지, 음주 금지, 월경 중인 여성의 참여 금지 등 지켜야 할 규율이 있다. 규율에 따르면 참여자들은 축제에 참여하지 않는 사람들과 주방 기구, 식기를 공유하거나 식사를 함께 해서는 안 된다. 음식을 정결하게 유지해야 질병에 걸리지 않는다고 믿기 때문이다.

- 축제 행사는 푸켓 시내를 중심으로 진행되지만 상인들은 축제 기간 동안 푸켓 섬 전역에서 채식 요리를 판다. 펄럭이는 노란 깃발이 꽂힌 가게들을 찾아보자.

핀란드

가재 파티 *Crayfish Festivals*

여름이 끝날 무렵 두 달간 핀란드 인들은 손으로 가재를 먹는 '라푸율랏' 만찬을 즐긴다.
늦여름의 밤, 헬싱키 일대의 테라스 레스토랑에서 느긋한 시간을 즐겨 보자.

핀란드에서 7월 21일 가재잡이 철이 선포되면 사람들은 가재 요리로 파티를 즐긴다. 가재 철이 끝나는 9월 초까지 시골과 도시 가릴 것 없이 잔치 테이블에 둘러앉아 가재 껍질을 깨고 고소한 살을 파먹기에 여념이 없다. 핀란드의 민물 가재는 1990년대 초 조류 곰팡이가 만연해 거의 멸종되다시피 한 이후로 포획량이 줄어들었다. 야간에 차가운 강에서 잡은 가재는 값이 비싸기 때문에 스페인이나 터키, 미국 등지에서 수입해 온 가재를 구입한다. 파티를 열기 위해서는 손님 1명당 가재 12마리씩 주문하고, 모든 의자에 특별히 만든 턱받이를 걸쳐 놓는 등 준비가 필요하다. 가재는 끓는 물이나 소금물

그릇에 담긴 빨간 가재들이 여름 만찬 요리에 쓰이기를 기다리고 있다.

에 딜(허브의 일종)의 씨앗과 이파리를 함께 넣고 익힌 다음 체에 받쳐 하룻밤 동안 식힌다. 가재를 낼 때는 큰 접시에 쌓아서 담고, 딜로 장식한 햇감자를 곁들인다.

핀란드는 다언어 국가이기 때문에 사용하는 언어에 따라 일부 전통에 차이가 있다. 예를 들어, 스웨덴 어를 쓰는 지역의 핀란드 인들은 끝이 뾰족한 파티 모자를 쓰며, 건배할 때마다 슈납스(schnapps, 독한 증류주)를 주제로 한 노래를 부른다.

그러나 어떤 언어를 쓰든 가재를 먹는 방법은 다 똑같다. 가재를 반으로 분질러서 머리 부분의 즙을 빨아먹고, 살이 많은 꼬리 부분은 전용칼로 딱딱한 껍질을 벗겨 낸다. 레몬즙이나 스메타나(smetana, 톡 쏘는 사워크림)를 조금 첨가하면 가재의 섬세한 풍미를 더욱 풍부하게 즐길 수 있다. 얼음을 넣은 보드카 한 잔을 들고 가재를 위해 건배해 보자. 키피스(Kippis, 건배)!

When to go 가재잡이 철은 8월부터 9월 초까지로, 8월 동안 헬싱키 일대의 테라스 레스토랑에서 흔하게 맛볼 수 있다. 늦여름 밤을 야외에서 가재를 잡으며 즐겨 보자. 차가운 저녁 공기에 대비해 스웨터나 숄을 챙겨 가도록 한다.

Planning 일주일 정도 시간을 내서 수도 헬싱키 서쪽에 있는 투르쿠(Turku)에서부터 동쪽으로 스웨덴 어 지역인 그림 같은 포르보(Porvoo) 항구까지 핀란드의 남부 해안을 둘러보자. 술을 마실 기회가 있다면 먼저 건배도 제의해 보자. 건배는 핀란드 어로 '키피스', 스웨덴 어로는 '스콜(Skål)'이다. 술 종류로는 맥주 및 슈납스, 보드카 또는 코스켄코르바(Koskenkorva)라고 하는 맑은 핀란드 술이 있다. 이외에 광천수나 단맛이 적은 드라이 화이트 와인도 가재 요리와 함께 즐기면 좋다.

Websites www.virtual.finland.fi, www.finnguide.fi, www.crayfishking.com

라푸율랏 에티켓

- 가재 만찬을 먹기 전에 흔히들 핀란드 숲 속 호숫가에서 사우나를 먼저 한다.

- 일부 요리사들은 껍질 벗긴 집게발을 버터를 바른 삼각형 토스트 위에 얹고 딜을 흩뿌려서 애피타이저로 낸다. 수프 및 짭짤한 애피타이저에는 제철 꾀꼬리버섯과 숲에서 채취한 다른 버섯들이 들어간다.

- 만찬 메뉴는 가재로 시작한다. 주요리로 삼나무 판자에 연어를 얹어서 구운 요리나 연어찜이 나오고, 디저트로는 갓 구운 블루베리 타르트나 스칸디나비아의 북부 지역 라플란드(Lapland)산 클라우드베리(진들딸기)가 나온다.

- 가재 만찬은 전통적으로 격의 없이 와자지껄하다. 참석자들이 모두 가재 머리와 집게발에서 나오는 맛있는 육즙을 쯉쯉 소리 내어 빨아먹기 때문이다.

한 쌍씩 짝을 이룬 대구들이 노르웨이의 작은 어촌에 세워 둔 나무 받침대에 걸려 있다.

노르웨이

루테피스크 *Lutefisk*

루테피스크의 향을 불쾌해하는 사람들도 있지만, 맛은 꽤 섬세한 편이다. 바이킹에서 유래했다고 알려진 이 악명 높은 음식을 먹는 일이 어떤 이들에겐 대단한 도전과 모험이다.

대담한 식도락가가 아니라면, 정확히 말해 열렬한 '루테피스크(lutefisk)' 애호가가 아니라면 독특한 냄새와 맛을 가진 이 음식을 맛보는 데 어느 정도 용기가 필요하다.

수백 년 동안 엄청난 대구 떼들이 바렌츠 해(Barents Sea)에서 남하하여 노르웨이 북부 로포텐 군도(Lofoten Islands) 일대의 안전한 바다에 산란을 해왔다. 이 바다 근처에 자리한 트롬쇠(Tromsø) 시의 사람들은 1월부터 6월까지 대구를 잡는다. 태양이 수평선 위로 낮게 뜨는 추운 북반구 지역이지만, 로포텐 지역에는 정통 루테피스크 요리를 전문으로 하는 따뜻하고 푸근한 식당들이 많이 있다. 더 남쪽으로 내려가 루테피스크 생산 중심지인 올레순(Ålesund) 시에도 들러 보자.

루테피스크는 고약한 냄새가 나는 말린 생선, 즉 자연 건조시킨 대구로 만든다. 자작나무를 태운 재의 칼륨염으로 만든 잿물에 대구를 담근 뒤 다시 맑은 물에 담가 화학 물질을 빼낸다. 그러면 요리할 준비가 된 것이다.

이 특이한 음식의 역사에 관해서는 의견이 분분하다. 말린 대구를 운반하던 바이킹 배가 화재로 침몰하여 바닷물에 잠겼다가 회수되는 과정에서 루테피스크가 만들어졌다는 전설도 나돈다. 그 기원이야 어찌되었든 루테피스크는 유럽에서 가장 북쪽에 있는 이 지역의 겨울철 주식으로 여전히 사랑받고 있다.

When to go 루테피스크 철은 공식적으로 11월에 시작되어 크리스마스 기간 내내 계속된다.

Planning 로포텐 군도에 방문하면서 오로라를 관찰해 보자. 노르웨이의 탁월한 대중교통 덕분에 오로라가 빛나는 장관을 마음껏 즐길 수 있다.

Websites www.visitnorway.com, www.norway.com

루테피스크 요리법

- 이 생선을 맛있게 먹으려면 정확하게 요리해야 한다. 날마다 깨끗한 물로 갈아 주어 며칠 동안 불린 다음, 생선 자체에서 나오는 육즙으로 고기가 반투명 젤리처럼 보이면서 살점이 흩어지지 않을 정도가 되게 딱 몇 분간만 익혀야 한다. 버터를 발라 오븐에 구워도 좋다.

- 부드러운 화이트 소스, 삶은 감자, 씨거자 같이 전통적인 곁들임 요리를 추가하면 색깔은 아니더라도 씹는 맛이 다양해질 것이다. 하지만 루테피스크를 즐겨 먹는 사람들은 바삭바삭한 베이컨과 완두콩을 곁들이는 편이다.

TOP 10

성축일 축제 Saint's Day Feasts

오늘날 성인들을 기리는 여러 축일들의 종교적 의미는 퇴색했지만 축제만큼은 계속되고 있다.

❶ 선단 축복 행사 Blessing of the Fleet 미국 코네티컷 주 스토닝턴

이 축제에는 퍼레이드와 함께 어부들의 수호 성인인 성 베드로의 동상이 등장한다. 바닷가재, 조개, 포르투갈 특선 요리 등을 맛볼 수 있다.

Planning 대개 7월 마지막 주말에 열린다. www.stoningtonblessing.com

❷ 여성 요리사 축제 Fête des Cuisinières 프랑스 과들루프

1916년 푸엥타피트르 시의 여성 요리사들이 회원들의 장례 비용을 마련하기 위해 공동 자금을 조성했던 것이 요리사들의 성인인 로마의 성 로렌스(St. Laurence)를 기리는 축제로 발전했다.

Planning 축제는 8월 10일과 가장 가까운 토요일에 열린다. 퍼레이드는 누구나 참가 가능하다. www.lesilesdeguadeloupe.com

❸ 동방박사의 날 Día de Los Santos Reyes 멕시코

멕시코 인들은 동방박사의 날, 즉 주현절(1월 6일)에 타원형 고리 모양의 케이크를 나눠 먹는다. 빵 속에는 아기 예수를 상징하는 작은 인형이 들어 있다. 인형을 찾는 사람은 성촉절(2월 2일)에 파티를 열어야 한다.

Planning 동방박사의 날에 먹는 케이크는 식당, 제과점, 술집 등에서도 구할 수 있다. www.visitmexico.com

❹ 성 마틴 축일 St. Martin of Tours 스웨덴 스코네

스웨덴 남단 스코네(Skåne) 지방에서 열리는 이 겨울 축제는 거위들이 통통하게 살이 오르는 시기에 열린다. 성 마틴 축일 전야(11월 10일)에는 거위 피를 넣은 수프, 사과와 자두를 채운 거위구이 등을 만찬으로 먹는다.

Planning '스캐뇌시 제스트깁바르고드(Skanör's Gästgifvaregård)'가 거위 요리로 유명하다. www.skane.com, www.skanorsgastis.se

❺ 성 마르코 축일 St. Mark 이탈리아 베네치아

4월 25일은 성 마르코 축일이자 베네치아 공화국의 건국 기념일이다. 베네치아 사람들은 수프나 리소토인 '리시 에 비시(risi e bisi)'라는 이탈리아 전통 요리를 먹는다.

Planning 4월 25일은 또한 해방 기념일이기도 하다. 이날 많은 상점과 관광지들이 문을 닫는다. www.turismovenezia.it

❻ 성 로렌조 축일 Festa di San Lorenzo 이탈리아 플로렌스

인기 있는 축일인 성 로렌조 축일(8월 10일)은 산 로렌조 광장을 중심으로 진행된다. 성당에서 몇 차례 미사가 거행되고, 민속 의상 퍼레이드와 콘서트가 펼쳐진다. 밤이 되면 라자냐와 수박을 무료로 나눠 준다.

Planning 다양한 행사를 즐기려면 일정을 하루 종일로 잡아야 한다. 메디치 교회 미술관을 무료로 개방한다. www.firenzeturismo.it

❼ 성 요셉 축일 St. Joseph 이탈리아 시칠리아

전설에 따르면 중세 시칠리아 섬에 가뭄이 들었을 때 성 요셉에게 간구했더니 비가 왔다고 한다. 섬 주민들은 성자를 위해 누에콩, 쌀가루와 벌꿀, 정교하게 조각한 빵 등으로 큰 잔치를 열었다. 오늘날에도 메뉴는 똑같지만, 축일이 사순절 기간에 끼어 있어서 육류는 금한다.

Planning 성 요셉 축일은 3월 9일이며, 섬 전역에서 축하 행사가 열린다. www.bestofsicily.com

❽ 산트 안토니 아바트 Sant Antoni Abat 안도라

안도라 인들은 전국적으로 성 안토니(1월 17일) 축일을 옥외에서 기념한다. 장작불을 피워 놓고 우묵한 질그릇에 고기와 소시지를 넣은 스튜를 끓여서 와인과 빵을 곁들여 먹는다.

Planning 라 마사나(La Massana) 마을은 가장 큰 규모의 축제가 열리는 곳 가운데 하나다. www.andorra.ad

❾ 성 야고보 축일 St. James 스페인 산티아고 데 콤포스텔라

해마다 특히 여름이면 천주교 순례자들이 스페인 북부를 가로질러 산티아고 델 콤포스텔라까지 이어지는 '성 야보고의 길(산티아고 순례길)'을 순례한다. 축일은 7월 25일이며, 부채새우를 먹는다.

Planning 산티아고 시장에서 해산물과 갈리시아 지역 식품들을 둘러보자. 여름에는 풋고추 튀김을 팔기도 한다. www.pilgrimage-to-santiago.com

❿ 성 패트릭 축일 St. Patrick 아일랜드

아일랜드 인들은 퍼레이드를 벌이고 술집을 순례하며 흑맥주를 마시는 것으로 성 패트릭 축일(3월 17일)을 기념한다. 베이컨과 양배추, 소다 브레드, 콜캐논, 콘비프와 양배추 같은 전통 음식을 먹기도 한다.

Planning 더블린에 있는 '컨트리 초이스(Country Choice)'에서 아일랜드 전통 음식을 맛볼 수 있다. www.stpatricksday.ie

> 그루지야

작은 마을로 떠나는 봄 소풍 *A Country Feast*

요리와 와인으로 유명한 그루지야에서도 티빌리시 동쪽의 포도 재배 지역에 가면
그 두 가지 모두를 양껏 즐길 수 있다.

    그루지야의 와인 산지는 동부의 카케티(Kakheti) 주 알라자니 계곡(Alazani River Valley)에 있다. 캅카스 산맥이 솟아 있는 이 지역의 산비탈에서 과실수와 포도나무가 자란다. 봄이 되어 날씨가 따뜻해지면 그루지야 인들은 함께 모여 소풍을 즐긴다. 루비처럼 빨간 비트 퓌레부터 말린 금잔화 가루를 넣어 황금빛이 감도는 호두 소스가 들어간 칠면조 요리인 사치비(satsivi)에 이르기까지, 생생한 색깔과 풍미를 자랑하는 음식들을 식탁보에 차려 놓는다.

사진에 보이는 그루지야의 전통 음식들 가운데 칠면조 사치비(왼쪽 아래)와 킨칼리(오른쪽 위) 만두도 있다.

그루지야 요리는 지중해와 중동의 풍미를 모두 담고 있다. 고대 교역로를 따라 상인과 여행객들이 요리 문화를 왕성히 교류한 결과다. 크림이 풍부한 물소젖 요구르트와 톡 쏘는 술루구니(suluguni, 소금물에 담가서 만드는 그루지야 피클 치즈)가 여러 가지 구운 고기에 곁들여진다. 그루지야 인들은 이 고기 요리들을 먹을 때면 인류에게 불을 전해 준 죄로 근처에 있는 엘브르즈 산(Mount Elbrus)의 바위에 사슬로 묶이는 형벌을 받았다는 프로메테우스의 전설을 떠올린다고 한다.

디저트로는 신맛이 나는 사과인 레이디 애플(lady apple), 설탕처럼 달콤한 복숭아, 분홍 구스베리(gooseberry, 서양까치밥나무 열매), 체리, 자두, 다양한 품종의 살구 등 제철 과일이 추르츠켈라(churchkhela, 건과류를 실에 꿰어 신선한 포도 주스에 담갔다가 말린 간식)와 함께 준비되어 있다. 그루지야 인들은 갖은 요리를 먹고 포도주를 실컷 마시며 축배와 노래로 자연의 풍요로움을 찬양한다.

When to go 추운 겨울인 5월부터 10월까지는 전력 공급이 불안정하다.

Planning 유럽의 대다수 주요 도시들과 터키의 이스탄불에서 그루지야의 수도 티빌리시로 가는 비행편이 있다. 티빌리시 외곽에는 괜찮은 식당이 없지만, 여러 소도시와 촌락에 맛있는 향토 음식을 제공하는 카페가 적어도 한 군데씩은 있으니 걱정하지 않아도 된다. 티빌리시의 중앙 시장에 들러서 샌더미처럼 쌓여 있는 향신료와 잔뜩 널려 있는 싱싱한 채소들을 살펴보도록 한다. 또한 토네(toné)라고 부르는 실내 화덕에서 구운 뜨거운 빵을 파는 전통 빵집을 꼭 찾아보고, 특선 왕만두인 '킨칼리(khinkali)'도 꼭 맛보자.

Websites www.caucasustravel.com, www.travel.info-tbilisi.com

그루지야의 축배 전통

■ 그루지야의 연회인 수프라(supra)는 의식을 갖춘 행사다. 수백 년 동안 그루지야 인들은 식사 자리에 모여 그들의 문화를 이끌어 왔다. 이는 외세 치하에서도 예외가 아니었다. 연회의 사회자인 타마다(tamada)가 가장 격의 없는 식사 자리를 제외한 모든 식사를 관장한다. 최고의 타마다들은 재치와 달변으로 연회 참석자들을 이끌며 일련의 건배를 제안하는 것으로 유명하다. 건배는 흥을 돋우어 슬픈 일마저도 삶을 긍정하는 계기가 된다.

■ 건배는 신의 존재를 인정하는 것으로 시작하며, 그 다음에는 주인 가족에게 감사를 전한다. 잔을 단숨에 들이켜야 하며 임의로 아무 때나 마시는 것은 허용하지 않는다. 와인은 건배가 선창될 때마다 마시며, 곧 취할 것 같으면 타마다가 속도를 늦춘다. 사페라비(Saperavi)와 르카치텔리(Rkatsiteli) 같이 뛰어난 포도 품종으로 만든 와인을 높이 들고 건배해 보자.

요리사들이 만하임 시장에서 판매용 흰 아스파라거스를 다듬고 있다.

독일

아스파라거스 축제 *Asparagus Festival*

매년 봄이면 수천 명의 방문객들이 보물 같은 이 채소를 기념하기 위해 독일 남부의 '아스파라거스 삼각지'로 몰려든다.

독일 남서부 바덴 뷔르템베르크(Baden-Württemberg) 주의 고요한 도시 슈베칭겐(Schwetzingen)은 해마다 5월 첫 주 토요일이 되면 사람과 악대, 아스파라거스 판매대로 북적댄다. 바로 아스파라거스 축제인 '슈파겔페스트(Spargelfest)'가 열린 것이다. 축제의 주인공인 '슈파겔(Spargel)'은 평범한 아스파라거스가 아니다. 줄기가 희고 보드라운 매우 귀한 품종으로 옛날에는 왕들만 먹을 수 있었다. 축제는 쾨니글리히 게뮈제(Königliche Gemüse), 다시 말해 '왕이 먹는 채소'를 기념하여 하루 동안 음악과 춤, 가두행렬이 펼쳐진다. 슈파겔페스트는 4월부터 6월까지 이어지는 아스파라거스 철이 절정에 이를 때 열린다. 열광적인 축제 기간 동안 사람들은 7만 톤가량의 아스파라거스를 먹어 치우며, 식당들은 특별한 메뉴인 슈파겔카르테(Spargelkarte)를 내놓는다.

아스파라거스 열풍은 주요 재배 지역인 바덴 뷔르템베르크 주와 니더작센(Lower Saxony) 주 일대에 집중된다. 여러 도시들이 축제를 개최하는데, 가장 규모가 큰 축제는 바덴 뷔르템베르크 주 브루흐잘(Bruchsal)에서 열리지만 가장 유명한 축제는 '세계 아스파라거스 수도'를 자처하는 슈베칭겐에서 열린다. 이곳이 바로 흰 아스파라거스의 열풍이 시작된 곳이기 때문이다.

슈베칭겐은 17세기에 카를 테오도르(Karl Theodor) 선제후(신성로마제국에서 독일 황제 선거권을 가지고 있던 제후)가 여름을 나던 곳이었다. 전하는 바에 따르면 그가 최초로 궁전 뜰에 흰 아스파라거스를 재배했다고 한다. 오늘날에는 흰 아스파라거스를 어디서나 구할 수 있지만, 그것을 만끽할 수 있는 가장 좋은 기회는 역시 슈파겔페스트다. 판매대들을 둘러보고, 아스파라거스 껍질 벗기기 대회에 참가해서 자신의 실력을 시험해 보자. 또한 축제의 왕과 왕비에게 아스파라거스 줄기로 만든 왕관을 씌워주는 대관식도 구경해 보자.

When to go 5월의 첫째 토요일에는 슈베칭겐에서, 셋째 토요일에는 브루흐잘에서 축제가 열린다. 다른 지역의 축제들은 날짜를 확인해야 한다.

Planning 슈베칭겐은 '아스파라거스 삼각지(Asparagus Triangle)'에 있다. 이 삼각지는 슈베칭겐을 중심으로 하이델베르크(Heidelberg)와 만하임(Mannheim) 사이에 있으며, 이 지역에는 수많은 '아스파라거스 루트'가 있다. 슈파겔페스트를 위해 슈베칭겐에 간다면 일정은 하루를 온전히 잡아야 한다. 축제는 슈베칭겐의 바로크 시대 궁전 밖에서 열린다. 이 궁전 역시 둘러볼 만한 가치가 충분히 있다.

Websites www.cometogermany.com, www.germany-tourism.com

흰 아스파라거스

■ 초록색 아스파라거스와 달리 흰 아스파라거스는 모래흙에서 재배하며, 햇빛을 직접 쐬지 않도록 보호한다. 그래서 초록색 아스파라거스보다 더 연하고 달짝지근한 맛이 나며 특유의 우윳빛을 띤다.

■ 흰 아스파라거스를 고를 때는 줄기가 통통한 것이 달고 연하다. 그리고 줄기 끝부분부터 밑동까지 순백색인 것이 좋다. 끝부분이 보라색을 띤 것은 햇빛을 받았기 때문에 맛이 떨어진다.

■ 가장 맛있게 먹는 방법은 우선 껍질 벗긴 아스파라거스를 한데 묶어서 속 깊은 냄비에 똑바로 세우고, 소금물을 줄기의 3/4정도까지 차게끔 부은 후 10~20분간 끓인다. 아스파라거스 즙이 크림처럼 나온 상태에서 녹인 버터나 기름·식초 드레싱을 곁들이면 된다. 홀랜데이즈 소스도 괜찮다.

TOP 10

새해맞이 축제 *New Year's Feasts*

국가나 지역에 따라 새해맞이 행사와 기간, 형식, 음식이 제각각이지만 축하하는 마음만은 공통적이다.

❶ 송년회 Forget-the-Year Parties 일본

송년회는 직장 동료나 친구들끼리 한 해의 성공과 실패를 돌아보는 자리다. 대개 이자카야(居酒屋)라는 술집에서 모임을 가지며, 모든 사람이 취할 때까지 마신다. 빈 술잔을 채우지 않고 그대로 두는 건 실례다.

Planning 송년회 자리는 12월 내내 있으며 많은 사람들이 몇 군데씩 참석한다. www.jnto.go.jp

❷ 춘절 New Year or Spring Festival 중국

4천 년 전통을 지닌 춘절 전야가 되면 식구들이 둘러 앉아 푸짐한 만찬을 먹는다. 온전함을 상징하는 닭과 부를 뜻하는 검은 이끼, 달콤한 새해를 기원하는 떡, 장수를 상징하는 국수를 먹는다.

Planning 행운을 부르는 빨간색 옷을 입자. www.chinaodysseytours.com

❸ 원단절 Feast of the First Morning 베트남

조상을 기리는 원단절(Tet Nguyen Dan)은 가족 및 친구들과 즐기며 한 해를 시작하는 날이다. 원단절에 먹을 코(kho, 톡 쏘는 맛이 나는 스튜), 쿠키우(cu kieu, 쪽파 피클) 같은 음식을 미리 준비해 둔다.

Planning 대체로 음력 설과 일치한다. www.footprintsvietnam.com

❹ 차강 사르 Tsagaan Sar 몽골

3일간 쉬는 몽골의 음력 설 '차강 사르'는 겨울이 끝나고 봄이 시작되는 시점이다. 섣달그믐 저녁 만찬은 양 우둔살 요리를 시작으로 찐 고기만두, 새끼양고기, 납작한 비스킷 등을 먹고 우유를 섞은 보드카와 발효시킨 암말 젖으로 입가심을 한다.

Planning 해마다 날짜가 달라진다. 몽골 인들은 모든 방문객이 먹을 만큼 음식을 준비한다. 손님은 선물을 가져가야 한다. www.mongoliatourism.gov.mn

❺ 새해 전야 New Year's Eve 러시아

러시아 인들은 가장 큰 명절인 새해 전야에 실컷 먹고 마신다. 새해를 맞는 모습 그대로 한 해가 지속된다고 믿기 때문이다. 보드카나 소비에트 샴

페인을 마시며 캐비아, 훈제 연어, 거위고기, 새끼 돼지 요리를 먹는다.

`Planning` www.russia-travel.com

❻ 노루즈 Noruz 이란

역사가 3천 년이나 된 노루즈는 조로아스터 교에서 유래한 축제로 이란에서 가장 큰 명절이다. 일곱 가지 물건(초록색 싹, 대추야자, 엿기름, 사과, 납작한 빵, 참깨, 마늘, 옻나무 열매, 식초)을 차려 놓는 의식을 한다. 쌀밥에 초록색 허브와 생선을 곁들여 먹는다.

`Planning` 노루즈는 춘분과 일치한다. www.tourismiran.ir, www.itto.org

❼ 새해 전야 New Year's Eve 이탈리아 피에몬트

이탈리아 북부에서는 새해 전야에 성대한 만찬을 먹는데, 피에몬트 지방은 특히나 더하다. 12가지 전채요리, 집에서 만들어서 삶은 소시지와 편두, 적어도 3가지 주요리와 여러 가지 디저트 등을 먹는다.

`Planning` 진짜 시골 분위기를 느끼고 싶다면 농가의 가정 요리를 먹어 보자. www.piedmont.worldweb.com

❽ 새해 전야 New Year's Eve 스페인

스페인 사람들은 자정을 알리는 관종(管鐘)이 울릴 때마다 포도알을 한 개씩 삼킨다. 대다수는 집에서 새해를 맞이하지만, 포도와 화이트 와인을 들고 바르셀로나의 카탈루냐 광장에 모이는 사람들도 꽤 많다.

`Planning` 빨리 삼키기에는 껍질을 벗기고 씨를 발라낸 포도가 더 좋다. www.barcelonaturisme.com

❾ 새해 전야 New Year's Eve 네덜란드

평소에는 페이스트리 먹기를 절제하는 네덜란드 인들도 이날만큼은 만찬의 마지막 코스로 바싹 튀긴 삼각형 사과파이, 튀김옷을 입힌 사과링, 도넛 따위를 푸짐하게 먹는다. 샴페인으로 새해맞이 축배를 한다.

`Planning` 일부 식당과 호텔들은 흔히 숙박까지 포함한 패키지 상품의 일환으로 특별 만찬을 제공한다. www.holland.com

❿ 호그머네이 Hogmanay 스코틀랜드

스코틀랜드에서는 새해 전야인 '호그머네이'의 자정이 지나면 친구들과 이웃들을 방문한다. 전통 음식인 스코틀랜드 스테이크파이와 블랙번 · 클루티 덤플링 같은 과일 케이크, 쇼트브레드(비스킷의 일종) 따위를 먹는다.

`Planning` 에든버러에서 호그머네이 음식 축제나 존 손더슨(John Sohnderson) 같은 고급 정육점에서 맛있는 음식들을 살 수 있다. www.edinburgh.org, www.edinburghfestivals.co.uk

오스트리아 지역 알프스를 찾는 스키어들은 달콤한 소가 들어간 도넛인 '크라폰'을 먹고 에너지를 재충전한다.

오스트리아

겨울 별미 *Winter Treats*

오스트리아 서부의 스키 슬로프에서 잠깐 벗어나 푸짐하고 따끈한 알프스의 겨울 음식을 즐겨 보자.

눈 덮인 산맥이 겨울 햇살에 반짝이고, 나무로 지은 샬레(chalet, 알프스 산간 지역에 있는 오두막 또는 산장)에는 무게를 견디기 힘들 정도로 눈이 수북이 쌓여 있다. 고드름이 서서히 녹으며 깨지는 소리가 적막을 깨뜨린다. 이처럼 오스트리아 지역 알프스 산맥의 고풍스러운 매력이 고스란히 남아 있는 이곳에서 맛있는 농가 음식을 즐겨 보자. 소박하고 정성 어린 농가 음식은 쌓인 눈이 몇 달 동안 녹지 않아 문명 세계와 왕래가 끊긴 알프스 목장에서 자급자족하며 살아가는 농부가 손쉽게 구할 수 있는 재료들로 만든다. 예를 들면, 밀가루 몇 컵에 달걀 한두 개, 약간의 버터와 우유, 숙성 치즈를 넉넉히 넣어 만든 든든한 음식들이다.

이 지역의 전통 음식들은 똑같은 요리 주제를 가지고 골짜기마다 조금씩 재료와 모양을 달리해서 만든 것들이다. 이를테면 티롤(Tyrol) 주의 만두 요리인 '카즈노큰 슐리크크라펜(Kasnock'n, Schlickkrapfen)'은 인접한 캐른텐 주에서 유래한 오스트리아식 라비올리(ravioli, 이탈리아 만두)라 할 수 있다. 이 음식은 시금치와 응유(우유가 산이나 효소에 의하여 응고된 것)를 파스타 반죽에 넣어 익힌 다음 담갈색 버터에 버무려 만든다.

이곳을 찾은 스키어들은 염소젖과 집에서 만든 버터, 건조 염장 햄, 껍질이 딱딱한 호밀빵을 먹고 슬로프로 나간다. 그리고는 점심 때 돌아와 죽은 사람도 벌떡 일어난다고 할 정도로 맛있는 굴라시 수프(Gulaschsuppe)를 먹는다. 아니면 오후 내내 양지 바른 테라스에서 럼주를 탄 핫초코인 루뭄바(Lumumba) 한 잔과 함께 튀긴 도넛인 게름크뇌델(Germknödel), 롤 파이의 일종인 스트루델(strudel)을 느긋하게 즐긴다.

When to go 스키 시즌은 12월 초에 시작되지만 설질이 가장 좋고 스키장이 가장 한산한 시기는 대개 1월이다. 일부 스키장에서는 1년 내내 빙하 스키를 탈 수 있다.

Planning 인스브루크(Innsbruck)나 잘츠부르크(Salzburg), 클라겐푸르트(Klagenfurt) 또는 독일 남부의 프리드리히샤펜(Friedrichshafen)으로 비행기를 타고 간다. 대다수의 호텔들이 가장 가까운 공항을 오가는 셔틀 차량을 운행한다. 숙박시설은 5성급 호텔부터 소규모 펜션 및 농가의 민박에 이르기까지 다양하다.

Websites www.tiscover.at, www.austria.info

카즈노큰

■ 재료(2인분)

버터 2작은술
소금 약간
중력분 200ml
얇게 저민 샬롯(양파의 일종) 2개
독일 바이에른 알프스 지역에서 만든 베르크케제(Bergkäse) 치즈 200g

1. 버터에 소금, 밀가루, 우유를 넣고 반죽해서 작은 경단(지름 약 1cm)을 빚는다.

2. 냄비에 소금물을 팔팔 끓인 다음 약하게 끓도록 불을 줄인다. 경단을 물에 넣고 2~3분간 끓인 뒤 건져내어 따로 둔다.

3. 오븐용 팬에 버터를 녹여서 샬롯이 노릇노릇해질 때까지 볶은 뒤 다른 그릇에 담아 둔다.

4. 팬에 경단을 넣은 뒤 치즈 가루로 덮는다. 치즈가 녹을 때까지 끓인다. 샬롯을 뿌려서 낸다. 베르크케제 치즈는 콩테 치즈나 그뤼에르 치즈로 대체 가능하다.

각양각색의 버섯들이 현지의 여러 시장에서 판매된다.

프랑스

버섯 채취 *Mushroom Picking*

프랑스 중부 오베르뉴 지역의 가을 숲에서 자라는 맛있는 버섯은 자연이 베풀어 준 가장 풍성한 선물 가운데 하나다.

해마다 가을이 되면 유럽 전역의 사람들이 주말을 이용해 삼림지와 숲으로 버섯을 채취하러 나간다. 모양과 크기가 제각각인 야생 버섯은 시장 좌판에도 무더기로 쌓여 있고, 건조가 잘 되는 양지 바른 문간에도 널려 있으며, 어느 식당에서나 메뉴로 나온다. 야생 버섯으로 수프와 쿨리(coulis, 채소나 과일로 만든 걸쭉한 소스), 각종 양념, 캐서롤(casserole, 오븐에서 천천히 익혀 만드는 찌개나 찜과 비슷한 요리), 리소토를 만들기도 하고 오믈렛이나 샐러드에 넣어 먹기도 한다.

야생 버섯을 채취하러 찾아가 볼 만한 최고의 장소 중 한 곳은 마시프상트랄(Massif Central, 프랑스 중남부의 산악 지대)에 있는 오베르뉴 지역이다. 이곳은 숲과 낮은 구릉, 강과 샘물, 사화산으로 이루어져 있고 관광객들의 발길이 드물다. 또한 로마제국이 프랑스 땅을 지배하던 '갈로로만 시대'의 유적지와 교회, 성 등이 전원 지역에 흩어져 있다.

잘 다져진 오솔길들이 오베르뉴 북부에 있는 리브라두와 포레 도립자연공원(Livradois Forez Natural Regional Park)과 남쪽에 자리한 유럽 최대의 참나무 숲인 '트롱세(Tronçais) 숲'을 통해 나 있다. 두 곳 모두 샹피뇽(champignon, 꾀꼬리버섯)을 채취하기에 좋은 장소다.

오베르뉴 지방의 요리는 특색이 뚜렷하며 농장에서 재배한 재료를 기본으로 삼는다. 또 돼지고기 가공식품과 함께 치즈가 유명하다. 이곳 특산 치즈로는 생버섯 샐러드와 잘 어울리는 크림이 풍부한 블뢰도베르뉴(Bleu d'Auvergne) 치즈와 흙 냄새가 느껴지는 생넥타르(Saint-Nectare) 치즈가 있다.

When to go 9월의 마지막 두 주와 10월의 첫 두 주가 가장 좋지만 버섯 철은 11월까지 계속되기도 한다. 폭풍우가 지나간 뒤 쓰러진 나무 주변에 버섯이 많다.

Planning 프랑스 법령에 따르면 버섯에 대한 소유권은 토지의 주인에게 있다. 촌락과 지방마다 버섯 채취 가능 지역, 채취할 수 있는 종류와 양에 대해 나름의 규칙이 있다. 묵고 있는 호텔이나 현지의 관광 사무소에 문의하면 잘 안내해 줄 것이다. 많은 게스트하우스와 식당 겸 여인숙들에서도 버섯 채취가 가능한 장소나 방법 등에 대해 알려 준다.

Websites www.auvergne-tourisme.info

버터에 볶은 야생 버섯.

버섯 채취시 유의할 점

■ 모든 버섯은 바구니나 종이 봉투에 담는다. 비닐 봉투는 안 된다. 한 바구니에 버섯을 종류별로 분리해서 담든지, 서로 다른 종이 봉투에 각각 종류가 다른 버섯을 담아야 한다. 혹시 독버섯이 섞여 있으면 다른 식용 버섯들에 영향을 줄 수 있기 때문이다.

■ 도표나 책을 이용해서 버섯을 구분하더라도 자신이 딴 버섯이 안전하게 먹을 수 있는 버섯인지 꼭 전문가에게 문의해야 한다. 버섯을 먹기 전에 현지 약국에 가지고 가서 확인을 부탁하자. 프랑스 약사들은 버섯 분류 훈련을 받았으며 무료로 상담해 줄 것이다. 프랑스에서는 해마다 30명 정도가 독버섯을 먹고 사망한다.

[프랑스]

송로 산지로 떠나는 여행 Travels in Truffle Country

프랑스 남서부에 있는 페리고르 지역의 보배인 검은 송로는 4천 5백 년이 넘는 세월 동안 까다로운 미식가들을 흥분시켜 왔다.

    도르도뉴(Dordogne) 지방 서부, 베르주라크(Bergerac) 시 동쪽에 자리 잡은 아름다운 페리고르(Périgord) 지역에는 대단한 자랑거리가 있다. 풍부한 역사와 고대 건물들, 훌륭한 음식과 와인 그리고 '페리고르의 검은 다이아몬드'라 불리는 송로버섯이다. 베르주라크에서 동쪽으로 D32번 국도를 달려 11세기 성전기사단(십자군 원정 때 예루살렘을 오가는 기독교도들을 보호하기 위해 조직된 기사단) 교회가 있는 루와라크 쉬르 루위르(Liorac-sur-

송로버섯은 울퉁불퉁 혹처럼 생긴 겉모양과 달리 진한 향기와 풍미를 자랑한다.

Louyre) 마을을 지나, 생탈베르(Sainte Alvére)까지 가보자. 생탈베르는 유명한 송로 산지이자 그 지역에서 가장 큰 송로 거래 시장이 있는 곳이다.

검은 송로는 석회암으로 된 산비탈에서 참나무 뿌리 밑에 숨어 자란다. 검은 송로는 1킬로그램당 최고 4천 달러 정도에 팔리기 때문에 송로 자생지는 철저히 비밀에 부쳐진다. 송로 채취꾼들은 잘 훈련된 탐지견을 이용해서 보석과도 같은 버섯의 위치를 찾아낸다.

송로는 아주 조금만 깎아서 넣어도 푸아그라, 파테, 오믈렛에 섬세한 풍미를 더해 준다. 월요일 아침마다 열리는 생탈베르 송로 시장은 상업 및 사교 행사의 장이다. 향이 강한 송로버섯 덩어리들이 놓인 진열대 앞을 사람들이 줄 지어 지나가는 가운데, 상인들은 조심스레 송로의 무게를 달아서 손님들에게 보여 준다.

이 지역에 머무는 동안 근처에 있는 트레몰라(Trémolat) 마을과 포나(Paunat) 마을을 들러 느긋하게 걸으며 중세 시대에 축조된 벽과 전원 풍경, 오래된 길을 만끽해 보자. 두 마을에는 모두 페리고르 전통 음식을 맛볼 수 있는 훌륭한 식당들이 있다.

When to go 생탈베르 송로 시장은 11월부터 이듬해 3월까지 매주 월요일에 열린다. 송로는 순식간에 팔리므로 정확히 시간을 맞춰 가야 한다.

Planning 추천할 만한 식당으로는 웅장한 포나 수도원(Paunat Abbey) 가까이에 위치한 '셰 쥘리엥(Chez Julien)'과 미슐랭 별을 수상한 '르 비외 로지(Le Vieux Logis)', '비스트로 당 파스(Bistrot d'en Face)'가 있다. 르 비외 로지와 비스트로 당 파스는 모두 트레몰라 장터에 자리 잡고 있다. 식당들은 미리 예약해야 한다. 프랑스 시골 지역의 식당 대다수는 일요일 밤에 문을 닫는다.

Websites www.pays-de-bergerac.com, www.viamichelin.com

검은 송로

- 페리고르에서 겨울철에 자라는 검은 송로는 투베르 멜라노스포룸(Tuber melanosporum)이라는 균류에서 나온다. 참나무와 개암나무 뿌리 밑에서 자라며 땅속 20cm 깊이에서 발견된다.

- 싱싱한 송로는 검푸른색을 띠며 강한 흙 냄새가 난다. 버섯의 겉면에는 작은 혹들이 뒤덮여 있다. 속살은 새까만 색이며 가늘고 하얀 맥이 퍼져 있다.

- 송로는 크기와 모양에 따라 등급을 매긴다. '엑스트라(Extra)'는 크고 완벽한 송로를 가리킨다. '카테고리1(Category1)'은 더 작고 흠이 없으며 둥근 송로이고, '카테고리2(Category2)'는 모양이 불규칙한 송로다. 질린 조각이나 다듬고 남은 부스러기도 거래된다. 송로를 살 때는 무른 데가 없는지, 향은 강한지 확인해야 한다.

수확한 포도를 옮길 때에는 짚을 엮어 만든 전통 바구니를 사용한다.

| 프랑스 |

부르고뉴의 포도 수확 *Burgundy Grape Harvest*

매년 가을 프랑스 동부 부르고뉴 포도원들에서는 농부들이 조를 짜서 경쟁하듯 포도를 수확한다.

 9월 말, 부르고뉴 지방에는 황금빛 햇살이 비치고 건조한 열기가 피어 오른다. 포도 수확철이 다가오면서 포도원을 품고 있는 언덕들에는 무르익은 포도의 빛깔이 풍요롭다. 조를 이룬 수확꾼들이 포도원에 몰려들어 포도를 수확하는 동안 공기 중에는 흥분이 감돈다. 포도는 기계를 쓰지 않고 사람이 직접 따야 한다. 포도가 잘 익었는지 판단하는 데는 사람의 눈이 최고이며, 멍들거나 으깨지지 않고 온전한 상태로 포도를 따는 가장 확실한 도구는 사람의 손이기 때문이다.

 수확이 끝나면 포도를 으깨는 작업을 한다. 많은 부르고뉴 와인의 이름은 포도를 재배하고 생산한 마을의 이름을 따온다. 라벨에 적혀 있는 '원산지 명칭(Appellation Contrôlée, AC)'을 잘 살펴보자. 마을 이름 뒤에 '프르미에 크뤼(Premier Cru)'가 적혀 있으면 뛰어난 포도원이라는 뜻이며, 마을 이름 뒤에 포도원 이름이 표시되어 있으면 훨씬 더 좋은 와인을 뜻한다. 최고급 와인은 '그랑 크뤼(Grand Cru)' 와인으로, 라벨에 포도원 이름만 적혀 있다.

부르고뉴 북쪽 코트 드 뉘(Côte de Nuits) 지역에서는 최상급 피노 누와르(Pinot Noir) 포도가 재배되며, 프르미에 크뤼 와인의 대부분을 생산하는 포도원들이 있다. 뛰어난 와인을 생산하는 주브레 샹베르탱(Gevrey-Chambertin)과 보슨 로마네(Vosne-Romanée) 같은 촌락들도 이 지역에 있다. 더 북쪽에 있는 샤블리(Chablis) 지역에서는 훌륭하고 단맛이 적은 화이트 와인을 생산하며, 코트 드 뉘 남쪽에 있는 코트 드 본(Côte de Beaune)에서는 레드 와인과 화이트 와인을 모두 생산하고 있다.

When to go 포도 수확은 보통 9월 하순의 날씨 상태에 따라 진행한다. 수확기에 가지 않더라도 부르고뉴에서는 1년 내내 음식 및 와인 축제가 열린다.

Planning 일손이 많이 필요한 수확기 동안 일부 포도원들은 시음회 횟수를 줄이기도 한다. '디종(Dijon)'과 '본(Beaune)' 같은 도시들은 물가가 비싸다. 보다 진솔하고 즐거운 경험을 하려면 시골 마을에 있는 저렴한 숙박시설을 이용하는 게 좋다. 와인을 고를 때 1996년산과 2000년산 와인을 찾아보자. 지난 20여 년 가운데 가장 훌륭한 와인 생산 연도들이다. 2003년은 이례적으로 더운 해여서 포도를 일찍 수확했다. 이 해에 생산된 레드 와인은 특별히 탄닌이 많고 과일향이 매우 강한데, 부르고뉴보다는 아메리카 대륙에서 생산된 와인의 맛에 더 가깝다고 할 수 있다.

Websites www.burgundyeye.com, fi.franceguide.com, gastronomy.via-burgundy.com

부르고뉴 특선 요리

- '뵈프 부르기뇽'은 레드 와인에 양파와 버섯, 깍둑썰기한 베이컨의 지방 부위를 소고기와 함께 넣고 몇 시간 동안 뭉근히 끓인 요리다.

- '외 앙 뫼레트'는 육수와 브랜디, 와인으로 만든 아주 짭짤한 소스에 수란(水卵)을 넣은 요리다.

- 에스카르고(escargots, 식용 달팽이)는 현지인들이 가장 좋아하는 요리다. 빵가루와 마늘을 곁들여 먹거나 샤블리 와인에 넣어 스튜로 만들어 보자.

- '잠봉 페르시에'는 파슬리를 넣은 젤리 형태의 햄 테린으로, 보통 첫 번째 코스 요리로 나온다. 테린이란 잘게 썬 고기나 생선을 그릇에 담아 모양을 잡은 뒤 썰어서 내는 요리다.

- '라블 드 리에브르 알라 피롱'은 산토끼의 등심을 와인과 브랜디에 재워서 만든 요리다.

TOP 10

미식가들을 위한 자전거 여행
Bike Tours For Foodies

자전거로 시골길을 누비며 아름다운 경치를 감상하고
맛있는 별미까지 즐겨 보자.

❶ 블루리지 산맥 Blue Ridge 미국 버지니아 주

포도농장이 산재해 있는 버지니아 주의 후미진 곳에 미식의 즐거움으로 가득 찬 땅이 있다. 와인 양조장 방문은 물론 맛깔스런 식사를 즐겨 보자.

Planning 포스터 해리스 하우스(Foster Harris House) 민박에 숙소를 정하자.
www.tourdepicure.com, www.virginia.org, www.fosterharris.com

❷ 소노마 밸리와 나파 밸리
Sonoma and Napa Valleys 미국 캘리포니아 주

소노마 밸리의 시골길을 따라 와인과 함께 캘리포니아 요리를 맛보자. 그리고 나파 밸리의 실버라도 트레일을 지나 세인트 헬레나로 가서 현지산 양고기와 치즈, 해산물을 먹어 보자.

Planning www.duvine.com, www.sonomacounty.com

❸ 살타 지방 Salta Province 아르헨티나

살타에서 출발해 고대 도시 카치(Cachi), 살타 와인 산업의 중심지인 카파야테(Cafayate) 등지에 들러 보자. 바비큐와 옥수수로 만든 스튜 등 다양한 디저트에 현지산 와인을 곁들여 마실 수 있다.

Planning 힘들게 고지를 올라가는 구간도 있다. www.backroads.com, www.argentina.ar, www.turismosalta.gov.ar

❹ 황금의 삼각지대 The Golden Triangle 태국

치앙마이에서 시작해서 고대 미얀마의 치앙샌 왕국까지 가면서 고산족 마을에 들러 태국 북부 지방의 요리를 맛보자. 정글이 우거진 계곡과 배들이 점점이 떠 있는 강물을 지나 현지 식당에서 식사를 하고 시장도 둘러보자.

Planning www.backroads.com, www.tourismthailand.org

❺ 라자스탄 Rajasthan 인도

라자스탄의 왕실 주방은 진기한 여러 가지 육류에 카레, 건과일, 요구르트를 넣고 조리해서 요리를 예술의 경지로 승화시켰다. 우마이드 바완

(Umaid Bhawan), 조드푸르(Jodhpur), 우다이푸르(Udaipur) 같은 마을에서 최고급 요리로 만찬을 즐겨 보자.

Planning 대다수 마을에서 자전거를 빌릴 수 있다. www.butterfield.com, www.rajasthantourism.gov.in

❻ 지중해 해안 Mediterranean Turkey 터키

시트러스 향 가득한 전원을 지나 지중해 해안을 따라 가며 해안 도시인 보드룸(Bodrum)과 닷차(Datça)를 탐방해 보자. 반짝이는 푸른 바다에서 3일간 크루즈 여행을 즐겨 보는 것도 좋다.

Planning 매우 힘든 코스이니 준비를 철저히 해야 한다. www.experienceplus.com, www.tourismturkey.org

❼ 피에몬트 Piedmont 이탈리아

감칠맛 나는 와인과 특이한 요리법으로 유명한 피에몬트는 미식가들의 낙원이다. 빨간 지붕들이 돋보이는 알바(Alba) 마을과 바롤로 지역의 다섯 마을에 가보자.

Planning 적당히 어려운 코스다. www.butterfield.com, www.duvine.com, www.regione.piemonte.it

❽ 부르고뉴 Burgundy 프랑스

한적한 길, 그림 같은 운하, 농지와 포도농장이 그림처럼 아름다운 부르고뉴 지방은 자전거 여행자들에게 즐거움을 선사한다. 클뤼니 수도원과 역사적인 도시들인 디종, 마콩, 투르뉘, 본느 등에도 들러 보자.

Planning 자전거 길들이 부르고뉴 지방을 그물처럼 연결하고 있다. www.frenchcyclingholidays.com, www.burgundy-tourism.com

❾ 바스크 지방 Basque Country 스페인

이 지역에서는 석탄불에 구워 먹는 숙성 소고기와 바칼라오 같은 스페인 최고 요리를 즐길 수 있다. 자전거로 해안을 따라가며 어촌들을 둘러보고 리오하 와인도 즐겨 보자.

Planning www.veloclassic.com, www.basquecountry-tourism.com

❿ 케이프 와인랜즈 The Cape Winelands 남아프리카공화국

케이프타운에서 출발해서 케이프반도 해안을 둘러본 뒤 내륙으로 들어가 프랑슈훅 밸리(Franschhoek Valley)와 샴와리 야생 동물 보호구역(Shamwari Game Reserve)에 들러 보자.

Planning 봄과 가을에 가는 것이 가장 좋다. www.butterfield.com, www.tourismcapetown.co.za, www.franschhoek.org.za

코르시카 섬의 돼지들은 내륙을 마음대로 돌아다니며 밤과 허브를 먹고 자란다.

프랑스

야생의 코르시카 *Wild Corsica*

울퉁불퉁한 바위 섬을 향기로 가득 채우는 지중해 숲의 허브들은 이곳의 독특한 요리에도 한몫한다.

코르시카 섬은 프랑스 본토의 동남쪽, 이탈리아의 서쪽에 위치해 있으며 황량한 개척지의 느낌이 물씬 나는 곳이다. 주민들은 자신들이 살고 있는 섬을 끔찍이 아낀다. 그들의 요리에는 방목과 수렵, 채집의 특성이 고스란히 드러난다.

코르시카 사람들은 지중해와 티레니아 해에 완전히 둘러싸여 있지만 어업에만 종사한다거나 해산물만 주로 먹는 것은 아니다. 오히려 이들은 오트 코르스(Haute Corse, 코르시카 북부에 있는 주) 내륙 및 고지의 피난처들에서 마음의 평안을 얻으며, 이곳에서 자라는 천연 산물을 선호한다.

섬의 대부분을 뒤덮고 있는 빽빽하고 향기로운 잡목 숲은 코르시카 섬에서 방목하는 돼지와 양, 염소의 고기에 풍미를 더해 준다. 농장에서 사육한 가축의 고기와는 사뭇 다른 맛이다. 섬에서 자라는 로즈메리, 백리향, 세이지, 민트, 노간주나무, 도금양 등 다양한 허브들과 야생 버섯들이 코르시카식 수프의 재료로 쓰인다. 또 구이요리와 유명한 멧돼지 스튜인 시베 드 상글리예(civet de sanglier)에 향신료로도 들어간다. 염소젖이나 양젖으로 만든 '브로슈(brocciu) 치즈'에도 독특한 풍미가 있다. 이 치즈는 송어 요리부터 오믈렛에 이르기까지 모든 음식에 종종 민트와 함께 들어간다.

코르시카 섬의 일부는 밤나무 숲으로 덮여 있는데, 밤은 코르시카 요리의 핵심 재료라고 할 수 있다. 섬 주민들은 오랜 세월 동안 빵과 폴렌타(죽의 일종), 심지어 맥주를 만들 때도 밀가루 대신 밤을 이용해 왔다.

When to go 코르시카의 겨울 요리와 코르트(Corte) 동쪽 밤나무 숲의 단풍을 즐길 수 있는 10월부터 12월까지가 가장 좋다..

Planning 일정은 적어도 일주일은 잡아야 하며, 2주일 정도로 여유를 두면 더욱 좋다. 코르시카 섬에 공항이 한 군데 있다. 니스(Nice)나 칸(Cannes)에서 여객선을 타고 가거나 바스티아(Bastia)에서 이탈리아 리보르노(Livorno)로 배를 타고 갈 수도 있다. 코르시카 섬을 둘러보려면 자동차를 빌려야 한다. 코르시카의 음악 · 영화 · 바람 축제들은 구경할 만하다. '아작시오(Ajaccio)'에 있는 나폴레옹 생가와 '페슈 미술관(Fesch Museum)'은 필리토사(Filitosa)에 있는 고인돌과 선돌처럼 꼭 둘러봐야 할 곳들이다.

Websites www.corsica.net, www.visit-corsica.com, www.bastia-tourisme.com

돼지고기 가공식품, 치즈, 밤

- 코르시카의 방목 돼지는 멧돼지와 잡종인 경우가 많다. 이 돼지고기로 매우 훌륭한 가공식품을 생산한다. 살시치아(salsiccia)는 후춧가루로 양념한 소시지다. 코파(coppa)는 돼지 가슴 부위의 살코기이고, 피가텔리(figatelli)는 돼지 간을 부분 건조한 훈제 소시지다. 롱쥐(lonzu)는 돼지 허리 부위를 훈제한 것이며, 프리쉬튀(prisuttu)는 날로 먹거나 석쇠에 구워 먹는 훈제 햄이다.

- 코르시카산 치즈 대부분 실내에서 먹기에는 냄새가 너무 강하다. 바스텔리카치아(bastelicaccia)는 크림이 풍부한 연성 양젖 치즈이고, 사르트내(sartenais)는 톡 쏘는 맛이 나는 경성 치즈다. 퀴쇼니(cuscioni)는 유지방이 많고 탁한 흙 냄새가 특징인 양젖 치즈다.

- 코르시카에는 밤을 이용한 음식이 많다. 카스타나(Castagna)라고 하는 케이크와 파네타 빵, 마른 비스킷, 특별한 날 먹는 도넛인 베네(begnets)를 만들 때 꼭 들어간다.

싱싱하고 달콤하고 알이 굵은 딸기는 잉글랜드의 여름을 대표하는 과일이다.

잉글랜드

딸기의 계절 *Strawberry Season*

6월 중순에서 8월, 잉글랜드 남동부 구석에 있는 켄트 주의 시골길을 따라 여행하며 여름 과일의 제왕인 딸기를 즐겨 보자.

잉글랜드에서는 딸기와 크림을 빼놓고 여름을 논할 수 없다. 유명한 소설가 제인 오스틴의 소설《에마》의 여주인공은 딸기를 따는 파티에 참석하여 이렇게 말한다. "딸기, 오직 딸기만 생각하고 딸기 얘기만 할 수 있을 거야. 잉글랜드에서 가장 맛있는 과일. 모든 이가 가장 좋아하고, 언제나 건강에 좋은 과일." 이처럼 달콤하고 향기로운 딸기는 잉글랜드의 국민 의식 속에 깊이 자리 잡고 있는 과일이다.

윔블던 테니스 대회에 참석하는 수많은 방문객들에게 테니스 토너먼트 못지않게 중요한 것이 바로 샴페인을 한 잔 곁들여 딸기와 크림을 즐기는 일이다. 윔블던 대회 때 쓰이는 딸기는 켄트(Kent) 주에서 재배한 것이다. 예쁜 촌락과 과수원으로 유명한 켄트 주를 여행하다 보면, 도로변 가판대와 농장에서 딸기를 실컷 먹는 행운을 누릴 수도 있다.

'로열 소버린(Royal Sovereign)' 같은 품종의 딸기들을 맛보고 싶다면 손님이 자기가 살 딸기를 직접 딸 수 있는 (pick-your-own, PYO) 농장들을 찾아가 보자. 이 농장들에서는 딸기를 가득 담아서 가져갈 수 있도록 작은 골판지 상자를 준다. 딸기를 따면서 간식 삼아 바로 먹을 수도 있다. 운이 좋으면 나무 숲 근처나 현지 시장에서 매우 향기롭고 작은 야생 딸기를 발견할 수도 있다.

When to go 잉글랜드의 딸기 철은 6월 중순부터 8월까지다.

Planning PYO 농장들은 어른 허리쯤 되는 높이의 묘판에 딸기를 재배하기 때문에 아이들에게는 불편할 수 있다. 방문하려는 농장의 시설에 관해 전화로 미리 확인하자.

Websites www.farmersmarkets.net, www.visitkent.co.uk

이튼 메스

- 잉글랜드의 이튼 컬리지에서 이름을 딴 디저트인 '이튼 메스(Eaton Mess)'는 소년들이 딸기와 크림을 한데 넣고 휘저은 것에서 유래했을 지도 모른다.

- 재료(6인분)

딸기 225g
설탕 1작은술
휘핑크림 475ml
일반 머랭 6개

1. 딸기를 씻어서 꼭지를 따고 2등분 또는 4등분한다. 자른 딸기를 오목한 그릇에 담아 설탕을 뿌린 다음 휘저으며 섞는다. 이때 딸기 일부를 그릇 옆면에 대고 으깬다. 차가워지게 냉장한다.

2. 부드러운 거품이 일 때까지 크림을 세게 휘젓는다. 머랭(달걀 흰자에 설탕을 섞어 만든 디저트의 일종)을 부수어 크림에 넣고 딸기와 섞는다. 그릇에 담아서 낸다.

4
주방 이야기
In The Kitchen

요리를 사랑하는 사람들에게 주방은 가장 중요한 공간이다. 여행을 할 때 그 지역 요리사의 주방이나 집을 방문해 전통적인 지방 특선 요리나 가정 요리의 비법을 배울 수 있다면 최고의 추억이 될 것이다. 이런 여행자들에게 귀가 번쩍 뜨일 소식이 있다. 최근 관광업계가 외국 관광객들이 편안하게 직접 요리 체험을 즐길 수 있도록 현지의 작은 요리 학교들을 소개하고 있다는 사실이다.

세계 곳곳의 주방이 이제 손님 맞을 준비를 하고 있다. 쿠바에는 현지인들의 저녁 식사 준비에 관광객이 참여할 수 있는 기업형 가계가 많다. 남아프리카공화국은 동서양 맛의 조화가 일품인 케이프 말레이 요리로 유명하다. 이탈리아의 소규모 요리 학교들은 자랑스런 민족 전통을 알리는 데 앞장서고, 베이징의 요리 전문가들은 손끝으로 만두를 빚으며 솜씨를 전수해 준다. 멕시코의 유카탄 주로 여행을 떠난다면 현지인들에게 향신료, 과일 및 식재료를 변형시켜 특유의 맛있는 소스와 디저트에 활용하는 방법을 배우는 좋은 기회가 될 것이다.

올리브유, 달걀, 파스타, 맛있는 소로 속을 채운 라비올리는 이탈리아 요리의 중요한 재료다. 가장 알찬 음식 여행은 이런 경이로운 요리를 주방에서 직접 배우는 것이다.

미국 뉴멕시코 주

산타페의 칠리 예찬 *Chili Love in Santa Fe*

뉴멕시코 주를 대표하는 작물인 칠리 고추는
이 지역 요리에 불이 나도록 매운맛을 살리는 일등공신이다.

산타페 중앙 광장으로 가면 여러 문화가 어우러져 있어, 미국 남서부에 위치한 이 도시만의 활력을 한껏 느낄 수 있다. 발걸음을 조금 더 옮기면 산타페 요리 학교가 나온다. 주방에서 빚어내는 칠리의 조화를 눈으로 확인할 수 있는 곳이다. 직접 음식도 만들어 볼 수 있는 1시간 30분 과정의 '칠레 아모르(Chile amor)' 강습에 참여해 보자. 레드칠리와 그린칠리 살사 소스를 만드는 법을 가르쳐 준다. 톡 쏘는 매운 맛이 일품인 토르티

산타페 요리 학원에서 수강생들이 칠리 굽는 법을 배우고 있다.

야(tortillas, 달걀과 감자를 함께 기름에 튀긴 스페인 음식)까지 손수 만들어 그 위에 살사 소스를 얹어서 낼 수도 있다. 매운 칠리 고추의 씨를 빼고 잘게 다지는 과정에서 손에 묻은 고추 기름을 지우려고 진땀을 뺀 기억이 있다면 이 수업에서 가르쳐 주는 요령대로 따라해 보자.

3시간 과정의 시범 수업도 있다. 여기서는 타말레, 노팔레스(nopales, 프리클리 페어 선인장의 속을 굽거나 삶아서 만든 요리), 상상을 초월하는 살사 소스 조리법을 배울 수도 있다. 수업은 요리 학교의 전임 강사들이나 산타페의 일류 레스토랑에서 초빙해 온 요리사들이 맡아서 하고, 수업에 쓰이는 식재료는 이 지역 농민이나 장인들이 생산한 것들이다. 요리에 별 흥미가 없다면 이 학교에서 운영하는 시티투어에 참가해 보자. 산타페에서 으뜸가는 아마비(Amavi), 코요테 카페(Coyote Café), 라 카사 세나(La Casa Sena) 같은 식당들의 음식을 맛볼 수 있다

When to go 8월의 셋째 주말에 열리는 인디언 마켓을 방문해 보자. 사람들로 붐비긴 하지만 1백여 개 부족을 대표하는 예술가 1천 2백 명의 작품을 구입할 수 있는 절호의 기회다. 가을에는 산타페를 찾는 관광객들의 발길이 뜸해진다. 청명하고 시원한 날씨가 일품이며 노랗게 물든 미루나무들이 강 주변 계곡을 따라 장관을 이룬다.

Planning 토요일마다 산타페에서 열리는 농산물 직거래 장터를 방문해 보자. 테스크 푸에블로(Pueblo of Tesuque) 벼룩시장에 가서 튀긴 빵으로 만든 나바호 타코를 맛볼 수도 있다. 뉴멕시코의 아름다운 전원을 거니는 것도 빼놓지 말자. 화가 조지아 오키프(Georgia O'Keeffe)가 이곳에서 영감을 얻었다고 하여 더욱 유명해졌다.

Websites www.santafeschoolofcooking.com, www.santafe.org, www.santafefarmersmarket.com

옥수수, 토마토, 검은 콩 살사

■ 재료

잘게 다진 양파 100g
갈은 마늘 1작은술
올리브유 2큰술
굵게 썬 생 고수잎 3큰술
즉석에서 갈아 살짝 구운 커민 씨 1/2작은술
갈은 할라피뇨 1개
사과 식초 2큰술
레드칠리 꿀 1큰술
생옥수수 알갱이 85g
잘 익은 로마 토마토 3개
익힌 검정콩 200g

1. 양파와 마늘을 올리브유에 살짝 볶는다.

2. 고수잎, 커민 씨, 할라피뇨, 식초, 꿀을 그릇에 넣고 잘 섞는다. 소금으로 간을 한 뒤 여기에 옥수수, 다진 토마토, 검정콩과 먼저 살짝 볶아 둔 재료들을 넣는다.

3. 잘 저어 준 후 맛이 골고루 배도록 30~45분 정도 둔다.

아바나의 거리에 색색의 물결이 넘친다. 사진에서도 파란 페인트를 칠한 제과점 바깥에 빨간 오토바이 한 대가 서 있다.

쿠바

아바나에서 맛보는 가정식

Home-eating in Havana

쿠바의 수도 아바나의 가정집에서 정통 음식을 맛보고 요리 비법도 배워 보자.

쿠바는 혁명의 본고장이다. 또 최근에는 훌륭한 요리들로 전 세계인들의 주목을 받고 있다. 과거에 쿠바의 수도 아바나를 찾는 관광객들이 맛볼 수 있는 음식이라고는 비싼 음식점에서 파는 그저 그런 요리들이 전부이던 시절도 있었다. 하지만 1995년에 나라의 허가를 받아 독립적으로 운영되는 일반 가정집 내 식당인 '팔라다(paladar)'가 합법

화되면서 상황은 달라졌다. 쿠바의 화려했던 과거의 영광을 가장 잘 보여 주는 이 도시에서 가정식 요리를 즐겨 보자. 수입원이 절실한 현지인들에게 큰 보탬이 되기도 한다.

아바나의 가정식 요리 메뉴는 무척 간단하다. 모로스 이 크리스티아노스(Moros y Cristianos, '무어인과 기독교인'이란 뜻으로 흰쌀밥과 검정콩을 가리킴)를 곁들인 닭고기, 밥과 튀긴 플랜테인(plantain, 녹색 바나나의 일종)을 곁들인 돼지고기 등이 일반적이다. 더 잘 차린 음식으로는 코코넛 소스를 가미한 참치 요리나 뵈르 블랑(buerre blanc) 소스를 얹은 붉은 도미 요리 등이 있다. 비록 음식 자체는 소박하지만, 신선하고 건강에 좋을 뿐 아니라 가격도 저렴하다.

인기를 끌고 있는 팔라다와 경쟁하면서 아바나의 일반 식당에서도 예전보다 훨씬 개선된 음식을 선보이고는 있지만, 팔라다의 요리를 맛보는 일은 빼놓지 말자. 관광객들에게는 좀처럼 개방하지 않는 가정집에서 이 지역의 요리법을 익혀 보는 것도 좋다. 아바나 주민들의 훈훈한 인심까지 덤으로 느낄 수 있는 기회다.

When to go 연중 어느 때 방문해도 좋지만 강렬한 햇볕을 피하고 싶다면 11월에서 이듬해 4월까지가 가장 좋다.

Planning 아바나를 찾는 관광객이라면 유명한 팔라다인 '라 구아리다(La Guarida)'와 '라 코치나 드 릴리암(La Cocina de Lilliam)', 두 곳을 꼭 가보는 게 좋다. 이곳들은 모두 훌륭한 장소에서 맛있는 음식을 제공한다. 이들을 포함해 이름난 팔라다를 방문하려면 사전에 예약하는 것을 잊지 말자. 쿠바의 다른 지역에서도 일반 가정 음식을 맛볼 수 있다. 쿠바 중부에 있는 트리니다드의 마을은 빼어나게 아름다운 곳으로, 다양한 팔라다가 자리 잡고 있다.

Websites www.cuba-junky.com, www.laguarida.com

팔라다의 규칙

■ 팔라다에서는 한꺼번에 12명 이상의 손님을 받을 수 없으며, 간소한 식사만 제공하도록 법으로 정해져 있다. 해산물 요리는 호텔이나 일반 식당에서만 판매하는데 팔라다에서도 간혹 요청하면 맛볼 수는 있다.

■ 팔라다를 찾을 요량이면 투숙한 호텔이 아닌 다른 관광객, 현지 바텐더, 택시 운전수 등에게 추천을 받는 것이 좋다. 팔라다와 호텔 레스토랑이 경쟁 관계에 있기 때문이다. 누군가 직접 팔라다로 데려가 주겠다고 하면 거절하는 편이 낫다. 수수료를 요구하는 호객꾼일 가능성이 높기 때문이다. 팔라다 주인들은 높은 세금을 내고 있으니 팁을 넉넉히 주는 것도 잊지 말자.

TOP 10

깜짝 별미들 *Culinary Surprises*

타국에 터를 잡은 소수 민족들이 자신들의 전통 요리에
현지의 특색을 조화시킨 요리를 만들어 냈다.

❶ 미국 캘리포니아 주 솔뱅 Solvang

덴마크 민족 모여 사는 지역으로 이곳 레스토랑에 가면 고기 완자를 튀긴 프리카델러(frikadeller), 오픈 샌드위치, 소시지와 달걀을 곁들인 팬케이크 애블레스키버(aebleskiver) 등을 판다.

Planning 3월과 9월에 음식 축제가 열린다. www.solvangusa.com

❷ 트리니다드토바고 디왈리 Diwali

트리니다드토바고 인구의 40퍼센트는 인도의 힌두교 이주민이 차지하고 있다. 이들은 '디왈리 빛의 축제(Diwali Festival of Lights)'를 열어 향신료를 뿌린 도넛이나 커리로 소를 채운 빵과 같은 채식 요리를 선보인다.

Planning 축제는 보통 10월이나 11월에 열린다. www.divalinagar.com

❸ 수리남 파라마리보 Paramaribo

수리남은 네덜란드의 식민지였다. 여기에 인도, 자바, 중국, 미국, 유대교 등의 다양한 전통과 문화가 더해져 복합적인 음식을 만들어 냈다. 닭고기와 야채를 넣은 인도식 로티(roti), 중국의 딤섬, 인도네시아의 레이스타펠(rijsttafel)을 맛보자.

Planning www.suriname-tourism.org

❹ 아르헨티나 추부트 계곡 Chubut Valley

1865년 이곳에 처음 터를 잡은 웨일스 인들은 자신들의 문화와 언어를 계승하려는 노력했다. 그 결과 찻집이 활기를 띠면서 사교의 장이 되었다. 직접 만든 케이크와 아기자기한 도자기가 특색 있다.

Planning 트레벨린 지역의 안데스 셀티그(Andes Celtig)에서 추부트 계곡 투어를 제공한다. www.andesceltig.com

❺ 중국 마카오 Macau

포르투갈과 중국 남부의 영향이 450년 동안이나 이어져 온 마카오는 대구에 소금을 뿌린 바칼라우, 매운 소시지 등이 유명하다. 국제적인 도시답게 여러 나라의 음식을 맛볼 수 있는 레스토랑도 있다.

Planning 콜로안 섬의 로드 스토우(Lord Stow's)나 페르난도 포르토갈 레스토랑에 가보자. www.macautourism.gov.mo

❼ 인도 푸두체리 Puducherry

1673년부터 1954년까지 이곳에 정착한 프랑스 인들은 자신들의 문화적 색채를 강하게 반영했다. 알리앙스 프랑세즈에서 운영하는 카페 드 플로르(Café de Flore) 이외에도 유명한 프렌치 레스토랑이 많다.

Planning 매년 8월이면 프랑스 음식 축제인 '르 고메이(Le Gourmet)'가 열린다. tourism.pondicherry.gov.in

❼ 벨기에 매톤즈 Matongé

현재 벨기에 브뤼셀의 매톤즈 지역에서는 콩고 인들이 주를 이룬다. 럼 펀치를 파는 아프리카식 바나 모암베(moambe, 고기 스튜) 같은 콩고 음식을 맛볼 수 있는 레스토랑 등이 많다.

Planning 매년 6월 말 이틀간의 축제가 열리며 이 지역은 활기에 넘친다. www.brusselsinternational.be

❽ 잉글랜드 뉴몰든 New Malden

런던 남서부 교외 지역에 있는 한인타운이다. 테니스로 유명한 윔블던 지역에서 그리 멀지 않다. 뉴몰든 하이스트리트에 가면 해물파전, 순두부찌개, 불고기 등을 맛볼 수 있다. 유럽에서 가장 큰 한인타운에서 정통 한국 음식을 맛보도록 하자.

Planning '함지박'이라는 식당이 유명하지만 밤 10시에 문을 닫는다. www.london-eating.co.uk

❾ 리비아 트리폴리타니아 Tripolitania

리비아는 이탈리아 식민 통치에서 해방되었지만 여전히 이탈리아의 영향이 많이 남아 있다. 리소토, 토마토 소스 마카로니를 가리키는 임바크바카(imbakbaka), 이탈리아 수프를 맵게 만든 리비아식 수프 등이 유명하다.

Planning 이탈리아 색채가 가장 강한 트리폴리타니아 지역은 수도 트리폴리 근처에 있다. www.libyan-tourism.org

❿ 나미비아 빈트후크 Windhoek

독일의 식민지였던 나미비아는 독일의 맥주 축제인 옥토버페스트(Oktoberfest)와 비슷한 축제가 열린다. 축제가 시작되면 움파 밴드의 연주를 감상하며 돼지고기 소시지와 맥주를 실컷 먹고 마실 수 있다.

Planning 빈트후크의 스포츠 클럽을 비롯해 전국 각지에서 축제가 벌어진다. www.namibiatourism.com.na

메리다의 산 일데폰소 성당의 바깥에서 상인들이 뜨거운 치즈 마르케시타(marquesita)를 팔고 있다.

> 멕시코

유카탄식 요리 *Cooking Yucatán-style*

유카탄 반도는 멕시코 대표 요리들 중에서도
가장 흥미로운 음식이 한데 모인 곳이다.

예로부터 전해 내려온 고유의 식재료에 여러 가지 맛을 더하는 것이 유카탄식 요리의 특징이다. 옥수수, 콩, 호박, 칠리 등을 재료로 사용하며 유럽, 카리브 해, 심지어는 중동에서 온 맛과 조리법을 가미한다. 아직까지 마야 인들의 음식과 문화가 주류인 이곳에서는 네덜란드의 에담 치즈로 만든 치즈볼 안에 돼지고기를 갈아 넣고 토마토 소스를 얹어 내는 '퀘소 레예노(queso relleno)'처럼 맛있는 퓨전 요리를 맛볼 수 있다. 치즈볼 안에 들어가는 소는 고기에 토종 토마토와 전통적인 스패니쉬 무리쉬(Spanish Moorish)식 혼합 양념을 넣어 만든다. 스패니쉬 무리쉬 양념은 올리브, 아몬드, 케이퍼, 향신료를 섞은 것이다.

유카탄 주의 주도 메리다에 있는 로스 도스(Los Dos) 같은 유명 요리 학교에 등록하거나 유카탄 해변 리조트 중 한 곳에서 비공식 강좌를 들어 보자. 어디서 수업을 듣든 약한 불에서 구운 돼지고기 요리인 '코치니타 피빌 (cochinita pibil)'을 만드는 법은 반드시 배우게 된다. 양념장은 칠리 페이스트와 쓴맛이 나는 세비야 오렌지 주스를 섞어 만든다.

또한 소를 채운 토르티아에 호박씨 소스를 얹어 내는 파파술레스(papadzules), 유카탄식 타말레에 쓰이는 반죽을 빚는 법도 배울 수 있다. 타말레를 먹고 난 후에는 입가심으로 이 지역 특산물인 열대 과일과 초콜릿을 주재료로 한 디저트를 먹는다.

유카탄식 요리의 단골 페이스트

■ 유카탄의 토속 음식에는 레카도(recados)라는 향신료 페이스트가 반드시 들어간다. 대부분 육류나 가금류 고기를 양념하는 데 쓰이는데 마늘에 식초나 비터오렌지즙을 함께 넣고 갈아서 다양한 향신료와 섞어 만든다.

■ 칠몰(chilmole) 또는 레예노 네그로(relleno negro)는 후추와 향신료를 함께 갈아서 만든 어두운 색의 페이스트다. 크리스마스나 새해에 칠면조 수프를 넣어 묽게 만든 페이스트를 칠면조 고기와 함께 낸다.

■ 레카도 파라 비스텍(Recado para bistec)은 주로 소고기를 양념하는 데 쓰인다. 이 페이스트에서는 주로 계피와 오레가노 향이 난다. 이 소스로 만드는 대표적인 요리 중 하나가 폴로 바야돌리드(pollo Valladolid)다. 먼저 양파, 향신료, 칠리를 넣고 익힌 닭에 레카도를 잘 바른 후 굽는 요리다.

When to go 여름은 너무 덥고 습하기 때문에 가을과 겨울에 찾는 것이 좋다.

Planning 바다를 좋아한다면 플라야 델 카르멘, 칸쿤, 코주멜 등지에서 개설되는 요리 강좌를 들어 보자. 역사에 관심이 많은 사람은 수업의 일환으로 마야 피라미드와 식민 시대의 성당 등 유적지를 방문하는 프로그램을 활용하면 좋다. 유카탄의 스페인 어학원들은 토속 요리를 가르치는 수업도 마련하고 있다. 대부분의 요리 강좌에는 지역 시장을 방문하는 시간이 포함되어 있다.

Websites www.los-dos.com, www.cactuslanguage.com, www.isls.com, www.cookforfun.shawguides.com

베이징 북동부에 위치한 후통 퀴진에서 선생님이 지켜보는 가운데 학생들이 재료를 다지고 있다.

중국

베이징 요리 학교 *Beijing Cookery School*

중국 음식은 중국 본토에서 직접 요리해서 먹어야 그 진수를 느낄 수 있다.

　베이징에 가면 중국 각지의 최고 특산 요리들을 골고루 맛볼 수 있지만, 현지 주민들처럼 직접 만들어 먹어 보는 것이 가장 좋은 방법이다. 여러 요리들 중 으뜸가는 특산 요리를 찾아 단순히 맛보는 차원을 넘어 요리법까지 배워 볼 수 있다면 금상첨화일 것이다. 중심 쇼핑 지구인 왕푸징 거리에 위치한 페닌슐라 호텔에 요리 강좌가 마련되어 있다. 이곳에서는 소박하면서도 맛이 일품인 '쟈오쯔(餃子, 만두)' 만드는 법을 가르친다. 북방식 쟈오쯔는 반죽 안에 고기와 야채를 섞은 소를 채워 넣는다. 남방식으로 변형된 것이 전 세계 차이나타운 어디서나 볼 수 있는 딤섬으로, 덤플링(dumpilng)이란 이름으로 잘못 알려진 경우가 많다.

페닌슐라 호텔의 '징(Jing) 레스토랑'은 넓고 탁 트인 주방을 자랑한다. 이곳에서 요리사들의 도움을 받아 밀가루와 물을 섞어 쫀득쫀득한 반죽을 만들어 보자. 먼저 손바닥을 이용해 작은 공 모양으로 반죽을 굴린다. 그리고 훤히 비칠 정도로 얇아질 때까지 잘 눌러서 원반 모양을 만든다.

소를 만들 때는 보통 다진 돼지고기, 야채, 색이 짙고 잎이 넓은 부추를 넣는다. 하지만 페닌슐라 호텔의 요리 강좌는 다르다. 수상 경력에 빛나는 이 호텔의 광둥 요리 전문점 '후앙팅'의 쟈오쯔 조리법을 따라 만들어 볼 수 있다. 소를 다 만들면 한 숟가락 듬뿍 떠서 원반 모양의 피 가운데 올려놓는다. 그러면 요리사들이 쟈오쯔 요리법의 백미를 보여 준다. 재빠른 손놀림으로 피의 가장자리를 눌러 갈비뼈 모양으로 끝을 오므려 모양을 완성하는 것이다. 이제 찌거나 끓이기만 하면 완성이다.

When to go 베이징의 겨울 추위가 매섭더라도 요리 강좌는 따뜻한 실내에서 이뤄지니 걱정할 필요가 없다. 하지만 식료품 시장을 둘러볼 계획이라면 4월에서 5월 초, 혹은 9월에서 10월 사이의 날씨 좋은 기간을 택하자.

Planning 어떤 요리 강좌든 미리 예약을 해야 한다. 소수 정예로 운영되는 곳도 있다. 먼저 강좌를 예약하고 그 주변을 중심으로 여행을 해보자. 일반적인 패키지 투어에 포함된 요리 강좌에는 추가 요금이 부과된다.

Websites www.peninsula.com, www.hutongcuisine.com, www.green-t-house.com

기타 일정

- 페닌슐라 호텔의 요리 강좌를 신청하면 후앙팅 레스토랑에서 딤섬 런치를 즐길 수 있다. 전문 요리사들이 만든 딤섬 세트에 본인이 직접 만든 요리까지 함께 곁들여 먹을 수 있는 기회다. 이곳에서 맛본 다양한 딤섬의 조리법을 손님에게 적어 나눠 주기도 한다.

- '후통 퀴진'은 베이징 북쪽 후통 골목에 있다. 안뜰이 있는 오래된 주택에 위치하며, 광둥 요리와 쓰촨 요리 강좌를 연다. 기본이 되는 4가지 광둥 요리나 매운 쓰촨 요리를 만들어 마지막에 시식도 한다.

- 이색적인 곳에서 좀 더 특별하게 쟈오쯔를 만들어 보고 싶다면 베이징 북동부 교외에 위치한 '그린 티 하우스 리빙(Green T. House Living)'을 찾아가 보자. 반나절 코스의 요리 교실에서는 유명 요리사이자 디자이너 겸 음악가인 장진제(JinR)가 유명한 그린티 펜넬 덤플링 만드는 법을 직접 전수해 준다.

태국 요리의 주재료는 역시 싱싱한 해산물이다.

태국

태국 요리의 비법 *Thai Secrets*

태국 요리 학교들은 다양한 지역적 특색과 유구한 역사가
고스란히 담긴 고유의 요리법을 가르친다.

태국 요리는 세계적으로 정평이 나 있다. 조리에 많은 공을 들이고, 향이 뛰어나며, 외양도 매우 아름답기 때문이다. 태국에는 단출한 소규모 팀에서 오랜 역사를 자랑하는 학교에 이르기까지 수많은 요리 학교들이 있으며, 요리사들과 음식 전문가들이 태국 요리 비법을 전수받는다. 대부분 요리 강좌들의 시작은 장을 보는 것이다. 강사와 함께 이국적인 식재료가 즐비한 태국 곳곳의 시장을 돌면서 재료를 구입한다. 레몬그라스 줄기, 망고, 카피르 라임 잎(Kaffir lime leaves), 태국 음식 특유의 참을 수 없을 정도로 매운맛을 내는 쥐똥고추, 푸켓 랍스터 이외에도 무척 다양한 식재료들이 있다.

태국의 바다는 풍부한 식재료의 보고다.

장바구니를 가득 채워 학교로 돌아오면 이제 재료들을 손질하고 조리할 차례다. 모든 요리 강좌에서는 대개 4가지 코스 요리에 대해 가르친다. 방콕의 블루엘리펀트(Blue Elephant)에서는 태국 왕실 요리를 배울 수 있다. 새우를 넣은 매운 레몬그라스 수프와 타마린드 소스 볶음면 등이 메뉴다. 정원으로 둘러싸인 타이하우스(Thai House)는 방콕 북부에 위치해 있는데, 코코넛 비프 커리나 맑은 메론 수프 등의 요리를 배울 수 있다.

한편 치앙마이 요리 학교는 향신료를 첨가한 북방식 음식 전문이다. 북방식 요리로는 치앙마이 치킨 커리나 칠리와 바질을 넣은 생선 튀김 등이 대표적이다. 지상 낙원과도 같은 코사무이(Ko Samui) 섬에는 사무이 태국 요리 학교 (Samui Institute of Thai Culinary Arts)가 있다. 이곳에서는 추치(chu chi) 커리와 펌킨 코코넛밀크 수프 같은 훌륭한 남방식 요리를 배울 수 있다. 이 모든 요리 강좌들의 마지막 코스는 조리법을 배우면서 만든 음식을 잘 차려낸 후 맛보는 것으로 정해져 있다.

When to go 요리 강습은 연중 무휴지만 11월에서 이듬해 2월에 이르는 선선한 건기에 태국을 방문하는 것이 가장 좋다. 이 시기에는 비가 오지 않으며 평균 기온은 섭씨 30도에서 35도 사이다.

Planning 많은 요리 학교들이 반나절 과정, 하루 과정, 2일 과정, 심화 과정 등 다양한 프로그램을 마련하고 있다. 따라서 여행 일정에 맞는 수업을 택해도 좋고, 아니면 요리 강좌를 중심으로 한 여행 계획을 세워도 된다.

Websites www.blueelephant.com, www.thaihouse.co.th, www.thaicookeryschool.com, www.sitca.net, www.tourismthailand.org

방콕 포시즌 요리 학교의 강사.

태국 음식맛의 조화

■ 모든 태국 요리의 기본은 달고, 짜고, 시고, 매운맛의 미묘한 조화에 있다.

■ 단맛 - 특히 커리나 스튜, 볶음 요리에 들어가는 코코넛밀크, 코코넛 팜슈가, 스위트블랙 소이 소스, 스위트 갈릭 피클, 꿀 등을 써서 단맛을 낸다.

■ 짠맛 - 생선 소스, 소금, 태국식 오이스터 소스, 말린 생선이나 새우, 소금에 절인 자두, 염장한 채소 등으로 짠맛을 낸다.

■ 신맛 - 레몬그라스, 코코넛 식초, 쌀 식초뿐 아니라 라임 주스나 타마린드 주스 등을 가미해 요리에 새콤한 맛을 더한다.

■ 매운맛 - 태국 음식 하면 떠오르는 것이 바로 매운맛이다. 주로 칠리 고추로 맛을 내지만 간혹 칠리 페이스트나 말린 후추 열매도 사용한다. 생강, 양파, 마늘 등으로도 매운맛을 낸다.

큰 쟁반 위에 여러 가지 음식을 얹어 내는 인도 전통 방식의 탈리(thali).

인도

라자스탄 주의 향신료 *Spices of Rajasthan*

인도 북서쪽 라자스탄 주에서 수백 년 동안 이어져 내려온
요리법을 배우면서 이국적 풍미의 진수를 느껴 보자.

라자스탄 주 사람들은 자신들의 풍부한 문화유산에 대해 자부심을 가지고 있다. 특히 음식에 있어서는 더욱 그렇다. 라자스탄의 요리에 대해 좀 더 자세히 알고 싶다면 라자스탄 주 남쪽에 위치한 도시인 '우다이푸르'에 있는 수많은 요리 학교 중 하나를 골라 수업을 들어 보자. 요리 강좌는 선생님의 집에서 이뤄지는 경우가 많다. 어떤 선생님들은 학생을 오토바이 뒤에 태워 거리에 가득한 소와 원숭이 무리를 헤치고 장을 보러 나선다. 한때 우다이푸르 왕궁이었다가 지금은 고급 호텔로 바뀐 전설적인 호수 궁

자이푸르의 차파티 요리.

전(Lake Palace)을 지나 형형색색의 좌판에서 식재료를 구입한다. 선생님의 집으로 돌아오면 대부분의 인도 요리에 들어가는 7가지 기본 향신료에 대해 배운다. 레드칠리, 고수, 심황, 가람 마살라(garam masala), 아니스 씨(anise seed), 커민 씨(cumin seed), 소금이 바로 그것이다. 라자스탄 요리에는 레몬 소금와 말린 호로파 잎도 들어간다.

'차파티(chapattis)'는 갈색 밀가루에 물과 약간의 소금을 넣어 만든 반죽을 뜨거운 프라이팬에 구운 요리다. '파니르(paneer)'는 부드러운 치즈다. 우유와 레몬즙을 섞어 만들며 얇은 면 헝겊에 싸서 보관한다. 이외에도 반지르르한 기름이 먹음직스러운 파니르 버터 마살라(paneer butter masala), 매운 야채 키츠리(khichdi) 밥, 우다이푸르의 특선 요리인 '베손 가타(beson gatta)' 등이 있다. 베손 가타는 밀가루 반죽을 공처럼 만들어 톡 쏘는 렌틸 소스에 적신 요리다.

맛있는 음식으로 뱃속을 든든히 채우고 갖가지 요리법을 배워서 떠나기 전에 마지막으로 해야 할 일이 있다. 편안하게 앉아 김이 모락모락 나는 인도식 밀크티인 '마살라 차이(masala chai)'를 한 잔 마시며 일정을 마무리하는 것이다.

When to go 12월에서 이듬해 1월까지의 관광 성수기와 6~9월 사이의 여름 장마철은 피하는 것이 좋다.

Planning 라자스탄 주는 이곳에서 한 달을 보내더라도 결코 성에 차지 않을 정도로 무척 넓고 다채롭다. 자이푸르(Jaipur), 조드푸르(Jodhpur), 자이살메르(Jaisalmer) 등의 주요 도시 어디서나 요리 강좌를 들을 수 있다. 하지만 작은 도시의 요리 강좌가 더 오붓한 분위기에서 진행된다. 대중교통을 이용해 이동할 수 있다. 그중 기차는 인도에서 가장 낭만적인 교통수단이다.

Websites www.rajasthantourism.gov.in, www.indiabeat.co.uk

스파이스 파니르

■ 파니르 치즈 자체는 거의 아무 맛도 나지 않지만 여기에 향신료를 첨가하면 달라진다. 크림 같은 치즈의 부드러움이 다른 재료의 강한 맛에 섞여 깊은 맛을 내는 것이다. 스파이스 파니르 치즈는 제조 과정에서 향신료와 허브를 첨가해 만든다. 파니르 치즈보다 먹기에 더 좋다.

■ 재료(300g 만들기)

우유 2l
레몬즙 2큰술
커민 씨 1작은술
말린 민트 1작은술

1. 크고 바닥이 두꺼운 냄비에 우유와 준비한 향신료를 넣고 끓인다.

2. 우유가 끓기 시작할 때 레몬즙을 넣고 잘 섞어서 액체와 고체가 분리될 때까지 저어 준다. 잘 분리되지 않을 경우 레몬즙을 더 넣으면 된다. 여과기에 올이 성긴 모슬린 천을 깔아 물기를 짜낸 후 물은 버린다. 천 주둥이를 비틀어 연성 치즈를 잘 감싼다.

3. 쟁반 위에 여과기를 거꾸로 뒤집어 치즈를 위에 놓고 물기를 뺀다. 작은 쟁반 위에 빈 양철통을 얹어 눌러 준다. 한 시간 후에 양철통을 치우고 천을 벗겨 치즈를 꺼낸다.

고깔처럼 생긴 밀짚모자를 쓴 베트남 여인이 냐짱의 포구를 지나가고 있다.

베트남

집에서 배우는 베트남 요리
Home-learning in Saigon

사이공에서 풍부한 베트남의 음식 문화유산을 배우고
넉넉한 인심도 함께 느껴 보자.

호치민 시에서는 가정집에서 음식점을 겸하는 경우가 종종 있다. 그래서 가정집에서 최고의 요리 강습을 받는 것도 낯선 일이 아니다. 특이한 미식 탐험을 즐기고 싶은 여행자라면 여러 요리 강좌 중에 잘 선택해서 자신들의 문화를 알리고 싶어 하는 베트남 사람에게 베트남의 맛과 조리법을 배울 수 있다.

요리 강좌는 새벽에 장을 보는 것으로 시작한다. 이른 시간에 가야 과일, 야채, 해산물, 고기 등이 가장 신선하다. 한 도시의 진수를 맛보려면 그곳의 시장에 가봐야 한다는 말이 바로 호치민 시에 해당한다. 노련한 요리사가 학생들을 이끌고 시장으로 향한다. 영어를 잘 하는 대학생도 동행하여 통역과 문화 소개를 맡는다. 바삭바삭한 스프링롤인 짜조(cha gio)에 넣을 돼지고기 간 것과 소고기 국수인 포보(Pho bo)에 고명으로 얹을 긴 고수 등 요리에 넣을 재료를 선생님과 함께 고르면서 다양한 베트남 음식에 대해 익힐 수 있다. 양손 가득 재료를 사 들고 집으로 돌아오면 점심을 장만하기 시작한다.

여행객들은 이렇게 독특한 방식으로 현지인들의 삶을 체험하면서 베트남의 풍습과 생활 방식을 이해하게 된다. 아침 내내 골라 온 식재료들을 손질한 뒤 요리까지 마치고 나면 선생님과 나란히 앉아 애써 만든 음식을 맛볼 차례다.

When to go 호치민 시는 연중 어느 때 가도 좋다. 5월에서 11월에 이르는 우기에는 매일 비가 오니 비옷을 꼭 챙겨 가도록 하자. 다만 베트남의 음력 설인 테트(1월 말이나 2월 초) 기간은 피하는 것이 좋다. 상점이나 음식점들이 길게는 3주나 문을 닫기 때문이다.

Planning '커넥션스 베트남(Connections Vietnam)'에서 가정집 요리 강좌를 개설하고 있다. 한편 베트남 요리 센터에서는 수업 형식의 요리 강좌를 실시하고, 사이공 카라벨 호텔(Caravelle Hotel)에도 하루 일정의 프로그램이 있다. 사이공 북동쪽에 위치한 나짱(Nha Trang) 근처 해변 리조트들에서도 요리 수업을 받을 수 있다.

Websites www.connectionsvietnam.com, www.expat-services.com, www.caravellehotel.com

베트남식 돼지고기 필레.

생선 소스

■ 베트남에서는 어느 집에 가더라도 주방에 생선 소스인 '누옥 맘(nuoc mam)'이 꼭 있기 마련이다. 짠맛이 나는 갈색 소스로 냄새가 무척 강한데, 신선한 샐러드에서 국수에 이르기까지 모든 요리에 빠짐없이 들어간다. 푸쿠옥(Phu Quoc) 섬에서 잡아 발효시킨 멸치로 만든 것을 으뜸으로 친다. 누옥 맘은 보통 '누옥 맘 참(nuoc mam cham)'이라는 소스의 재료로 쓰인다. 새콤달콤한 누옥 맘 참은 태국쌀이나 아주 가느다란 면을 사용한 버미첼리 국수 같은 주식에 드레싱으로 쓰인다.

> 요르단

페트라 키친 *Petra Kitchen*

낮 동안 고대 비밀의 도시 페트라를 보면서 눈이 즐거웠다면,
저녁에는 맛의 향연이 벌어지는 식당에서 입안이 즐거워질 차례다.

요르단 남부에 있는 페트라 유적지를 온종일 둘러본 후 현대적인 도시 와디무사(Wadi Musa)로 돌아올 즈음이면 피곤해서 손끝 하나 까딱하기 싫어질지도 모른다. 하지만 작고 허름한 식당인 '페트라 키친'만큼은 꼭 가봐야 할 가치가 있다. 이 식당의 전체 감독은 전문 주방장이 맡고 있지만, 웃음으로 손님을 맞는 것은 지역 협동조합에서 나온 여인들의 몫이다. 이들은 지방 특선 요리를 소개하고 손님들이 앉아서 음식을 먹기

페트라의 고대 나바테아 유적지 뒤로 멀리 현대적인 도시 와디무사가 배경처럼 펼쳐져 있다.

전에 조리 과정에 참여할 수 있도록 돕는다. 직접 조리를 거들다 보면 요르단이 과거에 수많은 외국 군대가 오가던 중동 지역의 길목이었다는 역사를 짐작할 수 있다. 이 때문에 요르단 음식은 영양이 풍부하면서도 조리하기 쉽다. 곡물과 콩이 어우러진 샐러드를 비롯해 양과 닭고기가 특징적이다.

주방 기구가 나란히 진열된 페트라 키친은 녹색 타일로 장식된 단일 공간이다. 이곳의 나무 탁자 앞에서 파슬리와 토마토를 썰고 여기에 불가 밀(bulgar whea, 반쯤 삶아서 말렸다 빻은 밀), 허브, 레몬즙을 섞어 '타불레 샐러드(tabbouleh salad)'를 만들어 보자. 또한 요르단 민속 음식인 '만사프(mansaf)'를 만들어 볼 수도 있다. 만사프는 밥과 아몬드를 깔고 부드러워질 때까지 익힌 양고기를 그 위에 얹어서 내는 요리다.

이 모든 과정이 느긋하고 편안하며 전문적인 기술도 따로 필요 없다. 단지 다른 손님들과 더불어 함께 요리를 하며 즐거움을 만끽하면 된다. 어린아이들은 치즈로 페이스트리의 속을 채워 넣고 오므린 뒤 굽는 일을 하면서 요리를 거들 수도 있다.

When to go 요르단의 여름은 용광로처럼 덥지만 반대로 겨울은 무척 춥다. 페트라를 방문하기에는 봄과 가을이 가장 좋다.

Planning 페트라 키친에서 저녁 식사를 하려면 미리 예약을 해야 한다. '페트라 바이 나이트(Petra by Night)'라는 프로그램은 촛불을 켜고 페트라 유적지를 관광하는 것으로, 저녁 8시 30분에 시작한다. 페트라 키친에서는 5일 과정으로 저녁마다 요리 강좌를 연다. 중동 요리에 대해 더 자세히 알아보고, 주방장과 함께 시장에서 장도 볼 수 있는 기회다.

Websites www.jordanjubilee.com, www.bedouincamp.net

페트라 키친의 즐거움

- 주요리와 전채요리에서 곁들임 요리에 이르기까지 모든 조리법을 적어서 나눠 준다. 여행이 끝나더라도 집에서 직접 요리를 만들어 보면서 요르단 여행의 추억을 곱씹을 수 있다.

- 요리 대부분이 베두인 족 전통에 따른 것이다. '암마린 베두인 캠프(Ammarin Bedouin Camp)'에서 베두인 족처럼 모닥불 앞에 앉아 별들을 바라보며 음식을 먹어 보자. 리틀 페트라 바로 옆에 있는 곳으로, 와디무사에서 차를 타고 조금만 가면 된다.

- 요르단에서 '후무스(hummus)'를 맛보고 나면 기존의 후무스는 두 번 다시 먹고 싶지 않을 것이다. 후무스는 으깬 이집트콩, 참깨 페이스트, 마늘, 올리브유, 레몬즙을 섞어서 만든다. 이곳에서는 거의 매끼니마다 먹는 음식이다.

시가스 요리 학교에서 만든 신선한 캔터베리 양고기 요리에 제철 채소를 곁들여 먹으면 그 무엇도 부럽지 않다.

뉴질랜드

남섬의 시가스 요리 학교

Seagars on the South Island

뉴질랜드 남섬의 아름다운 풍광을 배경으로 요리 솜씨도 익히고
최상급 요리와 고급 와인을 맛보는 행운까지 누려 보자.

뉴질랜드의 유명한 요리사 조 시가(Jo Seagar)의 어록 중에 '만들기 쉬워야 훌륭한 요리'라는 말이 있다. 그가 설립한 시가스 요리 학교(Seagars Cook School)에서 이 지역의 훌륭한 식재료로 직접 음식을 만들어 보면 실제로 요리가 쉽게 느껴질 것이다. 학교는 뉴질랜드 남섬의 비옥한 캔터베리 평원 중심부인 옥스퍼드에 위치해 있다. 이곳은 풍요로운 농경 지역으로 유제품이 유명하며 근처의 강들은 연어 낚시로 이름나 있다.

시가스 요리 학교는 '최소의 노력으로 최대의 효과를 거두자'는 철학으로 운영된다. 런치 앤 런(Lunch and Learn) 강좌를 듣는 학생들에게는 먼저 커피와 갓 구운 빵을 대접한 다음 조 시가의 요리법을 3시간 동안 가르친다. 학생들은 시간과 품이 덜 드는 조리법을 배운 뒤 현지산 와인을 곁들인 점심 식사를 다같이 즐긴다.

강좌에서 배우는 메뉴는 계절에 따라 달라지는데 봄에는 갓 딴 라즈베리와 아스파라거스, 여름에는 샐러드 야채와 방울토마토, 가을에는 사과와 배를 활용한다. 아울러 와인 감정과 제빵, 무글루텐(gluten-free) 요리, 치즈 제조 등의 전문 과정도 개설되어 있다. 요리 강좌를 들을 시간이 없다면 주방이 딸린 식당이나 카페를 방문해 보자. 시간이 넉넉할 때는 아침이 제공되는 숙소에서 하룻밤 묵는 것도 좋다.

When to go 해외 관광객들은 대개 봄과 가을에 뉴질랜드를 찾는다. 6월부터 8월까지의 겨울은 다소 쌀쌀하지만 청명하다. 여름에 해당하는 11월부터 이듬해 2월까지는 뉴질랜드의 관광 성수기다.

Planning 주말 동안 크라이스트처치에 묵으면서 토요일 아침에 리카튼 하우스(Riccarton House) 근처에서 열리는 농산물 직판장을 방문해 보자. 이 도시의 훌륭한 음식과 와인을 맛볼 수 있다. '알파인 퍼시픽 트라이앵글(The Alpine Pacific Triangle)'은 370킬로미터의 관광 루트로 크라이스트처치 바로 북쪽에서 시작한다. 이 루트의 일부인 '카이코우라(Kaikoura)'에서는 랍스터를 맛보거나 고래 관찰 투어를 즐길 수 있다. 또한 산악 온천 도시 '핸머 스프링스(Hanmer Springs)'도 루트에 포함되는데 멋진 음식점들이 다양하게 갖춰져 있다.

Websites www.joseagar.com, www.newzealand.com, www.waiparawine.co.nz, www.alpinepacifictourism.co.nz

뉴질랜드 남섬의 청정 식재료

- 뉴질랜드 남섬에서 재배한 신선한 채소를 다양하게 활용하는 것이 시가스 요리 학교의 장점이다. 캔터베리 평원의 목초지에서 기른 캔터베리 양의 고기는 오묘하게 달콤한 맛으로 잘 알려져 있다. 이곳에서는 붉은사슴을 비롯해 식용 사슴도 키우는데, 사슴고기는 서비나(Cervina)라는 이 지방 음식의 재료로 쓰인다.

- 남섬은 태평양 왕연어(Pacific king salmon)로도 유명하다. 태평양 왕연어는 육즙이 많고 살이 단단하면서도 지방 함유량이 매우 낮다. 이 지역에서 재배하는 고추냉이를 갈아서 함께 먹으면 좋다.

- 쿠마라(kumara, 고구마)는 마오리 족이 뉴질랜드에 들여왔다. 오늘날에는 크림수프에서부터 소금을 뿌려 튀긴 칩스에 이르기까지 다양한 요리에 활용하고 있다.

- 올리브는 9세기에 지중해에서 수입해 들여와서 지역적 특성에 맞도록 다양하게 변형시켰다. 지금은 식용 전용과 기름 제조용으로 경작하고 있다.

- 와이파라 계곡에는 80개가 넘는 포도밭이 있다. 뉴질랜드에서 와인 경작지로 급부상하는 곳 중 하나다. 길고 더운 가을 덕분에 향기로운 리슬링(Reislings) 와인과 맛이 강한 피노누아(Pinot Noirs) 와인이 유명하다. 아울러 소비뇽 블랑, 샤도네이, 맛이 풍부한 카베르네 소비뇽 와인도 이름나 있다.

신중한 손놀림으로 포도나무 잎에 향긋한 소를 채워 넣는 돌마스 요리는 그 자체로 예술이다.

그리스

그리스 섬의 요리 *Greek Island Kitchen*

아름다운 섬에서 느긋한 휴가를 즐기며 그리스 전통 음식에
오묘한 조화를 어떻게 담아 내는지 살펴보자.

　야생 허브로 감싸서 익힌 생선, 필로 페이스트리 파이(phyllo pastry pies), 전채요리인 메제, 레몬을 가미한 올리브유를 발라 그릴에 구운 고기 등은 대표적인 그리스 섬 요리다. 그리스의 많은 섬들에서는 전통 요리를 가르치는 강좌가 열린다. 그중에서도 에게 해 동쪽에 위치한 이카리아 섬의 '크리스토스 라체스(Christos Raches)'라는 산간 마을에서

는 요리 전문 기고가이자 식당 경영인인 '다이앤 코킬라스(Diane Kochilas)'와 남편 '바실리스(Vassilis)'가 함께 7일 과정의 하계 요리 강좌를 연다. 수업은 영어로 진행되며 남편이 직접 설계하고 건축한 부부의 집에서 열린다. 한쪽에는 소나무 숲이, 반대편에는 바다 풍경이 펼쳐진 멋진 곳이다.

매일 진행되는 서너 시간의 수업을 통해 점심이나 저녁 만찬을 준비한다. 이카리아 빵 샐러드와 야채를 각각 볶아서 한 그릇에 담아 내는 '수피코(soufico)'를 만드는 법을 익힐 수 있다. 아울러 포도나무 잎에 소를 채운 요리인 '돌마스(dolmas)', 페타 치즈와 허브를 첨가한 구운 가지 샐러드 등이 들어간 '그리크 메제(Greek meze)' 등도 배울 수 있다. 강좌에 쓰이는 과일, 허브, 채소는 모두 부부가 유기농 채소 정원에서 직접 재배한 것들이다. 또한 음식을 만드는 법을 배우는 것뿐만 아니라 이 지역 와인 양조 전문가, 치즈 제조 전문가, 양봉가 등을 만나볼 기회도 제공된다.

요리를 끝내고 에게 해로 저물어 가는 저녁 태양을 바라보면서 아니스 열매로 담은 그리스 술인 '우조(ouzo)' 한 잔을 음미해 보는 것도 좋은 추억이 된다.

When to go 다이앤 코킬라스는 7월과 8월에 3주 과정의 요리 강좌를 연다. 또, 9월 중순에서 이듬해 6월 중순 사이에는 아테네에서 다른 프로그램도 운영하고 있다.

Planning 요리 강좌 일정보다 며칠 더 들여 이카리아 섬을 찬찬히 둘러보는 것이 좋다. 아름다운 마을을 비롯해 훌륭한 등반 코스와 멋진 해변, 흥미로운 고적 등도 즐길 만하다.

Websites www.dianekochilas.com, www.greekislandactivities.com, www.holidayonthemenu.com

녹색 채소, 이집트콩, 페타 치즈를 넣은 파스타 그라탱

■ 재료(4인분)

길게 자른 그리스 힐로피테스 450g
근대, 시금치, 아마란스(택 1) 450g
그리스 버진 올리브유 125ml
이집트콩 통조림 480g
잘게 부순 그리스 페타 치즈 300g

1. 큰 솥에 소금물을 넣고 끓인 다음 그리스식 에그누들인 힐로피테스(Hilopites)를 넣어 익힌다. 약간 설익을 정도가 되면 꺼내어 물기를 뺀다. 힐로피테스가 없을 때는 페투치니를 대신 넣어도 된다.

2. 올리브유 3큰술을 데운다.

3. 냄비에 준비한 녹색 채소를 넣고 고온에서 살짝 데친다. 물은 2~3컵만 남기고 버린다.

4. 힐로피테스, 녹색 채소, 이집트콩, 올리브유, 채소 데치고 남은 물을 섞어 오븐용 그라탱 접시에 담는다. 그 위에 페타 치즈를 뿌리고 은박 포일로 덮어 15분간 굽는다.

5. 오븐 속 그릴을 예열하고 은박 포일을 벗긴 그라탱 접시를 그릴 안으로 넣는다. 페타 치즈가 살짝 갈색을 띨 때까지 몇 분간 가열한 뒤 오븐에서 꺼내면 완성이다.

TOP 10

이탈리아의 요리 학교
Cookery Schools in Italy

푸짐하고 다양한 음식의 천국 이탈리아에서
정통 이탈리아 요리 만드는 법을 배울 수 있다.

❶ 빌라 지오나 Villa Giona 베네토 주 베로나

베로나 시에 위치한 빌라 지오나에서는 근대로 소를 채운 토르텔리니와 리코타 등의 요리 만드는 법을 배울 수 있다. 아울러 파르미지아노 레지아노 치즈 생산지를 견학할 기회도 있다.

Planning 7일 과정이 일 년에 4~5회 정도 마련된다. www.villagiona.it

❷ 디비나 쿠치나 Divina Cucina 토스카나 주

이곳에서는 20년이 넘는 요리 경력의 미국인 강사가 수업을 진행한다. 최대 6인 정원의 소수 정예 강좌가 개설되며 계절별로 다른 메뉴를 만들어 볼 수 있다.

Planning 피렌체에 있으며 1년 내내 강좌가 열린다. www.divinacucina.com

❸ 쿠치나 콘 비스타 Cucina con Vista 토스카나 주

피렌체 지역에서 10년간 레스토랑을 운영하던 요리사 엘레나 마테이가 바뇨 아 리폴리(Bagno a Ripoli)에 요리 학교를 열었다. 닭의 간으로 만든 파테나 토마토 소스 미트볼 등 현지 특선 요리를 배울 수 있다. 또한 시장과 와인 생산지를 견학할 수 있다.

Planning 4일 과정의 강좌가 1년 내내 진행된다. www.cucinaconvista.it

❹ 빌라 산미켈레 Villa san Michele 토스카나 주

빌라 산 미켈레 요리 학교에 가면 오리엔트 익스프레스 호텔 출신의 전문 요리사들이 진행하는 강좌에 참여할 수 있다. 파스타, 리소토, 수프와 그 외의 이탈리아 음식을 만들어 볼 수 있다.

Planning 피에솔레(Fiesole)에 위치하며 4~10월에 강좌가 개설되며 8~14세 어린이를 위한 강좌도 있다. www.villasanmichele.com

❺ 알라 마돈나 델 피아토 Alla Madonna del Piatto 움브리아 주

마티아치(Mattiacci) 부부가 모든 수업을 전담으로 맡는다. 가까운 마을에서 장을 보는 것으로 수업이 시작된다. 라비올리, 페투치니 등 움브리아

와 시칠리아 음식 만들기가 주를 이룬다. 계절 채소와 허브는 농장에서 직접 공수한 것을 쓴다.

Planning 3월 중순에서 12월까지, 일주일에 2회 수업이 진행된다.
www.incampagna.com

❻ 폰타나 델 파파 Fontana del Papa 라치오 주

로마 북쪽의 16세기풍 농장에 자리한 요리 학교다. 부부가 운영하며 이탈리아 가정식 요리를 배울 수 있다. 또한 시골 지역으로 하이킹을 떠나 식용 식물을 먹어 보거나 와인과 올리브유를 시음할 기회도 있다.

Planning 수업은 연중 어느 때나 들을 수 있다. www.cookitaly.it

❼ 다이앤 시드의 로만 키친 Diane Seed's Roman Kitchen 라치오 주

영국 출신의 요리책 저자 다이앤 시드는 30년간 로마에 거주했다. 다이앤의 요리 강좌를 들으면 로마 요리를 폭넓게 배울 수 있다. 회향과 오렌지를 넣은 돼지고기 요리 등이 대표적이다.

Planning 8월에는 강좌가 열리지 않는다. 수업 중 로마의 역사에 대해서 들을 수 있다. www.dianeseed.com

❽ 맘마 아가타 Mamma Agata 캄파니아 주

멋진 풍경의 아말피 해변 근처 절벽에 요리사 맘마 아가타의 집이 있다. 이곳에서는 3시간 과정의 이탈리아 남부 가정식 요리 강좌가 열린다. 레몬케이크와 직접 재배한 유기농 레몬으로 만든 술로 이름나 있다.

Planning 1년 내내 강좌가 열린다. www.mammaagata.com

❾ 세이버링 사르디니아 Savoring Sardinia 사르데냐 섬

사르데냐 섬 동쪽 해안가에 있는 오로세이(Orosei)라는 작은 마을에서 요리사 마리아 체사(Maria Chessa)가 요리 비법을 전수한다. 해산물 리소토나 생선 라비올리가 유명하다. 포도밭과 제과점 등을 방문할 수 있다.

Planning 4일 과정과 7일 과정의 강좌가 마련되어 있다. 9월에서 이듬해 5월까지 열린다. www.ciaolaura.com

❿ 카사 베키에 Casa Vecchie 시칠리아 섬

요리책 저자 안나 타스카 란차(Anna Tasca Lanza)의 가족은 팔레르모 근처에서 와인 농장을 운영한다. 이곳에서 열리는 요리 강좌를 통해 시칠리아식 소스와 특선 음식에 대해 배울 수 있다. 이곳의 시장이나 레스토랑 등을 둘러보는 것도 잊지 말자.

Planning 9~11월과 3~5월에 요리 강좌가 개설된다.
www.absoluteitalia.com

이탈리아

토스카나 지방의 고귀한 전통
Tuscany's Noble Tradition

귀족적인 우아함이 넘쳐흐르는 포도와 올리브 농장 두 곳은
토스카나 지방의 음식 문화유산의 비밀을 간직하고 있다.

사람들이 이탈리아 북부의 토스카나를 좋아하는 이유는 많다. 바로 문화예술유산과 와인 그리고 이곳의 요리 때문이다. 식용 야생 동물과 송로버섯, 야생 허브의 향이 잘 우러난 푸짐한 게임 스튜(game stew), 오일과 로즈메리로 양념한 스테이크를 숯불에 구운 비스테카 알라 피오렌티나(bistecca alla fiorentina), 깊은 맛이 나는 야채 수프 등이 특선 요리로 꼽힌다. 야채 수프 중에서는 특히 리볼리타(ribollita)를 빼놓을 수 없다. '다시 끓인다'는 뜻의 이름에 걸맞게 먹다 남은 수프와 오래되어 딱딱해진 빵이 주재료이지만, 남은 음식을 재활용해 만들었다고 하기에는 너무 훌륭하다.

멋진 풍광을 감상하며 토스카나의 전통을 한껏 맛볼 수 있는 '바디아 아 콜티부오노(Badia a Coltibuono)'와 '테누타 디 카페자나(Tenuta di Capezzana)'로 가보자. 이 두 곳은

경사가 완만한 토스카나 시골의 농가.

카페자나 농장의 요리사가 크로스티니 만드는 법을 선보이고 있다.

모두 가족 운영 체제의 농장이다. 토스카나 중심부의 울창한 키안티(Chianti) 언덕 높은 곳에 자리 잡고 있는 콜티부오노는 예전에 수도원이었다. 1천여 년 전 베네딕트회 수사들이 이곳에 처음 포도나무를 심었다고 한다. 한때 토스카나를 다스렸던 가문 출신의 요리책 저자인 로렌자 드 메디치(Lorenza de' Medici)가 이 농장주의 아내로, 농장에 요리 강좌를 개설하기도 했다.

한편 카페자나는 멀리 북쪽으로 떨어진 몬탈바노의 산비탈에 위치해 있다. 이곳은 포도와 올리브를 1천 2백 년 동안이나 재배해 온 곳이다. 오랜 전통의 향기 속에서 토끼 고기 스튜인 파파르델레 알라 레프레(pappardelle alla lepre)를 만드는 법과 이에 어울리는 와인을 고르는 법까지 배울 수 있다. 카페자나의 빈 산토(vin santo) 와인을 맛보는 일도 잊어서는 안 된다. 빈 산토는 농장의 와인 숙성실에서 체리나무, 오크나무, 밤나무로 만든 저장통에 넣어 잘 숙성시킨 디저트용 와인이다.

When to go 바디아 아 콜티부오노의 요리 강좌는 5월에서 10월까지 열리며 1일 · 3일 · 1주일 코스로 나뉜다. 테누타 디 카페자나에서는 3월부터 10월 사이의 정해진 날짜에 1일 혹은 5일 과정의 강좌를 연다. 두 농장에서 강좌를 들으려면 미리 예약을 해야 한다.

Planning 두 농장은 플로렌스, 루카, 시에나 등의 도시와 꽤 가까운 거리에 있다. 바디아 아 콜티부오노에 간다면 키안티 지방의 그레베 시장을 꼭 방문해 보는 게 좋다. 언덕 꼭대기에 위치한 아름다운 중세 도시 '라다(Raadda)'와 '카스텔리나(Castellina)'도 빼놓아선 안 된다. 테누타 디 카페자나에 간다면 베르실리아 해변가 휴양 도시인 '비아레지오(Viareggio)'와 '포르테 데이 마르미(Forte dei Marmi)'에 들러 보자.

Websites www.coltibuono.com, www.capezzana.it

크로스티니 지역의 전통 카나페

■ 토스카나는 유구한 역사와 문화로 유명하다. 하지만 상대적으로 수백 년 동안 물질적인 빈곤에 시달린 지역이기도 하다. 이 지역 음식을 보면 아직도 빈곤에서 벗어나지 못했다는 사실을 알 수 있다. 딱딱하게 굳은 빵을 비롯해 무엇 하나 그냥 버리는 법이 없다. 크로스티니 지역의 전통적인 카나페도 마찬가지다. 굳은 빵을 와인에 적셔 맛있는 토핑으로 만든다.

■ 재료(4인분)

딱딱한 부분을 잘라낸 빵 50g
드라이 화이트 와인 300ml
헹군 케이퍼 50g
다진 파슬리 1작은술
토마토 페이스트 1작은술
엑스트라 버진 올리브유 100ml
치아바타 빵 4조각

1. 와인이 담긴 그릇에 딱딱한 빵을 넣고 5분간 담가 둔다. 젖은 빵을 꺼내 와인을 살짝 짜낸다. 남은 와인을 버리고 빵을 그릇에 넣는다.

2. 빵이 담긴 그릇에 케이퍼를 넣고 그 위에 올리브유를 살살 붓고 계속 저어 준다. 여기에 토마토 페이스트와 파슬리를 넣고 잘 섞는다.

3. 치아바타 빵을 구워서 그 위에 준비해 둔 재료를 얹으면 된다.

가지는 프로방스 요리에서 매우 중요한 재료다.

프랑스

프로방스의 맛 *Flavors of Provence*

언덕 마을과 목가적인 풍경 그리고 햇살을 듬뿍 머금은 맛있는 음식은
프로방스 중부에 있는 루베롱의 자랑거리다.

    여름날 오후, 라코스테의 언덕 마을에 있는 카페 드 프랑스의 테라스에 앉아 보자. 평화로운 농장과 포도밭, 우거진 숲 너머로 이웃 언덕 마을인 보니외(Bonnieux)가 보일 것이다. 코끝으로 따뜻한 공기를 들이마시면 라벤더, 장미, 인동덩굴의 향기는 물론 잘 익은 멜론, 말린 무화과 냄새까지 뒤섞인 프로방스에 흠뻑 취할 지도 모른다. 농산물 시장(marches paysans)을 돌아다니다 보면 '사랑의 사과'라는 별명을 가진 넝쿨토마토, 향이 강한 바질, 마늘, 갓 꺾은 야생화 다발, 염소젖 치즈, 한껏 익었을 무렵 농부들이 수확한

그림같이 아름다운 레 보 드 프로방스 마을의 식료품가게.

올리브 등이 어우러져 오감을 사로잡을 것이다. 프로방스의 많은 음식점들은 이렇게 풍성한 식재료들을 잘 활용하고 있다. 육류, 가금류, 식용 야생 동물, 채소 등을 요리할 때 마늘, 올리브유, 올리브, 바질 등을 이용해 향을 더한다.

풍성한 '허브 드 프로방스(Herbs de Provence)'도 빼놓을 수 없다. 이것은 백리향, 회향, 로즈메리, 처빌, 오레가노는 물론 오렌지 껍질과 라벤더에 이르기까지 다양한 허브를 모아 놓은 것을 말한다. 계절과 기분에 따라 송로버섯과 토마토를 넣은 오믈렛이나 바질, 마늘, 올리브유가 들어간 페이스트를 얹은 야채 수프인 '피스투(pistou)', 올리브와 화이트 와인을 넣어 살짝 볶아낸 토끼고기나 닭고기 혹은 소고기를 레드 와인과 마늘, 야채, 허브 드 프로방스를 넣고 푹 삶은 '도브(daube)' 중에서 선택할 수 있다. 어떤 음식을 선택하든 신선함은 기본이다.

When to go 관광객이 뜸하고 날씨가 따뜻한 5월과 6월에 가는 것이 가장 좋다. 6월 말에서 7월 말까지 라벤더가 한창인 여름은 날씨가 덥다. 9~10월은 포도 수확기인 '방당주(vendange)'로 유명하다. 겨울은 날씨가 춥지만 11월 중순에서 이듬해 1월 초까지 올리브 수확이 이어진다.

Planning 지역 특선 요리의 비법을 배우고 싶다면 주방장이자 식당 경영인인 필리프 드보르가 운영하는 '메드 인 루베롱(Made In Luberon)'의 요리 강좌를 예약하자. 점심 식사를 준비하는 아침반과 저녁 식사를 준비하는 오후반 중 선택할 수 있다. 대부분의 도시와 마을에서 매주 장이 열리는데 보니외, 루시용(Roussillon), 베종 라 로멘(Vaison-la-Romaine) 등의 도시들이 제일 가 볼만하다. 정오엔 노점을 철수하니 늦지 않도록 하자.

Websites www.madeinluberon.com, www.visitprovence.com, www.beyond.fr, www.provenceweb.fr

허브 로스티드 아몬드

■ 봄철이면 루베롱의 언덕 곳곳에 아몬드 꽃이 흐드러지게 피고, 가을이 되면 아몬드를 수확한다. 아몬드에 허브 드 프로방스를 넣고 구워서 아페리티프(aperitif, 식사 전에 즐기는 반주) 와인인 코트 뒤 뤼베롱 로제(Cotes du Luberon rose)에 곁들여 먹는다. 아몬드를 물에 담갔다 구우면 얇은 갈색 껍질이 부드러워져서 양념이 더 잘 배어든다.

■ 재료(8인분)

껍질을 벗기지 않은 아몬드 300g
허브 드 프로방스나 각종 허브들 (로즈메리, 바질, 월계수 잎 등) 20g
소금 2작은술과 갓 간 후추

1. 아몬드를 큰 그릇에 넣고 찬물을 부어 20분간 둔다. 물은 버리고 소금, 후추, 허브 드 프로방스를 넣고 잘 섞어 1시간 정도 둔다.

2. 오븐을 180도로 예열하고 오븐 내의 구이판 바닥을 양피지로 덮는다.

3. 양념한 아몬드를 종이 위에 고르게 펴서 바삭바삭해질 때까지 15~20분 정도 굽는다. 아몬드를 오븐에서 꺼내어 식혀서 낸다.

> 프랑스

파리의 르코르동블뢰 *Le Cordon Bleu de Paris*

세계 제일의 명문 요리 학교인 르코르동블뢰의 문은 누구에게나 열려 있다.

파리의 포브르 생토노레 거리의 고급 의상실들이 오트쿠튀르를 대표한다면, 레프트 뱅크(Left Bank)의 한적한 거리에 위치한 '르코르동블뢰'는 명실상부한 고급 요리의 산실이다. 전통 프랑스 요리의 성전인 르코르동블뢰에서는 세계 최고의 요리사들이 1~4일 과정의 요리 강좌를 진행한다. 수업은 특별히 마련된 주방에서 프랑스 어로 진행되는데 영어 통역사도 함께 배치된다. 강사의 시연으로 시작되는 수업은 최상의 식재료

르코르동블뢰의 강사가 학생이 만든 요리를 주의 깊게 살펴보고 있다.

들을 직접 조리해 보는 시간으로 이어진다. 시연 강좌는 머리 위에 달린 거울을 통해 전문 요리사의 작업 과정을 더욱 자세히 지켜볼 수 있다. 요리 기술을 보다 잘 전수하려는 이 학교의 오랜 노력의 일환이다.

르코르동블뢰는 1895년에 설립되었으며, 이름은 프랑스 어로 '푸른 리본'을 뜻한다. 성대한 만찬으로 유명한 성령의 기사단(앙리 3세에게 성령 훈장을 수여받은 기사단)이 리본을 착용한 데서 착안한 것이다. 전 세계 최초로 공개 시연을 통해 수업을 진행한 요리 학교이며, 단기 요리 강습 과정에서는 아직도 이 전통을 따르고 있다. 단기 과정에서는 전채요리, 소스, 빵, 초콜릿 등을 만드는 법을 좀 더 자세히 익힐 수 있다.

세계에서 으뜸가는 요리 학교인 르코르동블뢰는 전문 요리사를 꿈꾸는 사람들에게 꿈의 학위 '그랑디플롬(Grand Diplome)'을 수여한다. 한편 일반인들에게는 음식에 브랜디를 끼얹고 불을 붙여 향을 배이게 하는 플랑베(flambé)나 달걀과 우유, 밀가루를 섞어 거품을 낸 후 치즈, 과일 등을 넣고 구운 수플레(soufflé) 등을 만드는 법을 가르쳐 준다.

When to go 연중 어느 때나 상관없다. 대부분의 강좌와 시연은 주중에 열린다.

Planning 단기 과정에서는 수강생을 10~15명으로 제한하니 최소한 한 달 전에 예약을 해야 한다. 아니면 2~3시간 정도 진행되는 미식가 워크숍에 참가해 전채요리, 주요리, 디저트 만드는 법을 배워도 좋다. 르코르동블뢰는 전 세계 20여 나라에 분교를 두고 있다.

Websites www.cordonbleu.edu, www.epiculinary.com

프랑스 요리의 전도사

■ 널리 알려진 르코르동블뢰 졸업생 중에 요리책 저자이자 TV 요리 프로그램에 출연하던 '줄리아 차일드 여사(Julia Child, 1912-2004)'가 있다. 남편이 제2차 세계 대전 이후 파리 주재 미국 대사관에 발령받으면서 처음 프랑스 요리를 접하게 된 그녀는 남은 생을 요리에 대한 열정으로 불태운다. 이후 르코르동블뢰에 입학했고 책임자와의 이견이 있었지만 그랑디플롬을 받으며 졸업한다. 1963년에는 TV에서 자신의 요리 프로그램인 '프렌치 셰프'를 선보였다. 190cm의 장신이었던 줄리아 여사는 위엄 있고 독특한 인물이었으며, 미국인들에게 프랑스 요리법을 소개해 큰 대중적 인기를 끌었다. 줄리아 여사는 91세를 일기로 고향 캘리포니아에서 눈을 감았다.

여름밤의 기분 좋은 열기를 즐기는 사람들 뒤로 피렌체의 두오모와 예배당이 그림 같은 배경을 이루고 있다.

이탈리아

피렌체 사람들과의 식사 Eating with Florentines

피렌체 사람들이 많이 모이는 곳에서
이 지역 요리의 진수를 맛보는 기쁨을 누려 보자.

'피아스코(fiasco)'란 이탈리아 어로 겉이 짚으로 싸인 굵직한 와인병을 가리키지만 그 어떤 사전에서도 명쾌한 정의를 찾을 수 없다. 한편 이 단어에는 실패라는 뜻도 있다. 하지만 음식과 와인 애호가라면 이런 사소한 것에는 신경 쓰지 않아도 좋다. 피렌체의 두오모와 고대 산 지오반니 세례당의 감격스러운 모습을 감상하고, 한 블록 떨어진 피아자 델로리오(Piazza dell'Olio)로 자리를 옮겨 피아셰테리아(fiaschetteria)에서 피로를 풀어 보자. 피아셰테리아란 간단한 요리까지 함께 판매하는 와인 상점 겸 술집이다. 피아자 델로리오의 '피아셰테리아 누볼리(Nuvoli)'에 가면 김이 모락모락 나는 야채 수프인 리볼리타, 소의 내장으로 만든 트립파 알라 피오렌티나(trippa alla fiorentina) 등을 맛볼 수 있다. 산지오베제(Sangiovese) 레드 와인을 곁들이면 더욱 좋다.

다른 이탈리아 도시들처럼 피렌체에도 이탈리아 특유의 즐거움을 선사해 줄 소박한 음식점이 아주 많다. 이런 식당을 찾고 있다면 관광객들이 주로 다니는 곳이 아닌, 그 옆 골목으로 향하자. 장식이 요란하지 않고, 손님들이 바 앞쪽으로 길게 줄 서 있거나, 높은 의자에 앉아 있는 곳을 찾으면 된다. 각국의 언어로 '특선 메뉴'라고 써 붙인 곳은 피하는 게 좋다. 오늘의 메뉴를 4, 5개쯤 손으로 적어 문에 붙여 놓은 음식점이 오히려 적당하다.

이보다 더 빠르고 맛있는 식당을 찾는 방법은 바로 '트립파요(trippaio)'를 찾아가는 것이다. 트립파요는 길거리 음식인 '트립파(trippa)'를 파는 작은 가게나 노점을 가리킨다. 토스카나에서 재배한 식재료를 직접 공수해서 만들기 때문에 음식 자체도 훌륭하지만 그에 못지 않은 매력이 있다. 택시 운전수, 법조인, 학생 등 각계 각층의 현지인과 어울려 식사를 할 수 있기 때문이다. 이곳에서는 피렌체 사람들의 일상을 제대로 엿볼 수 있다.

When to go 1년 내내 방문하기 좋지만 8월은 피하는 게 좋다. 대부분의 음식점이 문을 닫기 때문이다. 일요일에도 상당수의 음식점들이 문을 닫는다.

Planning 가볼 만한 작은 식당이 많은 곳은 치마토리 거리(Via dei Cimatori), 마치 거리(Via dei Macci), 네리 거리(Via dei Neri), 메디치 예배당 근처 등이다. 점심 시간과 퇴근 이후 2시간 동안의 할인 시간대인 '아페리티보(aperitivo)'에는 매우 혼잡하니 피하는 것이 좋다.

Websites www.theflorentine.net, www.firenzeturismo.it, www.faithwillinger.com

트립파

■ 전통적인 트립파 알라 피오렌티나는 소의 위장 고기에 양파, 샐러리, 당근, 토마토, 엑스트라 버진 올리브유를 넣고 요리한 음식으로 묽기가 스튜와 비슷하다.

■ 피렌체와 로마는 수백 년 동안 서로 트립파의 본고장임을 주장하며 논쟁을 벌였다. 결국 승리는 피렌체에게 돌아갔는데, 피렌체만의 독특한 트립파요 덕분이었다. 지금은 형형색색의 낡은 나무 손수레 대신 철제 가판대로 거의 바뀌었지만, 유쾌한 노점상들은 본인들이 이곳의 전통을 지키는 것을 자랑스러워한다.

■ 트립파를 먹을 때 레드 와인 한 잔을 곁들여 보자. 빵 사이에 내장 요리를 집어 넣는 요리인 촉촉한 람프레도토(lampredotto)를 먹어 보는 것도 좋다. 마늘과 파슬리 소스를 발라 베어 무는 순간 피렌체의 참맛이 느껴질 것이다.

TOP 10

오랫동안 사랑받는 원조 음식

The Original and Still The Best

먹거리와 마실거리의 유래와 빛나는 전통을 자랑하는 음식에
어떤 것들이 있는지 함께 살펴보자.

❶ 바나나 포스터 Banana Foster 미국 루이지애나 주

바나나 포스터는 바나나에 버터, 황설탕, 계피, 바나나즙을 넣고 살짝 튀겼다가 럼을 넣고 불을 붙여서 바닐라 아이스크림에 얹어 내는 디저트다. 1951년에 브레넨 레스토랑의 요리사 폴 블랑제가 처음 만들었다.

Planning 브레넨 레스토랑은 뉴올리언스 프렌치쿼터에 위치해 있다.
www.brennansneworleans.com

❷ 싱가포르 슬링 Singapore Sling 싱가포르

1910년경, 래플스 호텔(Raffles Hotel)의 바에서 처음 만든 과일 칵테일이다. 진, 체리 브랜디, 소량의 비터즈, 파인애플과 라임즙 등을 섞어 만들며 체리와 파인애플 조각을 곁들여 낸다.

Planning 래플스 호텔은 비치로드(Beach Road) 1번지에 있다.
www.raffles.com

❸ 다르질링 차 Darjeeling Tea 인도

히말라야 동쪽, 초목이 우거진 다르질링 산간 마을은 차를 재배하는 아름다운 곳이다. 검은 다르질링 찻잎은 매우 높은 가격에 팔린다. 이 지역의 차 농장에 머물면서 재배 과정을 자세히 살펴볼 수 있다.

Planning 차 재배 기간은 3〜11월까지다. www.glenburnteaestate.com

❹ 벨리니 칵테일 Bellini Cocktail 이탈리아

벨리니 칵테일이 탄생한 베네치아의 해리스 바(Harry's Bar)의 인기는 식을 줄을 모른다. 스파클링 와인인 프로세코와 백도 퓌레를 섞어 만든 것으로 1934년에 처음 만들어져 전 세계로 퍼져나갔다.

Planning www.cipriani.com

❺ 파르마 햄 Parma Ham 이탈리아

바짝 건조시켜 만든 파르마 햄은 이탈리아 북부 파르마 시의 시골 지역에서만 생산된다. 파르마 햄 전용으로 사육한 돼지의 다리, 염장에 쓰일 소

금 약간, 건조시키기에 적당한 공기, 수백 일 동안 기다릴 줄 아는 참을성. 이것이 파르마 햄을 만드는 데 꼭 필요한 4가지 요소다.

Planning 파르마 골로사(Parma Golosa)에서 파르마 햄 제조업체 견학 투어를 제공한다. www.prosciuttodiparma.com, www.parmagolosa.it

❻ 타르트 타탱 Tarte Tatin 프랑스

설탕에 졸인 사과를 깔고 그 위에 페이스트리를 덮어 구운 것이다. 프랑스 중부 라모트 뵈브롱 마을에서 우연한 실수로 타르트를 뒤집어 구운 것이 시초가 됐다.

Planning 타탱 호텔-레스토랑에서 타르트 타탱을 판매한다.
www.tarte-tatin.com

❼ 피치 멜바 Peach Melba 잉글랜드

피치 멜바는 복숭아, 바닐라 아이스크림, 라즈베리 소스를 넣은 디저트다. 1890년대 템스 강변 사보이 호텔의 요리사가 소프라노 넬리 멜바의 공연에 깊은 감명을 받고 개발한 것이다.

Planning 사보이 호텔은 2009년 가을에 거금을 들여 복원 공사를 마쳤다.
www.fairmont.com

❽ 배노피 파이 Banoffi Pie 잉글랜드

배노피 파이는 1972년에 잉글랜드 남부 지방의 사우스 다운스(South Downs)에 있는 술집 헝그리 몽크에서 처음 탄생한 디저트다. 바삭바삭한 파이 위에 토피(toffee)를 얹고 그 위에 크림, 바나나 등을 곁들여 낸다.

Planning www.hungrymonk.co.uk

❾ 체다 치즈 Cheddar Cheese 잉글랜드

서머셋(Somerset) 마을의 유일한 치즈 제조업체인 '체다 고지(Cheddar Gorge) 치즈 회사'야말로 전통 제조방식을 고수해 저온 살균하지 않은 우유로 치즈를 만든다.

Planning 부활절부터 10월까지의 기간에 치즈 공장 견학이 가능하다.
www.cheddargorgecheeseco.co.uk

❿ 에클스 케이크 Eccles Cake 잉글랜드

에클스 케이크는 어디에서 처음 만들어 졌는지 정확히 알려지지 않았지만, 잉글랜드 북서부 샐포드(Salford)의 에클스에 있는 제임스 버치(James Birch)의 가게에서 1970년경부터 인기를 끌기 시작했다.

Planning 에클스에 있는 마틴스 베이커리와 스미스 레스토랑에서 맛볼 수 있다.
www.martinsbakery.co.uk, www.smithsrestaurant.net

안달루시아를 통치한 무어 인들은 음식 문화뿐 아니라 그라나다의 알함브라 궁전처럼 경이로운 유산도 남겼다.

> 스페인

안달루시아에서 즐기는 아랍 요리

Eating in Andalusia

스페인 최남단 지역의 요리에는 아직도 아랍 문화의 영향이 고스란히 남아 있어 매우 독특하고 이색적인 맛의 조화를 선사한다.

서기 711부터 1492년까지 약 8백 년이라는 세월 동안 이슬람 무어 인의 지배 하에 있던 안달루시아 지방의 음식은 주로 북아프리카와 아랍의 조리 방식을 따르고 있다. 무어 인들은 고도의 농경 문화를 가진 민족이었다. 원래 알-안달루스 지방(이베리아 반도에서 이슬람 통치를 받았던 지역)에서는 커민 씨, 고수풀, 회향, 로즈메리, 계피 등을 향신료로 사용했다. 여기에 무어 인들이 쌀, 시금치, 근대, 세몰리나(semolina), 가지, 설탕, 사프란 등을 들여와 요리에 활용했다.

오늘날에는 안달루시아 지방의 어느 음식점에 가더라도 아랍의 향취를 느낄 수 있다. 커민 씨와 파프리카를 가미한 병아리콩과 시금치 요리, 대추를 곁들인 자고새 요리와 꿀을 발라 구운 양고기인 '코르데로 아 라 미엘(cordero a la miel)' 등이 대표적이다.

세비야에 가면 커민을 넣은 멸치 요리인 '보케로네스 엔 아도보(boquerones en adobo)'를, 코르도바에서는 후추를 넣은 가지와 호박 요리인 '알보로니아(alboronia)'를 꼭 먹어 봐야 한다. 론다에 가면 아몬드와 마늘, 올리브유를 넣은 차가운 스프인 '아호 블랑코(ajo blanco)'를 맛보자. 한편 그라나다의 바 로스 디아만테스(Bar Los Diamantes)에서는 커민을 약간 넣고 튀긴 오징어 요리인 '칼라마레스(calamares)'가 일품이다. 또, 산루카 드 바라메다(Sanlucar de Barrameda)의 카사 비고테(Casa Bigote)는 과달키비르 강어귀에서 잡은 생선에 곁들이는 오렌지 소스 덕에 유명한 곳이다. 이 요리들을 직접 만들어 보고 싶은 사람들을 위해 다양한 요리 강좌도 마련되어 있다.

3코스요리

■ '3코스요리'는 9세기 강성한 이슬람 토후국의 수도였던 코르도바에서 유래했다. 왕실 악장이었던 사람이 이 요리를 개발한 것으로 알려졌는데, 피부색이 검고 음색이 아름답다고 하여 '찌르레기'라는 뜻의 '지리압(Ziryab)'이라는 이름을 얻었다. 바그다드 황실에서 수준 높은 교육을 받은 지리압은 코르도바의 음식 문화를 이끌어 나갔다. 그는 처음 수프가 나오고, 그 다음 육류나 생선 요리, 마지막으로 과일이나 견과류 같은 디저트의 순으로 음식을 내는 3코스요리를 정립했다. 이러한 방식은 코르도바에서 알-안달루스의 다른 지방과 유럽까지 퍼져 나갔다.

When to go 10월에서 이듬해 5월까지의 기간에 안달루시아를 방문해야 여름 더위에 시달리지 않고 즐길 수 있다.

Planning 안달루시아 서쪽 코르크나무와 밤나무 숲 한가운데에는 샘과 지니 체스터톤 부부가 직접 운영하는 핀카 부엔 비노(Finca Buen Vino)가 있다. 이곳에서는 스페인 요리 강좌가 열린다. 그라나다 동남쪽의 라스 알푸하라(Las Alpujarras)에 있는 카사 아나(Casa Ana)에 가보자. 테이스트 오브 스페인이나 에피큐리안 웨이즈(Epicurean Ways) 같은 업체들을 통해 요리 강좌는 물론 음식과 와인 여행도 즐길 수 있다.

Websites www.andalucia.com, www.fincabuenvino.com, www.casa-ana.com, www.atasteofspain.com, www.epicurean-ways.com

릭 스타인의 시푸드 스쿨에 모인 학생들이 아침 내내 만든 요리에 와인을 곁들여 맛보고 있다.

잉글랜드

패드스토의 해산물 요리 *Seafood in Padstow*

그림 같은 잉글랜드 남서부의 항구 패드스토는
해산물 요리를 배울 장소로 안성맞춤이다.

    콘월 주의 패드스토에 가면 인기 요리사 '릭 스타인(Rick Stein)'이 운영하는 '시푸드 스쿨(Seafood School)'이 큰 인기다. 이곳의 느긋한 분위기 속에서 사람들은 해산물 요리에 대한 자신감을 얻는다. 시식과 토론을 통해 오징어 먹물 리소토나 타이식 해산물 커리 등 다양한 음식을 만드는 법과 기본적인 생선 손질법 등을 배울 수 있다.

이곳에서 배우는 요리들의 공통점은 금방이라도 살아 움직일 것처럼 싱싱한 생선이 주재료라는 것이다. 수업은 점심 시간을 전후해 이뤄진다. 오전 수업이 끝나면 와인 한 잔을 곁들여 직접 만든 요리를 시식한다. 하지만 이런 과정이 너무 복잡하게 느껴진다면 시내에 있는 릭 스타인의 생선 요리 전문점 중 하나를 방문해 보자. 패드스토 항구와 화려한 색채의 어선이 바라보이는 '더 시푸드 레스토랑(The Seafood Restaurant)'에서는 입에서 살살 녹는 생선과 해산물 모듬 요리를 맛볼 수 있다. 얼음처럼 차가운 생굴과 뜨겁고 매운 소시지가 어우러진 오이스터 샤랑테즈(oysters charentaise) 등 스타인 특선 요리가 대표적이다.

좀 더 편안한 분위기에서 식사하고 싶다면 간단한 식사에서부터 3가지 코스요리까지 골고루 판매하는 '릭 스타인 카페(Rick Stein's Café)'에 가보자. 마지막으로 '스타인 피시 앤 칩스(Stein's Fish & Chips)'는 영국의 전통 음식인 피시 앤 칩스를 고급스럽게 즐길 수 있는 곳이다. 대구로 만든 피시 앤 칩스를 비롯해 오징어나 아귀꼬리 요리를 판매하며 포장도 가능하다.

When to go 지나치게 혼잡한 여름철 주말이나 공휴일을 낀 주말은 피하는 것이 좋다.

Planning 대부분의 요리 강좌는 1~2일 과정이지만, 생선 요리 애호가들을 위해 봄철에는 5주 과정의 저녁 강좌가 마련된다. 카멜 강 어귀 동쪽으로 '록(Rock)'이라는 마을도 방문해 보자. 이곳은 멋진 모래사장 덕분에 부유한 사람들이 많이 찾아서 '영국의 생 트로페(St-Tropez)'라고 불릴 정도다. 훌륭한 별장 외에도 세련된 부티크와 고급 레스토랑들이 있다.

Websites www.rickstein.com, www.visitcornwall.com, www.thepicturehouse.eu

가리비 조리법을 배우고 있다.

바삭바삭한 농어 요리

■ 영국 전역의 젊은 요리사들은 릭 스타인에게 영향을 받아, 다음과 같은 요리법을 개발해 냈다.

■ 재료(2인분)

농어 필레 175g짜리 2개
옥수수유 2큰술
소금, 후추
올리브유 4큰술
레몬즙(레몬 반개 분량)
잘게 다진 딜 2큰술
케이퍼 1큰술

1. 농어 필레을 씻은 뒤 종이 타월로 가볍게 두드려 말린다. 소금과 후추로 속살에 적당히 간을 하고 껍질 부분에는 소금을 넉넉히 뿌린다.

2. 프라이팬에 옥수수유를 붓고 필레는 껍질이 아래를 향하도록 놓는다. 껍질이 바삭바삭하게 황금색으로 변하고 살이 불투명해질 때까지 굽는다. 따뜻하게 데운 접시에 옮겨 담는다.

3. 올리브유와 케이퍼를 넣고 바삭바삭해질 때까지 튀긴 후 레몬즙과 딜을 넣는다. 햇감자와 함께 낸다.

> 모로코

현대 모로코 음식 *Modern Moroccan*

모로코의 도시 마라케슈 중심부에 있는 아름다운 호텔에서
현대적 요소를 가미한 전통 요리법을 배워 보자.

30여 개 이상의 향신료와 허브가 만들어 내는 미묘한 조화가 모로코 음식의 가장 큰 특징이다. 자나네 탐스나(Jnane Tamsna) 호텔의 오전 요리 강습도 허브에 관한 내용으로 시작된다. 자나네는 아랍 어로 '천국의 정원'이라는 뜻이다. 이 호텔 주방장을 따라 호텔 내 아름다운 정원을 지나 보면 그 의미를 알게 될 것이다. 이곳의 허브와 채소밭은 화단, 올리브와 레몬 숲, 대추야자 등과 잘 어우러져 있다. 한때 파리에서 법조인을 지내던 메리안 로움-마틴(Meryanne Loum-Martin)이 남편인 미국 출신의 식물학자 게리 마틴과 함께 이 호텔을 지었다.

마라케슈 서쪽에 있는 아름다운 별궁 너머로 눈 덮인 아틀라스 산맥이 보인다.

음식의 재료들을 조합하고 모로코 요리에 향신료와 허브를 가미하는 작업을 사랑한다는 메리안의 말에 이곳의 요리 강사인 '바히자(Bahija)' 역시 공감한다고 한다. 바히자의 안내를 받아 정원에서 주방으로 가면 식칼로 재료를 잘게 써는 법을 배울 수 있다. 날씨가 좋은 날에는 진흙으로 만든 전통 오븐이 놓인 야외에서 수업을 진행하기도 한다. 학생들이 계피와 커민을 포함한 향신료나 허브들을 갈고 구우면 선생님은 이 재료들이 구운 야채를 넣은 닭고기 타진(tagine, 스튜), 비스틸라(b'stilla, 향긋한 페이스트리) 등의 요리에서 어떻게 쓰이는지 가르쳐 준다.

하지만 이곳에서는 늘 전통 요리법만 고집하는 것은 아니다. 비스틸라에 넣을 소로 보통은 어린 비둘기 고기를 사용하는데, 바히자는 생선과 저장해 둔 레몬을 이용해 좀 더 산뜻한 맛을 내는 새로운 요리법을 가르쳐 준다. 또 수강생들이 집에 돌아가서 자신만의 요리로 재창조할 수 있도록 여러 활용법도 가르쳐 준다. 수업이 끝나면 정원에서 잠시 목을 축이며 쉬다가 선생님을 도와 만든 점심 식사를 즐긴다.

When to go 자나네 탐스나는 1년 내내 문을 열지만 6월~9월 사이는 너무 더워서 불편할 것이다.

Planning 요리 애호가라면 마라케슈의 메디나에 있는 식료품과 향신료 가게나 제마엘프나(Djemaa el-Fna)의 시장 노점에 꼭 가 봐야 한다. 자나네 탐스나는 오아시스 같은 팔메라이에 지구 안에 있는 메디나 바깥에 위치해 있다. 전통적인 리아드(중정 주택) 스타일의 건물이다. 요리나 시식할 때 이외의 다른 시간에는 다섯 개의 풀장 어디서나 수영을 하거나 마사지를 받을 수 있다. 또한 요가나 반사 요법 수업을 들으며 피로를 풀거나 테니스를 즐길 수 있다.

Websites www.jnane.com, www.visitmorocco.com

저장 레몬

■ 저장 레몬은 1년까지 보관할 수 있다. 즙을 이용해 샐러드 드레싱이나 수프에 향을 가미하거나 육류, 생선, 닭 소스로 활용할 수도 있다.

■ 재료

레몬 5개
소금 55g
올리브유 1큰술
계피 가지 1개
정향 3개
고수 씨앗 6개
말린 후추 열매 4개
월계수 잎 2장

1. 레몬을 깨끗하게 4등분하고 잘린 단면에 소금을 뿌린 뒤 다시 원래 모양대로 맞춰 둔다.

2. 소독한 병 안에 레몬을 켜켜이 넣고 사이사이에 소금, 올리브유, 향신료를 넣는다. 레몬을 눌러 즙을 짜내고 갓 짠 레몬즙을 그 위에 붓는다.

3. 병을 밀봉해 따뜻한 곳에 30일 동안 둔다. 매일 잊지 말고 병을 흔들어 줘야 한다.

보캅의 향신료 가게에 케이프 말레이 요리의 재료를 사려는 손님들이 줄지어 서 있다.

남아프리카공화국

보캅의 케이프 말레이 요리

Cape Malay in Bo-Kaap

케이프타운 중심부의 역사가 깊은 지역에서
동서양의 특징이 어우러진 케이프 말레이 요리가 탄생했다.

한낮의 기도 시간에 자갈이 깔린 거리를 걸어 보자. 하얀 예복과 모자 차림을 한 남자들이 무리를 지어 지나가고 얼굴을 가린 여인들이 학교에서 아이들을 데리고 오는 모습을 볼 수 있다. 그리고 향이 강한 음식 냄새가 주방 창문으로 새어 나온다. 이것이 케이프 말레이 요리의 본산지인 '보캅(Bo-Kaap)'의 풍경이다. 케이프 말레이 요리란 1830년대에 말레이시아와 인도네시아에서 도망쳐 온 노예들이 이곳에 정착하면서 생겨난 요리법으로, 이 지역의 식재료와 동방의 풍미를 멋지게 조화시켰다. 로즈 스트리트의 카페에 들러 장미향이 첨가된 우유와 타피오카 음료수인 팔루다(faloodah)를 마셔 보자. 서남 아시아산 향신료인 카르다몸(cardamom)과 계피, 생강이 뒤섞인 냄새를 따라가다 보면 '아틀라스 트레이딩(Atlas Trading)' 앞에 발길을 멈추게 될 것이다. 이곳은 가족이 운영하는 상점으로 헤나(henna)와 코코넛오일, 화이트 카르다몸의 향기가 가득하다.

'비스미엘라(Biesmiella)'나 '보캅 콤비어스(Bo-Kaap Kombius)' 같은 음식점에 가면 테이블 마운틴 국립공원의 전경을 감상할 수 있다. 이곳에서 현지인과 어울려 보보티(bobotie), 데닝플레이스(denningvleis), 스모스누크(smoorsnoek) 등 전통적인 케이프 말레이 요리를 즐겨 보자. 물론 쿡서스터(koeksuster) 페이스트리도 절대 빠뜨려서는 안 된다. 식욕을 돋우는 현지 요리들에 대해 더 자세히 배우고 싶다면 안두엘라 여행사를 통해 보캅 지역 당일 투어를 해도 좋다. 케이프 말레이 요리 시연과 워크숍도 일정에 포함되어 있다.

When to go 한여름에 맞는 크리스마스와 신년 연휴 기간에는 비행기 요금이 비싸지만, 대신 1월 1일과 2일에 열리는 케이프 민스트럴 카니발을 볼 수 있다. 밝은 색의 의상을 차려입고 밴조를 연주하는 음악가 수백 명이 보캅을 비롯한 케이프타운 지역의 거리를 행진하는 축제다.

Planning 안두엘라 여행사에서 제공하는 당일 투어는 보캅 박물관에서 이 지역에 대한 설명을 듣는 것으로 시작해 인근 지역을 걸으면서 안내를 받는다. 요리 강좌와 두 끼의 식사가 포함되어 있다.

Websites www.cape-town.org, www.andulela.com, www.biesmiellah.co.za, www.rosestreet28.com

케이프 말레이 요리

- '데닝플레이스'는 푸짐하고 새콤달콤한 양고기 커틀릿 수프로, 타마린드로 향을 낸다. 사프란 쌀밥, 아몬드, 건포도를 곁들여 낸다.

- '보보티'에서 주재료는 다진 고기와 씨 없는 건포도다. 향은 부드럽지만 다소 복잡한 요리로, 향긋한 커스터드 토핑을 얹어 굽는다. 강황 쌀과 함께 내는 것이 전통이다.

- '스누크'는 이 지역에서 많이 잡히는 맛과 향이 강한 생선이다. 대개 훈제해서 먹는다. 감자, 잘게 썬 토마토, 정향, 아몬드를 넣어 뭉근하게 끓이면 된다.

- '쿡서스터'는 도넛 모양의 튀긴 페이스트리로 카르다몸, 생강, 말린 코코넛으로 향을 낸 시럽에 찍어 먹는다.

5
이름난 길거리 음식
Favorite Street Foods

연기와 향신료에서 풍겨 나오는 냄새가 발길을 이끌고 노점상의 가판대에 진열된 낯선 음식들이 눈길을 사로잡을 때, 비로소 진정한 모험이 시작된다. 타국의 이국적인 골목을 탐험하거나 이곳저곳을 여행하는 동안, 인파 속에서 큰 소리로 손님을 불러 모으는 노점상을 만나는 일이 생긴다. 이들이 파는 전통 요리와 색다른 군것질은 먹어 보지 않고는 배길 수 없게 만든다.

미식 탐험가들은 단지 음식을 향한 일념 때문에 길거리 음식이 유명한 곳을 찾아가기도 한다. 싱가포르의 음식 좌판들이 운집한 곳은 그 자체만으로도 여행지로서의 가치가 있다. 면 요리, 숯불구이 요리, 카레를 곁들인 짭짤한 팬케이크 등 다양한 아시아 지역 요리에서 유래한 음식들이 군침 돌게 한다. 간혹 특선 요리 하나가 그 지역을 대표하는 경우도 있다. 노릇노릇하게 튀긴 피시 앤 칩스를 먹어 보는 일은 런던타워 구경처럼 잉글랜드의 필수 여행 코스로 자리 잡았다.

로스앤젤레스의 칠리도그, 멕시코 베라크루즈 항의 열대 과일 셰이크, 자메이카의 돼지고기 육포 등 다양한 길거리 음식에 관한 맛있는 이야기 속으로 함께 들어가 보자.

베트남의 노점상들은 바구니가 매달린 장대로 음식 재료와 식기구를 날라서 반 코아이를 비롯한 다양한 길거리 음식을 만든다.

길거리에서 흔히 보이는 핫도그 수레는 뉴욕의 상징이다.

미국_뉴욕 주

뉴욕의 길거리 요리사 *New York's Sidewalk Chefs*

**뉴욕에서 굳이 고급 레스토랑을 찾을 필요가 없다.
길거리에 즐비한 손수레나 좌판에서 맛있고 저렴한 음식을 즐길 수 있기 때문이다.**

잠들지 않는 도시 뉴욕을 하루 종일 즐기려면 재빨리 허기를 채울 곳도 필요하다. 그래서 뉴욕의 거리에는 먹거리를 파는 트럭, 덮개차, 좌판, 손수레들이 즐비하게 모여 있다. 대부분의 노점상들은 이주민으로, 세계 곳곳의 각종 음식 문화가 반영된 길거리 음식을 국제적인 거대 도시 뉴욕에 들여왔다. 그래서 뉴욕에서는 자메이카에서 온 염소

파이로 주전부리를 하거나, 중국의 청편(쌀로 만든 넓은 피에 소를 넣어 돌돌 만 음식)을 맛볼 수 있다. 또 이집트에서 온 팔라펠(falafel)이나 스리랑카의 채식주의자들이 먹는 카레 혹은 도사(dosa, 쌀과 렌즈콩으로 만든 팬케이크)로 배를 채울 수도 있다.

뉴욕에서는 길거리 음식을 굉장히 중요하게 여겨, 최고의 길거리 요리사를 선정해 수상하는 '벤디 어워즈(Vendy Awards)'를 해마다 개최한다. 손꼽히는 길거리 음식을 찾아가 맛보는 것도 색다른 여행의 재미다.

노점상들은 요일별로 뉴욕 이곳저곳에서 트럭과 덮개차로 이동하며 장사를 한다. 어떤 노점상은 일정한 시간대나 주말에만 영업을 하기도 한다. 좌판도 마찬가지다. 정해진 장소와 시간대에 나오는 좌판들도 있지만 목이 좋은 곳을 찾아 옮기거나 한 주 정도 쉬는 경우도 많다. 뉴욕의 맛좋은 길거리 음식을 찾으려면 사람들이 몰린 노점상에 가보거나 현지 사람들에게 물어보는 것이 도움이 된다.

When to go 뉴욕의 여름은 매우 덥고 겨울엔 추위가 극성을 부린다. 봄과 가을은 뉴욕을 방문하기에 가장 이상적인 계절이며 길거리 음식을 즐기기에도 좋다.

Planning 현지인에게 맛있는 길거리 음식을 추천해 달라고 부탁하는 방법도 있지만 '스트리트 벤더 프로젝트(the Street Vendor Project)'라는 웹사이트를 방문해서 정보를 찾아보는 것도 좋다. 이 웹사이트에는 전년도 벤디 어워즈에서 결승전까지 올라간 노점상들의 목록이 나와 있으며, 영업 장소와 시간대도 확인할 수 있다. 또한 호텔 안내 데스크에 문의하면 인근에서 제일가는 길거리 음식을 안내해 줄 것이다.

Websites www.streetvendor.org, www.myspace.com/arepalady, www.halloberlinrestaurant.com

19세기 독일 이주민들이 들어온 프레첼은 식지 않는 인기를 자랑한다.

소시지와 아레파

■ 맨해튼 54번가에 정통 독일식 소시지를 파는 노점을 찾아가 보자. 5번 애비뉴 횡단보도 근처에 있는 '할로우 베를린(Hallo Berlin)'이라는 곳이로, '데모크라시 스페셜(Democracy Special)'이라는 메뉴를 주문해 보자. 튀긴 감자, 사우어크라우트(sauerkraut, 독일식 김치), 소스 등 기호에 맞게 선택해 소시지에 곁들여 먹으면 된다.

■ 바삭바삭하고 입에서 살살 녹는 콜롬비아식 콘 퍼프(corn puff, 옥수수를 주원료로 한 스낵의 일종)를 '아레파(arepa)'라고 한다. 아레파는 벤디 어워즈를 여러 번 수상한 '아레파 레이디(Arepa Lady)'라는 노점상이 특히 맛있게 만든다. 그녀가 운영하는 마이스페이스(MySpace) 웹사이트에 가면 어디에서 영업하는지 알 수 있다.

미국 펜실베이니아 주

필라델피아 샌드위치 *Philly Sandwiches*

푸짐한 필라델피아 샌드위치를 탄생시킨 활기찬 도시에서 샌드위치의 참맛을 느껴 보자.

치즈 스테이크, 마늘을 넣은 돼지고기 구이 혹은 호기(hoagie, 고기와 치즈, 샐러드를 넣은 긴 빵 샌드위치)와 같이 빵 위에서 빚어지는 맛의 향연을 즐기고 싶다면 가야 할 곳이 있다. 바로 사우스 필라델피아 근처에 있는 낡은 이탈리아식 연립 건물이다. 이곳에서는 겉이 딱딱한 긴 빵 안에 고기를 듬뿍 채워 넣고, 여기에 '애티튜드(atty-tude)'라는 치즈 스테이크를 곁들여 판다. 치즈 스테이크는 얇게 썬 소고기에 치즈와 양파를 곁들여 굽는다. 이 치즈 스테이크를 먹기 위해 네온사인으로 빛나는 철제 건물에서 사람들이 줄지어 기다린다. 사람들이 몰리는 나인스트리트(Ninth Street)와 패스윤크 거리(Passyunk Avenue)에 가면 이 샌드위치를 최초로 만든 가게인 '팻츠 킹 오브 스테이크(Pat's King of Steaks)'가 '제노스 스테이크(Geno's)'와 경쟁 구도를 이루고 있다.

알록달록한 네온사인이 인상적인 토니 루크스 식당은 필라델피아 샌드위치의 진수를 맛볼 수 있는 곳이다.

하지만 이 두 가게를 찾는 사람들은 주로 관광객들이고, 정작 현지 주민들은 사우스 필라델피아 산업 지구로 더 들어간 곳에 있는 '존스 로스트 포크(John's Roast Pork)'라든지 '토니 루크스(Tony Luke's)'를 즐겨 찾는다. 두 곳 모두 델라웨어 강과 가깝다. 이 식당에서 만드는 샌드위치는 두툼한 고기 위에 이탈리아 훈제 치즈인 프로볼로네(provolone)가 살살 녹아 있어 먹음직스럽다. 또한 육즙이 풍부한 돼지고기 샌드위치도 명물로 꼽을 수 있는데, 마늘, 녹색 채소, 매운 고추가 함께 들어 있다.

안티파토스 샐러드를 넣은 피나포어(pinafore) 빵을 팔던 19세기의 이탈리아 노점상들을 호키포키(hokey-pokey)라고 불렀는데, '호기' 샌드위치는 여기서 유래한 이름이다. 롬바르디스(Lombardi's), 코스미스(Cosmi's), 리치 브라더스(Ricci Bros.) 등 사우스 필라델피아의 간이 식당들에서 가장 맛있는 호기를 맛볼 수 있다. 근처 제과점에서 구입한 신선한 빵에 차가운 고기를 그 자리에서 얇게 썰어서 얹어 준다.

When to go 3~5월, 9~11월이 날씨가 가장 좋다. 7월 첫째 주에는 필라델피아 프리덤 페스티벌이 열려 불꽃놀이, 퍼레이드, 콘서트 등을 즐길 수 있다. 아울러 1776년에 필라델피아에서 이뤄진 독립 선언을 기념하는 행사도 마련된다.

Planning 나인스트리트와 워싱턴 가에는 멕시코 타운과 베트남 타운이 형성되어 있다. 사우스 나인스트리트 1201번지 '라 루페(La Lupe)'에 가면 약한 불에서 서서히 구운 양고기를 신선한 토르티야로 감싼 멕시코 바르바코아(barbacoa)를 맛보자. 워싱턴 가에서는 베트남 쌀국수 가게들이 유명하다. 또한 스프링롤, 쌀, 레몬그라스를 넣은 고기가 함께 나오는 요리를 먹을 수 있는 '남 프엉(Nam Phuong)' 식당도 인기 있다.

Websites www.gophila.com, www.phillyitalianmarket.com

이탈리안 마켓

■ 나인스트리트의 워싱턴 가 근처에 차양이 드리워진 거리가 있다. 이곳이 바로 미국 최초의 야외 시장 중 하나인 '이탈리안 마켓'이 있는 곳이다. 이탈리아 상인들이 1백여 년 동안 이곳의 좌판과 음식점에서 군침도는 먹을거리를 판매하고 있다.

■ 이탈리안 마켓의 디 브루노 브라더스(Di Bruno Bros.)와 클라우디오스(Claudio's) 같은 수입 식품점에서 치즈, 살라미, 올리브유 등을 살 수 있다. 피오렐라스(Fiorella's), 카푸치오스(Cappuccio's), 드 안젤로스(D'Angelo's) 등은 오래된 정육점으로 소시지나 직접 말린 멧돼지햄을 판매한다.

■ 따끈따끈한 파스타를 먹으려면 슈페리어 라비올리(Superior Ravioli)나 탈루토스(Talluto's)에 가보는 것도 좋다. 음식 기행은 이스그로스(Isgro's)와 같은 페이스트리 가게에서 마무리하자. 설탕을 넣은 리코타 치즈로 장식한 카놀리(cannoli)를 맛볼 수 있다.

폭립, 토마토, 옥수수, 마늘 등 캔자스시티 바비큐의 참맛을 낼 재료들이 한데 모여 있다.

미국 | 미주리 주 | 캔자스 주

캔자스시티의 바비큐 *Kansas City BBQ*

바비큐의 본고장 캔자스시티는 음식에 대한 열정을 엿볼 수 있는 곳이다.

47번가와 미션로드(Mission Road) 모퉁이에 있는 주유소 옆에 사람들이 길게 줄을 서 있는 것을 볼 수 있을 것이다. 그러나 그들은 자동차에 기름을 넣으러 주유소를 찾은 것이 아니라 배를 든든히 채울 음식을 사러 온 것이다. 이곳은 바로 '오클라호마 조 바비큐(Oklahoma Joe's BBQ) 식당'으로 캔자스시티에 있는 1백여 개의 바비큐 음식점 중에서 가장 인기가 많다. 두세 명은 너끈히 배를 채울 만한 포장용 바비큐 폭립 풀 슬랩, 파운드 단위로 판매하는 비프 브리스킷(beef brisket, 소고기 가슴살을 얇게 썬 음식), 따뜻한 돼지고기를 잘게 찢어 넣은 피그샐러드 등이 이곳의 주메뉴다.

캔자스시티에서 바비큐가 탄생한 것은 1908년의 일이다. 아프리카계 미국인 요리사인 헨리 페리가 히코리나무(hickory)와 오크나무에 불을 지펴 돼지갈비를 천천히 구운 뒤 그 위에 토마토, 고추, 당밀이 들어간 강렬한 맛의 소스를 끼얹어 요리한 것이 시초다.

철도 수송의 출발점이자 가축 거래소, 정육 산업 등의 중심지였던 캔자스시티에서는 육류 요리가 주를 이룰 수밖에 없었다. 훈제한 소나 돼지고기 가슴살의 끝부분을 잘라낸 짭짤한 간식거리인 '번트 엔즈(burnt ends)'에서부터 헨리 페리 식당의 바비큐에 이르기까지 그 종류도 각양각색이다.

카운트 베이시(Count Baise), 빅 조 터너(Big Joe Turner), 찰리 파커(Charlie Parker) 등 유명한 음악가들도 바비큐 예찬론자였다. 이들의 재즈, 블루스 음악을 들으며 캔자스시티의 바비큐 요리를 즐긴다면 천국이 따로 없을 것이다. 헨리 페리의 뒤를 이은 요리사들은 자신만의 비법과 재료를 가미하기는 했지만 기본적인 바비큐 소스나 조리법은 처음과 거의 변함이 없다.

When to go 청명한 하늘과 온화한 기후가 일품인 가을에 아메리칸 로얄 바비큐 대회가 열린다. 여름에는 토네이도가 몰아치거나 기온이 섭씨 40도에 육박하지만 수많은 바비큐 경연 대회가 열리는 계절이기도 하다. 그레이트 레넥사 바비큐 배틀(Great Lenexa Barbecue Battle)이나 로리 힐빌리 바비큐(Laurie Hillbilly BBQ)가 대표적인 대회다. 일정에 맞춰 가도 좋다.

Planning 캔자스시티에서는 브루클린 가에 있는 '아서 브라이언츠(Arthur Bryant's)'와 '게이츠 앤 썬즈(Gates & Sons)' 두 곳에서 가장 훌륭한 바비큐를 판다. 두 식당 모두 헨리 페리의 전통을 고수하고 있다. 브리스킷과 립을 맛보기 위해 브라이언츠 식당을 찾은 손님 중에는 트루먼, 카터, 레이건 등 역대 미국의 대통령들도 있다.

Websites www.visitkc.com, www.kcbs.us, www.americanroyal.com

바비큐 올림픽

■ 10월이 되면 전 세계 바비큐 요리사들이 '아메리칸 로얄 바비큐 대회'에 참가하기 위해 캔자스시티에 모여든다. 1980년에 처음 개최된 이 대회는 자칭 '바비큐 계의 올림픽'이라고도 한다. 치킨, 폭립, 비프 브리스킷, 폭숄더, 소시지 등 5개의 부문에 6백여 개의 팀이 참가해 경합을 벌인다.

■ 4일간의 이 요리 대회에서 그랜드 챔피언을 노리는 요리사는 소시지를 제외한 나머지 모든 부문에 참가해야 한다. 꼭 전문 요리사만 우승하라는 법은 없다. 실제로 첫 번째 대회의 우승은 정신과 의사가 차지했다.

■ 주요 행사인 바비큐 경연 대회 이외에도 곁들임 요리나 디저트 경연 대회 등이 함께 열린다. 게다가 관람객들은 경합에 참가한 바비큐 요리들을 좌판에서 맛볼 수 있으니 금상첨화가 아닐 수 없다.

석양과 도시의 불빛이 어우러지는 로스앤젤레스와 산 가브리엘 산맥.

미국 캘리포니아 주

로스앤젤레스 패스트푸드 기행
L.A. Fast Food Tour

로스앤젤레스는 건강식 메뉴를 선보이는 최신 음식점들로 유명하지만
현지인들은 패스트푸드도 즐겨 먹는다.

　전 세계를 통틀어 주차 요원이 있는 핫도그 가판대는 '핑크 핫도그(Pink's)', 단 하나 뿐일 것이다. 이곳은 할리우드에 있으니 옆에 멈춰선 리무진에 스타가 타고 있을지도 모른다. 실제로 2008년 2월, 유명한 솔 음악 가수인 아레사 프랭클린이 그래미 시상식에 참석하기 위해 로스앤젤레스를 찾았을 때 가장 먼저 한 일이 핑크 핫도그에 들러 핫도그를 8개나 주문해서 호텔로 가져간 것이었다. 1939년 처음 문을 연 이 가판대의 주 메뉴에는 머스터드 소스, 칠리, 양파 등이 들어간 원조 칠리도그, 25센티미터의 긴 칠리도그, 칠리치즈도그 등이 있다. 들어가서 주문을 하면 핫도그 만드는 과정을 직접 눈

으로 확인할 수 있다. 오렌지 크러시 소다나 음료수로 입가심을 하면 좋다.

좀 더 다양한 칠리의 맛을 느껴 보고 싶다면 '오리지널 토미 월드 페이머스 햄버거(Original Tommy's World Famous Hamburgers)'를 찾아가 보자. 1946년에 어느 길모퉁이에서 작은 길거리 가판대로 시작해 지금은 로스앤젤레스 전역에 분점을 냈다. 칠리를 듬뿍 넣은 햄버거와 치즈버거, 칠리치즈프라이, 레귤러프라이, 타말레, 핫도그, 칠리도그 등을 판매한다.

음식을 먹으면서 음악을 함께 즐기고 싶은 사람들을 위한 곳으로는 '팻버거, 라스트 그레이트 햄버거 스탠드(Fatburger, the Last Great Hamburger Stand)'가 있다. 지금은 미국의 여러 주에 분점이 많지만 로스앤젤레스에 있는 팻버거 본점을 방문해 보자. 가정식 어니언링 등의 정통 패스트푸드 메뉴를 골라 먹으면서 로큰롤에서 솔, 리듬 앤 블루스까지 모든 장르의 음악을 감상할 수 있다.

When to go 10월에서 이듬해 6월 초까지는 날씨가 가장 좋아 방문하기 알맞은 기간이다. 2월에는 아카데미 및 오스카 시상식, 그래미 시상식 등이 열리기 때문에 평소보다 많은 스타들이 이곳을 찾는다.

Planning 핑크 핫도그는 오전 9시 30분에 개점해 일~목요일은 다음날 새벽 2시까지, 금·토요일은 새벽 3시까지 영업한다. 오리지널 토미의 분점 대부분은 로스앤젤레스의 북부에 위치해 있고 24시간 영업을 하는 곳도 있다. 팻버거는 로스앤젤레스 여러 곳에 있고 온라인으로도 주문이 가능하다. 필리프는 유니언 스테이션에서 한 블록 떨어진 곳에 위치해 있으며 매일 오전 6시부터 밤 10시까지 영업한다.

Websites www.pinkshollywood.com, www.originaltommys.com, www.fatburger.com, www.philippes.com

프렌치 딥 샌드위치의 본가, 필리프

- 로스앤젤레스에 있는 필리프(Philippe's)는 손님들이 빈 자리를 찾아 모르는 사람들과 서슴없이 합석하는 특이한 곳이다. 90년의 세월이 흘렀지만 바닥에 깔린 톱밥이나 음식을 나르는 종업원, 유서 깊은 사진들과 스크랩해 둔 신문 등이 에전 분위기를 그대로 유지하고 있다.

- 소고기, 햄, 돼지고기, 양고기 등으로 만든 프렌치 딥 샌드위치가 이곳의 주메뉴다. 창업주인 필리프 마티유가 뜨겁게 달군 기름에 실수로 프렌치 롤을 떨어뜨린 것을 계기로 이 맛있는 음식이 탄생했다. 여러 종류의 샌드위치, 수프, 스튜, 샐러드 외에도 돼지족발 초절임 등 특이한 메뉴들도 판매하며 와인까지 구비되어 있다.

자메이카

보스턴 베이의 돼지고기 육포 *Jerk Pork in Boston Bay*

자메이카에서는 단돈 2달러만 있으면 이곳 최고의 음식인
돼지고기 육포를 맛볼 수 있다.

    자메이카 섬의 북동쪽 해안에 위치한 보스턴 베이는 자메이카에서 가장 세찬 파도를 볼 수 있는 곳이다. 해안도로를 따라 늘어선 야외 가판대에서는 흘러나온 돼지고기 육포 냄새가 바다의 향기와 어우러진다. 전설에 따르면 남쪽을 향해 뻗은 울창한 밀림 지대인 존 크로우 산맥에 살던 마룬 족은 17~18세기에 탈주한 노예들로 이뤄진 부족이었다. 이들은 피멘토나무 장작으로 불을 지펴 멧돼지를 구워 먹었는데, 이것이 자메이카식 육포의 시초라고 할 수 있다.

열대를 떠올리게 하는 밝은 색채로 칠한 자메이카 북쪽 해안의 육포 판매대.

오늘날 보스턴 베이에서는 돼지, 닭, 염소, 양, 생선 등 모든 종류의 고기를 알루미늄 포일에 싸서 불에 졸이는 방식으로 말려서 포로 만들어 먹는다. 자메이카에서 피멘토(pimento)라 부르는 올스파이스, 아주 매운 고추의 일종인 스카치 보닛, 맛과 향이 강한 봄양파, 백리향, 마늘, 육두구, 계피뿐만 아니라 요리사가 원하는 재료까지 가미해 갖은 양념을 하기 때문에 고기가 입안에서 살살 녹는다.

"마룬 족이 처음 만든 음식입니다." 보스턴 베이에 있는 미키 저크 센터의 수석 주방장이자 소스 전문 요리사인 데번 앳킨슨(Devon Atkinson)이 말한다. "마룬 족은 땅에 구덩이를 파서 그 안에 재료를 넣었죠. 그리고 나무 덤불과 피멘토나무로 구멍을 덮고 구웠습니다. 요즘에는 고기나 생선을 땅 위에서 굽지만 그 외에는 별반 달라진 것이 없습니다. 피멘토나무와 육포용 소스가 꼭 필요하지요. 이것이 저만의 요리 비법입니다." 그는 간을 보라고 나무로 된 숟가락에 음식을 떠서 내밀며 설명을 이어간다. "저희 증조부 이전부터 내려온 방법이죠. 저희는 기존 방식을 그대로 고수하고 있습니다."

When to go 자메이카에서는 1년 내내 육포를 만든다. 연중 열대 기후이며, 8월에서 10월 사이에는 가끔 허리케인으로 인한 피해를 입을 때가 있다. 이 시기를 제외하면 해안가의 날씨는 아름답다.

Planning 보스턴 베이의 길거리 좌판에서 파는 육포용 소스를 사는 것도 좋다. 조리법이 조금씩 다르기는 해도 육포 만들기는 무척 흥미로운 일이다. 오초 리오스(Ocho Rios) 근처의 '워커스 우드 농장'에 가면 각종 육포 소스를 병에 담아 판다. 자메이카에 있는 호텔, 상점, 슈퍼마켓 등지에서도 구할 수 있다.

Websites www.visitjamaica.com, www.walkerswood.com

육포용 소스

■ 재료

올스파이스 열매 55g
씨를 빼고 다진 매운 고추 2~3개
다진 백리향 3큰술
다진 마늘(5쪽 분량)
봄양파(파) 2~3개
월계수 잎 큰 것 1장
황설탕 1작은술
강판에 간 생강 1작은술
계핏가루 1작은술
육두구 간 것 1작은술
라임 주스 또는 럼주 2큰술

1. 기름을 두르지 않은 냄비에 올스파이스, 고추, 백리향, 마늘, 봄양파 등을 넣어 5분간 계속 휘저으면서 살짝 익힌다.

2. 익힌 재료들을 믹서기에 넣는다. 여기에 다른 재료들을 함께 넣고 소금과 후추로 양념을 한다. 필요하면 물을 넣어서 더욱 맛을 부드럽게 할 수도 있다.

3. 페이스트를 고기에 바른 뒤, 최소한 한 시간 정도 재워 둔다.

올리브에서부터 치즈와 매운 칠리에 이르기까지 아레파에 넣어 먹을 수 있는 재료는 무궁무진하다.

베네수엘라

카라카스 지방의 아레파 *Arepas in Caracas*

**베네수엘라에서는 맛있는 옥수수 가루에 소를 듬뿍 채워 넣어 만든
아레파를 어디에서나 쉽게 먹을 수 있다.**

    베네수엘라의 수도 카라카스에 가면 뜨거운 아레파를 파는 가판대나 작은 식당들이 흔하게 눈에 띈다. 무덥고 습한 열대야 내내 식지 않는 인파의 열기 속에서 현지인들을 상대로 영업을 하고 있다. 베네수엘라 사람들에게 아레파는 한국인이 밥을 먹는 것과 같은 의미다. 잉글랜드식 머핀과 비슷하게 생긴 아레파는 맛있기도 하지만 무엇보다 만들기가 간편하다. 미리 익힌 흰 옥수수 전분, 소금, 물 등이 꼭 들어가야 할 재료다. 베네수엘라 사람들은 아침을 포함한 식사와 간식 등으로 아레파를 즐길 뿐 아니라, 밤에 나이트클럽 등에서 시간을 보내다가 배가 출출할 때 먹기도 한다.

아레파를 즐기는 방법은 무척 다양하다. 처음에 반죽을 야구공 크기로 떼어내 궁글린 다음 손바닥 사이에 놓고 지그시 눌러 모양을 만든다. 그리고 기름에 튀기거나 철판 위에서 구울 수도 있고, 아니면 전기 아레파 제조기에 넣어서 익히는 간단한 방법도 있다.

아레파를 얇게 썰어 버터와 함께 먹는 것도 맛있지만, 닭고기와 아보카도로 소를 넣은 '레이나 페피아다(reina pepiada)'도 한 번 먹어 보자. 녹은 치즈와 검정콩으로 소를 만든 '도미노(domino)'도 있는데, 안을 들여다보면 정말 도미노와 비슷하게 생겼다. 치즈나 맛있는 토마토에 야채 소스를 곁들여 내는 '아레파 데 카르네 메차다(arepa de carne mechada)'를 맛보는 것도 좋다. 좀 더 달콤한 맛을 원한다면 소금 대신 설탕을 넣은 '아레파 둘세(arepa dulce)'를 먹으면 된다.

아레파를 챙겨서 가까운 공원으로 가보자. 야자나무 위에 걸터앉아 아레파를 먹고, 불 게임(boule, 번갈아 가며 금속 공을 작은 공 가까이로 굴리는 프랑스 게임)을 베네수엘라식으로 변형한 볼라스 크리올라스(bolas criollas)를 즐겨 보는 것도 괜찮다.

When to go 베네수엘라는 연중 언제 가도 좋지만, 특히 9월에서 이듬해 4월에 이르는 건기에 찾는 것이 가장 바람직하다.

Planning 카라카스의 사바나 그란데 거리는 늘 사람들로 북적거린다. 이곳에 가면 쇼핑과 함께 노천에서 즐길 수 있는 '카사노바 거리 아레파 24시간 판매점(Arepa 24 Horas on Avenida Casanova)'에 꼭 들러 보자. 카라카스에서만 아레파를 즐길 수 있는 것은 아니다. 베네수엘라 전역을 비롯해 이웃 나라인 콜롬비아에서도 아레파의 인기는 대단하다.

Websites www.venezuelatuya.com, www.southamerica.cl

베네수엘라의 맛

■ '과사카카(guasacaca)'는 아레파에서 고기 요리에 이르기까지 어떤 음식과도 잘 어울린다. 멕시코의 과카몰리(guacamole)를 베네수엘라식으로 변형시킨 것으로 아보카도, 칠리, 양파, 마늘, 파슬리, 고수잎으로 만든 매운 살사 소스다.

■ 소고기를 익혀서 손으로 잘게 찢어 블랙빈 소스와 섞어 주면 베네수엘라의 민족 요리인 '파베욘 크리올료(pabellon criollo)'가 완성된다. 고기는 밥과 튀긴 플랜테인, 아니면 달걀튀김과 곁들여 낸다. 사순절 기간에는 소고기 대신 생선을 사용하기도 한다.

■ '카차파스(cachapas)'는 모차렐라 치즈와 비슷한 희고 부드러운 베네수엘라 치즈 조각을 옥수수 팬케이크로 감싼 음식이다. 보통 아침식사로 먹는다.

멕시코

베라크루즈의 다양한 음식
Veracruz Variety

걸프 연안에 있는 항구 도시 베라크루즈의 길거리 음식은 여러 민족들이 쓰는 식재료들이 어우러져 이국적인 색채가 강하다.

    베라크루즈의 날씨는 무덥기 때문에 밤에 외출을 하는 게 좋다. 아프리카 색채가 강한 멕시코 특유의 뮤지카 트로피컬(musica tropical) 선율이 선선한 밤공기를 타고 흐른다. 폭포에 가거나 중앙 광장 근처의 밤 풍경을 즐기면서 시원하고 맛있는 간식을 먹는다면 힘이 불끈 솟을지도 모른다. 과일 셰이크인 리쿠아도스(licuados), 과일을 막대에 끼워서 얼린 팔레타(paletas), 다양한 종류의 엘라도(helado, 아이스크림) 등이 대표적이다.

    1519년에 정복자 에르난 코르테스가 멕시코를 세운 이래 베라크루즈는 멕시코 동부의 주요 항구이자 음식 문화의 교차점 역할을 해왔다. 그 덕에 유럽, 아시아, 아프리카 등지에서 올리브유, 다양한 지중해 허브, 향신료가 유입됐다. 또한 파인애플, 사탕수수, 땅콩, 바나나의 일종인 플랜테인 등이 멕시코에 들어왔다. 새로운 식재료들은 옥

바나나 잎으로 감싼 타말레.

과일 셰이크에 칠리를 넣어서 입에 불이 나도록 맵게 만든 디아블리토(diablito)를 마셔 보자.

수수, 칠리, 다양한 종류의 콩 등 중앙아메리카 지역 고유의 식재료와 만나 새로운 맛을 창조해 냈으며, 오늘날 여러 가지 음식에 고스란히 반영되어 있다. 예를 들어 큰 도로변의 좌판에서 맛볼 수 있는 '볼로베인(bolovanes)'이 있다. 삼각형이나 반달 모양으로 접어 만든 파이로 게살맛, 참치맛, 파인애플맛 등 기호에 맞게 골라서 먹으면 된다. 아침이 되면 부둣가에서 금방 익힌 새우를 파는데 그 맛 또한 기막히다. 바나나 잎에 싼 타말레나 플렌테인 반죽에 검정콩으로 소를 채워 튀긴 토르티야, 두툼한 옥수수 토르티야, 살사 소스와 치즈를 얹은 '피카디타스(picaditas)'를 맛보는 것도 잊지 말자. 강렬한 맛의 음료수를 원한다면 '토로(toro)'를 마셔 보자. 토로는 밀크셰이크에 독한 사탕수수 술인 이 지역 특산 '아구아르디엔테(aguardiente)'를 살짝 가미한 음료다.

When to go 후덥지근한 날씨 때문에 가을과 겨울에 방문하는 것이 가장 좋다. 베라크루즈의 가장 큰 카니발 축제가 사순절 전 주간에 열린다. 7월에는 아메리카 대륙의 아프리카 음악과 춤을 주제로 2주에 걸쳐 축제가 열린다.

Planning 베라크루즈 남쪽에 있는 보카 델 리오에서 오후를 즐기는 것도 좋다. 바닷가 레스토랑에서 보카 델 리오 최고의 생선과 조개 요리를 맛볼 수 있다. 이 지역에서 자라는 아쿠요(acuyo)라는 허브를 음식에 넣기도 한다. 베라크루즈 북쪽에 있는 도시 파판틀라(Papantla)에 간다면 스페인 정복 시대 이전의 유적지인 '엘 타힌'을 둘러보자. 또한 바닐라 열매를 구입하거나 볼라도어(voladores)를 구경할 수도 있다. 볼라도어는 줄에 묶인 4명의 남자가 장대를 이용해 하늘 높이 뛰어 오르는 춤을 말한다.

Websites www.planetware.com, www.carnaval.com, www.mex-connect.com

열대 과일 즐기기

- 베라크루즈와 인근 지역은 열대 과일의 천국이다. 신선한 과일을 그냥 먹어도 좋고 엘라도, 팔레타, 리쿠아도스 등의 형태로 즐기는 것도 괜찮다. 우리가 익히 알고 있는 망고, 코코넛, 파파야, 파인애플은 물론 아주 색다른 과일도 있다.

- 크기가 그레이프프루트만한 체리모아(cherimoya)의 녹색 껍질을 벗기면 즙이 많은 흰 속살이 드러난다. 딸기와 비슷한 향긋한 맛이 난다. 생으로 먹을 때는 검은 씨를 주의하자.

- 구아나바나(guanabana)는 거친 겉껍질이 특이하다. 껍질을 벗겨낸 크림색 속살은 리쿠아도스나 엘라도의 재료로 많이 쓰인다.

- 마메이(mamey)의 분홍색 혹은 오렌지색 속살에서는 단호박 맛이 난다. 라임즙을 짜서 살짝 위에 뿌려 먹으면 맛있다.

- 리쿠아도스 재료로 가장 인기가 높은 자포테 블랑코(zapote blanco)는 큰 자두처럼 생겼다. 노란빛이 감도는 흰 속살은 복숭아와 바닐라를 섞은 듯한 맛이 난다.

싱가포르

싱가포르의 퓨전 음식 *Singapore Fusion*

싱가포르의 음식 가판대들이 모여 있는 곳에 가면 적은 돈으로도
세계에서 가장 다채로운 음식 문화를 체험할 수 있다.

    싱가포르의 음식에는 인도, 중국, 말레이시아 3개국의 전통이 잘 담겨 있다. 음식 가판대들이 운집한 곳을 보통 '푸드센터'나 '푸드코트'라고 부르는데, 싱가포르 곳곳에서 찾아볼 수 있다. 성공한 사업가에서 택시 운전수까지 싱가포르 사람이라면 누구나 다양하고 푸짐한 최고의 음식을 먹기 위해 찾아온다.
    싱가포르에서 가장 인기 있는 요리인 로티 프라타(roti prata)부터 먹어 보자. 렌즈콩 카레를 곁들인 바삭바삭한 인도식 팬케이크다. 인도 음식을 더 즐기고 싶다면 프라타 팬케이크 안에 양고기와 양파를 갈아 넣은 무타박(murtabak)을 먹어 보는 것도 좋다.

이스트코스트 라군 푸드 빌리지에서 사테이를 팔고 있는 노점상의 모습.

뉴튼 서커스의 음식 가판대 앞에서 손님이 무엇을 먹을지 고르고 있다.

한편, 싱가포르의 민족 음식으로 불리는 '하이나니즈 치킨 라이스'는 사실 중국에서 들어온 음식으로 음식 좌판을 벌인 곳이라면 어디에서나 볼 수 있다. 입맛에 맞게 간장, 칠리, 생강 슬라이스 등을 넣어 먹으면 된다. 중국 이주민들이 들여온 '차 콰이 테우(char kway teow)'는 프라이팬에 넓적한 쌀국수 면과 해산물, 돼지고기 소시지를 넣고 볶아낸 것이다.

말레이시아 음식 중에는 '사테이(satay)'가 가장 유명하다. 닭고기, 양고기, 소고기, 해산물의 부드러운 부위를 나무꼬치에 끼우고 숯불에 구운 요리를 말한다. 땅콩 소스나 오이, 양파 등을 곁들여 먹으면 더 좋다. 또 다른 말레이시아 음식인 '락사(laksa)'는 코코넛밀크와 칠리 고추를 넣어 만든 푸짐한 해산물 수프다. 한편 '나시 파당(nasi padang)'은 카레와 고기, 야채, 쌀밥 등을 함께 먹는 음식이다. 이 요리는 인도, 중국, 말레이시아가 아닌 인도네시아 수마트라 섬에서 왔다.

When to go 싱가포르의 온화한 열대 기후는 1년 내내 야외에서 음식을 즐기기에 손색이 없다. 푸드센터 전체가 비를 피할 수 있도록 되어 있기 때문에 오후에 비가 갑자기 내린다고 해도 식도락 여행을 즐기는 데에는 아무런 지장이 없다. 7월과 8월에 싱가포르 푸드 페스티벌이 열리면 푸드센터마다 각종 행사를 마련한다.

Planning 흔히 그러하듯 주변에 고급 승용차가 많이 주차하고 있는 푸드센터일수록 맛있는 곳일 확률이 높다. 바다에 떨어진 음식도 주워 먹을 수 있을 정도로 거리들이 깨끗하고 정부에서도 규칙에 따라 엄격한 규제를 하기 때문에 싱가포르의 길거리 음식은 안심하고 먹어도 된다.

Websites www.visitsingapore.com, www.singaporefoodfestival.com.sg, www.laupasat.biz

패스트푸드 센터

■ 싱가포르 정부는 길거리 노점상들의 위생 기준을 확립하기 위해 푸드센터를 건립했다. 싱가포르 전역에 푸드센터들이 많지만 특히 유명한 곳들이 따로 있다. 그중에는 음식 맛으로 이름난 곳도 있고, 위치가 좋아서 인기가 많은 곳도 있다.

■ 뉴튼 서커스(Newton Circus)는 클레망소 가에 위치해 있는 곳으로 80개가 넘는 음식 좌판들이 U자 형태로 모여 있다. 하루 종일 운영되지만 늦은 밤이 되면 더 북적거린다. 이곳에서 가장 유명한 요리는 굴 오믈렛과 포피아(popiah) 스프링롤이다.

■ 톡 쏘는 매운 소스와 갓 쪄낸 생선을 얹어 내는 칠리 크랩은 이스트코스트 라군 푸드 빌리지(East Coast Lagoon Food Village)가 자랑하는 메뉴다. 창이 국제공항(Changi Airport)과 싱가포르 시내 중간에 있는 베독 지역과 가깝다.

■ 스미스 스트리트에 있는 차이나타운 콤플렉스 푸드센터(Chinatown Complex Food Center)는 여러 층으로 이루어져 있다. 로맨틱한 분위기에서 식사를 즐길 만한 곳은 아니지만 싱가포르에서 가장 훌륭한 길거리 음식들이 많다고 현지인들이 손꼽는 장소다.

도톤보리 거리의 두건 쓴 요리사가 둥근 홈을 판 철판에 반죽을 부어 다코야키를 만들고 있다.

일본

오사카의 다코야키 *Takoyaki in Osaka*

일본 음식 문화의 중심지인 오사카 시에 가면
짭짤한 문어를 반죽에 넣고 구운 다코야키를 맛볼 수 있다.

뜨겁게 달궈진 철판 위로 요리사의 손길이 바쁘게 오간다. 젓가락을 이용해 골프공 만한 크기로 빚은 다코야키 안으로 반쯤 익힌 재료들을 튕겨 넣는 작업을 하는 것이다. 반죽을 뒤집으면 둥근 겉껍질은 바삭바삭해지고, 안에 들어간 문어 조각, 생강 초절임, 배추 등은 촉촉한 식감을 그대로 유지한다. 요리사는 얇은 종이 상자 안에 이제 막 익힌 다코야키를 겹겹이 쌓는다. 그리고 그 위에 얇게 뜬 생선포(가쓰오부시), 곱게 말린 해초, 짭짤한 소스 등을 넉넉히 뿌리고 나서 손님에게 건네준다.

오사카의 인기 만점 간식인 다코야키가 일본의 어려운 시절을 반영한 음식이라는 사실은 놀랍다. 1923년 대지진과 제2차 세계대전의 여파로 일본에서 식량 부족 사태가 벌어지자 다코야키처럼 반죽으로 만드는 음식이 저렴한 가격 덕에 인기가 있었다. 이후 일본이 경제 대국이 된 이후에도 다코야키는 오사카 사람들에게 변함없는 사랑을 받고 있다.

오늘날에는 오사카 어디를 가더라도 좌판, 상점, 식당 등에서 다코야키를 즐길 수 있다. 하지만 일본 제2의 대도시 오사카의 박동을 한껏 느끼면서 맛있는 다코야키를 맛보고 싶다면 도톤보리(道頓堀) 강 옆에 있는 도톤보리 거리에 가보자. 이곳에 가면 머리 위로는 네온사인의 물결이 출렁이고, 그 아래에 빽빽이 들어선 술집과 음식점들의 틈에서는 다코야키 노점상들이 열심히 장사를 하고 있다.

When to go 연중 어느 때라도 좋다. 4월 초에 가면 오사카 근처에서 열리는 벚꽃 축제들을 즐길 수 있다.

Planning 도톤보리 거리는 난바(難波) 역 가까이에 있다. 이 지역의 진수를 느끼고 싶다면 늦은 오후나 저녁 시간에 가는 게 좋다. 대신 인파에 휩쓸릴 각오는 해야 한다. 일본의 길거리 음식은 보통 안전하지만 되도록 일본 사람들이 줄을 길게 서 있는 곳을 선택하는 것이 좋다. 최고의 다코야키를 팔고 있다는 뜻이기 때문이다. 여름에 오사카를 찾게 되면 문어를 서늘하고 직사광선이 없는 곳에 보관하고 있는지 확인하도록 하자.

Websites www.osaka-info.jp, www.japan-guide.com

다코야키 정보

- 도톤보리 거리에 있는 다코마사(たこ昌)에 가면 '다코야키 체험'을 할 수 있다. 손수 다코야키를 만들어 볼 수 있는 기회다. 다코마사는 오사카에서 으뜸가는 다코야키 식당 중 하나로 오사카 곳곳에 분점이 있다.

- 아카시야키는 다코야키와 비슷하지만 더 촉촉하다. 다코야키를 생선 우린 물(다시)에 적셔서 먹는 음식이다.

- 다코야키의 인기가 높다 보니 '오사카 다코야키 박물관'이라는 테마파크까지 생겼다. 다코야키의 역사에 대해 배우고, 오사카 최고 인기를 자랑하는 전문점들에서 만드는 다코야키도 맛볼 수 있다.

튀김은 다양한 종류의 야채, 생선이나 해산물 등을 기름에 튀긴 한국의 길거리 음식이다.

대한민국

한국의 길거리 음식 *Fast Feasts in Korea*

서울을 비롯한 한국 도시들의 길거리에는 튀김, 김밥, 떡볶이 등을 비롯해 다양한 길거리 음식을 골라먹는 재미가 있다.

서울 거리에 어둠이 내리면 음식을 파는 노점상들이 불을 밝히고 장사를 준비한다. 도시의 뒷골목에 퍼지는 음식 냄새가 후각을 자극한다. 길거리 요리사들이 불을 밝히고 텐트같이 생긴 천막을 펼치면 온 거리가 하나의 거대한 음식점처럼 변한다. 처음 서울을 방문한 외국인에게는 갖가지 모양의 음식과 튀김 등이 별로 구미를 당기지 않을 수도 있다. 하지만 일단 한 번 맛보기만 하면 놀라운 맛의 세계를 경험하게 될 것이다.

또다른 맛있는 간식거리인 김밥을 먹어 보자. 만두도 인기가 많지만 겨울철이 되면 특히 어묵이 인기 만점이다. 아니면 어디에서든 흔히 볼 수 있는 떡볶이도 좋다. 매운 소스를 넣고 떡과 야채를 함께 볶는 음식인데 순대와 함께 먹기도 한다. 빈대떡을 포함한 갖가지 부침개나 다양한 꼬치구이 등도 있다.

입가심을 원한다면 한국식 와플이라 할 수 있는 호떡을 먹어 보자. 계피와 설탕으로 두툼하게 소를 채운 음식이다. 손님 대부분이 그 자리에서 먹고 가지만 호젓한 분위기에서 음식을 즐기고 싶다면 주인에게 이야기해서 포장해 갈 수도 있다.

When to go 대부분의 포장마차가 해질 무렵부터 영업을 시작해 자정을 넘긴다. 주말에는 더 늦게까지 영업하는 곳들도 있다. 계절에 따라 즐길 수 있는 먹을거리들을 살펴보자. 여름에는 시원한 얼음빙수가 좋고 추운 겨울에는 따끈한 국물이 제격이다.

Planning 서울의 동쪽과 서쪽을 연결하는 종로는 서울 시내 길거리 음식의 중심지다. 신촌이나 명동 쇼핑지구, 주요 지하철역 근처 등도 음식 노점상들이 몰리는 장소다. 인사동의 오래된 골목길에 가면 전통 한국 떡과 다양한 과자들을 맛볼 수 있다.

Websites www.visitkorea.or.kr, www.foodinkorea.org

한국의 음식

- 가장 유명한 한국 음식은 단연 김치다. 거의 모든 상차림에 빠지지 않고 올라온다. 짜고 매운 맛이 강해서 외국인들이 먹기에는 다소 자극적일 수도 있다. 배추를 비롯한 채소들에 마늘, 고추, 생강 등을 넣어 만든 후 장독에서 발효시킨다.

- 김치 이외의 주요 한국 음식으로는 김밥, 무궁무진한 종류의 국, 밥 위에 고기, 야채, 계란 프라이 등을 얹은 비빔밥 등이 있다.

베이징의 유명한 샤오츠 식당 중에는 쥬먼에 노점을 운영하는 곳이 많다. 이곳에서 맛난 중국 간식을 맛볼 수 있다.

중국

베이징의 알뜰 먹거리 *Beijing's Budget Bites*
수많은 현지 인파에 섞여 아주 적은 비용으로 연회장 수준의 음식들을 즐겨 보자.

'왕푸징샤오츠지에(王府井小吃街)'는 베이징에서 가장 이름난 먹자골목으로 음식 가판대들이 죽 늘어서 있다. 많은 외국 방송사들의 여행 프로그램에 자주 소개되기도 하는 곳이다. 리포터가 카메라 앞에서 전갈 꼬치 같은 색다른 음식을 과감히 맛보기도 한다. 하지만 이곳의 가판대들은 여행객만을 상대하는 곳으로, 현지 색채가 더욱 강한 곳을 찾는다면 반대편 방향의 아티스틱 맨션 지하에 있는 '공메이 다샤 고메 푸드 스트리트'를 찾아가 보자. 중국의 값싼 먹을거리가 모여 있는 가판대 앞에서 쇼핑객과 회사원들이 서로 밀어 제치면서 북적거리는 곳이다. 손가락으로 원하는 음식을 가리키기만 하면 주문이 끝난다. 소를 채운 찐빵이나 새콤한 면 요리에서 양고기 요리에 이르기까지 선택의 폭은 넓다. 함께 곁들일 음료로는 칭다오(Qingdao) 생맥주나, 타피오카 열매를 띄운 걸쭉한 타이완식 버블티 등이 좋다.

주문한 음식이 나오면 가운데 놓인 긴 테이블로 가져가자. 사람들이 이야기꽃을 피우고 옆에 앉은 사람이 무엇을 먹는지도 서로 유심히 살피는 모습을 볼 수 있다. 또한 이곳에서 현지인 친구를 사귈 수 있을지도 모른다.

베이징에서 으뜸가는 간식거리를 먹어 보고 싶다면 '쥬먼샤오츠(九门小吃)'를 찾아가 보자. 허우하이(后海) 호수 지구에 재건축한 전통 중정형 건물로, 입구에서는 중국어를 하는 앵무새가 반갑게 손님을 맞는다. 주메뉴로는 갖은 소를 넣은 만두, 스튜, 면 요리, 두부 튀김 등이 있다. 여기에 설탕에 절인 산사나무 열매나 찹쌀볼에 단팥으로 소를 채운 아이워워(艾窝窝) 등 맛있는 과자류까지 팔고 있다.

When to go 베이징의 날씨는 4~5월 중순, 9~10월 사이에 가장 좋다. 하지만 푸드코트는 실내이므로 매서운 겨울에 가도 걱정 없다.

Planning 푸드코트들은 대부분 하루 종일 영업하고 밤 9~10시쯤에 문을 닫는다. 평일에는 낮 12시쯤과 이른 저녁 즈음 가장 붐빈다.

Websites www.shinkong-place.com, www.beijing2008.cn

베이징의 푸드코트 살펴보기

■ 푸드코트야말로 세계 어느 나라의 중식당에서도 찾아볼 수 없었던 음식들을 맛볼 수 있는 최고의 장소다. 쇼핑과 음식을 함께 즐기고 싶다면 백화점과 쇼핑몰의 꼭대기 층이나 지하에 마련된 푸드코트를 이용해 보자.

■ 베이징에서 가장 화려한 푸드코트를 꼽으라면 차오양 지구의 신공 플레이스(新光天地)를 들 수 있다. 대부분의 푸드코트는 화폐가치저장 카드 시스템을 도입하고 있다. 소정의 예치금을 포함한 최소 금액을 결제하고 음식을 먹는 방식이다. 먼저 계산대로 가서 최소 금액 30위안(미화 4달러 상당)을 내면 카드를 준다. 음식을 고를 때마다 카드를 읽히면 된다. 카드에 들어 있는 금액을 다 쓰고도 더 필요하다면 카드를 충전할 수 있다. 나가면서 카드를 내면 남은 금액과 예치금을 돌려준다.

태국

방콕의 길거리 음식 *Street Choice in Bangkok*

태국의 수도 방콕의 거리를 나서면 사방에서 달려드는
음식 냄새가 코 끝을 스치면서 입맛을 당긴다.

    달콤한 향기를 따라 발길을 돌리면 과일을 팔고 있는 가판대가 나온다. 근처에는 솜 땀(그린파파야 샐러드)이나 오징어 꼬치 등을 파는 좌판들도 보인다. 또 다른 좌판에서는 옥수수, 팥, 설탕에 절인 호박 등의 토핑을 얹은 아이스크림을 손님에게 건네준다. 최근 조사 결과에 따르면 방콕에는 2만여 명의 노점상이 있으며, 이들이 팔고 있는 음식의

방콕의 노점상이 재료와 조리기구를 가지런히 정리해 두고 음식 만들 채비를 하고 있다.

종류가 213가지에 달한다고 한다. 그러니 특정한 좌판이나 수레를 추천하기란 거의 불가능한 일이다.

영어로 된 메뉴를 제공하는 곳이 거의 없기 때문에 먹고 싶은 음식의 태국식 이름을 미리 알아 두거나 안에 어떤 재료가 들어갔는지 자세히 살펴봐야 한다. 카레밥이나 돼지고기 튀김 등을 맛볼 수 있고, 고기 국물에 소고기나 해산물을 넣은 면 요리 '라드나'도 있다. 조금 더 손이 가는 요리로는 말린 새우, 두부, 숙주, 아몬드, 허브 등을 넣은 볶음면인 '팟타이'가 있다.

먹고 싶은 음식이 있는 손수레로 가서 주문을 하고 요리사가 마치 오케스트라 지휘자처럼 프라이팬 쪽으로 몸을 굽혀 요리하는 모습을 지켜보자. 재료들이 약한 김 속에서 소리를 내며 익어 가고, 몇 분이 채 지나지 않아 음식이 수북하게 담긴 접시가 나온다. 이제 플라스틱 의자를 가까이 당겨 앉아 식사를 할 차례다. 방콕 어디서나 음식 가판대를 쉽게 찾을 수 있지만 가장 맛있는 곳들은 실롬로드(Silom Road) 근처에 몰려 있다. 특히 소이 컨벤트(soi Convent)와 삼센로드 소이 2번 가가 유명하며, 이곳의 좌판들은 밤새도록 영업한다.

When to go 11월에서 이듬해 2월 사이의 선선한 건기에 태국 여행을 하는 것이 가장 좋다. 이즈음에는 매일 맑은 날씨가 이어지며 기온은 섭씨 29~35도 정도다.

Planning 낮보다 밤에 훨씬 많은 음식 좌판들이 보인다. 태국 보건당국에서는 위생 상태를 염려하는 사람들을 위해 길거리 음식 10단계 실행수칙을 제정했다. 관계 당국에서 정기점검을 나가기도 한다. 보통 인기가 많은 노점에는 사람들이 줄을 길게 서 있다. 음식이 금방 동이 나기 때문이다.

Websites www.tourismthailand.org, www.thaistreetfood.com

넓은 바나나 잎 위에 놓인 태국 면 요리.

태국의 면요리와 다른 음식들

■ 면 요리는 가장 대표적인 태국의 길거리 음식으로 그 종류가 매우 다양하다. 닭고기나 오리고기를 넣은 것을 비롯해 완탕을 넣은 달걀 누들도 있다. 콩으로 만든 붉은 장에 어묵, 오징어, 나팔꽃을 넣어 만든 면 요리인 '옌타포'도 빼놓을 수 없다.

■ 길거리의 요리사들은 주문을 받아서 바로 요리해 주기 때문에 원하는 것은 무엇이든 먹어 볼 수 있다. 예를 들어 팟 카프라오(홀리바질 잎을 넣고 튀긴 고기), 카이 치여우(태국식 오믈렛), 무 크라티움 프릭 타이(마늘과 후추를 넣은 돼지고기 튀김), 무 댕(빨간 돼지고기 바비큐) 등을 맛볼 수 있다. 쌀이 들어간 요리로는 카오 라드 캥(카레밥)과 카오 팟(볶음밥)이 있다.

> TOP 10

독특한 음식 축제
Unusual Food and Drink Festivals

장어, 멜론, 방울뱀, 배추에 이르기까지
축제의 주인공이 되지 못할 음식은 없다.

❶ 방울뱀 대회 Rattlesnake Roundup 미국 텍사스 주

텍사스 주의 스위트워터에서는 매년 3월 두 번째 주말에 방울뱀 대회가 4일간 개최된다. 방울뱀 다루기 시범, 방울뱀 요리 경연 대회, 방울뱀 먹기 대회 등이 열린다. 닭고기와 비슷한 맛의 살무사 튀김도 맛볼 수 있다.

Planning 스위트워터는 댈러스 서쪽으로 359킬로미터, 엘 파소 동쪽으로 663킬로미터 떨어진 곳에 있다. www.rattlesnakeroundup.net

❷ 수박 깨뜨리기 축제 Watermelon Thump 미국 텍사스 주

4일간 열리는 수박 깨뜨리기 축제에서는 씨 멀리 뱉기 대회 등에 참가할 수 있다. 20.96미터의 최고 기록을 깨면 상금도 받을 수 있다.

Planning 산 안토니오에서 북동쪽으로 95킬로미터 떨어져 있는 룰링(Luiling)에서 6월 마지막 주에 열린다. www.watermelonthump.com

❸ 바비큐 세계 챔피언 대회 World Champion BBQ 미국 테네시 주

2백여 팀이 참가하고 9만 명의 관중이 찾는 세계 최대의 바비큐 대회다. 상금만 해도 6만 달러를 넘어선다. 유명 업체의 후원을 받는 팀도 많이 참가해 3일간 치열한 요리 경합을 벌인다.

Planning 멤피스의 5월 세계 축제 기간 중 일주일 동안 톰 리 공원(Tom Lee Park)에서 열린다. www.memphisinmay.org

❹ 아이스크림 엑스포 Ice Cream Expo 일본

요코하마에서 열리는 이 축제에서는 기발한 맛의 아이스크림들을 맛볼 수 있다. 소 혀 아이스크림을 비롯해 캐비아, 카레, 살무사, 문어, 장어 등 이색 재료를 이용한 아이스크림이 선보인다.

Planning 일정은 매년 바뀐다. www.city.yokohama.jp

❺ 양배추 축제 Cabbage Festival 헝가리

부다페스트 페리헤지 공항 바로 옆에 있는 작은 마을 베체시(Vescés)는 양배추의 천국이다. 2만 명의 관광객이 찾는 양배추 축제에서는 요리 경연

대회를 비롯해 민속 음악 등을 즐길 수 있다.

Planning 10월에 하루 동안 개최된다. 부다페스트 뉴가티 역에서 25분 거리다. www.hungarytourism.hu

❻ 돼지 축제 Pourcailhade 프랑스

돼지 축제는 프랑스 최대의 돼지 사육 지역인 트리 쉬르 베즈에서 1975년부터 개최되었다. 새끼 돼지 경주, 돼지 의상 경연 대회, 돼지 분장 대회 등이 열리고 돼지고기로 만든 식품도 살 수 있다.

Planning 8월 두 번째 일요일에 타르브에서 북동쪽으로 32킬로미터 떨어진 곳에서 열린다. www.bigorre.org

❼ 핫초콜릿 축제 Xicolatada 프랑스

해마다 8월 15일이 되면 피레네 산지의 마을 팔라우 드 세르다뉴(Palau-de-Cerdagne)에서 와인 축제가 열린다. 다음날 와인 때문에 생긴 숙취를 해소하기 위해 핫초콜릿(xicolatada)을 마셨는데, 이 전통이 3백 년 동안이나 이어져 오고 있다.

Planning 부르 마담(Bourg-Madame)이 가장 가까운 역이다. www.midi-france.info

❽ 치즈 축제 Fete des Fromages 프랑스

프랑스 남서부 지역의 중세 마을인 로카마두르(Rocamadour)에서는 매년 성대한 치즈 축제가 열린다. 50여 명의 장인들이 제조한 치즈를 맛볼 수 있다. 특히 저온 살균 처리를 하지 않은 염소젖 치즈로 유명하다.

Planning 축제는 5월 말의 주말에 열린다. www.rocamadour.net

❾ 장어의 날 Eel day 잉글랜드

2004년부터 매년 개최되는 장어 축제는 일리(Ely) 지역 학생들이 만든 거대한 모형 장어를 앞세운 퍼레이드로 막을 연다. 훈제 장어, 장어 젤리 등을 맛볼 수 있다.

Planning 4월 말이나 5월 초 토요일 하루 동안 열린다. 훈제 장어로는 일리 농수산 시장이 이름나 있다. www.eastcambs.gov.uk

❿ 칠리 축제 Chili Fiesta 잉글랜드

칠리 축제는 예술, 공예, 농촌 등을 연구하는 웨스트 딘 센터의 정원에서 열린다. 빅토리아 시대의 온실에서 이뤄지는 칠리 재배에 대해 들을 수 있다. 좌판에서 펼쳐지는 3백여 가지 칠리의 향연도 즐겨 보자.

Planning 표가 있어야 입장 가능하다. 8월에 2일간 열린다. www.westdean.org.uk

코타바하루 야시장에서 노점상이 손수레에서 요리를 만들고 있다. 손수레는 움직이는 주방 역할을 한다.

말레이시아

코타바하루에서 즐기는 야식 Kota Baharu

말레이시아 북동쪽에 있는 작은 도시 코타바하루에 가면
별이 반짝이는 밤하늘 아래 최고의 길거리 음식을 즐길 수 있다.

    프라이팬은 뜨겁게 달궈지고 숯불 화덕에서는 연기가 피어 오른다. 길거리 요리사들은 재빠른 손놀림으로 요리를 한다. 인도, 중국, 태국 그리고 다른 여러 나라의 음식 문화들이 한데 섞인 말레이시아 전통 요리를 만드는 것이다. 켈란탄의 주도 코타바하루의 파사르 말람(pasar malam, 야시장)의 음식 좌판들에서 흔히 볼 수 있는 풍경이다.
    한 남자가 인도식 크레프의 일종인 '무타박(murtabak)'을 만들고 있다. 뜨거운 철판에 반죽을 던져 넣은 뒤 한 손으로 납작하게 펴서 종이처럼 얇게 만든다. 그리고 닭고기 간 것과 다진 양파, 달걀을 안에 넣고 양쪽을 접어 뒤집는다. 이제 노릇노릇하게 익기만 기다리면 된다. 근처의 다른 좌판에서는 한 소녀가 야자수 잎으로 연기가 피어 오르는 숯에 부채질을 하고 있다. 그 사이 아기를 등에 업은 소녀의 엄마는 능숙한 솜씨로 지글지글 익고 있는 소고기 사테이를 뒤집는다. 소고기를 대나무 꼬치에 끼워 칠리 고추와 매운 향신료가 들어간 후추맛 소스에 재워 둔 것으로, 그 맛이 일품이라 할 수 있다. 시장의 다른 좌판들에서도 다양한 음식을 맛볼 수 있다. 말레이시아식 매운 바비큐 치킨인 아얌 퍼칙, 양념한 코코넛 소스에 조린 소고기 요리인 비프 렌당(beef rendang), 매운 새우 요리인 삼발 우당(sambal udang), 그 외에도 생선이나 양고기 카레 등이 대표적이다.

홍차에 가당 연유를 넣고 두 개의 잔을 이용해 높은 곳에서 번갈아 가며 따르기를 반복하면 차가 식으면서 거품이 생기는데, 이를 '데 타릭(teh tarik)'이라고 한다. 입가심으로 마시면 좋다.

When to go 연중 아무 때나 좋지만 봄과 가을은 우기에 속하기 때문에 매일 조금씩이라도 비가 온다.

Planning 페낭과 쿠알라룸푸르에서 코타바하루까지 가는 항공편이 매일 운항된다. 코타바하루는 다른 도시들에서 자동차나 기차로도 쉽게 갈 수 있다. 음식을 파는 노점상들은 오후 5시쯤 장사할 채비를 시작한다. 7시가 되면 저녁 기도 시간에 맞춰 약 45분 정도 시장 전체가 문을 닫는다. 이때 모든 사람들은 건물에서 나가야 한다. 기도 시간이 끝나면 다시 문을 열어 자정이 넘을 때까지 영업을 계속한다. 파사르 시티 카티쟈(Pasar Siti Khatijah, 중앙 시장) 근처의 잘란 핀투 퐁(Jalan Pintu Pong)에서 멀리 떨어지지 않은 곳에 위치한 시장은 대부분의 호텔에서 걸어갈 수 있다.

Websites www.tourism.gov.my, www.tic.kelantan.gov.my

시장에서 지켜야 할 예절

- 말레이시아의 시장에서 즐기는 저녁 식사는 여유롭고 느긋한 사교 모임과 같다. 그래서 한 번에 한 가지 음식만 먹는 것이 좋다.

- 첫 번째 음식을 골라 시장 여기저기에 놓인 작은 테이블 중 하나로 가져간다. 포크나 나이프 등을 구하기가 어렵지는 않지만 보통 손으로 먹는 것이 관습화되어 있다. 테이블 가운데 놓인 주전자에 물이 준비되어 있으니 식사 전후나 중간에 손을 씻으면 된다. 이슬람 교도들은 음식을 먹을 때 오른손만을 사용한다. 첫 번째 음식을 다 먹었으면 다시 좌판을 돌아다니며 두 번째 음식을 선택한다. 마찬가지로 다시 테이블로 돌아와 음식을 먹는다.

- 테이블은 모두 음료 가판대와 연결되어 있으니 기다리고 있으면 누군가 주문을 받으러 올 것이다. 술은 팔지 않지만 다양한 종류의 과일 주스가 있다.

> 베트남

베트남의 길거리 음식 *Vietnamese Street Food*

베트남의 다양한 요리를 맛보기 위해서는 노점상들이 음식을 파는
가판대나 손수레를 택하는 것이 가장 현명한 방법이다.

    베트남의 노점상들은 수레를 밀고 짐을 나르거나 자전거 또는 오토바이를 타고 다니며 상상할 수 없을 정도로 다양한 간식거리와 식사, 과자, 음료수 등을 팔고 있다. 한 여인이 낮은 플라스틱 의자에 앉은 손님들에게 '보 삐어(bo pia, 중국 소시지가 들어있는 스프링 롤)'를 건네고 있다. 구운 돼지고기, 당근, 무 초절임 등을 넣은 것도 있다. '반 미(banh mi)'라는 음식도 있는데, 껍질이 바삭바삭한 바게트 빵 안에 고수의 잔가지와 파테(pate)를 넣은 것이다. 프랑스 식민지 시대부터 전해 내려온 음식이다. '호이 안'이라는 해안 도시의 시장에는 생선, 고기, 농산물 등이 진열되어 있다. 한 노점상이 숯불 화덕

길거리 좌판들 중에는 손님들이 앉을 수 있도록 낮은 의자를 제공하는 곳도 있다.

옆에 쭈그리고 앉아 손잡이가 긴 크레이프용 프라이팬에 숙주, 삼겹살, 새우를 넣고 접어 만든 바삭바삭한 팬케이크인 '반 코아이(banh khoai)'를 굽고 있다. 또 다른 노점상이 가판대 너머에서 '응오 밥(ngo bap)'을 건넨다. 응오 밥은 아침 식사로 먹는 옥수수 죽으로 검은콩, 으깬 땅콩, 빻은 참깨, 설탕, 노릇노릇하게 익힌 샬롯(shallot, 작은 양파의 일종)을 넣어 만든다.

하노이 거리의 작고 초라한 가게들에서는 사람들이 다닥다닥 붙어 앉아 비어 호이(bia hoi, 생맥주)를 마신다. 베트남의 민족 음식인 '포(pho, 소고기 쌀국수)'도 함께 맛볼 수 있다. 또한 널리 알려지지는 않은 베트남 북부 지방 요리들도 판매한다. 푸짐한 게살 수프에 쌀국수를 넣은 '분 리우(bun rieu)'나, 쌀가루를 쪄서 그 안에 잘게 다진 돼지고기와 목이버섯을 넣고 돌돌 만 팬케이크인 '반 쿠온(banh cuon)'이 대표적이다. 반 쿠온은 위에 노릇노릇하게 볶은 샬롯을 얹고 타이바질(Thai basil)과 생선을 곁들여 낸다. 이렇게 음식이 풍성하니 어디에서부터 미식 탐험을 시작할지 고민될 것이다. 하지만 염려할 필요가 없다. 베트남 어느 곳에서 먹든 모두 맛있기 때문이다.

When to go 12월에서 이듬해 2월까지 베트남 남부 지방은 다소 건조하고, 중부는 선선하고 비가 내리며, 북부 지방은 습하고 쌀쌀하다. 우기는 6월 초에 시작한다. 홍수가 잦은 9~11월은 되도록 피하자.

Planning 베트남 길거리 음식은 하루도 빼놓지 않고 24시간 내내 즐길 수 있다. 하지만 새벽부터 점심 시간까지 그리고 퇴근 이후 이른 저녁 시간에 가장 다양한 먹을거리를 선보인다.

Websites www.spirithouse.com.au, www.luxurytravelvietnam.com, www.vietworldkitchen.typepad.com

바게트를 팔고 있는 노점상.

시장을 둘러보는 요령

■ 베트남의 신선한 음식 시장이야말로 한 곳에서 다양한 길거리 음식을 맛볼 수 있는 최고의 장소다. 제일 작은 시장 한 군데를 제외하고는 모두 노점상들이 상주하며 형성한 푸드코트가 있다. 김이 모락모락 나는 수프에서부터 과일 주스, 잘게 저민 얼음 디저트 '쩨(che)' 등을 맛볼 수 있다.

■ 손님이 가장 많은 가판대 혹은 시장에 있는 다른 노점상들에게 배달을 제일 많이 하는 곳을 선택하도록 한다. 가판대의 주요 메뉴를 담은 쟁반을 나르는 여인들을 잘 살펴보면 된다. 다른 사람이 먹고 있는 음식을 가리키며 같은 것을 달라고 주문해도 된다. 가격표가 거의 붙어 있지 않으니 앉기 전에 미리 가격을 물어보도록 한다.

벨푸리는 각종 토핑을 얹어서 먹는 음식이다.

인도

뭄바이에서 먹는 챠트 *Chaat in Mumbai*

뭄바이 사람들은 등교길이나 퇴근길 혹은 해변이나 공원에서
이름난 길거리 음식들로 간단히 요기를 한다.

뭄바이는 인도에서 가장 크고 바쁜 도시이자, 금융의 중심지이며, 매력이 넘치는 거리다. 도로변의 치과의사, 귀청소 전문가, 구두닦이, 길거리 이발사 등을 지나치면 길거리 가판대와 손수레들이 즐비하다. 이들은 엄청나게 다양한 종류의 달고 짭짤한 간식거리인 '챠트'를 팔고 있다. 챠트는 바삭바삭하고 짭짤한 맛과 새콤달콤한 맛, 두 가지로 나뉜다. 튀긴 이집트콩, 튀긴 쌀, 생강, 감자 등의 재료를 이용해 만들며 그 위에

인도의 노점상이 수레를 끌고 있다.

요구르트, 양파, 향신료를 얹어서 먹는다. 발리우드(Bollywood)의 유명 스타들도 종종 이곳을 찾아 사람들이 많이 몰리는 인기 만점의 가판대에 서서 간편하고 맛있는 챠트를 즐긴다.

뭄바이는 양념이 맛있게 배인 수백 가지 음식 중 하나를 고르는 것은 정말 어렵다는 내용의 노래가 있을 정도로 다양한 종류의 길거리 음식을 자랑한다. '벨푸리(Bhelpuri)'는 뭄바이에서 최고로 치는 길거리 음식으로 초파티 해변(Chowpatty Beach)에서 특히 인기가 많다. 바삭바삭하게 튀긴 쌀, 양념을 한 감자, 바삭바삭한 녹말가루, 양파, 신선한 허브, 인도의 조미료인 처트니(chutney), 라임 등을 섞어서 만든다. 손가락으로 입에 쏙 집어넣거나 얇은 빵 조각에 싸 먹으면 되는데, 베어 물 때마다 맛이 조금씩 다르다. '바다(vada)'는 처트니를 뿌린 빵에 양념을 강하게 한 감자 덤플링을 얹어 내는 음식으로 뭄바이 노동자들의 주식이다. 입가심을 원한다면 '라씨(lassi)'를 먹어 보자. 요구르트 음료인 라씨는 달게 먹거나 아니면 소금을 약간 뿌려 먹는다. 매운 인도 음식으로 불이 난 입안을 진정시키는 데에 최고다.

When to go 길거리 음식을 즐기려면 7~9월 사이의 우기는 피하는 것이 좋다. 이 기간에는 파리떼가 들끓는다.

Planning 챠트를 파는 좌판과 식당들이 뭄바이 전역에 있기는 하지만 초우파티 비치에 있는 노점상들이 전국에서 가장 유명하다. 기차역이나 대학 근처에도 좌판들이 많이 몰려 있다. 배탈이 나지 않으려면 눈 앞에서 음식을 바로 만들어 주는 곳만 이용하자. 인도에서 항상 주의할 점은 밀봉된 병에 들어 있지 않은 음료수를 마셔서는 안 된다는 것이다. 과일은 반드시 껍질을 벗기고 먹어야 한다.

Websites www.mumbai-masala.com/index.html

망고 라씨

■ 라씨는 인도 펀자브 지방에서 주로 마시던 음료였다. 원래는 요구르트, 물, 소금, 향신료를 섞어서 만들지만 설탕을 넣은 과일 라씨도 큰 인기를 끌고 있다.

■ 재료(4인분)

신선한 망고나 망고 과육 1개
플레인 요구르트 675g
우유 225g
설탕 100g
얼음
카르다몸 간 것

1. 신선한 망고 열매를 사용할 경우 얇게 썰어서 씨를 제거한다. 통조림을 사용해도 좋다.

2. 망고, 요구르트, 우유, 설탕, 카르다몸을 믹서기에 넣고 부드러워질 때까지 약 2분간 섞어 준다.

3. 잔에 얼음을 반쯤 채우고 라씨를 붓는다. 라씨 위에 카르다몸을 약간 더 뿌려 준다. 라씨는 24시간 정도 냉장 보관 할 수 있다.

모로코

마라케슈에서의 저녁 식사
Evening Food in Marrakech

모로코 서부의 아름다운 도시 마라케슈에 있는 중앙 광장은 매일 저녁이면 활기 넘치는 거대한 야외 식당으로 변한다.

　마라케슈의 메디나(구시가지)에 있는 제마 엘 프나(Djemaa el Fna) 중앙 광장 위로 어둑어둑한 땅거미가 내리면 임시 탁자, 화로, 냄비, 프라이팬 등을 짊어진 남자들과 사내아이들이 사방에서 나타나기 시작한다. 그리고는 순식간에 탁자와 의자를 차려 놓고 냄비에 물을 채우거나 화로에 불을 지핀다. 곧이어 향신료 연기, 케밥, 생선 튀김, 따뜻한 빵에서 나는 냄새들이 공기를 가득 채운다. 이곳은 저녁 무렵의 식품 시장으로, 모로코에서 가장 강렬하고 극적인 음식 체험을 할 수 있는 장소다.

　드럼 소리와 쨍그랑대는 종소리가 들리는 가운데 뱀장수, 이야기꾼, 차력사, 마술사 등의 인파에 뒤섞여 마라케슈에서 제일 싸고 신선한 음식을 맛볼 수 있다. 먼저 시장을 한 바퀴 둘러보자. 그 자체로 좋은 체험이 될 뿐만 아니라 무엇을 어디에서 먹을지 정하기 전에 음식들을 미리 살펴볼 수 있기 때문이다. 모로코 음식을 먹어 본 적이 없다면

시장에서는 구운 케밥이 인기 만점이다.

갖가지 음식을 조금씩 파는 좌판에서 먼저 맛을 보는 것이 좋다. 양고기에 말린 과일을 넣은 스튜인 타진(tagine), 밀을 쪄서 고기나 야채 등을 곁들인 북아프리카 요리인 쿠스쿠스(couscous), 케밥, 각종 야채와 샐러드 등을 판다.

무엇을 먹을 지 정했다면 즐비하게 늘어선 좌판들로 향할 차례다. 좌판마다 한두 가지 음식을 중점적으로 판매하는데 커민을 넣고 서서히 익힌 양고기와 따뜻한 빵, 하리라(harira, 이집트콩과 렌즈콩) 수프, 매운 메르게즈 소시지(meruguez sausage) 등이 있다. 좀 더 파격적인 음식으로는 내장 스튜나 익힌 양 머리 요리가 있다.

세련된 현대 모로코 요리로 유명한 희망의 도시 마라케슈에서도 저녁 시장은 다양한 음식을 맛볼 수 있는 최고의 장소로 꼽힌다.

When to go 오후 6시 이후가 좋다. 모로코에서 가장 선선한 시기는 9월에서 이듬해 5월까지다.

Planning 마라케슈 북쪽 끝에 위치한 광장과 시장을 둘러보려면 시간을 넉넉히 잡는 것이 좋다. 낮에는 오렌지주스를 파는 노점상과 전통 의상을 입은 물장수, 뱀장수 등이 모여 항상 북적댄다. 잠깐 앉아 쉬면서 세상 돌아가는 풍경을 지켜볼 수 있는 카페들이 많이 있다. 그중에서도 옥상 테라스에서 광장이 내려다보이는 '카페 드 프랑스(Caf· de France)'에 가보자. 마라케슈를 돌아보면서 멋진 레스토랑 음식을 먹어 보려면 3~4일 정도로 일정을 잡아야 한다. 멋진 모로코 전통 호텔인 리아드(Riad)에 있는 리아드 탐스나(Riad Tamsna, 23 Derb Zanka Daika)에서 점심을 먹고, 저녁에는 르 폰두크(le Foundouk, 55 rue du Souk des Fassi)에서 맛있는 프랑스식 모로코 요리를 즐겨 보자. 마라케슈에서 으뜸가는 고급 레스토랑인 다르 모하(Dar Moha)와 다르 야쿠트(Dar Yacout), 두 곳은 꼭 들리는 게 좋다.

Websites www.morocco-travel.com, www.cadoganholidays.com, www.darmoha.ma

타진

- 베르베르 족의 전통 음식이자 모로코 음식문화의 핵심인 타진은 뭉근히 끓여 깊은 향이 나는 스튜로 고기나 생선, 야채가 들어 있다.

- 타진이라는 이름은 뚜껑이 원뿔처럼 생긴 도기 조리 기구를 말하기도 한다. 전통적인 모로코 가정에서는 숯불 화덕 위에 타진을 올려 놓고 계속 불을 지펴 가며 용기 바닥을 골고루 데웠다. 이렇게 하면 요리에 들어가는 재료들이 잘 익고, 국물이 서서히 졸아들면서 연하고 촉촉한 식감을 유지할 수 있다.

- 타진 스튜에는 보통 닭고기나 양고기가 들어가는데 전통적인 조리법은 기름과 향신료에서 차이를 보인다. 버터와 아몬드를 넣거나 생강과 사프란을 이용해 만들기도 한다. 레몬 절임을 첨가하는 경우도 많다.

제마 엘 프나 광장의 노점상이 손님을 기다리고 있다.

임시 가판대를 세워놓고 행인들에게 푸츠카를 파는 상인들을 눈여겨보자.

`인도`

캘커타의 푸츠카 *Puchkas in Calcutta*

출출한 생각이 든다면 새콤달콤한 액체가 입안에서 터지는
재미있는 간식 푸츠카로 허기를 달래 보자.

    인도 북동부 캘커타의 중심부에 있는 빅토리아 메모리얼 홀과 인접한 정원을 돌아보면 두 곳이 서로 무척 다른 분위기라는 사실에 놀라게 된다. 빅토리아 메모리얼 홀의 대궐 같은 대리석 기념관은 '인도의 황후'라 불리던 빅토리아 여왕을 기리기 위해 지은 건물이다. 거의 20년이 걸려 1921년 완공했으며 1천만 루피의 비용이 들어갔다.

이곳의 길 건너편에서 팔고 있는 푸츠카가 주는 놀라움도 이와 비슷하다. 푸츠카는 매운맛의 길거리 음식으로 대조적인 맛과 식감 때문에 먹는 이들의 감탄을 자아낸다. 캘커타 사람들이 매우 자랑스러워하는 간식이기도 하며, 도시 곳곳의 가판대와 손수레에서 행인들을 상대로 판매한다.

노점상이 반죽을 튀겨 바삭바삭하고 속이 빈 푸리(puri)를 집어 들고 구멍을 낸다. 그런 다음 맛이 강하고 새콤달콤한 수프 같은 액체를 안에 집어넣는다. 이 굉장한 간식거리는 깨물면 입안에서 톡 터진다. 한 입에 집어넣지 않으면 안에 들어 있는 액체를 흘리게 되어 번거롭지만, 미각을 잇달아 자극하는 강렬한 맛 때문에 충분히 먹어 볼 가치가 있다. 보통 5~8개 정도를 주문하는데 노점상은 속을 채워 한 번에 두어 개씩 건넨다. 푸츠카를 좋아하는 사람들은 노점상이 만들어서 건네주는 속도에 맞춰 먹는 연습을 열심히 한다. 또 쉬지 않고 한꺼번에 푸츠카를 가장 많이 먹을 수 있는 사람을 뽑는 내기가 벌어지기도 한다.

When to go 캘커타는 11월에서 이듬해 3월에 이르는 겨울에 찾는 것이 가장 좋다. 공기가 상쾌할 뿐만 아니라 여름에 비해 덜 후덥지근하기 때문이다.

Planning 인도 대부분의 도시와 해외 주요 도시들에서 출발하는 정기 항공편이 네타지수바시 찬드라 보스 국제공항으로 도착한다. 이 지역 교통편은 요금이 저렴하다. 차를 한나절 동안 빌리는 데 400루피, 미화로 8달러 정도의 비용이 든다. 삐걱거리는 전차가 캘커타에서 가장 번화한 거리를 지나가니 놓치지 말고 꼭 타보자.

Websites www.indianholiday.com, www.kolkata.org.uk

푸츠카

- 인도의 여러 지역에서 입맛을 살리는 데 가장 좋은 음식으로 푸츠카를 꼽는다. 푸츠카를 부르는 이름은 지역에 따라 다르다. 뭄바이에서는 푸츠카를 파니 푸리(pani puri)로, 델리에서는 골 고파(gol goppa)로 부른다.

- 안에 들어가는 소(액체)는 타마린드 추출물, 끓여서 걸러낸 대추, 커민, 민트잎, 고춧가루, 고수잎 가루, 검은 소금, 계피로 맛을 낸다. 만드는 법은 지방에 따라 조금씩 다르다.

- 푸츠카는 길거리 음식으로 국한되지 않고 요즘에는 인기가 높아져 결혼식 뷔페음식으로도 올라온다.

팔라펠은 뜨거운 기름에 튀긴 음식이지만 제대로 만들면 느끼하지 않다.

이스라엘

이스라엘의 길거리 음식 *Street Food in Israel*

예루살렘에는 다양한 길거리 음식이 많지만 그중에서도 팔라펠이 으뜸으로 꼽힌다.

    수백 년 전 아랍인들이 들어오고, 전 세계 망명자들이 이곳 유대 국가에 모여들면서 이스라엘에는 지중해와 중동의 음식 문화가 어우러지게 되었다. 예루살렘의 길거리 음식을 먹어 보는 것이야말로 이 기막힌 맛의 조화를 가장 확실히 체험할 수 있는 방법이다. 자파스 스위트(Jaffar's Sweets)는 구시가지의 숙 칸 에스 자이트(Souk Khan es-Zeit, 다마스커스 게이트 옆)에 있는 유서 깊은 상점이다. 이곳에서는 나뭇잎 모양의 밝은 오렌지색 반죽을 끈적한 설탕 시럽에 적신 카나페(kanafeh)와 아랍 과자들을 판다.

다른 현지 음식으로는 '마클루바(maqluba)'가 있다. 이 것은 쌀, 얇게 썬 가지와 토마토, 양파, 콜리플라워, 푸짐한 양고기나 닭고기를 넣고 만든 냄비 요리를 가리킨다. 중동을 대표하는 음식으로 '후머스(hummus)'도 들 수 있다. 타미(Ta'ami)나 피나티(Pinati) 등 노동자를 상대로 하는 신시가지 음식점들이 평범한 이집트콩 퓨레를 팔고 있기는 하지만, 역시 리나(Lina)와 아부 슈크리(Abu Shukri) 같은 식당이나 구시가지의 좁은 골목에서 먹어야 제맛이다.

사실 음식을 파는 가판대 어디에서나 예루살렘 길거리 음식의 진수를 맛볼 수 있다. 그중에서도 특히 '팔라펠(falafel)'이 전 세계적으로 널리 알려져 있다. 이집트콩으로 둥근 반죽을 만들어 튀긴 음식인 팔라펠을 원 모양의 납작한 빵에 싸고 그 위에 갖가지 토핑을 얹어서 판다. 대부분의 노점상들이 촉촉하고 뜨거운 튀김에 고수잎이나 파슬리를 뿌려 녹색을 더하지만, 예멘식으로 팔라펠을 만들어 파는 상인들은 튀김의 노릇노릇한 황금색을 그대로 유지하기 위해 허브를 넣지 않는다.

When to go 겨울의 하누카(Hanukkah) 축제나 봄과 가을 중간에 열리는 유대교 추수감사 축제 등의 기간에 맞춰 예루살렘을 찾는 것이 가장 좋다. 하지만 이 기간 동안 도심은 매우 혼잡하고 물가가 크게 오른다. 여름에는 날씨가 너무 더울 수도 있다.

Planning 일정을 넉넉히 잡아 구시가지를 돌아보자. 예루살렘에서 꼭 가봐야 할 곳으로 야드 바솀 홀로코스트 기념관(Yad Vashem Holocaust memorial), 감람산(the Mount of Olives), 이스라엘 박물관 등도 잊지 말자. 당일치기로 사해, 베들레헴, 와인 양조장 등을 돌아볼 수 있다.

Websites www.jerusalemite.net, www.jerusalem.com, www.goisrael.com

납작한 빵에 싸서 먹는 팔라펠은 인기 만점의 길거리 음식이다.

팔라펠에 곁들이면 좋은 음식

- 팔라펠은 라파(laffa)라는 빵에 싸서 먹는다. 예루살렘에서는 라파를 아이쉬 타눌(eish tanur)이라고 부르기도 하는데, 이라크 이주민들이 이스라엘에 들여온 납작한 빵을 가리킨다.

- 알록달록 색을 입힌 배추를 뜻하는 크루브(kruv)는 보통 초절임을 하지만 마요네즈에 절이기도 한다.

- 암바(Amba)는 말린 망고에 호로파와 강황을 넣어 만든 이라크식 소스다.

- 차리프(charif)라는 후추 페이스트는 예멘에서 들여온 것이다. 붉은색과 녹색이 있으며 매운 정도가 다양하다.

사라예보 구시가지의 거리에는 야외 레스토랑, 상점, 시장 등이 아주 많다.

보스니아 헤르체고비나

사라예보에서 즐기는 체바피 *C'evapi in Sarajevo*

보스니아의 민족 음식 체바피를 제대로 즐기려면 수도인 사라예보의 구시가지에 가야 한다.

사라예보에 가면 15세기풍의 좁은 자갈길인 바슈카르지아(Bascarsija)나, 오스만 제국 통치 아래 지어진 유서 깊은 구시가지를 돌아보게 된다. 이 지역에는 체바피를 전문으로 하는 식당들이 많아서 사방에서 흘러나오는 음식 냄새에 취할 지도 모른다. 체바피는 고기를 갈아 만든 소시지를 가리킨다. 작고 즙이 풍부하고, 매운맛이 나며, 숯불에 직접 구워 소문(somun)이라는 납작하고 부드러운 빵에 싸서 내는 것이 일반적이다. 아마도 오스만 제국 사람들이 사라예보에 들여온 것으로 추정되는데, 보스니아의 이슬람 지역에서는 주로 소고기나 양고기 아니면 두 가지를 섞어서 만든다.

체바피는 원래 잘게 다진 생양파와 함께 먹는 음식이다. 하지만 고형 크림과 비슷한 비숙성 치즈 카이막(kajmak)이나 후추, 가지, 마늘, 칠리를 넣은 매운 아이바르(ajvar) 소스를 곁들여도 맛있다. 묽은 요구르트 음료인 아이란(ayran)이나 과일 주스로 입가심을 하면 좋다. 좀 더 매운맛을 원한다면 '시스 체밥(sis cevap)'을 먹어 보자. 간 소고기에 칠리를 섞어 넣고 구운 소시지를 말한다.

사라예보에서 으뜸가는 체바피 전문 식당으로는 젤리오(Zeljo)와 분점인 젤리오2를 들 수 있다. 두 식당 모두 쿤두르지 우쿠 가(Kundurdzi uk Street)에 있다. 시장과 가지 후스레브-베그 모스크(Gazi Husrev-Beg Mosque)에서 매우 가까운 거리다.

When to go 연중 어느 때나 좋지만 5~9월에 날씨가 가장 좋다. 7월에는 바슈카르지아 나이트(Bascarsija Nights)라는 축제가 한 달 내내 계속된다. 보스니아 전통 음악, 연극, 춤 등을 볼 수 있는 무료 야외 공연들도 마련된다. 세계적으로 유명한 사라예보 영화제는 매년 8월에 열린다.

Planning 사라예보를 다 돌아보는 데 2~3일이 걸린다. 사라예보 도심은 작아서 걷기에 좋다. 주요 버스 정류장에서 택시나 전차를 타고 조금만 가면 구시가지에 닿는다. 공항에 가려면 택시를 타거나, 공항 근처까지 전차나 버스를 타고 가도 된다. 레스토랑은 사전에 예약하지 않아도 괜찮다.

Websites www.sarajevo-tourism.com, www.sarajevo.ba, www.bascarsijskenoci.ba

사라예보의 피타

- 사라예보에는 맛있고 짭짤한 '피타(pita, 파이)'를 하루 종일 파는 가게들이 무척 많다. 가장 인기가 많은 피타는 부렉(burek)으로, 얇은 페이스트리에 켜켜이 고기를 채워 넣고 둘둘 말은 것이다. 이외에도 피타의 종류는 아주 다양하다. 피타 안에 들어가는 소의 종류에는 치즈, 치즈와 시금치, 호박, 매운 감자 등이 있다.

- 피타는 조각 단위나 무게를 재서 판매한다. 브라바질루크(Bravadziluk) 거리에 있는 '보스나(Bosna)'가 노점상 중에서 가장 이름난 곳이다.

겐트 시 어디서나 프렌치프라이를 먹을 수 있다. 보통 종이 깔때기에 담고 마요네즈 한 숟갈을 얹어서 판다.

> 벨기에

겐트의 프렌치프라이 *French Fries in Ghent*

유럽에서 가장 아름다운 도시 중 하나인 겐트에서 완벽에 가까운 프렌치프라이의 맛을 느껴 보자.

    벨기에는 요리 애호가들의 천국이다. 이들은 세심한 기술과 정성을 길거리 음식에까지 쏟아부었다. 그렇다면 가장 맛있는 벨기에의 길거리 음식은 무엇일까? 두말할 것도 없이 프랑스 어로는 '프리트(frite)', 네덜란드 어로는 '프리체(fritje)'라고 하는 프렌치프라이를 꼽을 수 있을 것이다. 그 맛은 거의 완벽에 가깝다. 아주 뜨겁고 겉은 바삭바삭하며 마요네즈를 듬뿍 얹어서 낸다. 겐트 시에 있는 옛 플랑드르 대학가에 가면 유서 깊은 도심에 자리 잡은 광장인 프레이다흐마르크트(Vrijdagmarkt)를 잊지 말고 찾아

보자. 오래된 목조건물에 있는 '프리투르 요제프(Frituur Jozef)'를 발견할 수 있을 것이다. 1898년부터 프리트코트(frietkot, 프렌치프라이를 만드는 포장마차)로 운영되어 온 이 식당에서 프렌치프라이를 대충 만들어 파는 일은 상상도 하지 못한다. 부부가 매일 아침 함께 감자 껍질을 벗기고 썰어서 재료를 준비한다. 이곳의 프렌치프라이만으로도 훌륭한 한 끼 식사가 되지만 곁들여 먹는 전통 음식도 함께 판매하고 있다. 토마토 소스 미트볼, 튀긴 소시지, 머스터드 소스를 곁들인 스토프블리스(stoofvlees, 맥주를 넣어서 만든 푸짐하고 달짝지근한 소고기 스튜) 등이 대표적이다.

이 식당을 잘 지켜내는 것은 무엇보다 중요한 일이다. 수지가 맞지 않는 관계로 문을 닫는 식당들이 늘어나면서 어디서나 쉽게 먹을 수 있었던 전통 프렌치프라이가 점점 사라져 가고 있기 때문이다.

When to go 프리투르 요제프는 평일 오전 11시 30분에서 밤 10시까지 영업한다. 토요일은 오전 11시30분~저녁 8시, 일요일은 오후 5시~밤 10시 사이에 문을 연다. 겐트는 연중 어느 때 가도 좋지만 여름에 특히 청명하다. 겨울에는 살을 에는 듯한 추위가 닥쳐오지만 엷은 햇살이 뾰족탑을 비추고 운하의 물결은 거울처럼 잔잔하다. 여기에 뜨거운 프렌치프라이를 곁들인다면 따뜻하고 포근한 기분을 느낄 수 있을 것이다.

Planning 겐트는 플랑드르의 대도시 중 하나로 브뤼셀에서 기차를 타면 쉽게 갈 수 있다. 프랑스, 네덜란드, 독일 등과 고속도로로 연결되어 있다. 흥미로운 교회 및 훌륭한 박물관·미술관 등이 많이 있다. 북유럽 문화가 낳은 위대한 유산〈신비의 어린 양(The Adoration of the Mystic Lamb)〉이 있는 대성당도 있다. 15세기 화가 반 에이크 형제(Jan and Huybrecht van Eyck)가 여러 개의 패널을 이어 붙여 완성한 그림이다.

Websites www.frites.be, www.visitgent.be

완벽한 맛의 프렌치프라이

■ 벨기에의 프렌치프라이는 세계에서 가장 훌륭하고 맛있는 것으로 유명하다. 이렇게 수준 높은 프렌치프라이를 만들 수 있는 데는 4가지 필수조건이 있다. 첫째, 다양한 감자 중 적당한 것을 고른다. 벨기에서는 '빈치(bintje)'라는 품종이 가장 널리 쓰인다. 둘째, 감자를 적당한 크기로 썰어야 한다. 여자 새끼손가락 만한 크기가 제일 적당하다. 셋째, 깨끗하고 뜨거운 기름에 넣고 감자가 부드러워질 때까지 튀긴 다음 꺼내어 식히는 것이 중요하다. 마지막으로 겉은 바삭바삭하고 노릇노릇하게, 속은 부드럽게 익을 수 있도록 한 번 더 튀겨야 한다. 이 중 가장 중요한 조건은 반드시 '두 번 튀겨야 한다는 것이다.

네덜란드 사람들이 날청어를 먹는 방법은 딱 한 가지다. 고개를 뒤로 젖혀 입에 집어넣는 방식이다.

네덜란드

헤이그에서 맛보는 청어 *Herring in The Hague*

스케브닝겐의 항구에서는 매년 봄마다 축제를 열어 햇청어 시즌이 시작됐음을 알린다.

"메트 오브 존더(Met of zonder)?"라는 질문이 여기저기서 들려온다. 다진 생양파를 넣을 것인지, 말 것인지 묻는 것이다. '햇청어(nieuwe haring)'라고 적힌 노천 손수레에는 천막 지붕이 바람에 나부끼고 네덜란드 국기도 달려 있다. 양파를 넣어달라고 대답하면 가시를 발라낸 날청어에 잘게 다진 양파 한 스푼을 푸짐하게 얹어서 폴리스티렌 접시에 담아 준다. 접시에 든 날청어에는 꼬리까지 그대로 붙어 있다. 북해의 새벽 하늘처럼 빛나는 청어는 은빛과 분홍빛으로 반짝인다. 청어의 꼬리를 집어 올려 양파를 묻힌다. 그리고 고개를 뒤로 젖혀 한 입 삼키면 기름지면서도 상큼한, 오묘한 맛을 느낄 수 있다.

청어는 연중 어느 때나 살 수 있다. 청어 전문 가판대(haringstalletjes)는 헤이그 어디서나 쉽게 찾아볼 수 있고 심지어 슈퍼마켓에서도 판매한다. 한 가지 알아둘 점은 연말이 가까워질수록 청어의 몸집이 커지고 살이 쪄서 기름지다는 사실이다.

청어 좌판 안쪽에서 생선 장수들이 엄청난 속도로 청어를 손질하는 것을 볼 수 있다. 짧고 무척 날카로운 칼을 사용해 껍질을 벗기고 살을 발라낸다. 내장은 잡은 직후 배에서 제거한다. 청어의 살은 '페켈(pekel, 피클이라는 단어가 여기서 유래함)'이라고 부르는 약한 소금물에 절인다. 어떤 노점상들은 페켈에 절인 햇청어 한 통과 다진 양파만으로도 지나가는 사람들의 발길을 붙들고 이렇게 묻는다. "메트 오브 존더?"

When to go 6월 초에 가면 햇청어 시즌에 딱 맞출 수 있어서 가장 좋다. 이를 알리는 '청어 축제(Vlaggetjesdag)'는 보통 6월 둘째 주 토요일에 열린다. 햇청어 시즌은 6, 7월 두 달이지만 청어는 1년 내내 잡힌다. 청어가 목적이 아니더라도 헤이그는 언제 가도 흥미로운 곳이다.

Planning 헤이그는 암스테르담에서 남동쪽으로 50킬로미터, 스히폴 국제공항에서 남동쪽으로 40킬로미터 정도 떨어져 있다. 스케브닝겐의 항구와 해변 리조트는 헤이그 중심가에서 5킬로미터 떨어진 곳에 위치해 있다. 헤이그는 훌륭한 호텔, 음식점, 박물관, 쇼핑센터가 모두 갖춰진 우아하고 활기찬 도시다.

Websites www.denhaag.com, www.vlaggetjesdag.com

햇청어 시즌

■ 매년 6월, 청어가 적당한 크기로 자라 지방 함유량이 적당할 때가 되면 공식 발표를 통해 햇청어 판매를 허가한다. 그러면 사람들은 헤이그의 스케브닝겐 항구에 청어를 사기 위해 모여든다. 시즌 들어 처음으로 잡힌 청어는 경매에 붙여 엄청난 가격에 팔리는데, 전액 자선단체 기부금으로 쓰인다.

■ 시즌 첫 번째 토요일이 되면 스케브닝겐에서는 청어 축제가 열린다. 햇청어 시즌이 공식 발표된 것을 기념하는 행사다. 깃발로 배를 장식하는 것을 비롯해 수천 명의 사람들이 모여 각종 행사 및 해산물 전시회 등을 즐긴다.

피시 앤 칩스를 신문지에 싸서 주는 것은 옛날 방식이다. 요즘에는 하얀 백지로 포장한다.

잉글랜드

피시 앤 칩스 *Fish and Chips*

세계적으로 유명한 피시 앤 칩스는 잉글랜드 해안 마을의 야외에 앉아
상쾌한 바닷바람을 맞으면서 먹어야 제격이다.

피시 앤 칩스는 반죽을 입혀 바삭바삭하고 노릇하게 튀긴 생선에 웨지감자 튀김을 곁들인 음식이다. 빅토리아 시대 잉글랜드 북동부 해안가에 면한 북해에서 대구를 잡아들이기 시작한 때부터 잉글랜드 노동자들에게 가장 사랑받는 음식으로 자리 잡았다. 어디에서나 흔히 먹을 수 있는 음식이지만 잉글랜드 북부 지방의 전문점에서 먹는 것

이 단연 최고다. 현지인들은 피시 앤 칩스 음식점을 '칩피(chippy)'라고 부른다.

잉글랜드에서 가장 번화한 항구가 있는 북부 지방은 남부 지방 사람들과 달리 살찔 염려를 별로 하지 않는다. 이곳의 피시 앤 칩스 전문점에서는 펄펄 끓는 소고기 기름을 이용해 만드는데, 전통적인 조리법을 따른 방식이다. 기름의 온도가 매우 높게 올라가면서 생선이 순간적으로 익는데, 겉은 금방이라도 부서질 듯이 바삭바삭하고 얇은 생선살은 촉촉하기 그지없다. 피시 앤 칩스에는 달짝지근한 밀크티와 알이 큰 녹색 완두콩을 으깨어 만든 짭짤한 완두콩 푸딩을 곁들이는 것이 전통이다. 그리고 위에는 소금과 맥아 식초를 넉넉히 뿌려서 낸다.

존 메이저 전 영국 총리가 집권 당시 피시 앤 칩스에는 소금보다 식초를 먼저 뿌려야 한다는 중요한 사실을 사람들에게 권고할 정도로 피시 앤 칩스는 잉글랜드 사람들에게 상징하는 바가 매우 크다.

When to go 피시 앤 칩스는 연중 아무 때나 즐길 수 있는 음식이다. 잘 알려진 것처럼 잉글랜드 날씨는 매우 변덕스럽다. 하지만 잉글랜드 북부 지방의 피시 앤 칩스 전문점에 가려면 겨울을 택하자. 이 지방이 가장 아름답고 인상적으로 보이는 계절이기 때문이다.

Planning 피시 앤 칩스 식당이라면 어디든 포장이 가능한데, 전통적인 방식을 따라 종이에 싸서 주는 것이 일반적이다. 최고의 피시 앤 칩스 식당을 가보고 싶다면 전국 피시 앤 칩스 연합에서 매년 개최하는 '올해의 피시 앤 칩스 식당 선발대회'에서 우승한 곳을 찾아보자.

Websites www.federationoffishfriers.co.uk, www.clickfishand-chips.co.uk, www.manze.co.uk

파이 앤 매시 식당

■ 파이 앤 매시(Pie and Mash, 작은 고기 파이와 으깬 감자로 구성된 음식) 식당들이 유명해진 진짜 이유는 이름과 달리 장어 젤리나 장어 스튜에 있다. 밝은 녹색을 띤 장어 젤리는 차게 먹는 음식이다. 한편 장어 스튜에는 으깬 감자와 파슬리 소스를 곁들여 낸다. 굳이 색다른 음식을 고집하지 않을 경우, 파이 앤 매시를 택하면 된다. 고기 파이에 들어가는 소는 원래 소고기로 만들지만 다른 재료를 넣기도 한다. 런던 남부와 동부에는 파이, 으깬 감자, 장어를 함께 파는 '엠 맨츠(M.Manze)'라는 식당이 세 군데 있으며 이외에도 정통 파이 앤 매시 가게들이 많이 있다.

6

소문난 미식 도시
Great Food Town

사람들이 어떤 여행지를 찾는 이유는 그곳의 경치, 역사 유적지, 거리, 문화, 박물관의 유물 등에 매력을 느끼기 때문일 것이다. 하지만 훌륭한 음식도 이에 못지 않게 중요한 역할을 한다. 음식을 사랑하는 이들에게는 미국의 뉴올리언스에 가서 케이준 요리를 맛본다거나, 사우스캐롤라이나에서 전설의 쉬크랩 수프를 먹어 보는 것만큼 즐거운 여행이 없을 것이다.

진정한 맛을 찾아 떠난 음식 순례자라면 누구나 이탈리아 피자의 참맛을 느끼기 위해 나폴리의 뒷골목을 샅샅이 뒤진다거나, 프랑스 남서부 중세 도시들을 돌면서 다양하게 변형시킨 카술레를 기꺼이 먹어 볼 것이다. 해산물에 열광하는 사람들은 오스트레일리아 시드니의 갑각류 요리와 인도 고아 지방의 향신료를 듬뿍 넣은 해산물 카레 중에서 하나를 고르는 데 진땀을 뺄지도 모른다. 이렇게 전 세계 각 나라와 지역의 진수를 보여 주는 먹거리들이 많은데 하루 식사가 세 끼밖에 되지 않는 것은 안타까운 일이다.

런던 템스 강 유역 사우스 뱅크를 따라 새로운 레스토랑들이 폭발적으로 늘어나고 있다. 훌륭한 식사를 즐기며 아름다운 런던 경치를 감상할 수 있는 곳이 많다.

캐나다

몬트리올에서 즐기는 퀘벡 음식
Québécois Cuisine in Montreal

퀘벡 주는 대륙성 기후와 프랑스식 전통 그리고 기업가 정신이 한데 어우러져서
미식가들이 좋아할 만한 장소다.

    퀘벡 지방에 가면 열심히 일하는 농부들과 햇볕이 내리쬐는 청과물 시장을 흔히 볼 수 있다. 요리와 생활 양식에 있어서는 프랑스의 색채가 강한 곳이다. 퀘벡 지방 특유의 요리는 과거 모피 사냥을 주업으로 하던 시절, 추위를 이기는데 효과적이며 포만감을 주는 푸짐하고 영양이 풍부한 음식에서 주로 유래한다. 포마이카 테이블에 모르는 사

몬트리올의 역사를 고스란히 담고 있는 자크 카르티에 광장에는 레스토랑, 상점, 화랑 등이 가득 들어차 있다.

람과 함께 어울려 식사를 할 수 있는 몬트리올 시의 고급 레스토랑이나 훈제 도가니 요리 등에서 이러한 사실을 뚜렷이 확인할 수 있다.

퀘벡식 패스트푸드인 '푸틴(poutine)'을 먹어 보자. 푸틴은 식감이 쫀득쫀득하고 숙성시키지 않은 치즈 조각을 곁들이고 걸쭉한 그레이비 소스를 끼얹은 프렌치프라이를 말한다. 몬트리올의 요리사들은 이 지방의 농수산, 목축업에 종사하는 사람들과 잘 알고 지낸다. 절이거나 말린 고기, 햄, 특히 푸아그라가 훌륭하여 몬트리올에는 세계 최고 수준의 푸아그라 요리가 많다.

또한 1년 내내 두고두고 쓰이는 메이플 시럽이 봄마다 퀘벡의 제당소에서 제조된다. 메이플 시럽은 세계 수준급의 디저트 요리인 '푸딩 쇼메(pouding chomeur, 메이플 시럽을 부은 스펀지 케이크)'나 달디 단 '타르트 오 수크레(tarte au sucre, 설탕파이)' 등을 만드는데 쓰인다. 그러니 몬트리올을 떠날 때엔 살이 몇 킬로그램쯤 쪄 있을지도 모를 일이다.

When to go 제철 식품을 즐기려면 봄에서 가을 사이가 좋다. 봄에는 고사리의 어린 순, 여름에는 다양한 채소류가 자란다. 단풍나무가 물드는 가을철은 날씨가 따뜻하니 방문하기 가장 좋다. 가을이 제철인 자연산 버섯, 피망, 호박, 잘 익은 토마토 등은 몬트리올의 명물인 푸짐하고 맛있는 육류 요리와 잘 어울린다.

Planning 몬트리올의 마운트 로얄 지역에 있는 작은 식당들은 술을 판매하지 않지만 가져가서 마시는 것은 상관없다. 식당 창문에 '아포르테 보트르 뱅(Apportez Votre Vin, 주류 반입 허용)'이라고 써 붙인 곳을 찾으면 된다. 유명 레스토랑에서 식사를 하려면 예약을 해야 한다.

Websites www.montreal.com, www.restomontreal.ca, www.restaurantaupieddecochon.ca, www.restaurant-toque.com, www.schwartzsdeli.com

가볼 만한 음식점

■ 프랑스식 돼지족발 요리를 뜻하는 '오 피에 드 코숑(Au Pied de Cochon)'은 퀘벡풍의 식당으로, 주방장 마틴 피카드가 아주 맛있고 고급스러운 요리를 만들어 낸다. 오리고기 캔도 한 번 맛보도록 하자. 푸아그라를 오리가슴살로 감싸고 마늘, 백리향 가지, 풍부한 발사믹 메이플 글레이즈를 넣어 만든 것이다. 보통 셀러리 퓌레를 발라 구운 빵 위에 얹어서 낸다.

■ 경연대회 수상에 빛나는 '토크!(Toque!)'도 캐나다에서 으뜸가는 고급 레스토랑으로 꼽힌다. 신선한 식재료들을 사용한 아주 섬세하고 훌륭한 요리로 유명하다.

■ 조금 저렴한 식당을 찾는다면 '슈바르츠(Schwartz's)'에 가보자. 몬트리올에서 제일 오래된 음식점이다. 몬트리올식 훈제 고기 요리로 유명한데 브리스킷(brisket, 가슴살을 얇게 저며 만든 요리)과 파스트라미(pastrami, 양념한 소고기를 훈제하여 차게 식힌 것)의 중간쯤이라고 생각하면 된다. 이곳의 모든 메뉴는 기름진 음식뿐이라는 것을 유의하자.

닭이나 해산물에 오크라를 넣어 걸쭉하게 만든 수프인 검보(gumbo)는 로우컨트리 지방의 대표적인 음식이다.

미국 사우스캐롤라이나 주

찰스턴 시의 음식 *Charleston Cooking*

찰스턴 역사 지구의 자갈길을 한가로이 거닐며
미국 남부 지방 특유의 음식과 함께 푸근한 인심을 느껴 보자.

    미국에서 저지대라는 뜻의 '로우컨트리(Lowcountry)'란 사우스캐롤라이나 주의 해안 지역과 조지아 주를 묶어서 가리킨다. 사우스캐롤라이나 주의 찰스턴 시는 로우컨트리에서 음식으로 가장 유명한 곳이다. 이 지방 음식의 핵심은 무엇보다도 신선한 식재료들을 전통적인 방식으로 조리하는 데 있다. 쌀, 거칠게 찧은 밀, 농장에서 갓 수확한 채소와 과일, 당일 잡은 해산물 등을 이용해 아프리카, 카리브 해, 프랑스와 그 외 다른 나라들에서 전해 온 방식으로 요리한다.

아침 식사로 거칠게 빻은 옥수수 가루에 우유를 넣고 그 위에 버터를 듬뿍 뿌려 만든 밀요리와 튀긴 새우를 함께 먹어 보자. 미국의 대농장에서 먹던 음식을 제대로 맛보고 싶다면 미들턴 플레이스 하우스 박물관(Middleton Place House Museum)을 찾으면 된다. 18세기 농장의 모습을 그대로 재현한 곳으로, 찰스턴 도심에서 30분 정도 차를 타고 가면 도착한다. 이곳에 있는 레스토랑에서 '메리 셰퍼드 검보(Mary Sheppard's Gumbo)'라는 메뉴를 시도해 보자. 정통 농장식 요리법을 약간 변형해 만든 음식이다. 돼지 뒷다리 관절 부분으로 만든 햄 호크(ham hock), 소고기 갈빗살, 새우, 양파, 토마토, 어린 리마콩, 그 외의 여러 가지 재료를 푸짐하게 넣어 맛이 깊고 풍부하다.

마지막으로 찰스턴에서 놓치지 말고 먹어 봐야 할 음식이 바로 '쉬크랩 수프(she-crab soup)'다. 이름 그대로 암컷 바닷게를 이용해 만든 요리로 맛 좋은 차우더(chowder, 생선이나 조개류와 야채로 만든 걸쭉한 수프)와 비슷하지만 쉬크랩 수프에는 게살과 밝은 오렌지색 알이 함께 들어간다.

When to go 평균 기온이 섭씨 15도에서 26도 사이를 오가는 초봄과 늦가을이 가장 좋다. 매년 3월 초에는 'BB&T 찰스턴 푸드와 와인 페스티벌'이 4일간 열린다. 이때 이 지역 요리사들은 요리 시범을 보이며 와인 시음회도 열린다.

Planning 찰스턴의 음식, 박물관, 재건된 농장 등을 모두 체험하려면 적어도 5일 이상은 필요하다. 카약이나 페리 호, 혹은 관광용 보트를 타고 해안선과 주변 섬들을 돌면서 자연의 경이로움도 느껴 보자.

Websites www.charlestoncvb.com, www.middletonplace.org, www.mavericksouthernkitchens.com, www.charleston-foodandwine.com, www.culinarytoursofcharleston.com

로우컨트리 지방 음식 체험

■ 로우컨트리 지방 요리를 유명 요리사들에게 직접 배워 보자. '찰스턴 쿡스!(Charleston Cooks!)'에서 정기 시연회와 강좌가 열린다. '로우컨트리의 맛'이라는 강좌에서는 매번 다른 요리를 가르쳐 주며, 만든 음식을 시식해 볼 기회도 제공된다.

■ 역사 지구에 위치한 파머스 마켓(Farmers' Market)에 가보자. 3~11월 매주 토요일에 열린다. 라이브로 연주되는 음악을 들으며 농산물, 생화, 장신구, 수공예품 등을 구경할 수 있다.

■ '찰스턴 음식 투어(Culinary Tour of Charleston)'라는 프로그램에서는 찰스턴 음식의 역사에 대해 배우고 레스토랑 주방을 직접 방문하거나 요리 명장들을 만나는 순서도 마련되어 있다. 걷거나 버스를 타고 이동한다.

TOP 10

여행객을 위한 레스토랑
Travelers' Restaurants

멋진 풍경과 함께 훌륭한 식사를 즐길 수 있는 레스토랑에서 여행의 낭만을 만끽해 보자.

❶ 비버 클럽 Beaver Club 캐나다

페어몬트 더 퀸 엘리자베스 호텔에는 3개의 레스토랑이 있다. 그중 하나인 비버 클럽은 캐나다에서 단연 으뜸가는 곳으로 저녁 식사만 제공한다. 화려한 실내, 다양한 와인, 흠잡을 데 없는 서비스로 손님을 맞이한다.

Planning 복장 제한이 있으니 미리 확인한다. www.beaverclub.ca

❷ 글로브 앳 와이브이알 Glove@YVR 캐나다

밴쿠버 공항 호텔에 있는 글로브 앳 와이브이알 레스토랑에 가면 방음창 너머로 노스쇼어 산맥의 멋진 전경이 한눈에 들어온다. 비행 시간을 기다리며 천천히 식사를 즐기는 것도 좋다.

Planning 미국발 비행기 터미널 위쪽에 있다. www.fairmont.com

❸ 오이스터 바 Oyster Bar 미국 뉴욕 주

그랜드 센트럴(Grand Central) 역이 혜성처럼 등장한 1913년, 오이스터 바는 옛 맨해튼 시가지 느낌과 기차 여행의 낭만을 살려 세워졌다. 모듬 구이 요리로 유명하고 30여 가지 종류의 생굴도 맛볼 수 있다.

Planning www.oysterbarny.com

❹ 인디애나폴리스 국제 공항
  Indianapolis International Airport 미국 인디애나 주

인디애나폴리스 신공항은 공항에 대한 기존 인식을 바꾸려는 의도로 디자인한 곳이다. 친환경 디자인은 물론 지역 특선 음식과 라이브 음악이 돋보인다. 아침 식사를 판매하는 파타쵸 온 더 플라이(Patachou on the Fly), 샤피로 코셔 델리(Shapiro's Kosher deli) 등이 있으니 한번 들러 보자.

Planning www.indianapolisairport.com

❺ 엘체페 열차 El Chepe Railroad 멕시코

세계에서 가장 유명한 열차 중 하나인 엘 체페는 태평양 연안의 로스 모치스와 내륙의 치와와를 잇는다. 풍경도 아름답지만 식당차의 일등석에서

제공하는 멕시코 요리도 일품이다. 치킨 케사디야, 나초, 옥수수 수프와 육즙이 풍부한 버거가 주메뉴다.

Planning 일반석에는 과자 자판기밖에 없으니 식당차 일등석을 이용해 보자. www.chepe.com.mx

❻ 도쿄 역 Tokyo Station 일본

도쿄 역의 1층에는 일본 음식을 파는 식당가가 있다. 길 건너 마루노우치 빌딩과 신 마루노우치빌딩에 들러 볼 수도 있다. 매우 다양한 음식을 판매하며 지하도를 통해서 가면 된다.

Planning 아주 다양한 음식점이 줄지어 있다. www.jnto.go.jp

❼ 콜로니얼 트램카 레스토랑
Colonial Tramcar Restaurant 오스트레일리아

세계 최초 이동식 식당차로 1983년에 처음 문을 열었다. 1920~40년대에 진홍색이었던 차에 벨벳과 놋쇠를 입히고 현대식 시설을 갖췄다. 멜버른 도심과 교외 지역을 돌며 운행한다.

Planning 음료를 포함한 3~5코스 요리가 제공된다. 한 달 전에는 예약하는 게 좋다. www.tramrestaurant.com.au

❽ 르 트랑 블뢰 Le Train Bleu 프랑스

1901년에 문을 연 르 트랑 블뢰는 여행객들을 위한 레스토랑이다. 구세계의 우아함과 화려함, 낭만을 갖춘 곳으로 정평이 나 있다. 으리으리한 실내 장식은 벨 에포크 시대 건축물의 진수를 여실히 보여 준다.

Planning 리옹 역에 자리 잡고 있으며 비슷한 분위기의 다른 레스토랑보다 저렴하다. www.le-train-bleu.com

❾ 샴페인 바 Champagne Bar 잉글랜드

빅토리아 시대의 세인트 판크라스(St. Pancras) 역이 유로스타 터미널로 새롭게 태어났다. 유럽에서 가장 길이가 긴 샴페인 바는 외국으로 떠나는 기차 여행을 기념하면서 축배를 들기에 안성맞춤이다.

Planning www.stpancras.com

❿ 플레인 푸드 Plane Food 잉글랜드

미슐랭 별 수상에 빛나는 요리사 고든 램지가 운영하는 현대식 레스토랑으로 런던의 히드로 공항(Heathrow Airport)에 위치해 있다. 공기 역학적인 설계와 활주로가 한눈에 들어오는 풍경, 비행을 테마로 한 장식 등이 멋지다. 시간에 쫓기는 여행객들을 위한 포장 도시락이 특히 맛있다.

Planning 레스토랑은 5번 터미널에 있다. www.gordonramsay.com

275

미국   텍사스 주

샌안토니오 시의 텍사스풍 멕시코 요리
Tex-Mex in San Antonio

샌안토니오 시의 열렬한 미식가들은 새로운 맛집을 발견하거나
즐겨 찾는 식당에 가기 위해 도심을 벗어나는 수고를 마다하지 않는다.

    샌안토니오 시에 가면 미 티에라(Mi Tierra)나 로사리오(Rosario's)처럼 텍사스풍 멕시코 요리로 유명한 식당에 꼭 들러야 한다. 하지만 사람들로 붐비는 도심을 벗어나고 싶다면 북쪽으로 향해 보자. 먼저 점심과 저녁 식사를 파는 작은 음식점 '카페 살시타(Café Salsita)'가 있다. 외관이 멋지거나 독특하진 않지만 '칠리 데 아르볼 살사(chili de arbol salsa)'라는 소스를 먹어 보면 생각이 달라질 것이다. 크림이 많이 들어간 밝은 오렌지색 소스로 걸쭉하고 달짝지근한 맛이 일품이다. 에릭 스페셜(Eric's Special)을 주문하면 거대한 아침 식사용 타코(taco)가 나온다. 두껍게 썬 베이컨 한 조각에 스크램블드 에그, 쫀득쫀득한 노란색 치즈, 피코 데 가요(pico de gallo) 소스가 함께 들어 있다.

샌안토니오 시 사우스타운 예술 지구에 위치한 로사리오는 텍사스풍 멕시코 요리로 유명한 곳이다.

여기서 북쪽으로 5분 정도 더 가면 브로드웨이 지역에 위치한 '타코 거라지(Taco Garage)'가 눈에 들어온다. 자동차 경주 용품, 차량용 의자 등이 전시된 내부에 네온사인과 열대 지방의 분위기까지 더해지니 샌안토니오의 텍스멕스(Tex-Mex, 텍사스와 멕시코적 요소가 혼합된 것) 색채가 강하게 느껴진다. 이곳은 텍사스풍 멕시코 요리의 천국이라고 할 수 있다. 토르티아에 고기를 넣어 말고 매운 칠리 소스를 끼얹은 요리인 '칠레 콘 카르네(chile con carne enchiladas)'나 '칠라킬레스(chilaquiles)'와 같이 기막히게 맛있는 요리를 먹어 볼 수 있다. 칠라킬레스는 할라페뇨 나초와 스크램블 에그를 섞어 구운 것을 부드러운 빵으로 말아서 내는 음식이다. 느끼하고 바삭바삭한 맛, 매운맛이 완벽히 조화된 요리로 채식주의자들도 좋아할 만하다.

좀 더 조용한 음식점을 원한다면 '테카 몰리나(Teka Molina)'로 가보자. 샌안토니오 인스티튜션(San Antonio institution)이라는 식당에서 1937년에 독립해서 개업한 곳이다. 아즈텍을 소재로 한 그림이 걸려 있는 곳에 앉으면 더 좋다. 치즈와 콩, 닭고기, 소고기, 아보카도를 으깨고 양파, 토마토, 고추를 섞은 과카몰리(guacamole) 중 하나를 선택해 소를 채운 콘 토르티야를 맛보자.

When to go 샌안토니오의 여름은 무덥지만 모든 음식점에는 에어컨이 구비되어 있다.

Planning 택시를 타고 도시 외곽으로 간다면 돌아올 때를 대비해 전화번호를 받아 두어야 한다. 로사리오를 비롯해 아침 식사용 타코로 유명한 몇몇 식당들은 주말 아침에 손님이 몰리기도 하지만 오래 기다리지 않아도 된다.

Websites www.cafesalsita.com, www.centralmarket.com, www.mitierracafe.com, www.tacohaven.info

과감한 용기가 필요한 음식

■ '낭비하지 않으면 부족할 일도 없다'는 속담처럼 샌안토니오에서는 소의 어떤 부위도 버리지 않고 먹는다. 아르투로스 바르바코아(Arturo's Barbacoa)에 가서 '바르바코아 타코(barbacoa taco)'를 먹어 보는 것이 제일 무난하다. 소의 머릿고기로 만든 전통 바비큐 요리로 연하고 육즙이 풍부하며 훈제 향이 난다.

■ 티토스 멕시칸 레스토랑(Tito's Mexican Restaurant)에 가서 '라 렝구아(La Lengua)'를 먹어 보는 것도 색다르다. 소 혀를 뭉텅 잘라서 그레이비와 비슷한 소스를 끼얹은 음식이다. 타코 해이븐(Taco Haven)를 비롯해 샌안토니오에 있는 다른 식당들은 라 렝구아를 타코에 넣어서 판다. 타코 해이븐에서는 구운 고추를 곁들이고 소스를 뺀 형태로 팔기도 한다.

■ 더 용기를 낼 수 있다면 '메누도 수프(menudo soup)'에 도전해 보자. 소의 위장 고기를 주재료로 하는데 아침 식사로 인기 있다. 마르가리타 칵테일로 인한 숙취에 좋다는 이야기도 있다.

뉴올리언스의 프렌치쿼터에 재즈 음악 선율이 흐르고 있다.

미국 _ 루이지애나 주

뉴올리언스 시의 케이준 요리

Cajun in New Orleans

케이준 요리사들은 유럽 전통 음식과 루이지애나의 좋은 식재료를 결합해
새로운 전통을 만들어 내고 있다.

케이준 요리의 마법은 루이지애나 주의 늪지대에서 싹튼 것이 분명하다. 1755년 캐나다에서 이주해 온 프랑스계 아카디아 인 외에도 스페인 인, 크리올 인, 아메리카 대륙 원주민 등이 루이지애나 주에 보금자리를 꾸려 온, 예로부터 다문화 지역이었기 때문이다. 해산물, 쌀, 사탕수수, 셀러리, 양파, 고추 등 이 지역 농수산물을 재료로 프랑스

식 조리법을 활용해 만든 케이준 요리는 오늘날 다른 지역에서도 사랑받고 있다.

특히 닭이나 해산물에 오크라를 넣어 걸쭉하게 만든 수프인 검보(gumbo), 해산물이나 닭고기 등을 넣은 매콤한 잡탕밥인 잠바라야(jambalaya), 가재파이 등 3가지 요리는 미국의 유명 가수인 행크 윌리엄스의 노래 '잠바라야'의 가사에도 등장할 정도로 인기다.

케이준 요리는 이국적인 맛만큼이나 요리들의 이름도 독특하다. 돼지나 송아지의 머리나 발을 고아 치즈 모양으로 만든 호그스헤드 치즈(hogshead cheese), 해산물이나 닭고기에 살짝 튀긴 옥수수와 야채를 곁들인 요리인 막 슈(maque choux) 등을 그 예로 들 수 있다. 또 개구리 다리 요리, 악어 소스 피콴테(piquante) 등 늪지대에서 구할 수 있는 식재료를 활용해 요리를 만들기도 한다.

When to go 뉴올리언스와 루이지애나 주 남부를 돌면서 여러 음식을 맛보려면 날씨가 가장 좋은 봄이나 가을에 가야 한다.

Planning 뉴올리언스는 케이준 요리로 유명한 곳이지만 루이지애나의 시골 음식 축제도 빼놓을 수 없다. 맛있는 지방 특선 요리와 멋진 음악 등을 즐길 수 있는 축제다. 뉴이베리아 시에서 3월에 열리는 케이준 핫소스 축제에 가면 입에 불이 나도록 매운 잠바라야를 맛볼 수 있으며 매운 소스 경연 대회도 열린다. 한편 8월에는 델캄버 새우 축제가 열린다. 다양한 새우 요리뿐만 아니라 검보, 새우 포보이(po'boy) 샌드위치, 새우 소스 피콴테 등도 맛볼 수 있다. 라 그랑데 부셰리 데 케이준스(La Grande Boucherie des Cajuns)는 마디그라(Mardi gras, 사순절 전날) 바로 전에 세인트마틴빌에서 열리는 전통 바비큐 축제다.

Websites www.louisianatravel.com, www.chefpaul.com, www.emerils.com, www.shrimpfestival.net, www.cajuncountry.org/boucherie

가재로 만든 특선 요리.

최초의 스타급 요리사

■ 여러 이견이 있을지도 모르겠지만 최초의 스타급 케이준 요리사를 꼽으라면 '폴 프루돔(Paul Prudhomme)'과 '에머릴 라가세(Emeril Lagasse)', 두 명을 떠올리게 된다. 루이지애나 주 남부의 외딴 세인트 랜드리 패리시(ST. Landry Parish)에서 나고 자란 폴은 전국 요리쇼를 개최하고 케이준 요리용 양념들을 출시했다. 그는 특유의 하얀 베레모와 은장 손잡이가 달린 지팡이로 더욱 유명세를 탔다. 후에 미국인 요리사로는 최초로 프랑스 정부가 수여하는 꿈의 메리트 아그리콜(Merite Agricole, 농업공로훈장)을 수여했다.

■ 에머릴은 폴과는 조금 다른 길을 걸으며 케이준 요리사로서의 명성을 얻었다. 매사추세츠 주 출신인 그는 1982년에 뉴올리언스의 커맨더스 팰리스(Commander's Palace)에서 일하기 시작하며 루이지애나 요식업계에 발을 들여놓았다. 후에 에머릴스(Emeril's)라는 간이 식당을 열었으며, 거의 20년간 요리 프로그램들과 NBC 시트콤 등 꾸준히 TV에 출연했다.

올라의 레인보우 세비체.

미국 _ 플로리다 주

마이애미의 누에보 라티노 요리
Nuevo Latino in Miami

이국적인 특산물과 훌륭한 라틴아메리카 출신 요리사들 덕분에 마이애미는 새로운 요리의 선두 주자로 나설 수 있었다.

마이애미의 누에보 라티노 요리는 카리브 해와 라틴아메리카의 강한 풍미와 유서 깊은 유럽식 조리법이 조화를 이룬 요리로, '플로리비안(Flóribbean)'이나 '트로피칼 퓨전(Tropical Fusion)'이라는 이름으로도 알려져 있다. 사우스비치의 올라(Ola) 지역의 요리사 더글라스 로드리게즈는 쿠바의 전통 음식에 영향을 받은 요리들을 선보이고 있다. 바닷가재, 아보카도 샐러드, 살라 로사(salsa rosa) 소스가 들어간 오징어 먹물 엠파나다(empanada, 스페인식 파이 요리), 바삭바삭한 돼지고기 구이를 먹어 보자. 디저트로는 구운 머랭과 바닐라빈 아이스크림을 깔고 그 위에 키 라임 조각을 얹은 뒤 구운 시나몬 호두 튀일(tuile)을 곁들이는 키 라임 파이(Key Lime Pie)가 있다.

오션 드라이브는 사우스비치 음식 지구의 구심점이다.

사우스비치의 유카(Yuca)에서는 요리사 라몬 메드라노의 '유카 세비체(yuca ceviche)'가 입맛을 끌어당긴다. 생강과 라임을 섞은 양념장에 신선한 그루퍼(grouper, 농엇과의 식용 생선), 새우, 오징어, 문어, 바닷가재를 살짝 버무린 음식으로 맛의 조화가 기막히다. 여기에 스코치 고추(Scotch bonnet pepper)를 넣으면 매운맛이 확 살아난다.

한편 바다에서 멀리 떨어진 도랄(Doral) 교외 지역에 있는 치스파(Chispa)는 불꽃 모양의 장식물과 정열적인 라틴 음악으로 유명한 곳이다. 요리에서도 활력이 느껴진다. 플랜테인을 튀겨 부채꼴 모양으로 펼치고 크림을 넣은 과카몰리와 퀘소 블랑코(queso blanco, 스페인 치즈)를 곁들인 다음 살짝 구운 문어와 양념장에 재운 새우를 얹어낸다. 레예노(relleno) 스타일의 마히마히(mahimahi, 식용 돌고래 고기)는 시금치와 만체고(manchego) 치즈로 소를 만들고 유카 튀김과 레몬그라스-고수 모호(mojo) 소스를 곁들인 음식이다.

When to go 마이애미는 따뜻한 날씨와 맑은 하늘 덕분에 1년 내내 휴가지로 각광받는 곳이다. 하지만 여름날 오후 폭풍이 지나가고 나면 후덥지근한 날씨가 이어진다.

Planning 마이애미를 제대로 둘러보려면 자동차를 빌리는 것이 가장 현명하다. 식도락가들을 위해 2월에는 '사우스비치 와인 앤 푸드 축제'와 '팹 페스트 - 해변의 맛(Fab Fest - A Taste of the Beach)', 4월에는 '마이애미 와인 앤 푸드 축제(Miami Wine & Food Festival)'가 마련된다. 또 5~6월에는 '마이애미/바하바 굼베이 페스트(Miami/Bahamas Goombay Fest)', 7월에는 '인터내셔널 망고 페스티벌' 등 연중 음식 축제들이 열린다. 올라, 유카, 치스파 등지에서 예약이 가능하다.

Websites www.miamiandbeaches.com, www.visitflorida.com, www.olamiami.com, www.yuca.com

플랜테인으로 만드는 곁들임 요리

■ 열대 기후 지방의 주식인 플랜테인은 바나나와 비슷하게 생겼지만 더 길고 단단하며 껍질이 두껍다. 지방 함량도 바나나보다 낮다. 요리에서는 채소처럼 쓰이는 경우가 많은데 부드러운 맛과 식감 때문에 라틴 음식에 곁들이기에 매우 좋다.

■ '마두로스(maduros)'를 만들려면 먼저 플랜테인의 껍질이 까맣게 될 정도로 익혀서 당도를 높인다. 그리고 플랜테인을 1.2cm 정도 크기로 어슷하게 썬다. 썰어 놓은 플랜테인을 뜨거운 기름에 노릇노릇하게 튀긴다. 2분 정도가 적당하다. 플랜테인을 백설탕이나 황설탕에 가볍게 굴린 다음 튀기기도 한다.

■ '토스토네(tostones)'는 플렌테인을 두 번 튀기는 것이 특징이다. 덜 익은 녹색 플랜테인을 잘라서 튀기는데 기름기가 너무 많다면 종이 타월로 흡수한다. 그 다음 튀긴 플랜테인을 납작하게 눌러 다시 한 번 튀긴다. 보통 핫소스에 찍어 먹는다. 전채요리로 낼 때는 치즈 토핑을 얹기도 한다.

> 브라질

리우데자네이루의 페이조아다

Feijoada in Rio de Janeiro

> 브라질 전국에 있는 식당과 각 가정에서 만드는 페이조아다의 1,001가지에 달하는 전통 조리법에 대해 여러 의견이 분분하다.

브라질의 민속 음식인 페이조아다는 주중에 팔지 않는 것이 전통이다. 토요일과 공휴일 정오에만 '오 프라타 도 디아(o prata do dia, 오늘의 특선 요리)'라는 메뉴로 판매한다. 브라질로 여행을 간다면 유명한 페이조아다를 찾아다니면서 리우데자네이루를 구경해 보자. 페이조아다는 검은콩과 고기를 함께 넣고 뭉근히 끓인 걸쭉한 육수가 주재료다. 육수는 장작불이나 벽돌 화로에 우려야 제맛이 난다. 들어가는 고기 종류는 다양하지만 정통 페이조아다에는 비계를 발라낸 돼지고기, 베이컨, 소시지, 말린 소고기 등을 쓴다. 고급 레스토랑의 페이조아다 중에는 비계를 발라낸 돼지고기 대신 육즙이 풍부한

페이조아다와 전통적인 곁들임 음식들.

283

파인애플 행상이 이파네마 해변을 돌고 있다.

고기를 넣은 것도 있다. 심지어 일부 레스토랑에서는 채식주의자들을 위한 페이조아다를 선보이기도 한다.

페이조아다에는 흰밥, 감자의 일종인 마니옥 가루, 잘게 썰어서 튀긴 콜라드그린, 오렌지 조각을 곁들여 낸다. 페이조아다와 궁합이 잘 맞는 음료는 차가운 라이트 맥주나 카이피리냐(caipirinha)다. 카이피리냐는 카샤사(cachaca, 사탕수수 증류주)와 라임즙에 얼음을 넣은 브라질 전통 칵테일을 가리킨다.

공휴일이 되면 페이조아다를 먹을 수 있는 곳이 많다. 부유한 이파네마 지역의 5성 호텔은 물론이고 언덕배기에 있는 빈민가에서도 소박한 화덕에 페이조아다를 만들어 먹는다. 독특한 아르누보풍 장식으로 잘 알려진 콘페이타리아 콜롬보(Confeitaria Colombo) 레스토랑에 가면 리우데자네이루에서 제일 맛있는 페이조아다를 먹을 수 있다. 하지만 주말까지 기다리기 힘든 일정이라면 리우데자네이루 남쪽 이파네마 지구에 있는 카사 다 페이조아다(Casa da Feijoada)에 가보자. 여러 종류로 변형시킨 페이조아다를 요일에 상관없이 맛볼 수 있다.

When to go 리우데자네이루의 겨울인 7~9월은 최고 기온이 섭씨 24도 정도의 따뜻한 날씨가 이어진다. 하지만 여름에는 최고 기온이 40도까지 올라가기도 한다. 관광 성수기는 크리스마스 일주일 전부터 시작되어 2~3월에 열리는 카니발 기간까지 계속된다. 가장 북적대는 기간이지만 그만큼 신나는 여행이 될 것이다.

Planning 카니발 기간이나 12월 31일에 묵을 숙소를 구하려면 최소한 1년 전에 예약을 해야 한다. 또한 이 시기에는 아주 훌륭한 페이조아다를 먹을 수 있는 곳이 많다. 길거리 파티나 삼바 학교에서 주최하는 파티 등에 가면 된다.

Websites www.travel.aol.com, www.ipanema.com

페이조아다의 탄생 배경

■ 아프리카에서 브라질로 온 노예들이 버려진 돼지고기 조각을 주워다 콩, 말린 소고기, 마니옥 등이 들어간 배급 식량과 함께 먹은 것에서 유래했다는 설이 가장 유력하다. 하지만 콩과 고기를 주재료로 한 스튜가 포르투갈의 주식인 점을 감안한다면 몇몇 역사가들의 말처럼 초기 포르투갈 출신 정착민들이 브라질에 들여온 것일 수도 있다. 유래가 어찌되었든 페이조아다에는 브라질의 전통 조리법이 많이 가미됐다. 마니옥 가루를 이용해 페이조아다에 감초처럼 들어가는 '파로파(farofa)'를 만드는 것을 봐도 알 수 있다. 마니옥 가루는 브라질 인디언들의 주식이었다. 세계의 다른 유명 요리들과 마찬가지로 페이조아다 역시 다양한 재료와 여러 문화가 융합되며 계속 변화하고 있다.

산후안 구시가지에는 전통 음식점과 현대적인 레스토랑 등이 많아 더욱 볼 만하다.

푸에르토리코

산후안에서 맛보는 퓨전 요리

San Juan's New Cuisine

푸에르토리코의 수도인 산후안은 과감하고 새로운 맛의 중심지다.

    라틴아메리카 요리는 아메리카 원주민, 스페인 인, 아프리카 인, 기타 민족의 전통을 조화롭게 담고 있으며 요리법은 프랑스 방식을 따른다. 누에보 라티노, 뉴 캐리비안, 뉴 푸에르토리칸, 엑소티코 크리올료(exotico criollo) 등으로 불리는 이 지역의 현대적 요리법은 여러 대륙의 음식 문화를 조화시킨 가운데 라틴아메리카 요리를 재미있게 재해석한 것이다. 계속해서 다양한 변화를 시도하기 때문에 오히려 대표 요리라고 할 만한 것이 몇 개 없을 정도다.

누에보 라티노 요리의 창시자 '알프레도 아얄라'는 일생일대의 음식 여행길에 올라 뉴욕과 프랑스의 특급 레스토랑에서 솜씨를 익혔다. 1981년에 푸에르토리코로 돌아온 그는 자신이 배운 요리 기술을 이 지역에서 펼쳐 보기로 마음먹었다. 첫 번째로 문을 연 레스토랑 '알리-올리(Ali-Oli)'에서 푸에르토리코의 전통 크리올료 요리를 새롭게 변화시켜 선보였다. 처음에는 낯선 음식을 꺼리던 손님들이 시간이 지나면서 다시 찾아오기 시작했다. 아얄라는 전문 레스토랑을 여러 개 내고 이 지역 요리사들의 본보기가 되었다. 그의 제자 중 가장 훌륭한 요리사인 윌로 베넷은 푸에르토리코 미술 박물관 내에 있는 '피카요(Pikayo)'를 경영하고 있다. 이외에도 카리브 힐튼호텔에 있는 파시온 포렐 포곤(Pasion por el Fogon)의 '미르타 페레즈', 펠라(Perla)의 '데인 스미스' 등도 역시 선구자로 꼽힌다.

누에보 라티노 요리가 전 세계 많은 지역의 특색을 담고 있기는 하지만 가장 큰 특징은 역시 신선함이다. 또한 플랜테인, 유카, 염소고기 등 현지산 식재료를 활용하거나 망고 혹은 시트러스를 넣은 진한 양념장, 다크 럼 소스 등을 써서 강한 맛을 내기도 한다.

When to go 푸에르토리코는 1년 내내 섭씨 23도에서 29도 사이의 따뜻한 기온을 유지한다.

Planning 산후안 구시가지를 돌아보는 데는 대중교통을 이용하거나 걷는 것이 가장 좋다. 일부 고급 레스토랑에 가려면 점잖은 복장을 해야 하고 미리 예약을 꼭 해야 한다. 실내 냉방이 잘 되어 있다.

Websites www.gotopuertorico.com, www.restaurantsinpr.com, www.oofrestaurants.com, www.saboreapuertorico.com

푸에르토리코의 자랑거리

- 푸에르토리코는 사탕수수를 거의 재배하지 않는 국가이면서도 세계 최대 럼 생산국이라는 점이 특이하다. 종류만 해도 2백여 가지가 넘는데, 그중 '돈큐(DonQ)'와 '바릴리토(Barrilito)'가 유명하다.

- '우프!(Oof!)'는 산후안의 요리를 대표하는 레스토랑 체인이다. 이 체인에 속한 아쿠아비나(Aquavina), 패럿 클럽(Parrot Club) 등의 음식점들은 누에보 라티노 요리를 선보이고 있다. 또한 드래곤플라이(Dragonfly)에서는 아시아 퓨전 요리를, 토로 살라오(Toro Salao)에서는 타파스를 맛볼 수 있다.

멕시코시티의 전통 음식점에 가면 신선하고 매운맛이 일품인 몰레를 맛볼 수 있다.

멕시코

멕시코시티의 맛 *Flavors of Mexico City*

멕시코시티의 고대 음식들이 전통과 현대의 맛이 조화를 이루며 변화하고 있다.

멕시코시티의 디스트리토 페더럴(Distrito Federal, 연방 정부가 있는 특별 행정 구역)에는 현지인들이 '엘 데에페(El DF)'라고 부르는 1만 5천여 개의 레스토랑이 모여 있다. 이 지방 특선 요리와 현대 멕시칸 요리뿐만 아니라 멕시코 각 주를 대표하는 음식까지 갖춰져 있어서 메뉴와 가격대가 매우 다양하다.

요리사 티티타 라미레즈가 있는 '엘 바히오(El Bajio)' 레스토랑은 아스카포잘코 콜로니아 근처에 있다. 이곳에서는 미초아칸 주의 돼지고기 요리인 카르니타스(carnitas)를 비롯해 멕시코시티의 특선 요리들을 맛볼 수 있다. 오악사카 주 특선 요리를 맛보고 싶다면 멕시코시티 남부의 콜로니아 포르탈레스에 있는 '카사 네리(Casa Neri)'에 가보자. 손님들이 야외 테라스에 앉아 식사하고 있는 모습을 볼 수 있을 것이다. 푸에블라 지역의 몰레 소스(mole, 칠리, 향신료, 초콜릿으로 만든 맛있는 소스)와 비슷하지만 호박이나 참깨를 주재료로 만든 피피안(pipian)을 즐기려면 콜로니아 나르바르테에 있는 '이카로(Ikaro)'에 들러 보자.

잘게 찢은 칠면조 고기과 과일, 야채를 얹은 유카탄식 토스타다 토르티야.

또한 콜로니아 나폴레스에 있는 '엘 하바네로(El Habanero)'에서는 유카탄 반도의 매운 양념을 한 돼지고기 요리인 피빌(pibil)을 전통적인 방식대로 즐길 수 있다. 차풀테펙(Chapultepec) 공원의 북쪽 콜로니아 폴란코에 위치한 '이조테(Izote)'의 현대적인 요리는 가히 최고라 할 수 있다. 이 레스토랑의 메뉴는 스페인 정복 이전 시대 요리들을 응용한 것으로, 호박꽃 수프나 하비스쿠스 몰레 소스를 얹은 향긋한 새우 등이 대표적이다. 스페인 정복 이전의 아즈텍 요리를 제대로 즐기려면 유서 깊은 도심의 중심부에 있는 '폰다 돈 촌(Fonda Don Chon)'에 가보자. 과감한 도전을 하고 싶은 미식가들을 위해 메뚜기 튀김, 애벌레 요리, 망고 소스를 뿌린 아르마딜로(armadillo, 남미의 야행성 포유동물) 요리 등이 준비되어 있다.

멕시코의 식사 시간

- 가벼운 아침 식사를 가리켜 '데사유노(desayuno)'라고 하는데 보통 스위트롤 빵과 커피를 먹는다. 정통 멕시코식 아침 식사를 하고 싶다면 거리 가판대에서 파는 타말레를 먹어 보자.

- '알무에르소(almuerzo)'는 오전 늦게 먹는 브런치를 말한다. 토르티야 위에 계란 프라이와 살사 소스 등을 얹은 요리인 우에보스 란체로스(huevos rancheros) 같은 달걀 요리가 주를 이룬다. 레스토랑 대부분이 오전 10시까지 알무에르소를 판다.

- '코미다(comida)'는 오후 2~4시 사이에 먹는 식사를 말한다. 코미다 코리다(comida corrida)라고 써 붙인 식당을 찾으면 된다. '오늘의 메뉴'로 저렴한 가격에 정식을 먹을 수 있다.

- '세나(cena)'는 밤 9~10시 정도 늦은 시간에 먹는 가벼운 저녁 식사를 뜻한다.

When to go 멕시코시티는 연중 내내 음식 천국이다.

Planning 레스토랑은 미리 예약해야 하며 복장 제한이 있는지 꼭 확인하도록 하자. 멕시코는 광역 대중교통망을 갖추고 있으며 택시도 많다. 늦은 밤에는 우리나라의 콜택시와 비슷한 '택시 세구로(taxi seguro, 안전택시라는 뜻)'가 운행된다. 레스토랑, 바, 클럽 등에서 대신 불러 주거나 전화번호를 주기도 한다.

Websites www.visitmexico.com, www.mexconnect.com

아르헨티나

부에노스아이레스의 스테이크
Steak in Buenos Aires

고기 요리의 천국인 부에노스아이레스에 가면 소고기만으로 하루 세 끼를 먹을 수도 있다.

라틴아메리카의 우아하면서도 활기 넘치는 도시 부에노스아이레스에 가면 스테이크를 먹을 기회가 아주 많다. 전 세계에서도 최고로 치는 소고기가 넘쳐나고, 이곳 사람들은 매일같이 소고기를 먹는다. 값도 싸서 엄청나게 큰 특대 스테이크 가격이 20달러도 채 되지 않을 정도다.

일요일을 멋지게 보내고 싶다면 부에노스아이레스 근교의 산텔모(San telmo) 지역에 가보자. 도레고 광장(Plaza Dorrego)의 골동품 좌판에는 지팡이부터 오래된 단추까지 없는 물건이 없다. 잠시 탱고를 감상하고 나면 이제 소박한 데스니벨(Desnivel) 지역으로 향하자. 완벽하게 구운 스테이크와 독한 말벡(Malbec) 와인이 우리를 기다린다. 부에노스아

카페 토르티니에서 5월 거리를 따라 서쪽으로 걷다 보면 팔라시오 바롤로(Palacio Barolo)가 나온다.

이레스 북동쪽에 위치한 쇼핑의 천국, 팔레르모 지역에 가면 '라 카브레라(La Cabrera)'라는 스테이크 전문점이 있다. 부에노스아이레스 인근 지역을 통틀어 제일로 꼽히는 곳으로, 전통 방식으로 조리한 맛있는 스테이크와 무척 다양한 곁들임 요리를 판매하고 있다.

소에게서 우리가 얻을 수 있는 것은 스테이크에서 그치지 않는다. 눈을 유혹하는 상점에서는 아름다운 수제 소가죽 핸드백이나 신발을 살 수 있다. 아니면 부에노스아이레스만의 특별한 아이스크림 가게에서 캐러맬 향이 향긋한 둘세 데 레체(dulce de leche)를 맛볼 수도 있다.

부에노스아이레스 도심에서는 5월 거리(Avenida de Mayo)에 있는 카페 토르토니(Café Tortoni)에 들러 보자. 이 지역 카페 문화를 경험할 수 있을 것이다. 다음은 근사한 강변에 위치한 푸에르토 마데로 지역에 갈 차례다. 최신식 고급 레스토랑인 '카바나 라스 리라스(Cabana Las Lilas)'에서는 목장에서 직접 기른 소로 만든 스테이크를 판매한다. 또한 양념한 고기로 만든 소를 듬뿍 넣은 페이스트리인 엠파나다(empanadas)와 옥수수, 고기, 야채를 넣은 스튜인 로크로(locro)도 먹어 볼 만하다.

When to go 부에노스아이레스는 크리스마스부터 이듬해 2월까지 한산하다. 현지인들이 포르테뇨(portenos)라고 부르는 여름휴가를 즐기러 여행을 떠나기 때문이다.

Planning 팔레르모 비에조(Palermo Viejo)나 레콜레타(Recoleta) 같은 부티크 호텔을 예약하는 것이 좋다. 수브테(Subte)라는 지하철을 타면 시내를 돌아볼 수 있다. 밤 10시 20분에 막차가 끊기니 주의한다. 부에노스아이레스는 비교적 안전하지만 인가를 받은 무선택시를 예약하고 빈민가 근처는 피하도록 하자.

Websites www.easybuenosairescity.com, www.bue.gov.ar

아르헨티나의 부위별 스테이크

- 아르헨티나에서는 미국이나 유럽과는 다른 방식으로 스테이크 부위를 나눈다. 4가지 주요 부위별 스테이크로는 비페 데 로모(bife de lomo), 비페 데 콰드릴(bife de cuadril), 비페 데 안초(bife de ancho), 비페 데 초리소(bife de chorizo)가 있다. 각각 안심, 우둔살, 가슴살, 갈빗살을 가리키는 말이다. 이외에 티라 데 아사도(tira de asado, 갈비), 바시오(vacio, 안창살 스테이크), 비페 데 코스티라(bife de Costilla, 티본 스테이크) 등도 있다.

- 스테이크는 평평한 바비큐 화덕에 놓고 굽거나 쇠꼬챙이에 세로로 꽂아 직화구이를 하기도 한다. 이보다 좀 더 저렴한 부위를 치미추리(chimichurri) 소스에 재워서 먹기도 한다. 치미추리 소스는 칠리, 피망, 허브, 마늘, 설탕, 양파, 올리브유, 식초를 넣어 만든 것으로 곁들임 음식 역할을 하기도 한다. 바비큐 전문점에 가면 소의 콩팥이나 췌장 등을 맛볼 수도 있다.

도쿄 아사쿠사에 있는 한 이자카야에서 직장인들이 술과 안주를 즐기며 하루를 마무리하고 있다.

일본

도쿄의 이자카야 *Tokyo's Izakaya*

이자카야는 다양하고 맛 좋은 요리들 덕분에 미식가들 사이에 최고의 명소로 자리 잡았다.

　가게, 술 그리고 방(room). 이 세 개의 단어만으로도 이자카야(居酒屋)를 설명하기에 충분하다. 일단 맥주, 사케, 쇼추(燒酎. 곡물·과일·야채 등을 넣고 담근 술) 등 주류 선택의 폭이 넓다. 또한 일본인들은 술을 안주와 함께 즐기고 싶어하기 때문에 이자카야에는 맛있는 요리도 내놓는다. 안주는 스페인의 타파스(tapas)와 비슷한데 그보다는 양이 많다. 하지만 이것만으로 식사가 될 정도는 아니다.

이자카야의 자랑거리라면 이국적인 분위기를 빼놓을 수 없다. 식초를 뿌린 상큼한 무 샐러드와 신선한 스시도 있지만 치즈를 얹은 구운 감자나 작은 사이즈의 피자 등이 주메뉴다. 외국인들에게는 친숙한 메뉴이지만 일본인 입장에서는 이국적인 음식인 것이다.

덴구(天狗)와 같은 대형 체인점에 가면 오밀조밀 좁은 테이블에 모여 앉기도 하지만, 큰 테이블도 여러 개 마련되어 있어서 낯선 사람들과 합석하는 경우가 생긴다. 그러니 현지인과 만날 수밖에 없는 장소다. 가타쿠라(嘉多蔵)는 좀 더 품격 있는 이자카야로 1848년부터 지금까지 한 자리에서 영업을 해왔다. 가타쿠라의 요리는 큰 체인점 형태로 운영되는 곳들보다 훨씬 훌륭하다. 술과 함께 먹으니 음식이 맛있을 수밖에 없다는 것이 성격 좋은 주인의 설명이다. 하지만 두부에 크림치즈를 골고루 바른 자루도후(ざる豆腐)나 달콤한 과일 식초에 담근 미역, 연어와 바질을 곁들인 감자 등의 요리는 그 자체로 매우 훌륭하다. 이자카야에서 말이 안 통한다고 해서 걱정할 필요가 없다. 안주와 술을 주문할 때 메뉴의 사진을 가리키기만 하면 된다.

When to go 벚꽃 구경까지 즐길 수 있는 늦봄이나 낙엽 지는 한가을에 가는 것이 가장 좋다. 도쿄의 여름은 후덥지근하다.

Planning 호텔 안내원에 문의하면 가장 가까운 이자카야로 전화를 걸어 팩스로 약도를 보내달라고 요청해 줄 것이다. 일본에서는 도로 이름을 잘 사용하지 않고 건설일자 순으로 건물 번호를 매기기 때문에 약도가 꼭 필요한 경우가 많다. 이자카야 대부분은 작은 규모에 시끄럽고 붐빈다. 그래서 미리 예약을 해야 하는 경우가 많다.

Websites www.japantravelinfo.com, www.ramla.net/casual_restaurant/tofurorestaurant/tofuro

이자카야에서의 요령

- 이자카야의 안주로는 날것을 먹는 요리와 익힌 요리 모두 준비되어 있다. 소 혀로 만든 스튜, 구운 가지, 굴, 스시 등의 메뉴 이외에도 많은 요리가 있다.

- 일본 술 중에 '그레이프프루트 사와'를 마셔 보자. 사와는 사우어(sour)의 일본식 발음이다. 물을 넣어 희석시킨 쇼추에 얼음과 그레이프프루트즙을 넣어 만든다. 커다란 잔에 담아서 주는데 마시면 기분 좋게 취기가 오르는 술이다.

- 덴구와 도후로(土風炉)는 도쿄 전역을 비롯한 다른 지역에까지 많은 지점을 두고 있는 이자카야 체인이다. 조용하고 사적인 공간을 원하는 손님들이 늘어나면서 도후로의 인기가 높아졌다. 일본 전통식 다다미에 미닫이 문이 달린 방이 준비되어 있다. 필요한 것이 있으면 벨을 눌러서 점원을 부르면 된다.

TOP 10

별난 레스토랑 *Extreme Restaurants*

전 세계의 특이하고 기발한 레스토랑을 찾아가 보자.
새로운 차원의 경험이 기다리고 있을 것이다.

❶ 로열 드래곤 Royal Dragon 태국

로열 드래곤은 1990년대에 세계에서 가장 큰 레스토랑으로 기네스북에 올랐다. 5천 석이 넘는 규모와 1천 명에 달하는 종업원, 하루 찾는 손님 수만도 1만 명에 이른다. 종업원들은 롤러스케이트를 신고 일한다.

`Planning` 방콕의 방나 트랏(Bangna-Trad) 고속도로변에 위치해 있다. 매일 문을 연다. www.royal-dragon.com

❷ 타이타닉 극장 레스토랑
Titanic Theatre Restaurant 오스트레일리아 멜버른

타이타닉 호의 처참했던 밤이 이곳에서 새롭게 태어난다. 정장을 갖춰 입은 승객들이 타이타닉 호에 승선해 마지막 저녁 식사를 재현한다. 현대적인 요리가 주메뉴다.

`Planning` 의상 대여도 가능하다. www.titanic.com.au

❸ 이타 Ithaa 몰디브

수족관이야 레스토랑에서 심심찮게 볼 수 있지만 수중 레스토랑인 '이타'는 다르다. 수족관 기술을 이용해 만든 아크릴 터널에서 식사를 하며 바닷속 풍경을 감상할 수 있다.

`Planning` www.hiltonworldresorts.com

❹ 스노우캐슬 SnowCastle 핀란드

보드카를 제대로 즐기고 싶다면 케미(Kemi)에 위치한 이곳을 찾아가자. 보드카가 얼음 잔에 담겨 나온다. 매년 보수 공사를 해서 새롭게 변신하지만 영하 5도의 실내 온도만큼은 항상 그대로다.

`Planning` 1월 말에서 4월 중순까지 날씨에 맞춰 문을 연다. 예약을 꼭 해야 한다. www.snowcastle.net

❺ 비톨드 부드릭 챔버 Witold Budryk Chamber 폴란드

비엘리치카는 7백 년 역사를 자랑하는 세계 유일의 소금 광산이었다. 하지만 1996년 홍수로 잠기고 난 이후에 관광 명소로 탈바꿈했다. 폴란드

요리를 지하 레스토랑에서 맛보는 색다른 경험을 할 수 있다.

Planning 광산 투어는 3시간 정도 걸린다. 2주 전에 미리 예약하자.
www.kopalnia.pl

❻ 그로타 팔라체세 Grotta Palazzese 이탈리아

이탈리아 북부의 중세 어촌 마을인 폴리냐노 아 마레의 천연 동굴은 어떤 곳보다도 낭만적인 장소다. 동굴 내부의 레스토랑에서 해산물 요리를 맛보자. 식사를 하는 손님들 뒤로 아드리아 해의 넘실대는 파도가 바위에 부서지는 모습이 장관이다.

Planning 5월에서 10월까지 영업한다. 바리(Bari)에서 기차로 30분 거리에 있다. www.grottapalazzese.it

❼ 포르테차 메디체아 Fortezza Medicea 이탈리아

경비가 삼엄한 감옥 안에 있는 레스토랑으로 한 달에 한 번 문을 연다. 손님들은 보안 검색절차를 거쳐야 한다. 보통 몇 달 후까지 예약이 꽉 차 있다. 토스카나의 일류 요리사들이 새로운 음식과 고급 요리를 선보인다.

Planning 예약하려면 볼테라(Volterra) 관광 사무소로 이메일을 보내면 된다. 전과자는 입장할 수 없다. www.volterratur.it

❽ 당 르 느와르 Dans le Noir 잉글랜드

앞을 보지 못하는 맹인들이 음식을 나르는 이곳은 흥미로워 보이기도 하지만, 장애인에 대한 일반인들의 편견을 없애기 위한 깊은 뜻이 숨어 있다.

Planning 일요일을 제외하고는 매일 저녁 식사에 맞춰 문을 연다.
www.danslenoir.com

❾ 더 트리하우스 The Treehouse 잉글랜드

노섬벌랜드 주의 공작 부인이 황무지를 세계 수준의 정원으로 단장한 곳이다. 그중에서도 세계에서 가장 큰 나무집이 단연 돋보인다. 내부에는 16그루의 라임나무가 철도와 연결되어 있다. 사슴고기처럼 지방색이 짙은 음식을 먹어 보자.

Planning 앨느머스(Alnmouth) 역과 가장 가깝다. www.alnwickgarden.com

❿ 페를란 Perlan 아이슬란드

1991년 물탱크 꼭대기에 유리로 된 회전 돔을 설치하면서 레이캬비크(Reykjavik)에서 으뜸가는 최신 고급 레스토랑으로 자리매김했다. 소금에 절인 대구, 고래, 바다오리 등을 맛보자.

Planning 레스토랑이 한 바퀴 회전하는 데 두 시간이 걸린다. 저녁에만 문을 연다. www.perlan.is

필리핀

마닐라의 통돼지 꼬치구이
Spit-Roasted Pig in Manila

필리핀의 수도 마닐라에서 레촌을 먹어 보는 것은 탁월한 선택이다.
시장이나 전문 음식점에서 먹을 수도 있고 포장도 해준다.

필리핀 인구의 약 90퍼센트는 가톨릭교나 기독교 신자로 이루어져 있다. 이슬람교를 믿지 않는 이들에게 돼지고기는 최고의 음식이다. 그중에서도 가장 훌륭한 요리는 '레촌(lechon)'으로 통돼지 꼬치구이를 가리킨다. 양념도 다양하며 곁들여 먹는 음식도 가지가지다. 하지만 어떤 레촌이 가장 맛있는지에 대해서는 의견이 하나로 모인다. 일

마닐라 레촌 지구의 한 상인이 통돼지 꼬치구이를 가지런히 정리하고 있다.

단 껍질이 부드럽고, 노릇노릇한 갈색이며, 부스러질 듯이 바삭바삭한 것이 최고다. 먹는 방법은 지역에 따라 다른데 우선 뼈에서 촉촉하고 연한 고기를 발라내어 잘게 찢는 것은 공통적이다. 그 다음 마닐라와 북쪽의 루손 섬 지방에서는 간단하게 소금과 후추로만 양념을 해서 먹는다. 반면 남쪽에 있는 비사야스와 민다나오 섬에서는 레몬그라스, 봄양파와 다른 양념을 가미한다.

마닐라의 레촌 거리라 할 수 있는 라 로마(La Loma)에 가면 노릇노릇하게 구워진 통돼지를 일렬로 늘어놓고 파는 식당이나 포장 전문 음식점들이 즐비하다. 레촌을 먹어 보기에 적당한 장소는 아닐지 몰라도 눈은 즐겁다.

레스토랑 '카마얀(Kamayan)' 본점에 가보자. 입구에서부터 유리 너머로 돼지고기를 굽는 모습이 훤히 보인다. 우유를 끼얹으며 구운 레촌 데 레체(lechon de leche, 훈제 새끼돼지)가 새콤달콤하면서도 매운 디핑소스와 함께 나온다. 수많은 분점을 낸 '리디아(Lydia's)' 레스토랑은 촉촉하기 이를 데 없는 레촌으로 정평이 나 있다. 주인이 바탕가스(Batangas)에서 직접 운영하는 목장에서 기른 돼지를 쓴다. 한편 토요일에만 열리는 살세도 커뮤니티 마켓에 가면 와자지껄한 분위기 속에서 레촌을 맛볼 수 있다. 지역마다 다른 레촌의 맛도 비교해 볼 수 있는 기회다.

When to go 레촌은 연중 어느 때나 즐길 수 있는 음식이다. 하지만 6~10월 사이의 홍수가 잦은 우기에 가는 것은 피하자.

Planning 필리핀의 옛 수도 케손시티의 서쪽에 위치한 라 로마는 이제 마닐라 북동부의 광대한 도심지로 변모했다. 이 지역 전체가 돼지 꼬치구이를 만들어 파는 음식점과도 같다. 레촌을 파는 식당은 마닐라 어디에서나 찾을 수 있다.

Websites www.lydias lechon.com, www.manila.gov.ph

레촌 식사 예절

- 레촌은 가족, 친구들과 편하고 즐겁게 나눠 먹는 음식이지만 지켜야 할 식사 예절이 있다. 모두가 테이블에 둘러앉아 기다리다가 레촌이 나오면 얼른 달려들어 바삭바삭한 껍질부터 먹기 시작해야 한다. 그 다음에는 귀, 꼬리, 갈빗살, 지방이 많은 목살 순으로 먹는다.

- 레촌 같은 음식은 포크나 나이프보다 손으로 먹는 것이 제격이다. 이렇게 레촌을 나눠 먹으면서 서로 간의 정도 더욱 깊어진다. 필리핀 사람들은 자기 몫보다 많이 먹으려고 덤비는 것을 좋아하지 않는다.

싱가포르의 해안선을 따라 코코야자나무들이 자라고 있고, 그 너머에 멋진 현대식 마천루들이 들어차 있다.

싱가포르

싱가포르 스타일 *Dining Singapore Style*

**말랑말랑한 인도식 크레이프에서 향긋한 스프링롤까지
싱가포르 요리에는 다양한 음식 문화가 담겨 있다.**

음식을 향한 열렬한 애정이야말로 싱가포르 사람들의 가장 큰 특징일 것이다. 오죽하면 식사하셨냐는 물음으로 인사를 대신할 정도이니 이들의 음식 사랑은 정말 뜨겁다. 싱가포르만의 음식 스타일은 여러 나라의 다양한 문화가 뒤섞여 완성된 것이다. 이 과정을 직접 체험하는 것이 싱가포르 음식 기행의 묘미다.

인도 문화의 중심지인 리틀 인디아(Little India)의 테카 마켓(Tekka Market)을 돌아보는 것으로 음식 기행을 시작해 보자. 고등어와 민물 생선, 분홍새우 등을 진열한 쟁반 옆으로 조그만 가지, 코코넛, 향이 강한 고수와 레몬그라스, 알이 굵은 토마토, 칠리 등을 첩첩이 쌓아 올린 좌판들까지 꽉 들어차 있다. 작은 식당들이 밀집한 시장 근처에는 음식 냄새가 진동한다. 생선대가리에 커민과 파인애플 조각을 넣고 끓인 카레, 납작한 인도 빵인 난(naan), 버터를 넣은 닭고기 스튜 등이 섞인 냄새다. 이곳에서 기차로 몇 정거장 떨어진 탄종 파가(Tanjong Pagar)에 가면 차이나타운의 부드러운 누들과 뚝배기에 익힌 해산물 요리가 입맛을 당긴다.

반면 아랍쿼터에서는 이국적인 색채가 물씬 풍긴다. 알록달록한 케이크도 있고, 노란 쌀로 지은 밥을 곁들인 향긋한 렌당(rending, 신선한 코코넛밀크를 넣은 소고기 요리)도 맛볼 수 있다. 시간이 부족하다면 가까운 노점상에서 여러 가지 요리들의 조화를 경험해 볼 수 있을 것이다. 싱가포르 전역에는 노점상이 모여 형성한 푸드센터가 120여 곳이나 있다. 굴 오믈렛에서 튀긴 스프링롤까지 온갖 음식을 맛볼 수 있는 장소다.

When to go 연중 열대성 기후이므로 어느 때에 가든지 상관없다. 12~1월 사이의 우기에는 기온이 약간 내려가기도 하지만 이 시기를 제외하고는 평균 섭씨 30도를 웃돈다.

Planning 싱가포르를 돌아보는 데는 일주일 정도가 알맞다. 좋은 호텔들은 대부분 오차드 로드(Orchard Road)나 마리나 베이(Marina Bay)를 따라 운집해 있다. 이 지역에서 지하철이나 택시를 타면 주요 관광 명소에 쉽게 갈 수 있다. 어디에서든 팁을 줄 필요는 없다.

Websites www.visitsingapore.com

페라나칸 요리

- 싱가포르에 사는 페라나칸은 이곳에 살던 말레이 인과 18~19세기에 건너온 중국 상인들의 혼혈 인종이다. 시간이 흐르면서 두 문화가 혼합되어 독특한 언어, 의상, 관습, 음식문화를 형성하게 되었다.

- 이스트코스트 쿼터 중에서도 특히 이스트코스트 로드 지역이 페라나칸 문화의 중심지다. 이곳에 가면 좌판을 옮겨 다니며 음식 맛을 보다가 해가 지는 줄도 모른다. 어묵을 썰어 넣은 매운 락사(laksa) 수프, 돼지고기와 은행나무 열매로 만든 소를 채운 만두, 얇은 코코넛 조각을 입힌 판단(pandan) 향 케이크 등을 맛볼 수 있다.

- 이스트코스트 로드 지역에 있는 페라나칸 음식점들은 칠리 삼발(sambal, 매운 소스), 블랙너트를 넣은 닭고기 요리, 돼지고기·게살 미트볼, 냄새가 좋은 어묵 등을 판다. 과자류 중에는 종려당(palm sugar)을 넣은 사고 푸딩(sago pudding)과 스위트 코코넛밀크에 적신 타피오카(tapioca)가 특히 맛있다.

장작을 때는 전통 방식 화덕에 오리를 굽는다.

중국

베이징 오리구이 *Beijing Roast Duck*

향나무로 화덕에 불을 지펴서 구워 낸 바삭바삭한 오리구이는
무척 간단하면서도 중국에서 으뜸가는 요리로 손꼽힌다.

    중국에서 길을 걷다가 커다랗고 부리가 노란 오리가 걸린 곳을 발견했다면 취안쥐더(全聚德)의 분점 중 하나일 것이다. 취안쥐더는 베이징 오리구이(베이징덕)로 잘 알려진 음식점으로 어디에서나 쉽게 눈에 띈다. 본점은 1864년에 처음 문을 열었다. 당시 중국은 공산주의 통치가 시작되면서 수십 년 동안 사기업들을 탄압했고 결국 대부분 폐업

해야 했다. 하지만 취안쥐더는 건재했으며 지금은 베이징 전역에 분점이 분포해 있다. 길에서 취안쥐더의 호객꾼들이 무엇을 먹을지 고민하고 있는 손님들을 가게로 잡아 이끄는 모습을 볼 수 있다.

베이징 어디에서나 먹을 수 있는 오리구이는 스티로폼 상자에 포장해 갈 수 있는 저렴한 메뉴에서 연회장의 코스 요리에까지 다양하게 쓰인다. 조리법은 우선 오리의 껍질과 살 사이에 물을 집어 넣는다. 그리고 대추나무, 배나무, 감나무 등의 장작을 섞어 불을 땐 화덕에 매달아 굽는데 이는 취안쥐더의 요리법을 따른 것이다. 이런 방식으로 구으면 껍질은 바삭바삭해지고, 살은 부드럽고 연해진다.

구운 오리를 썰어서 다진 골파, 길게 썬 오이, 매실 소스, 밀전병와 함께 낸다. 밀전병에 소스를 약간 바르고 한 쪽 끝에는 야채를, 다른 쪽에는 오리고기를 얹어 돌돌 말아 먹으면 된다. 오리구이에는 오리 수프가 따라 나온다. 또한 오리의 각종 부위를 이용한 요리들도 맛볼 수 있는데 오리심장구이, 머스터드 소스를 바른 발, 혀 튀김 등이 있다.

When to go 봄이나 가을이 좋다. 겨울은 매우 춥고 여름은 후덥지근하거나 비가 많이 오기 때문이다. 9~10월이 가장 좋고, 황사를 제외하면 4~5월 초 사이도 괜찮다.

Planning 택시를 타려면 호텔에 부탁해서 행선지의 이름을 중국어로 적어 가는 것이 좋다. 레스토랑의 전화번호를 가지고 택시를 타면 길을 잘 모를 경우 운전수가 레스토랑에 직접 전화를 걸어 줄 수도 있다.

Websites www.quanjude.com, www.meiguoxing.com, www.thebeijingguide.com, www.thebeijinger.com/blog/2009/01/14/Dine-Like-a-Local-with-Beijing-Eats

오리 요리 전문점

- '따똥 카오야(大董烤鴨)'의 두 군데 분점에서 파는 새로운 저지방 오리 요리는 최근 베이징에서 최고로 꼽힌다. 요리사가 솜씨를 발휘해 새롭게 변형시킨 중국 요리와 함께 먹으면 더욱 맛있다. 사진과 함께 영어와 중국어로 쓰인 메뉴를 보고 선택하면 된다.

- '리춘카오야디엔(利群烤鴨店)'은 베이징의 좁은 골목 분위기를 좋아하는 외국인들이 만든 오리 요리 전문점이다. 역사 깊은 천안문 타워의 남동쪽에 있는 건물들이 속속 사라져 가고 있는 가운데 뜰이 있는 낡은 전통 가옥에 문을 열었다. 작은 홀로 들어가려면 주방을 거쳐야 하는데 오리 굽는 모습을 구경할 수 있을지도 모른다.

주룽의 골목에 있는 식당에서 뜨거운 딤섬을 포장 판매한다.

중국

홍콩에서 즐기는 딤섬 *Dim Sum in Hong Kong*

무궁무진한 찜 요리의 종류 가운데 원하는 것들을 골라 나만의 메뉴를 만들어 보자.

중국인이 아니더라도 흔히 알고 있는 광둥 어가 있다. 바로 '딤(dim, 點)'과 '섬(sum, 心)'이다. 두 단어를 합하면 쌀로 만든 피, 페이스트리, 면 등에 닭고기, 생선 등 갖은 재료로 만든 소를 채워 찐 작은 만두 요리와 디저트, 수프, 중국 차 등을 통칭하는 말이 된다. 홍콩은 세계 최고의 딤섬으로 정평이 나 있다. 일반 음식점에서 흔히 먹는 기본적인 딤섬에서부터 일류 레스토랑에서 파는 최고급 딤섬과 퓨전 딤섬에 이르기까지 종류는 다양하다.

일단 먹어 보면 그 음식점의 수준을 짐작할 수 있는 전통 딤섬 메뉴로는 '하가우(蝦餃)'와 '슈마이(燒賣)'가 있다. 하가우는 한 입 크기로 자른 새우를 쌀로 만든 만두피에 싼 것이고, 슈마이는 돼지고기 간 것을 쪄서 만든 소를 두부로 된 피로 둥글게 여민 후 게살을 올린 것이다. 우스터소스를 뿌린 쫀득쫀득한 비프볼이나 카레소스를 끼얹은 오징어찜도 있는데, 이는 1997년에 끝난 150년 동안의 영국 식민통치의 영향을 고스란히 보여 주는 딤섬이다. 이보다 더 작은 크기의 딤섬은 서너 개씩 대나무 찜기에 올려서 낸다.

찐 털게로 만든 소가 들어간 만두처럼 색다른 메뉴에는 개당 가격을 지불해야 하는데, 한 개 가격이 튀긴 돼지고기 만두 한 접시와 맞먹을 정도로 비싸다. 딤섬 음식점은 대부분 소·중·대 크기로 메뉴를 나누는데, 양보다는 가격을 기준으로 한 것이다. 중국에는 서로 음식값을 내려고 하는 문화가 있어서, 옆 테이블에서 티격태격 하는 모습을 종종 볼 수도 있다.

When to go 11월에서 이듬해 1월까지는 날씨가 따뜻하고 습도가 낮아 쾌적하다. 여름은 무척 후덥지근하지만 냉방을 하는 곳이 많으니 견딜 만하다.

Planning 이른 아침에도 딤섬을 먹을 수 있지만 보통은 늦은 오전에서 오후까지의 시간대에 먹는다. 오전 11시 30분이 되면 신계(新界) 지역의 큰 딤섬 전문 음식점조차 빈 자리가 없다. 이런 레스토랑들은 종업원들끼리 무전기로 대화할 정도로 규모가 크다.

Websites www.discoverhongkong.com, www.hkstreet.com

딤섬 즐기기

■ '슈자이(書齋)'는 고풍스러운 인테리어가 멋진 레스토랑으로 스탠리 마켓에 있다.

■ '이스턴게이트 시푸드 레스토랑'은 퉁청(東涌)에 있는 초현대식 쇼핑몰 시티게이트(Citygate) 안에 위치해 있다.

■ 람마(南丫) 섬에는 항구가 바라보이는 레스토랑들이 있어서 경치를 감상하면서 저렴한 딤섬을 즐길 수 있다. 어떤 음식점에서는 딤섬이 들어 있는 대나무 찜기를 층층이 높게 쌓아서 카트에 실은 채 음식점 내부를 돈다. 종업원이 찜기의 뚜껑을 열고 아주 뜨거운 딤섬을 보여 주는데, 먹고 싶으면 손가락으로 가리켜 주문하면 된다.

중국

쓰촨 요리 *Sichuan Cooking*

중국 남서부 지방의 쓰촨성에 가서 천상의 요리를 맛보자.
그중에는 엄청나게 매운 음식들도 있다.

    쓰촨 요리의 가장 큰 특징은 매운맛이다. 이 매운맛은 '쓰촨 고추'에서 나오는데 이름과는 달리 후추나 고추와 전혀 관계가 없다. 먹으면 혀가 얼얼해질 정도로 매운 쓰촨 고추는 사실 산초나무의 열매로 레몬과 비슷한 향이 난다.
    예로부터 중국에서는 음식을 자양분이자 약으로 여겼다. 그래서 매운 음식을 먹고 체온이 올라가면 습하고 흐린 날씨에 잘 견딜 수 있다고 믿었다. 하지만 쓰촨 요리에서 매운맛 이외에 중요시 여기는 것이 또 있다. 바로 맵고, 달고, 시고, 짠맛의 조화다.

청두 서쪽에 있는 안란 현수교.

술집과 식당이 늘어서 있는 청두 번화가.

그래서 이 지방 요리사들은 풍부한 지역 특산물을 십분 활용한 수십 가지 요리법을 활용해 맛의 절묘한 조화를 끌어낸다.

인기 만점의 쓰촨 요리들을 먹어 보기에 가장 좋은 곳이 쓰촨성의 성도인 청두(成都)다. 두부에 칠리 소스를 넣고 약한 불에 서서히 익힌 요리인 마파두부, 생선에 주로 사용하는 갖은 양념으로 만든 가지 요리, 차를 넣은 훈제 오리고기, 바싹 튀긴 소고기, 땅콩을 넣은 매운 닭 요리인 공바오지딩(宫保鸡丁), 다양한 피클 등이 대표적인 음식이다.

중국식 샤브샤브라 할 수 있는 훠궈(火鍋)도 쓰촨성의 대표적인 요리 중 하나다. 오리 혀, 삶은 자라, 힘줄 같은 다양한 내장 부위를 이용한 음식을 현지인들은 즐겨 먹지만 외국인들이 시도하기에는 무리가 있다. 청두 어느 곳을 가더라도 길거리 좌판이나 국수 가게, 레스토랑 등에서 파는 간식거리들이 식욕을 자극한다. 먼저 돼지고기 소를 넣은 따끈따끈한 만두가 있다. 여기에 소고기와 채소 고명을 얹은 부드럽고 매콤한 맛의 면 요리도 빼놓을 수 없다.

When to go 청두에 가려면 4~5월과 9~10월을 택하는 것이 가장 좋다. 겨울은 춥고 눈비가 잦으며, 여름은 덥고 습하다.

Planning 2일 정도의 여정이면 넉넉하다. 청두 판다 번식 연구센터와 골동품 시장을 둘러보고 후난 강변 찻집에서 따끈한 녹차 한 잔을 마셔 보자. 뜨겁고 매운 쓰촨성 요리는 꼭 먹어 봐야 한다. 쓰촨성의 전통극인 천극(川劇)을 관람하는 것도 절대 잊지 말자.

Websites www.hiasgourmet.com, www.panda.org.cn

차의 천국

- 청두의 찻집에서 하루 종일 있어도 지루하지 않다. 주전부리를 하고 카드 게임을 즐길 수도 있으며 손톱을 깎거나 귀를 청소해 주는 사람도 있다. 여기에 재스민차, 녹차, 우롱차가 무한대로 제공된다.

- 찻잔을 비우자마자 이 지역에서 '티 닥터(tea doctor)'로 통하는 종업원이 주둥이가 긴 구리 주전자를 들고 다가올 것이다. 그리고 찻잔 바닥에 남아 있는 찻잎에 물을 새로 따라 준다. 솜씨 좋은 종업원들은 멀찍이 서서 물을 따르기도 한다.

- 안타깝게도 중국 전역에서 이런 찻집들이 사라져 가고 있다. 급속한 현대화의 물결 때문이다. 하지만 청두에서는 아직도 이런 전통적인 찻집을 쉽게 찾을 수 있다. 공원이나 절 안에 찻집이 있는 경우도 있다. 간혹 귀를 청소해 주는 광경을 구경할 수도 있는데 귀 후비개와 깃털 등을 이용해 깜짝 놀랄 만큼 꼼꼼히 청소해 준다. 구경하다 보면 직접 서비스를 받고 싶어질 지도 모른다.

칼랑굿 해변의 한 음식점 앞에 소 한 마리가 서 있다.

인도

고아 지방의 복합적인 요리 *Goan Melting Pot*

인도에서 크기가 가장 작은 주인 고아 주는 세계에서 가장 아름다운 해변으로 유명하며 아주 다양한 요리까지 맛볼 수 있는 곳이다.

향신료를 듬뿍 넣은 고아 주의 음식은 주로 새빨간 색에 무척 맵다. 인도의 다른 지역에서 맛볼 수 있는 음식들과는 조금 다른 색과 맛을 보여 준다. 카슈미르 지방에서 들어온 코코넛, 톡 쏘는 코쿰(kokum, 말린 망고스틴 껍질), 레드칠리 등은 이 지방에서 가장 널리 쓰이는 양념이다.

고아 지방 사람들은 해산물을 가장 좋아하지만, 닭고기나 1961년까지 이 지역을 지배했던 포르투갈 인들이 들여온 돼지고기도 즐겨 먹는다. 다양한 고아 지방 특선 요리는 토착민, 이란 인, 포르투갈 인 등 여러 민족의 전통이 혼합되어 형성됐다. 물론 이 지역과 교류가 있었던 동아프리카와 다른 지역의 영향도 받았다. 멋진 해안선을 따라 여행을 즐기면서 바닷가 레스토랑 중 하나를 골라 이 지역 최고의 요리를 즐겨 보자.

　북부로 가면 안주나 해변(Anjuna Beach) 근처의 벼룩시장 뒤에 있는 자비에스(Xaviers)에 들러 보자. 코코넛, 카레잎, 향신료를 넣어 고아식으로 만든 '오늘의 해산물 요리'로 이 지역에서 꽤 유명하다. 칼랑굿 해변에 있는 수자 로보(Souza Lobo)는 고등어 튀김을 맛있고, 살리가오(Saligao) 지역의 플로렌틴(Florentine)은 이 지방 최고의 카프리얼(cafreal, 아프리카식 매운 닭요리)로 이름이 나 있다. 한편 칸돌림 해변 가까이의 티아마 인 무로드 밧도(Teama in Murod Vaddo)에 가면 꼭 생선과 해산물 카레를 먹어 보자.

　이제 남쪽으로 발길을 향하자. 우토르다 해변(Utorda Beach)에 자리한 통나무집 레스토랑 지 밥(Zee Bop)은 꼭 들러야 한다. 멋진 분위기 속에서 정통 고아식 요리를 즐길 수 있는 곳이다. 베탈바팀 해변(Betalbatim Beach)의 마틴스 코너(Martins Corner)도 괜찮다. 이 지방 전통 술인 페니(feni)를 곁들여 요리를 즐기면서 여행을 마무리하자.

When to go 10월에서 이듬해 3월까지가 가장 좋은 기간이다. 4~6월은 찌는 듯이 무덥고 습하며 6~8월에는 지루한 장마가 계속된다. 고아 사람들 중에는 가톨릭 교도가 많기 때문에 2월에는 전 사순절 카니발(pre-Lentan Carnival)이 열린다. 꽃수레와 무희들, 음악가들의 행진으로 흥겹다.

Planning 작지만 매력적인 고아 주의 주도 파나지(Panaji, 혹은 파짐)는 꼭 둘러봐야 한다. 특히 폰테이나스 구역은 좁은 골목길과 밝은 색을 띤 포르투갈 식민 시대 가옥 등으로 유명하다. 파나지에서 가볼 만한 음식점으로는 '맘스 키친(Mum's Kitchen)', '비바 판짐(Viva Panjim)', 포르투갈과 고아의 문화가 절묘한 조화를 이룬 '호스 슈(Horse Shoe)' 등이 있다.

Websites www.goahub.com, www.gogoa.com, goagovt.nic.in

술과 소시지, 과자

■ 페니는 코코넛이나 캐슈넛을 두 번 증류시킨 술이다. 스트레이트나 얼음을 넣어서 온더록스(on the rocks)로 마시는 것도 좋지만 파인애플 주스와 섞으면 제일 맛있다. 매우 독한 술이므로 주의하자.

■ 고아 사람들의 부엌 찬장에는 집에서 만든 매운 소시지가 반드시 들어 있다. 네모지게 썬 돼지고기에 맵디 매운 향신료들을 섞어 만든 피리피리(piripiri)로 양념한 것이다. 소시지는 냉장 시설이 발달하기 이전, 무더운 여름 동안 고기를 보관하는 방편이었다. 고아 지방의 파오(pao) 빵에 소시지를 곁들여 먹으면 주전부리로 그만이다.

■ 고아 지방의 과자 중 하나인 케리 할와(keli halwa, 설탕 시럽에 재운 바나나)는 찹쌀 요리와 마찬가지로 인도의 영향을 받았다. 단 것을 좋아하는 사람들은 보통 포르투갈에서 건너온 비빈카(bibinca)를 가장 좋아한다. 코코넛 팬케이크를 겹겹이 쌓아서 만든 것이다.

■ 고아 북부 지역의 마푸사(Mapusa)에서 열리는 금요일 장(Friday bazaar)은 고아 지방 음식을 가장 다채롭게 즐길 수 있는 기회다. 마푸사라는 지명에는 '판매를 한다'는 뜻이 있다. 누구나 원하는 물건을 가져와서 팔 수 있다. 고아 소시지가 진열된 좌판, 큰 깡통에 넣고 파는 캐슈넛, 병에 든 페니 등을 구경해 보자.

관광객들이 고아 북쪽의 바가토르 해변을 따라 거닐고 있다.

차오프라야 강의 기슭에 위치한 반 클랑 남(Ban-Klang-Nam) 레스토랑에서 직장인들이 점심 식사를 하고 있다.

태국

환상적인 도시 방콕 *Sensational Bangkok*

거대하고 활기찬 도시 방콕은 태국 요리를 사랑하는 이들에게
세계 제일의 음식 천국이다.

    1천여 대의 오토바이와 꼬치구이 좌판을 조심스럽게 지나 왁자지껄한 인파와 노들 가판대를 헤치고 나아간다. 음식 냄새 때문에 식당에 도착하기도 전부터 코가 마비될 정도다. 이것이 미식가들의 성지인 방콕의 풍경이다. 사람들과 분위기, 음식이 모두 정열적이다.

우리는 사람의 혀가 단맛, 짠맛, 신맛, 쓴맛, 감칠맛 등 다섯 가지 미각을 느낄 수 있는 것으로 알고 있다. 하지만 정통 태국 요리를 맛보고 나면 이 사실에 의심을 품을 정도로 입안에서 맛의 향연이 벌어질 것이다.

방콕의 수프는 어딜 가서 먹어도 맛있다. 생선 수프인 '톰 얌 프라(tom yum pla)'는 매운맛과 신맛이 아주 강하다. 하지만 이보다 더 매운맛의 생선 내장 수프를 먹어 본다면 톰 얌 프라는 뒤로 밀릴지도 모른다. 국물이 아닌 다른 음식을 찾는다면 살이 오를 대로 오른 민물 새우를 골라 보는 것은 어떨까? 아니면 바삭바삭하게 튀긴 매운 마늘을 뿌린 닭 튀김을 먹으면서 태국 요리의 맛에 흠뻑 취해 볼 수도 있다.

샐러드는 맛과 식감이 더욱 독특하다. 보기 드문 과일들과 씨앗, 채소가 어우러지는 것은 물론 잘게 자른 바나나꽃 등에서 이국적인 색채까지 느낄 수 있기 때문이다. 저녁을 먹으러 가는 길에는 노점상이 파는 음식에 눈이 매혹되어 발길을 멈출지도 모른다. 하지만 방콕의 수백 개 음식점 중 어디에 가더라도 맛있는 요리를 먹을 수 있으니, 나중을 위해 조금 참는 것이 좋겠다.

When to go 방콕의 연중 기후는 더우면서 습하거나 더우면서 건조한 날씨 중 하나다. 대부분의 사람들은 건조한 날씨를 선호하는데 11월에서 이듬해 2월 사이에 가는 것이 가장 좋다.

Planning 대중교통 수단이 다양할 뿐 아니라 배로도 이동할 수 있기 때문에 호텔을 예약할 때는 위치보다는 가격이나 시설을 따져 봐야 한다. 레스토랑을 예약해야 하는 경우는 거의 없으니 발길을 이끄는 곳을 선택하면 된다. 들어가서 다른 손님들이 맛있게 음식을 먹고 있다면 안심하고 주문해도 좋다.

Websites www.bangkoktourist.com, www.chotechitr.net, www.alifeworteating.com

방콕 최고의 레스토랑

■ 라타나코신(Ratanakosin)의 변두리에 있는 작고 오래된 레스토랑인 '초칫(Chote Chitr)'에 들어가면 친절한 여인이 다가와 무엇을 먹겠느냐고 물을 것이다. 그리고 주방으로 돌아가 재빠르게 음식을 만든다. 직접 고른 메뉴든, 종업원이 권한 것이든 음식 맛이 기가 막히다.

■ 방콕의 길고 번화한 쇼핑가 수쿰윗 로드 바로 옆에 있는 수쿰윗 소이(Sukhumvit Soi) 36번 골목에 가면 '마이 초이스(My Choice)' 레스토랑이 있다. 메뉴는 비록 단출하지만, 복잡한 요리법을 활용한 맛의 조화가 매우 훌륭하다. 1970년대 호텔 로비처럼 꾸민 내부가 마음에 들지 않을 수도 있지만 주방장은 오직 요리에만 신경을 쓴다.

TOP 10

전 세계의 차이나타운 *Chinatowns*

맛과 향 그리고 현실과 동떨어진 동양적 분위기가
신비로운 차이나타운을 찾아가 보자.

❶ 맨해튼 Manhattan 미국 뉴욕 주

수백 개의 중국 식당과 중국과 관련된 상품을 판매하는 가판대, 상점 등이 있다. 육포부터 만두 튀김까지 모든 종류의 중국 음식을 맛볼 수 있다. 세계 최대 규모의 차이나타운 중 한 곳이다.

Planning 커낼 스트리트(Canal Street)에 '차이나타운 탐험' 가판대가 있다. www.explorechinatown.com

❷ 밴쿠버 Vancouver 캐나다

밴쿠버 차이나타운은 캐나다 최대 규모를 자랑한다. 중국 본토 이외에는 유일하게 제대로 갖춰진 중국식 정원이 있다. 여름밤에는 장어, 말린 생선 등을 파는 장이 선다.

Planning www.vancouverchinatown.ca

❸ 샌프란시스코 San Francisco 미국 캘리포니아 주

보통 차이나타운에 가면 정통 중국풍의 분위기를 느끼기가 어렵다. 하지만 샌프란시스코의 차이나타운은 1906년 지진으로 무너진 후 전통 양식을 따라 재건되었다. 북아메리카 최대 규모의 차이나타운으로 동양적인 먹을거리와 볼거리가 가득하다.

Planning 1년 내내 이벤트가 열린다. www.sanfranciscochinatown.com

❹ 아바나 Havana 쿠바

쿠바의 중국인 인구는 무려 4만 명에 이른다. 가장 눈길을 끄는 차이나타운은 차량 통행이 금지된 '카예 쿠치요(Calle Cuchillo)'다. 요란하게 장식한 식당들은 쿠바식 중국 음식과 이탈리아 요리를 함께 판다.

Planning 티엔 탄(Tien Tan)에 가면 정통 중국 요리를 맛볼 수 있다. www.cubatravel.cu

❺ 싱가포르 차이나타운 Singapore

1821년에 처음 생긴 싱가포르의 차이나타운은 재개발을 통해 현대적인 분위기를 갖추게 되었다. 중심 지역인 스미스 스트리트에 가면 음식을 파

는 가판대가 많다. 차이나타운 콤플렉스 푸드센터에는 2백여 개의 음식 가판대가 있다.

`Planning` www.chinatown.org.sg

❻ 비논도 Binondo 필리핀

세계에서 가장 역사가 깊은 비논도 차이나타운은 1594년에 처음 생겨났다. 스페인식 교회, 절, 사원 등이 기묘하게 어우러져 있으며 마닐라에서 으뜸가는 식당가 중 하나로 꼽힌다.

`Planning` 비논도를 제대로 구경하려면 말이 끄는 마차를 이용해 보자. www.islandsphilippines.com

❼ 자카르타 Jakarta 인도네시아

자카르타의 인구 밀집 지역인 글로독(Glodok)은 인도네시아의 차이나타운 중 가장 매력적인 곳이다. 네덜란드 식민 시대의 영향이 인도네시아 전통과 어우러져 멋진 퓨전 요리를 만들어 낸다. 입맛을 돋우는 채식 요리부터 민물 거북 수프, 돼지 내장 스튜까지 다양하다.

`Planning` 밤에는 다소 위험할 수도 있다. www.jakarta-tourism.go.id

❽ 브리즈번 Brisbane 오스트레일리아

이곳에 가면 광둥 요리, 베이징 요리, 후난 요리, 쓰촨 요리를 모두 맛볼 수 있다. 이외에 일본, 태국 등 다양한 아시아 음식도 판매한다.

`Planning` 훌륭한 점심 식사를 제공하는 레스토랑이 많다. www.ourbrisbane.com, www.visitbrisbane.com.au

❾ 런던 London 잉글랜드

런던의 라임하우스 차이나타운은 2차 세계 대전 당시 폭격으로 많은 피해를 입었다. 이곳 주민들이 소호로 이주해 소호 차이나타운이 생겨나면서 런던에 거주하는 중국인들의 명소로 자리매김했다.

`Planning` 중국 설날 축제가 런던 웨스트 엔드에서 성대하게 열린다. www.chinatownlondon.org

❿ 맨체스터 Manchester 잉글랜드

1970년대 처음 생겨난 맨체스터의 차이나타운은 산업화의 뒤안길에서 있던 이 도시를 부활시키는 역할을 했다. 이곳에서 으뜸가는 '양 싱 레스토랑'은 1930년대 상하이식의 훌륭한 딤섬과 맞춤형 연회 음식을 적절히 조화시켜 선보인다.

`Planning` 잉글랜드 북부에 거주하는 중국인들이 모이는 일요일에 맞춰 방문해 보자. www.visitmanchester.com

금속 쟁반 위에 바나나 잎을 깔고 소스와 차이(chai)를 곁들인 것이 '와다'를 내는 전통 방식이다.

인도

방갈로르에서 맛보는 탈리 *Thali in Bangalore*

인도 남쪽에 있는 도시 방갈로르에서는 군침 도는 음식들로 차려진
전통 탈리 요리를 단돈 2달러에 즐길 수 있다.

'마발리 티핀 룸(Mavalli Tiffin Room)'은 입소문을 듣고 찾아온 손님들로 개점 시간부터 문전성시를 이루고, 음식이 동이 나면 문을 닫는다. 약자인 'MTR'이라는 이름으로 더 잘 알려져 있으며, 방갈로르 랄박 식물원(Ralbagh Botanical Garden) 근처의 한 가정집 건물에 자리 잡고 있다. 거실을 식당 홀로 사용한다. 하지만 정작 음식이 나오면 실용적인 외관 같은 것은 눈에 들어오지도 않을 것이다.

문을 열기 시작한 1924년에 개발한 메뉴들 덕분에 지금까지도 많은 사랑을 받고 있는 이곳은 향긋하고 따끈따끈한 최상급 인도 남부 요리들을 제공한다. 맛있는 곁들임 음식에는 주전부리까지 포함된다. 또한 직접 정제한 기(ghee, 정제버터)를 넣어 요리하며, 향신료는 매운맛을 내기 위한 용도가 아니라 음식을 맛있게 하기 위해 쓴다.

정식 탈리(thali) 요리는 탈리라고 부르는 둥근 금속 쟁반에 담아서 나온다. 로티 혹은 차파티라고 부르는 인도식 빵, 밥, 렌즈콩으로 만든 스튜인 삼바(sambar) 혹은 카레, 토마토로 만든 맑고 매콤한 수프인 라삼(rasam), 익힌 야채, 오이 샐러드, 요구르트나 버터 우유가 전통 탈리의 기본 메뉴다.

남자들이 허리에 두르는 천인 도티(dhoti)를 걸친 노인들이 아침을 먹으러 와서 운동복 차림으로 조깅하러 나온 사람들과 어울려 얘기하는 모습은 인도의 실리콘 밸리 방갈로르에서 흔히 볼 수 있는 광경이다. 점심 시간이 되면 손님들이 길게 줄을 선다. 주차가 어렵기는 하지만 이곳의 음식 맛에 반한 사람들에게는 전혀 문제가 되지 않는다.

When to go 방갈로르는 연중 날씨가 좋다.

Planning 마발리 티핀 룸은 손님들에게 먹을 시간과 장소를 지정하는 쿠폰제를 도입하고 있다. 휴일이나 주말은 되도록 피하는 것이 좋다. 줄을 서서 기다린다고 해도 준비한 음식이 동나서 맛을 볼 기회조차 없을 때가 많기 때문이다. 인도 사람들은 왼손을 지저분하게 여기므로 고급 음식점에서는 오른손으로 식사를 하는 것이 좋다. 마발리 티핀 룸은 나모 MTR(Namo MTR)이라는 가게도 함께 운영하며, 이곳에서는 혼합 향신료와 냉동 간식을 판매한다.

Websites www.mtrfoods.com, www.karnatakatourism.org

티핀 타임

- '티프(tiff)'는 스코틀랜드 방언으로 '한 모금'이라는 뜻이다. 그러나 인도에서는 영국 식민통치 시대를 거치며 간단한 식사를 의미하는 말로 변형됐다. '티핀 룸(tiffin room)'이라고 하면 간단한 식사를 할 수 있는 식당을 가리킨다.

- 전통적인 인도 남부의 티핀은 '티핀 타임'이라고 해서 아침이나 늦은 오후 시간대에 '이들리(idlis)'나 '도사(dosas)'를 먹는다. 둘 다 갈아서 살짝 익힌 쌀과 흰 렌즈콩을 섞어 반죽을 한 뒤 하룻밤 두었다가 먹는 것이다. 단, 이들리는 반죽을 특수 용기에 넣고 찌는 반면 도사는 바삭바삭하고 노릇하게 구워서 먹는다.

- '와다(Wadas)'는 노란 렌즈콩이나 흰 렌즈콩을 갈아 만든 반죽에 그린칠리와 다진 생강으로 양념을 하고 뜨거운 기름에 튀긴 음식이다. 이들리나 도사처럼 코코넛 처트니(chutney)와 삼바를 곁들여 낸다.

구운 밤에 아티초크의 속잎과 체리토마토를 곁들인 요리로 보기에도 아름답지만 맛도 훌륭하다.

`오스트레일리아`

시드니의 해산물 요리 *Seafood in Sydney*

신선한 현지산 식재료를 듬뿍 넣은 시드니의 해산물 요리는
이제 새로운 차원으로 발전하고 있다.

오스트레일리아에서 가장 큰 인구 5백만의 대도시 시드니는 미식가들의 천국이다. 이곳의 많은 음식점들이 유럽과 아시아의 요리법을 결합시킨 다양한 음식 문화를 계속 변화시켜 선보인다. 요리사들은 세계에서도 손꼽히는 오스트레일리아 현지산 식재료들을 사용한다. 곡물과 풀을 먹여 키운 소, 육즙이 풍부한 양고기, 방목한 가금류는 물론이고 더 이색적인 식재료인 캥거루나 악어도 있다. 하지만 무엇보다 해산물이야말로 시드니 요리의 백미다.

시드니 하버 브리지(Harbor Bridge) 근처의 더 록스 지구(The Rocks district)에는 요리사 닐 페리의 대표 레스토랑인 '록풀(Rockpool)'이 있다. 시드니 한복판에서 20년 이상 영업하면서 해산물 요리의 기준을 제시해 온 곳이다. 한편 시드니 하버가 바라보이는 로즈 만

(Rose Bay) 지역에는 요리사 그레그 도일이 운영하는 레스토랑 '피어(Pier)'가 있다. 이곳에 가면 신선한 생선, 가리비, 굴, 게, 등을 맛볼 수 있으며, 모든 요리에서 정성과 창의성을 엿보인다. 카피르 라임(kaffir lime)과 바질을 넣은 바닷가재찜은 상큼한 오스트레일리아산 화이트 와인과 함께 먹는 요리로 시드니 음식의 진수를 보여 준다.

달링 하버(Darling Harbor) 근처의 켄트 스트리트에 있는 테쓰야(Tetsuya's)에 가면 '오스트레일리안 모던'이라는 메뉴가 있다. 일본의 제철 식재료와 프랑스 전통 요리법의 멋진 조화로 정평이 나 있으며, 다시마와 회향을 곁들인 바다송어 콩피(confit, 염장한 고기에 기름을 넣고 뭉근히 끓여 만든 요리)가 대표적인 메뉴다.

피시 앤 칩스처럼 좀 더 간소한 음식을 먹고 싶다면 동부 교외 지역의 보터니 만(Botany Bay)에 위치한 프렌치맨스 비치(Frenchmans Beach) 레스토랑으로 가보자. 이곳에서 맛있는 음식을 포장해 바닷가에 앉아 석양을 바라보면서 식사를 즐기는 것도 좋다.

When to go 10~11월 사이의 봄에 가면 제철 음식을 먹을 수 있어서 좋고, 3~4월 사이의 가을에 가면 상쾌한 날씨가 여행자들을 반긴다. 12월에서 이듬해 1월에 이르는 여름은 북적대고 더우므로 추천할 만한 시기는 아니다. 이곳의 겨울은 기온이 섭씨 21도쯤 되어 활동하기 괜찮지만 저녁에는 쌀쌀해지니 겉옷을 준비하는 것이 좋다.

Planning 도시 전체에 훌륭한 레스토랑이 많다. 그중 으뜸으로 손꼽히는 곳들은 중심 비즈니스 지구, 더 록스 지구, 서큘러 키(Circular Quay) 근처, 오페라하우스 등에 위치해 있다.

Websites www.rockpool.com.au, www.pierrestaurant.com.au, www.tetsuyas.com, www.sydnetfishmarket.com.au, www.visitnsw.com/sydney.aspx

시드니 피시 마켓

■ 피어몬트(Pyrmont) 지역에 있는 시드니 피시 마켓(Sydney Fish Market)에서는 신선한 생선과 해산물을 판매한다. 태즈메이니아 섬, 퀸즐랜드 주, 노던테리토리 주 등 전국 각지에서 잡은 것들이다. 아침 일찍 이곳을 방문해 보자. 매주 월요일과 목요일에 장이 서며 예약을 꼭 해야 한다. 시드니 록 오이스터, 새우, 도미, 꽃게, 달고기(John Dory), 양식 대서양 연어 등을 구경해 보자. 이외에도 소박한 해산물 음식점과 간단한 요리를 파는 중국 음식점들이 있으며 시드니 및 세계 각국의 요리사가 진행하는 요리 강좌도 열린다.

아테네 아크로폴리스 꼭대기에 있는 파르테논 신전 덕분에 요리가 더욱 맛있게 느껴질 것이다.

그리스

아테네의 타베르나 *Athenian Tavernas*

그리스의 수도 아테네에서 구운 고기와 해산물에 신선한 야채가 곁들여 나오는 정통 그리스 요리를 먹어 보자.

    미식가들을 소재로 한 오래된 사진과 벽화가 '타베르나 토우 프시리(Taberna tou Psiri)'의 벽을 장식하고 있다. 이곳은 세계적으로 유명한 아크로폴리스 북쪽의 프시리 지구에 위치한 레스토랑으로, 제2차 세계 대전 이후 지금까지 아테네 사람들의 사랑을 듬뿍 받고 있다. 최상급 파이다키아(paidakia, 양고기 요리)를 비롯한 구운 고기 요리와 케프테데스(keftedes, 미트볼), 콜로키시아 케프테데스(kolokithia keftedes, 호박 튀김), 호르타(horta, 익힌 야채), 샐러드 등을 맛볼 수 있는 곳이다.

아크로폴리스 동쪽에 있는 플라카 지구에는 관광객들이 많이 몰려든다. 플라카 지구 변두리의 니코디모스와 불리스 거리에 '파라도시아코 카페네온(Paradosiako Cafe-neon)'이라는 음식점이 있다. 이발소가 있어야 더 어울릴 것 같은 외진 곳이라서 알아보지 못하고 지나치기 쉽지만, 요리사인 크리아 유지니아(kyria Euginia)와 남편 드미트리스(Dimitris)가 함께 만들어 내는 음식은 아테네 최고 수준이다.

메뉴는 매일 바뀌는 '오늘의 특선 요리' 위주로 단출하다. 구운 해산물 요리가 특히 신선하고, 트라프살라(thrapsala)와 칼라마리(다양한 종류의 오징어) 요리가 특히 맛있다. 정어리 구이나 고등어 구이, 멸치 튀김 등 그리스에서 주로 먹는 생선 요리도 그다지 비싸지 않다. 소시지를 좋아한다면 수주키(souzouki)를 주문하는 것도 괜찮다.

유지니아 부부의 자녀들이 아폴로노스 모퉁이 근처에서 '오이노마게리오 파라도시아코(Oinomagerio Paradosiako)'라는 레스토랑을 운영한다. 유지니아가 요리를 맡아 하고 있으니 수준 높은 맛을 기대해도 좋다.

When to go 5~6월이나 9~10월에 방문하는 것이 가장 좋다. 날씨가 따뜻해서 야외 식사를 즐기기에 좋고 관광객이 덜 몰리기 때문이다.

Planning 파라도시아코 근처의 레카(Lekka)에 위치한 '트리안타필로 티스 노스티미아스(Triantafilo Tis Nostimias)'나 티시온 지구의 에프타할쿠에 있는 '스테키 토우 일리아스(Steki tou Illias)'도 가볼 만한 식당으로 꼽힌다. 근처에서 소박한 식당을 찾는다면 '칼라미아(Kalamia)'에 들러 보자. 아테네 북쪽의 키프셀리스 거리와 스카루 거리가 만나는 지점에 있다.

Websites www.greecetravel.com, www.greecefoods.com, www.athensguide.com

아테네의 지하 레스토랑

■ 아테네의 지하 레스토랑에 가볼 계획이 있다면 관광 성수기를 피하는 것이 좋다. 여름에는 보통 문을 닫지만 이 시기를 제외하고는 언제나 맛있는 식사를 즐길 수 있는 편안한 장소이다.

■ '타베르나 사이타(Taverna Saita)'는 예전에 키드나테네온 거리에서 바카리아로(bakaliaro, 소금을 뿌린 대구 구이)를 팔던 식당이었는데 지금은 생선, 구운 고기 요리, 오븐 요리 등을 판매하고 있다.

■ 점심을 먹기에는 소크라투스 지역에 있는 '디오포토(Diopoto)'만한 곳이 없다. 자리에 앉으면 요리사가 종이로 된 테이블보와 와인을 가져다 준다. 메뉴는 생선, 스튜, 샐러드 세 가지로 되어 있다. 새벽 2시는 디오포토에서 가장 신나는 시간이다. 알바니아 인 아코디언 연주가가 등장하면 레스토랑 전체가 춤과 노래에 들썩인다.

`TOP 10`

바닷가 레스토랑 Sea Views To Dine For

부서지는 파도, 상쾌한 바닷바람이 입맛을 돋우는
아름다운 레스토랑으로 여행을 떠나 보자.

❶ 위캐닌니시 인 Wickaninnish Inn 캐나다 브리티시컬럼비아 주

밴쿠버 섬 서부 해안 끝에 위치한 이곳은 겨울이 되면 해일을 보려는 사람들이 모여든다. 240도 각도로 태평양 풍경이 펼쳐지는 포앵트(Pointe) 레스토랑에서 최상급 요리를 맛보자.

`Planning` 밴쿠버 섬으로 가는 페리호는 브리티시컬럼비아와 워싱턴 주에서 탈 수 있다. www.wickinn.com

❷ 보트하우스 Boathouse 미국 사우스캐롤라이나 주

보트하우스는 연안 수로와 대서양 사이의 틈 부분에 위치한 레스토랑으로 해산물이 주메뉴다. 실내 공간도 있고 야외 갑판이나 옥상 바도 마련되어 있다. 신선한 해산물 요리와 일몰 풍경이 일품이다.

`Planning` 보트하우스 크랩 케이크와 생굴을 먹어 보자. 돌고래 요리가 메뉴에 종종 등장하기도 한다. www.boathouserestaurants.com

❸ 네펜시 Nepenthe 미국 캘리포니아 주

캘리포니아의 울퉁불퉁한 해변가 높이 자리 잡은 네펜시에서 일몰을 감상해 보자. 이따금 귀신고래가 이동하는 모습을 볼 수도 있다. 캘리포니아 산 와인과 신선한 음식이 일품이다.

`Planning` www.nepenthebigsur.com

❹ 더 배스 The Baths 오스트레일리아 빅토리아 주

여름이 되면 사람들은 커다란 갑판 발코니로 나와 여유를 누린다. 현대식 해산물 요리를 즐기는 것은 물론 현지인들의 인심도 느껴 보자.

`Planning` 퀸스클리프 소렌토(Queenscliff-Sorrento) 카 페리 터미널과 가깝다. www.thebaths.com.au

❺ 앱슬리 협곡 빈야드 카페
Apsley Gorge Vineyard Café 오스트레일리아 태즈메이니아 주

굴이나 가리비로 만든 요리를 즐긴 후 차가운 샤르도네 와인으로 입가심을 해보자. 식사를 하는 동안 태즈먼 해의 절경을 감상할 수도 있다. 낡아

서 삐걱대는 야외 테이블과 나무로 된 나이프, 포크가 이곳의 매력을 더한다. 이곳의 포도농장에서는 고급 피노 누아와 샤르도네를 생산한다.

Planning 비체노(Bicheno)라는 작은 마을의 외곽에 위치해 있다.
www.apsleygorgevineyard.com.au

❻ 우나와투나 Unawatuna 스리랑카

스리랑카 남부의 우나와투나 해변에 자리한 리조트는 아름답고 외딴 열대천국이다. '킹스피셔'나 '럭키 튜나' 등의 레스토랑에서 스리랑카 대표 요리인 생선 카레를 야외에서 맛볼 수 있다.

Planning 우나와투나는 갈(Galle) 바로 남쪽에 위치해 있다.
www.srilankatourism.org

❼ 클럽 55 Club 55 프랑스

클럽 55는 프랑스 남부 휴양지 생트로페의 풍경에서 절대 빼놓을 수 없는 곳이다. 팜펠로네 해변에 위치한 레스토랑에서 신선한 음식을 맛보면서 지중해의 절경을 감상해 보자.

Planning 미리 예약을 하는 게 좋다. 주말에는 특히 붐빈다.
www.ot-saint-tropez.com

❽ 레이알 클럽 마리팀 Reial Club Maritim 스페인

바르셀로나 왕립 요트 클럽인 레이알 클럽 마리팀은 회원제로 운영된다. 하지만 레스토랑은 회원이 아니어도 입장은 가능하다. 항구의 멋진 풍경과 푸짐한 해산물 요리를 즐기기에 아주 좋다.

Planning 옆문을 이용해 레스토랑으로 입장한다.
www.barcelonaturisme.com

❾ 카페 델 마 Café del Mar 스페인

아름다운 섬 이비사(Ibiza)에 위치한 세계에서 가장 이름난 선셋바(sunset bar)로 음악과 풍경이 한데 어우러져 있다. 해가 지는 순간 손님들은 모두 침묵했다가 일제히 박수를 친다.

Planning 여름에만 영업하며 항상 붐빈다. www.cafedelmarmusic.com

❿ 뮤스보스컴 Muisbosskerm 남아프리카공화국

램버트 만의 뮤스보스컴은 모래사장에서 식사를 즐길 수 있는 야외 레스토랑이다. 특선 해산물 요리를 원하는 대로 만들어 주는데 가격은 정해져 있다. 남아프리카공화국 요리의 진수를 맛볼 수 있는 곳이다.

Planning 식사는 3시간 정도 걸린다. 기회가 된다면 가재 요리도 먹어 보자.
www.muisbosskerm.co.za

나폴리에서는 피자 만드는 묘기를 구경하는 즐거움까지 누릴 수 있다.

이탈리아

나폴리의 피자 *Pizzas in Naples*

피자의 본고장인 이탈리아 남부 도시 나폴리에서 만드는 피자에는
달콤한 토마토와 향긋한 바질이 주로 들어간다.

나폴리에서는 항상 무언가가 끓고 있다. 높게 솟은 베수비오 산에서 용암이 끓고 있다는 말이 아니다. 다름아닌 나폴리 곳곳의 피자 가게에서 벌어지는 일이다. 용암보다 뜨거운 장작불에서 물소젖으로 만든 모차렐라 치즈인 모차렐라 디 부팔라(mozzarella di bufala)가 거품을 내며 끓고 있다. 피자의 여왕이라는 '마르게리타(Margherita) 피자'를 만드는 것이다. 마르게리타라는 이름 또한 여왕과 인연이 깊다. 1889년에 움베르토 1세의

왕비였던 마르게리타 여왕에게 진상하기 위해 처음 만들어졌던 음식이기 때문이다. 모차렐라 치즈에 싱싱한 바질과 현지산 산 마르자노 토마토(San Marzano tomato)를 넣어서 만드는데, 흰색과 녹색, 빨간색의 조화가 이탈리아 국기를 떠올리게 한다.

이외에도 나폴리의 피자 가게 어디에서든 판매하는 음식이 있다. 바로 암적색 토마토 퓌레와 향이 강한 오레가노를 얹은 '마리나라(marinara)'다. 여기에 원한다면 향이 강한 마늘이나 바질잎 몇 장을 더 넣을 수도 있다. 하지만 이보다 더 많은 토핑을 추가하는 음식점이 있다면 그냥 다른 곳으로 가서 먹는 편이 낫다.

어떤 피자 가게에 가서 무슨 피자를 주문하든 기억할 것은 빵 가장자리가 쫄깃하고 가운데 부분은 바삭바삭해야 한다는 것이다. 또 빵에 공기가 들어가 부풀어 올라 있고 불에 그을린 자국이 있어야 한다. 그래야 진짜 나폴리식 피자다. 피자는 90초 정도 재빨리 구워 내는데, 먹는 속도도 아마 이만큼 빠를 것이다.

When to go 7~8월은 기온이 섭씨 40도까지 올라가지만 겨울은 온화한 편이다. 봄과 가을에 가는 것이 가장 좋다.

Planning 피자를 제대로 먹으려면 '다 미켈레(Da Michele)'에 꼭 가봐야 한다. 이곳의 메뉴는 마르게리타 피자와 마리나라 파이, 딱 두 가지다. 오븐에서 따끈하게 굽자마자 꺼내 준다. 점심 시간에 가는 것이 좋다. 더 먹고 싶을 경우 저녁 시간에 맞춰 다시 오면 되기 때문이다. 다 미켈레에서 '알엠 아타나시오(R.M. Attanasio)'까지는 걸어서 금새 도착한다. 알엠 아타나시오에서는 날마다 따뜻한 스폴리아텔레(sfogliatelle) 페이스트리를 만들어 판다. 이곳도 한 번 들러 보는게 좋다.

Websites www.damichele.net, www.alifewortheating.com/italy/a-pizza-tour-of-naples

스폴리아텔라 나폴리타네

■ 나폴리로 떠나기 전에 꼭 배워야 할 단어가 있는데, 마르게리타와 마리나라 이외에 '리치아(riccia)'와 '프롤라(frolla)'가 바로 그것이다. 리치아와 프롤라는 스폴리아텔라의 두 가지 종류를 가리키는 말로, 나폴리의 카페나 페이스트리 가게에서 흔히 파는 달콤한 페이스트리다.

■ 스폴리아텔라는 여러 겹으로 이루어진 페이스트리의 틈에 달걀 커스터드를 채워 만든다. 여기에 들어가는 달걀 커스터드는 설탕을 넣은 리코타 치즈, 바닐라, 설탕에 절인 알록달록한 오렌지나 레몬 등을 넣어 만든다. 스폴리아텔라를 먹으려면 때를 잘 맞춰서 가야 한다. 오전 늦게 페이스트리 가게로 가면 오븐에서 갓 구워 뜨끈뜨끈한 스폴리아텔라를 먹을 수 있다.

■ 리치아는 '구불구불하다'는 뜻을 가지고 있으며, 가리비 모양으로 바삭바삭하게 만든 스폴리아텔라를 가리킬 때 쓰는 말이다. 리치아를 한 입 베어 먹으면 작은 부스러기들을 흘리게 된다. '부드럽다'는 뜻의 프롤라는 리치아보다 부드럽고 말랑말랑하며 노릇노릇한 색깔이다.

이탈리아

볼로냐 *Bologna*

이탈리아 요리의 중심지인 볼로냐 지방은 푸짐한 음식으로 유명하다.
덕분에 기름지다는 뜻의 '라 그라사(La Grassa)'라는 별명까지 얻었다.

　이탈리아 북부에 있는 빨간 지붕의 도시 볼로냐는 중세 시대의 아치형 골목길과 고대의 대학 그리고 음식에 대한 열정으로 이름난 곳이다. 또한 세계 제일의 '라구(ragu) 소스'의 탄생지로도 잘 알려져 있으며, 음식의 종류 역시 무척 다양하다. 비아 클라바투레와 비아 드라페리에 근처에 있는 피아자 광장(Piazza Maggiore) 동쪽의 좁은 골목길을 거닐어 보자. 볼로냐 구시가지에 위치한 이곳은 원래 중세 시대의 시장이 있던 곳이다. 오늘날에는 수십 개의 보테게(botteghe, 작은 상점)가 들어서 있는데 과일 가게, 생선 가게, 파스타 가게, 치즈 가게 등 다양하다.

전 세계 교회 중 다섯 번째로 큰 산 페트로니오 바실리카 옆 마조레 광장에서 이탈리아 북부의 햇살을 즐겨 보자.

그중 단연 으뜸가는 곳은 살루메리에(salumerie), 즉 조리된 식품을 파는 상점이다. '탐부리니(Tamburini)'나 '브루노 에 프랑코(Bruno e Franco)'에서는 수십 종류의 치즈와 갖가지 소를 채운 신선한 토르텔리니(tortellini, 만두처럼 소를 넣은 고리 모양의 파스타), 송로, 자연산 버섯, 골든올리브유 등을 판다. 인기 만점의 상품으로는 말린 후추 열매, 피스타치오, 올리브를 넣은 돼지고기 훈제 소시지인 모르타델라(mortadella), 가공 육류, 돼지 뒷다리를 자연 숙성시켜 만든 최고급 햄인 쿠라텔로(curatello), 뼈를 제거한 돼지족발에 속을 채운 음식인 잠포니(zampone), 향신료가 많이 든 이탈리아 햄인 프로슈토(prosciutto) 등이 있다.

이 식재료들을 이용한 음식을 먹어 보고 싶다면 볼로냐의 유명 레스토랑을 찾아가 보자. 근처에 '리스토란테 디아나(Ristorante Diana)'가 있다. 이보다 조금 저렴하면서 대중적인 이탈리아 레스토랑을 뜻하는 트라토리아(trattoria) 중에는 다 지아니(Da Gianni), 안나 마리아(Anna Maria) 등이 있다. 볼로냐에서 인기가 많은 라자냐, 고기와 야채로 만든 수프인 볼리토 미스토(bollito misto), 프로슈토와 치즈로 감싼 포크커틀릿인 코토레타 알라 볼로네제(cotoletta alla Bolognese) 등을 주문해 보자.

When to go 여름은 덥고 겨울에는 비가 많이 온다. 햇채소가 풍성한 봄에 가는 것이 가장 좋다. 또한 가을에는 볼로냐의 식당에서 송로와 자연산 버섯을 맛볼 수 있다.

Planning 3일이면 된다. 볼로냐 근처에 음식으로 유명한 두 곳이 더 있다. 바로 햄과 파르메산 치즈의 고향인 '파르마'와 발사믹 식초로 세계적으로 유명한 '모데나'다. 여유가 된다면 이곳들도 들러 보자.

Websites www.italytraveller.com, www.eurodestination.com, www.citalia.com, www.deliciousitaly.com

볼로냐에 가면 먹어 봐야 할 음식들

■ 종잇장처럼 얇기 때문에 얇은 '이라는 뜻의 '스폴리아(sfoglia)'라고 부르는 수제 옐로우 에그 파스타를 먹어 보자. 입에서 살살 녹으며 식감이 매우 부드럽다. 흔히 파스타 면을 만들 때 쓰는 것보다 더 고운 밀가루를 사용하며 반죽을 리본 모양으로 잘라 끝을 오므린 것이다.

■ 토르텔리니는 돼지고기나 프로슈토, 향신료, 파르메산 치즈 등으로 소를 채운 파스타다. 브로도(brodo)라고 부르는 맑은 수프에 넣어서 내는 것이 전통 방식이다. 일반적인 크기 보다 더 큰 토르텔리니는 속을 시금치와 리코타로 채우고 버터와 샐비어를 곁들여 먹는다.

니하운 부둣가의 바에 들러 배와 사람들의 모습을 구경해 보자. 덴마크 맥주와 맛있는 안주가 있다면 금상첨화다.

`덴마크`

덴마크의 스뫼르레브뢰 *Danish Smørrebrød*

운치 있는 풍경과 맛있는 요리로 유명한 코펜하겐에서 다양한 종류의 토핑을 얹은 최고의 오픈 샌드위치를 마음껏 먹어 보자.

덴마크의 수도 코펜하겐은 현대적인 디자인의 세련된 호텔과 부티크를 따라 수백 년 된 낡은 건물들이 줄지어 서 있어 운치있다. 또한 훌륭한 요리로도 유명한 도시다. 코펜하겐의 명물인 스뫼르레브뢰는 '버터와 빵'이라는 뜻을 가진 음식으로 오픈 샌드위치를 가리킨다. 이름에서도 알 수 있듯이 스뫼르레브뢰의 기본은 빵이다. 일반적으로 어두운 갈색의 호밀빵에 버터를 얇게 바른다. 그리고 그 위에 다양한 재료들을 얹으면 간단한 식사가 된다. 돼지 간 파테를 빵 위에 얹고 아삭아삭한 오이 피클과 베이컨, 버섯 튀김 등을 곁들여 낸 스뫼르레브뢰가 특히 사랑받고 있다.

항구 도시 코펜하겐에서는 생선이 풍부하기 때문에 해산물을 좋아하는 사람들은 훈제 청어를 빵 위에 얹고 달걀 노른자, 골파, 무 등을 함께 먹기도 한다. 아니면 크림소스를 뿌린 버섯, 훈제 연어나 새우를 얹어서 먹어 보자. 덴마크 새우는 흔히 알고 있는 새우보다 크기가 작지만 맛과 촉촉한 식감은 절대 뒤지지 않는다.

가자미에서 맛있는 덴마크산 치즈에 이르기까지 다양한 토핑을 맛보고 싶다면 '레스토랑 이다 데이비슨(Restaurant Ida Davidsen)'에 가보자. 스토어 콩엔스게이드(Store Kongensgade)에 있는 음식점으로 3백여 종의 스뫼르레브뢰와 함께 세계에서 가장 큰 샌드위치 메뉴를 자랑한다.

When to go 코펜하겐은 봄과 가을에 가장 아름답다. 겨울은 춥고 습하다. 여름은 날씨는 좋지만 관광객들이 몰리는 시기다.

Planning 코펜하겐의 최고급 레스토랑뿐만 아니라 길거리 상점에서도 오픈 샌드위치를 판매한다. 음식값에 팁이 포함되어 있지만 서비스에 만족한다면 따로 팁을 줘도 된다.

Websites www.idadavidsen.dk, www.visitcopenhagen.com

스뫼르레브뢰

- 덴마크 사람들은 식사 예절을 중시한다. 오픈 샌드위치를 먹을 때도 손으로 그냥 집어먹지 않고 포크와 나이프를 사용한다.

- '베테리네리언스 미드나이트 스낵(Veterinarian's Midnight Snack, Drylaegens Natmad)'은 파테를 넣고 소금에 절인 소고기와 고기 젤리에 양파를 얹은 오픈 샌드위치를 판매한다.

- 1843년에 문을 연 코펜하겐의 '티볼리 가든(Tivoli Gardens)'은 세계에서 가장 오래된 공원 중 하나다. 주변에 레스토랑과 카페들이 있다. 니하운(Nyhavn)은 알록달록한 색채의 부둣가 지역으로 바와 레스토랑이 많다.

수많은 요리들로 이뤄진 리즈스타펠은 입과 눈이 동시에 즐거워지는 화려한 만찬이다.

네덜란드

암스테르담의 리즈스타펠 *Rijsttafel in Amsterdam*

리즈스타펠을 구성하는 음식에는 눈물이 나도록 매운 소고기 스튜와
땅콩 소스를 뿌린 야채, 바나나 튀김 등이 있다.

    네덜란드에서 가장 큰 도시인 암스테르담이라고 하면 비에 젖은 자갈길과 나무로 둘러싸인 운하가 떠오른다. 인도네시아식 코스요리라 할 수 있는 리즈스타펠이 탄생한 열대 지방는 너무도 거리가 먼 풍경이다. 하지만 이 습한 북유럽의 대도시에서도 리즈스타펠의 맛은 원조만큼 훌륭하다.

리즈스타펠은 향신료를 듬뿍 넣은 여러 가지 요리로 구성된다. '투유 마레(Tujuh Maret)'나 '사마 세보(Sama Sebo)' 등 암스테르담의 인도네시아 음식점에 가보자. 실내 장식, 친절한 인사 그리고 무엇보다도 이국적인 음식 냄새에 머나먼 열대 지방에 온 것 같은 착각이 든다. 뷔페식으로 직접 음식을 가져와서 먹든 아니면 종업원이 따뜻한 접시에 음식을 담아서 자리로 가져다 주든, 상관없이 음식마다 색다른 맛을 선사한다.

인도네시아는 320년 동안 네덜란드의 식민통치를 받았다. 1949년에 독립한 이후로 네덜란드와 거의 교류가 없지만 음식에서만큼은 그 영향이 뚜렷하게 남아 있다. 예전 식민지 시대에 리즈스타펠은 가장 훌륭한 만찬이었다. 자카르타, 수라바야, 족자카르타 등지에 위치한 널찍한 레스토랑에서 주로 먹을 수 있었는데, 천장에 선풍기가 돌아가는 레스토랑에 들어가 자리에 앉으면 전통 의상을 입은 어린 종업원이 테이블로 식사를 가지고 왔다.

현재 암스테르담을 비롯해 네덜란드 곳곳에 있는 소규모 배달 전문 인도네시아 음식점도 수백 개에 이르며, 리즈스타펠을 구성하는 요리를 맛볼 수 있다.

When to go 암스테르담은 연중 어느 때에 가도 좋다.

Planning '사마 세보'는 PC 후프 27번가(Pieter Corneliszoon Hoofstraat 27)에 있다. 세계적으로 이름난 레이크스 국립미술관(Rijksmuseum art gallery)에서 가깝다. '투유 마레'는 유트레체 73번가(Utrechtsestraat 73)에 자리 잡고 있다. 두 음식점 모두 인기가 높으니 미리 예약을 해야 한다. 거미줄처럼 얽힌 운하 주변의 암스테르담 역사 중심지는 걷거나 자전거를 이용해 돌아볼 수 있다. 중심지 근처에 숙소를 정하는 것이 가장 편하다.

Websites www.tujuh-maret.com, www.samasebo.nl, www.aimsterdam.com

리즈스타펠에 나오는 요리들

■ 리즈스타펠은 보통 6~20개 정도의 요리와 소스로 이루어지는데, 이보다 더 많은 종류의 음식이 올라올 때도 있다. 리즈스타펠은 리즈트(rijst)와 타펠(tafel), 두 단어가 만나 '밥상'이라는 뜻을 가지는데 쌀이 주메뉴라는 단순한 이유로 붙여진 이름이다.

■ 정통 리즈스타펠 고기 요리에는 나시 고렝(nasi goreng, 고기 혹은 해산물을 넣은 볶음밥), 바비 케찹(babi ketjap, 간장을 넣은 돼지고기 요리), 렌당(rending, 매운 소고기 스튜), 페르크델(perkedel, 감자 튀김과 미트볼), 삼발 고렝(sambal goreng, 고기나 생선 요리에 매운 소스를 넣어 스튜로 만든 요리) 등이 있다. 삼발(sambal)은 칠리를 주로 넣어 만든 소스다.

■ 리즈스타펠을 구성하는 다른 요리로는 아트자르(atjar, 맵고 새콤달콤한 야채 샐러드), 가도 가도(gado gado, 땅콩 소스를 넣은 야채), 피상 고렝(pisang goreng, 바나나 튀김), 나시 쿠닝(nasing kuning, 인도네시아식 노란 쌀밥), 크루푹(krupuk, 종잇장처럼 얇은 새우 튀김 크래커) 등이 있다.

빅벤(Big Ben)과 국회의사당의 모습.

잉글랜드

런던의 레스토랑 *London's Restaurants*

음식으로는 별 볼일 없던 런던이 달라졌다.
오늘날 런던에는 전 세계 최고의 요리사들이 모여 훌륭한 요리들을 선보이고 있다.

런던의 스미스필드 정육 시장에서 한 블록 떨어진 곳에 요리사 퍼거스 헨더슨이 운영하는 '세인트 존 레스토랑(St. John Restaurant)'이 있다. 메뉴를 살펴보면 고기의 각종 부위를 아주 알뜰하게 사용하는 것을 알 수 있다. 멧도요, 붉은머리오리 등 구운 새 요리를 비롯해 철에 따라 구운 골수와 내장도 판매한다. 이곳은 30여년 전부터 런던에서 각광받기 시작한 새로운 형태의 레스토랑이다. 이처럼 싱싱한 제철 식재료를 사용해 훌륭한 요리를 만드는 레스토랑이 런던의 유서 깊은 시장 중심가에 모여 있다. 그러므로 이곳을 방문하는 것은 곧 잉글랜드에서 가장 신선한 식재료를 먹어 볼 수 있는 기회라

한때 미생물학자였던 필립 하워드가 더 스퀘어 레스토랑에서 요리를 만들고 있다.

해도 과언이 아니다. 심지어 요리사들은 분위기가 사뭇 다른 웨스트엔드 번화가에서조차 제철 농수산물과 전통 요리법을 보여 주려고 노력한다. 더 스퀘어(The Square)의 요리사인 필립 하워드나 코리건스(Corrigan's)에 있는 요리사 리처드 코리건이 대표적이다.

런던 하이드파크 북쪽 고급 주택지인 메이페어(Mayfair)에서도 상황은 마찬가지다. 성공은 또 다른 성공을 낳기 마련이다. TV 요리 프로그램을 맡은 고든 램지는 정교하고 세심한 요리로 명성을 얻었고, 안젤라 하트넷과 마크 사전트처럼 꾸준히 노력한 요리사들은 자신의 이름을 걸고 일한다. 요리사 사전트는 영화배우들과 외국 왕족들이 즐겨 찾는다는 클라리지스 호텔(Claridge's Hotel)의 수석 주방장이다.

여기서 서쪽으로 더 가면 더 리버 카페(The River Café)가 나온다. 맛있는 음식으로 런던 사람들 모두에게 꾸준히 사랑받고 있는 곳이다. 로즈 그레이 앤 루스 로저스(Rose Gray and Ruth Rogers)는 1987년 템즈 강변에 문을 연 레스토랑이다. 계절에 따른 메뉴를 선보이고 있다. 이탈리아 요리 전문점이지만 신선한 식재료 대부분은 품질이 우수한 이 지역 특산품이다.

When to go 런던은 연중 어느 때 가도 멋진 도시다. 관광객이 몰리지 않는 여름이 특히 좋다.

Planning 런던의 식품 시장에서 신선한 농산품을 구입해 보자. 어번패스(Urbanpath)라는 웹사이트에서 어떤 물품을 판매하고 있는지 확인 가능하다. 좌판에서 마음에 드는 물건을 발견하게 되면 상인에게 말을 건네 보자. 어떤 레스토랑에 납품하는지, 추천해 줄 만한 음식점은 어디인지 등을 물어보는 것도 좋다.

Websites www.urbanpath.com, www.stjohnrestaurant.co.uk, www.squarestaurant.org, www.corrigansmayfair.com

세인트 존스의 치즈 토스트

■ 식사가 끝날 때쯤 '웰시 래빗 (Welsh rarebit)'이라고 하는 치즈 토스트를 먹어 보자. 포만감을 더해 주며 훌륭한 입가심 요리가 되기도 한다. 포트 와인 한 잔을 곁들이면 개운하다.

■ 재료(6인분)

버터 한 덩어리
밀가루 1큰술
잉글리시 머스터드 가루 1작은술
카이엔 페퍼(붉은 고춧가루) 1/2작은술
기네스(Guinness, 흑맥주) 200ml
우스터소스 약간
잘게 자른 체다 치즈 450g
토스트 빵 4조각

1. 팬에 버터를 녹이고 밀가루는 저어 준다.

2. 버터와 밀가루를 함께 넣고 고소한 냄새가 나되 타지 않을 때까지만 끓인다.

3. 머스터드 가루와 카이엔 페퍼를 넣는다. 기네스와 우스터소스를 저은 다음 치즈를 넣고 서서히 녹인다. 치즈가 골고루 녹아 응어리가 없어지면 불을 끄고 깊지 않은 그릇에 부어 둔다.

4. 토스트 위에 1cm 두께로 발라 예열해 둔 오븐에 집어넣는다. 노릇노릇한 기포가 생길 때 꺼내면 된다.

카솔레 그릇에 담긴 카솔레.

프랑스

카술레를 만드는 비법 *Secrets of the Cassoulet*

프랑스 남서부에 있는 카르카손과 카스텔노다리, 툴루즈 등 세 개의 도시와 인근 지역은 최고의 카술레로 유명하다.

프랑스 남부의 카르카손(Carcassonne) 사람들은 맛있는 카술레(cassoulet, 고기와 콩을 넣어 뭉근히 끓인 요리)를 만들려면 붉은다리자고새의 고기를 넣어야 한다고 말한다. 반면 툴루즈(Toulouse)에서는 콩, 돼지고기, 양파, 당근을 푸짐하게 넣은 카술레에 소시지와 콩피 드 카나흐(confit de canad, 절인 오리고기)를 넣어서 한층 깊은 맛을 낸다. 한편 이 두 도시 사이에 위치한 카스텔노다리(Castelnaudary)에서는 돼지갈빗살과 인근 로라게 지방의 오리고기를 카술레에 꼭 넣는다. 이렇게 각기 다른 전통 요리법이 팽팽히 맞서는 가운데 카르카손과 카스텔노다리는 카술레 단체(confreries du cassoulet)까지 세워 자신들만의 독특한 비법을 고수하고자 노력하고 있다.

카술레는 추수철의 새참이나 가족 모임용 요리로 먹기 위해 집에 있는 재료들을 넣어 만든 음식이었다. 카술레의 종류는 다양하지만 모두 콩(타르브 지방의 강낭콩이나 카스텔노다리의 링고)이 기본적으로 들어간다. 또한 뭉근한 불에 오래 끓여야 표면이 바삭바삭하게 익는다. 옛날 사람들은 집에서 카술레 재료를 섞어 빵 굽는 사람에게 가져가 오븐에 넣고 하루 정도 끓여 주면 다시 가져오는 식으로 조리했다.

이제 카술레를 맛볼 차례다. 카르카손의 중세 시대 요새에 가면 레큐 도르(L'Ecu d'Or)에 들러 보자. 5가지 종류의 카술레를 파는 곳이다. 툴루즈 도심에서 미디 운하(Canal du Midi)를 따라 걷다 보면 '오 갸스콩(Au Gascon)'이 눈에 들어온다. 최상급 카술레 요리를 적당한 가격에 판매하고 있는 곳이다. 카스텔노다리에 가면 호텔 드 프랑스(Hotel de France)에서 카술레를 먹고 있는 사람들과 함께 점심을 나눠 보자. 카술레 만드는 비법을 한두 개쯤 배울 수 있을지도 모른다.

When to go 프랑스 남서부는 연중 언제 가도 좋다. 하지만 '카술레 카운티'라고 불리는 이 지역의 음식과 와인을 즐기고 싶다면 추울 때 가는 것이 좋다. 겨울에는 레스토랑에서 검은 송로 버섯을 맛볼 수 있다.

Planning 국제적인 도시 툴루즈에서 주말을 보내는 것도 좋다. 박물관, 콘서트에 가거나 늦은 시간 인파에 섞여 술을 한 잔 즐길 수도 있다. 카르카손의 북서부에는 시삭(Saissac)이라는 곳은 13세기에 알비파가 순결파에 대항하던 중 폐허가 된 성곽이다.

Websites www.carcassonneinfo.com, www.cassoulet.com

카술레 카운티

■ 카르카손에 있는 카술레 유니버설 아카데미에서는 '카술레 루트(Route des Cassoulets)'를 만들었다. 이 길을 따라 전통적인 카술레의 다양한 종류를 체험할 수 있다. 밀과 콩, 해바라기가 자라는 들판, 오리와 거위가 꽥꽥거리는 농장을 지나면서 카술레 요리가 어떻게 탄생하고 후대까지 전해졌는지 알 수 있다.

■ 툴루즈에 가면 카피톨레 중앙 광장(Place du Capitole)에 들러 보자. 매주 화요일과 토요일 아침에 유기농 농산물 장터가 열린다. 인근에 있는 빅토르 휴고 마켓(Marche Victor Hugo)에서도 노점상들이 매일 신선한 농산물을 판매한다.

■ 카스텔노다리 북서부에 있는 마 생테 퓔레(Mas-Saintes-Puelles)의 노트 형제는 '카솔레(cassolles)'라고 부르는 넓은 질그릇을 생산하고 있다. 카스텔노다리가 내려다보이는 프레시디알 박물관(Musee Presidial)에 가면 원조 카솔레를 볼 수 있다.

■ 이 지역에서 생산하는 랑그도크(Languedoc) 와인은 카술레의 진한 맛과 잘 어울린다. 카바르데(Cabardes), 말레페레(Malepere), 진한 붉은색 코르비에르(Corbieres) 와인 등도 괜찮다.

카르카손 시트에서는 카술레가 탄생한 전원지역이 보인다.

> 프랑스

파리의 비스트로 모던 *Bistros Modernes in Paris*

젊은 감각을 지닌 파리의 요리사들이 맛있으면서도 저렴한 비스트로식 요리를 선사한다.

파리에서 복잡하고 섬세한 요리가 성행하던 시절, 이와 반대되는 개념의 부담스럽지 않고 소박한 요리를 추구하는 '비스트로 모던(bistro moderne) 운동'이 시작되었다. 요리사들은 시장에 나온 제철 농수산물이나 비싸지 않은 부위의 고기 등을 눈여겨보기 시작했다. 손님들에게 저렴한 가격에 맛있는 식사를 제공하기 위해서다. 비스트로 모던 운동에 앞장선 사람은 리츠(Ritz), 맥심(Maxim's), 라 투르 다르장(La Tour D'Argent) 등의 레스토랑에서 잔뼈가 굵은 정통 요리사였던 '이브 캉더보르드'다. 그는 1992년 파리 남쪽에 자신의 레스토랑인 라 헤갈라드(La Regalade)를 개업했으며, 푸짐한 요리를 전에 없이 저렴한 가격에 선보이기 시작했다.

종류가 아주 다양한 프랑스 치즈는 디저트 전 단계에서 먹는다. 비스트로 모던 요리의 백미다.

라 헤갈라드의 선전에 힘입어 다른 요리사들도 같은 방식을 활용했고, 비스트로 모던 레스토랑들이 폭발적으로 늘어났다. 레프트뱅크에 가면 무슈 르 프랭스 거리(Rue Monsieur Le Prince)에 있는 '르 하신(Les Racines)'이나 테나르 거리(Rue Thenard)에 있는 드라쿠셀 형제의 '르 프레 베르(Le Pre Verre)'에 들러 보자. 인근에 있는 클루니 저택에서 전설의 태피스트리(tapestry, 벽걸이 융단) 작품인 〈리코른느의 여인(Dame a la Licorne)〉를 감상한 뒤 점심을 즐기기에 안성맞춤인 곳이다. 파리 동부에서는 바스티유 근처의 토마스 뒤프르가 운영하는 '레보슈와(L'Ebauchoir)'나 메닐몽탕(Ménilmontant) 인근에서 니드상 형제가 운영하는 '라 블랑제리(La Boulangerie)'가 좋다.

이 모든 변화를 주도했던 요리사 이브 캉더보르드는 2005년에 라 헤갈라드를 팔고, 현재 레프트뱅크에 있는 생 제르멩 호텔(Hotel St.-Germain)의 작은 비스트로 레스토랑 '르 콩트와(Le Comptoir)'를 이끌고 있다. 테이블은 20개 정도밖에 없지만 모든 손님들은 정식 메뉴로 똑같은 5가지 코스요리를 먹는다. 파리에서 가장 제대로 된 식사를 할 수 있는 곳 중 하나다.

When to go 모든 사람이 봄철에 파리를 여행하고 싶어하지만 미식가들에게는 가을이 더 좋다. 가을이 되면 송로와 푸아그라가 제철을 맞고 여름에 만들어 둔 치즈가 익어 가기 때문이다.

Planning 괜찮은 비스트로 레스토랑을 찾고 있다면 카페에 가서 다른 손님들과 이야기를 나눠 보자. 파리 사람들은 이곳 음식에 대해 잘 알고 있으며 생각보다 훨씬 친절하기 때문이다. 레스토랑을 방문하기 전에 예약은 필수다.

Websites www.hotel-paris-relais-saint-germain.com, www.lebauchoir.com, www.lepreverre.com

비스트로 요리

- 파리의 비스트로 모던 레스토랑에서는 보통 테린(terrine, 잘게 썬 고기나 생선 등을 굳힌 후 차게 식혀서 얇게 썬 전채 요리), 소시지, 말린 고기 외에도 색다른 부위의 고기 요리를 맛볼 수 있다. 리 드 보(riz de veau, 송아지 췌장), 피에 드 코숑(pieds de cochon, 돼지족발), 주 드 뵈프(joue de boeuf, 소의 뺨 부위)를 먹어 보자.

- 비스트로 모던에서는 프랑스 최상급 치즈도 맛볼 수 있다. 종업원에게 치즈 카트를 보여 달라고 요청하자. 치즈 종류가 10가지도 넘는 곳들도 있다. 친절한 종업원이 원하는 치즈와 여기에 곁들일 와인을 고르는 데 도움을 줄 것이다.

르 미라마 레스토랑의 부야베스는 생선 요리와 수프가 따로 나온다.

프랑스

정통 부야베스 *The Real Bouillabaisse*

어부들이 먹는 간단한 식사에서 출발한 부야베스 마르세예즈는 오늘날 세상에서 제일 맛있는 해산물 요리로 거듭났다.

    프랑스의 지중해 연안 항구에서는 부야베스(bouillabaisse)를 잘 선택해서 주문해야 한다. 마르세유의 명물인 이 해산물 스튜에는 전통 요리법에 따라 꼭 함께 넣어야 하는 재료들이 정해져 있다. 옛날 마르세유 어부들이 바다에서 항구로 돌아오면 잡은 해산물 중 팔 수 있는 것을 추리고 남은 것을 집으로 가지고 가서 끓여 먹었다. 그리고 여기에 마늘빵과 루이(rouille, 마요네즈와 비슷한 매운 소스)를 곁들였다. 이후 19세기에 마르세유가 주요 무역항으로 떠오르면서 상류층 사람들이 부야베스를 변형시켰으며 오늘날처럼 푸짐한 음식으로 모습을 갖추게 된다. 가끔 '수프 드 페셰(soupes des pecheurs)'나 '부야베스 아 노트르 파송(bouillabaisse a notre facon)'이라고 써 붙여 놓고 바가지를 씌우려는 곳도 있으니 주의하자.

1980년에는 요리사들이 부야베스에 넣을 재료를 명기한 헌장에 승인을 하는 일도 있었다. 이 헌장에서 요구하는 조건에 가장 부합하는 부야베스를 맛보려면 새롭게 단장한 뷔유 포트(Vieux Port)로 가보자. 빠르게 지나가는 요트와 고깃배 너머로 '르 미라마(Le Miramar)' 레스토랑이 자리하고 있으며, 두 채의 요새가 항구 입구를 지키고 서 있다. 카탈랑스 거리(Rue des Catalans)에 있는 '셰 미셸(Chez Michel)'과 발롱 데 조프 거리(Rue Vallon des Auffes)에 있는 '셰 퐁퐁(Chez fonfon)' 등 근처의 다른 레스토랑들도 역시 정통 부야베스를 만든다는 자부심이 대단하다.

When to go 마르세유의 여름은 덥지만 겨울은 날씨가 온화하다. 춤과 음악, 연극, 영화가 한데 어우러지는 '마르세유 축제(Festival de Marseille)'가 6월과 7월에 열린다. 프랑스 사람들은 8월이 되면 긴 여름 휴가를 떠나기 때문에 대부분의 레스토랑이 한 달 내내 문을 열지 않는다.

Planning 아침에 벨주 선착장(Quai des Belges)에 가서 어부들이 어획을 싣고 돌아오는 모습을 꼭 구경해 보자. 마르세유와 뷔유 포트의 아름다운 경치를 보려면 장엄한 비잔틴 양식의 노트르담 드 라 가르드 성당에 가보자. 19세기 중반에 지어진 건물로 마르세유의 가장 높은 언덕 꼭대기에 있다.

Websites www.marseille-tourisme.com, www.chez-fonfon.com

정통 부야베스

■ 정통 부야베스를 만들려면 생선에 신선한 토마토, 감자, 푸짐한 회향, 아니스향이 나는 술인 페르노(Pernod)를 넣고 끓여야 한다. 부야베스를 만드는데 필요한 생선은 반드시 지중해에서 잡은 4가지 생선 중 하나여야 한다고 주장하는 사람들도 있다. 가장 많이 쓰이는 쏨뱅이(Rascasse)와 붕장어(conger), 성대(galinette), 달고기(St.Pierre)가 그것이다. 최근 지중해에서의 남획으로 이 물고기들이 점점 사라지고 있다. 그렇다고 해서 연어를 넣는다면 진짜 부야베스라고 할 수 없다. 조개를 넣는 것에 대해서도 논란이 많다.

■ 전통적으로 부야베스를 내는 방식은 두 가지 과정으로 나뉜다. 먼저 마늘을 바른 크루통(샐러드 장식용으로 쓰는 말린 빵조각)을 수프에 넣고 소스를 듬뿍 쳐서 먹는 방식이 있다. 크루통을 나중에 넣어 수프 위에 둥둥 뜨게 하면 안 되고, 갈아 넣은 치즈 아래 묻혀서도 안 된다. 그리고 나면 요리사가 가시를 발라낸 생선을 먹으면 된다.

■ 부야베스와 잘 어울리는 와인은 화이트 와인인 카시스(Cassis)나 방돌 로제(Bandol rose)인데, 둘 다 마르세유산이다.

에든버러 성(왼쪽)과 예전에 교회였던 더 허브(The Hub) 레스토랑의 첨탑이 하늘 높이 솟아 있다.

스코틀랜드

에든버러의 고품격 요리 Fine Food in Edinburgh

스코틀랜드의 중심 도시인 에든버러에서는 각종 수상 경력에
빛나는 레스토랑들이 매우 훌륭한 요리를 선보이고 있다.

에든버러는 유럽에서 가장 아름다운 도시 중 하나다. 고풍스러운 성곽과 2백 년 역사의 우아한 뉴타운, 세계적으로 이름난 8월 예술 축제 등의 볼거리가 예로부터 관광객들의 발길을 이끌고 있다. 그에 비해 요리에 있어서는 별 주목을 받지 못했다. 하지만 최근에 들어 상황이 달라졌다. 거울처럼 맑은 북쪽의 바다에서 잡은 해산물부터 유럽의

최상급 육우, 바닷가나 히스가 무성한 언덕에서 방목한 양의 고기, 자연산 버섯, 향긋하고 연한 과일 등 스코틀랜드 지역 특산품을 적극 활용한 훌륭한 요리로 주목을 받고 있다. 이렇게 풍부한 식재료를 뛰어난 솜씨로 요리한 선구자로는 앤드류 래드포드가 대표적이다. 그는 레스토랑 '더 아트리움(The Atrium)'과 이보다 편한 분위기의 '블루(Blue)'를 설립한 요리사로, 에든버러의 식당들을 변화시킨 주인공이다.

도심에서 택시로 금방 도착할 수 있는 거리에 있는 리스(Leith)의 고대 항구가 점차 되살아나기 시작하면서 부둣가에 식당가가 생겨났다. '마틴 위샤트(Martin Wishart)'와 '톰 키친(Tom Kitchin)' 등 미슐랭 별을 획득한 유명 레스토랑이 자리 잡고 있다.

도심의 고지대 근처로 다시 돌아가 보자. 분위기 있는 올드 타운의 스코틀랜드 박물관 꼭대기층에 '더 타워(The Tower)'가 있다. 멋진 경치와 함께 최상급 현대식 스코틀랜드 요리를 맛볼 수 있는 레스토랑이다.

When to go 에든버러는 8월에 가야 사람도 많고 흥겹다. '에든버러 국제 페스티벌', '북 페스티벌(Book Festival)', '프린지(Fringe)' 축제 등 관객과 참가자 모두가 한껏 들떠서 즐길 수 있는 축제가 많다.

Planning 유명 레스토랑은 사전 예약이 필수다. 특히 주말이나 8월의 축제 기간이 되면 몇 주, 심지어 몇 달 전에 예약이 모두 끝난 경우가 많다. 여유가 있다면 '캐슬 테라스 농산물 직거래 장터(Castle Terrace Farmers' Market)'를 둘러보는 것도 좋다.

Websites www.list.co.uk, www.atriumrestaurant.co.uk, www.thekitchin.com, www.martin-wishart.co.uk, www.tower-restaurant.com

캐슬 테라스 농산물 직거래 장터

- 캐슬 테라스 농산물 직거래 장터는 매주 토요일 오전 9시부터 오후 2시까지 열린다. 달콤하고 향긋한 음식들을 공짜로 시식하거나 좌판들 사이에 놓인 테이블에 앉아 브런치를 즐길 수 있다.

- 장터에서 스코틀랜드의 전통 아침 식사인 뜨거운 '포리지(porridge)'를 먹어 보자. 포리지는 오트밀에 우유 또는 물을 넣어 끓인 죽으로 신선한 과일과 과일 조림, 위스키, 크림 등이 곁들여 나온다. 고기를 좋아하는 사람들을 위해 따끈따끈하게 구운 돼지고기를 넣은 샌드위치도 있다. 스코틀랜드 보더스(Scottish Borders)에 있는 목장에서 직접 기른 돼지로 만드는데 내장, 애플 소스, 바삭바삭한 돼지껍질까지 함께 나온다.

- 아브로스 스모키(arbroath smokie)라고 불리는 해산물 특선 요리를 맛보는 기회가 있을지도 모른다. 은은한 양념 맛이 돋보이는 훈제 생선 요리로, 이동식 훈제 화덕에서 조리한 뒤 가시를 발라내어 먹기 좋게 나온다.

산세바스티안의 유명한 조개 모양 해변은 '조개의 바다'라는 뜻의 플라야 드 라 콘차(Playa de la Concha)라고 불린다.

스페인

바스크 요리 *Basque Cooking*

스페인 북부 산세바스티안은 명실공히 세계 최고의 음식 여행지로 꼽힌다.
미슐랭 별을 획득한 레스토랑도 그 어느 곳보다 많다.

　　스페인 바스크 지방의 휴양지인 산세바스티안(San Sebastián)의 아름다운 리조트는 조개 모양의 해변과 멋진 벨 에포크(19세기 말 ~ 제1차 세계 대전 이전의 시대) 건축 양식으로 이름난 곳이다. 또한 후안 마리 아르작, 마르틴 베라사테구이, 페드로 수비하나 등 이곳의 스타 요리사 3인방도 매우 유명하다. 이들은 모두 레스토랑을 운영하면서 새로운 최신 요리를 만들어 내고 있다. 하지만 고급 레스토랑만 찾다가 다른 바스크 요리를 먹을 기회를 놓칠 수도 있다. 구운 고기를 파는 아사도레(asadore)부터 소금으로 간을 한 매운 대구 요리인 바칼라오 알 필필(bacalao al pil-pil)을 선보이는 레스토랑까지 가격에 상관없이 맛있는 음식을 즐길 수 있는 곳이 많다. 시드레리아(sidreria, 사과주 전문점)에도 들러 오크나무 통에 든 사과주를 마셔 보자. 항구나 해변가에 위치한 카페에 가서 신선한 해산물을 먹어 보는 것도 좋다.

하지만 정통 바스크 음식을 즐기려면 역시 파르테 비에하(parte vieja, 구시가지)의 좁은 골목길 안에 있는 '라 세파(La Cepa)'에 가야 한다. 산세바스티안에서 으뜸가는 '핀초(pintxo)'를 맛볼 수 있을 것이다. 스페인의 다른 지역에서 타파스(tapas, 여러 가지를 조금씩 담아서 내는 스페인 음식)를 먹는다면 바스크에는 핀초가 있다. 감자 토르티야, 윤이 나는 햄 조각, 튀겨서 바다 소금을 뿌린 피망, 초리조(chorizo) 소시지, 대구 크로켓 등을 먹기 좋게 한 입 크기로 잘라서 내는 요리다. 즉석에서 요리하는 특별 메뉴를 식당 칠판에 적어 두니 잘 살펴보도록 하자.

접시에 원하는 음식을 담아서 '챠콜리(txakoli)' 한 잔을 곁들여 보는 것도 좋다. 챠콜리는 이 지역에서 먹는 세미 스파클링 화이트 와인으로 공기가 들어갈 수 있도록 높은 곳에서 따르는 것이 전통이다. 저녁에는 바스크 사람들처럼 바를 옮겨 다니며 시간을 보내는 것도 좋다. 미슐랭 별을 수상한 빛나는 스타 요리사들을 마주치는 행운을 누릴 수 있을지도 모른다.

When to go 봄과 여름이 가장 좋다. 산세바스티안에는 멋진 해변이 세 군데나 있지만 관광객들이 즐겨 찾는 곳은 아니다. 겨울에는 비가 올 확률이 많다.

Planning 파르테 비에하(구시가지)에 있는 라 브레차(La Bretxa)의 지하 식품 시장에 꼭 가봐야 한다. 레케이티오(Lekeitio)와 같은 어촌을 끼고 있는 아름다운 바스크 해안가도 걸어 보자. 부둣가 카페에서 갓 잡은 해산물을 즐길 수 있다. 아니면 헤타리아 마을(Getaria)에 가서 숯불 화로에 구운 해산물을 먹어 보자.

Websites www.basquetours.com, www.arzak.info, www.martin-berasategui.com, www.akelarre.net

바스크 요리의 혁명

■ 산세바스티안에 있는 레스토랑 '아르자크(Arzak)'은 미슐랭 별을 세 번이나 획득한 곳이다. 이곳을 운영하는 후안 마리 아르자크(Juan Mari Arzak)은 신 바스크 요리의 선두 주자로 불린다. 그는 1970년대에 프랑스 요리사인 폴 보퀴즈(Paul Bocuse)의 말에 영감을 얻고, 그의 요리 철학을 활용해 바스크 요리를 재창조했다. 동료 요리사들의 모임을 결성하고 전통 바스크 요리와 새롭게 변형된 요리를 함께 선보였다. 그가 주도하는 혁명은 계속됐고 결국 스페인 요리의 새 지평을 열었다. 딸 엘레나와 함께 운영하고 있는 그의 레스토랑에서 화이트 올리브유를 넣은 바닷가재 요리나 사프란 소스를 뿌린 새우, 감자튀김 요리 등을 먹어 보자.

새끼 돼지 구이가 식탁에 도착하면 너무 적나라한 모습에 깜짝 놀랄지도 모른다.

스페인

세고비아의 새끼 돼지 구이 *Suckling Pig in Segovia*

마드리드 북서쪽으로 차를 타고 한 시간 거리에 먹는 기쁨과 보는 즐거움을
함께 누릴 수 있는 19세기풍 음식점이 있다.

여러 층으로 된 메손 드 칸디도(Meson de Candido)의 격자무늬 창문 틈으로 오후 햇살이 스며든다. 햇살 너머에는 고대 도시 세고비아의 2천 년된 로마 시대 송수로가 우아한 아치형 구조를 뽐내고 있다. 고개를 돌리자 종업원이 바삭바삭한 새끼 돼지 구이를 가져와서 자르고 있다. 세고비아의 특선 요리인 새끼 돼지 구이는 비위가 약한 사람들이 먹기에는 좀 힘들지도 모른다.

새끼 돼지 구이는 젖을 떼지 않은 생후 21일된 돼지를 잘 고르는 것에서부터 요리가 시작된다. 선별한 새끼 돼지의 털을 다 뽑고 마늘, 월계수 잎, 라드(lard, 돼지 비계를 정제하여 하얗게 굳힌 것)를 바른다. 그리고 메손 드 칸디도의 150년된 벽돌 오븐에 참나무 숯으로 불을 지핀 뒤 두 시간 동안 천천히 구워 완성한다. 종업원이 새끼 돼지 구이를 먹기 좋은 크기로 자른 뒤 쟁반 가장자리를 잡고 손님들에게 보여 준다. 겉은 바삭바삭하게 익고 속은 입에서 살살 녹을 만큼 연하게 요리했다는 것을 확인시켜 주는 것이다. 마지막으로 흥을 돋우기 위해 돌로 된 바닥에 쟁반을 던져서 깨뜨린다.

겨울철 새끼 돼지 구이와 무척 잘 어울리는 '리베라 델 두에로(Rivera del Duero)'는 세고비아 남쪽 두에로 계곡에서 재배한 포도로 만든 훌륭한 레드 와인이다. 여유롭게 만찬을 즐겨 보자. 그 사이 창밖에서는 저물어 가는 햇살이 거대한 송수로를 황금빛으로 물들이고 있을 것이다.

When to go 새끼 돼지 구이는 1년 내내 맛볼 수 있는 음식이다. 하지만 새끼 돼지 구이를 비롯해 푸짐한 양고기 구이와 자고새 구이 등은 겨울에 먹어야 제일 맛있다. 카스티야 지방의 여름은 너무 덥고 건조하기 때문이다.

Planning 마드리드에서 쉽게 갈 수 있는 세고비아는 볼거리와 먹을거리가 넘치는 곳이다. 로마 시대 송수로를 비롯해 성당, 말기 고딕 양식의 걸작품, 알카사르(Alcazar, 성곽), 카스티야 중세 왕들의 궁궐 등이 볼 만하다. 이 모든 것들이 고지대에 위치해 있어서 주변 시골 지역이 내려다보인다. 세고비아에는 훌륭한 레스토랑이 몇 군데 있지만 송수로가 있는 멋진 풍경은 메손 드 칸디도에서만 감상할 수 있다.

Websites www.mesondecandido.es, www.turismodesegovia.com

메손 드 칸디도의 손님 접대

■ 가족이 운영하는 메손 드 칸디도는 단순한 레스토랑이 아닌 하나의 기업이나 마찬가지다. 1931년 칸디도 로페스 산스(Candido Lopez Sanz)가 장모에게 운영권을 넘겨받으면서 이곳의 전성기가 시작됐다. 그는 '이곳을 찾는 사람은 누구든 국적과 신분에 관계없이 카스티야 지방의 손님 접대 전통처럼 정중하게 최고로 모셔야 한다'는 철학을 가지고 있었다. 왕족을 비롯해 전설의 투우사 엘 코르도베스, 작가 어니스트 헤밍웨이, 수많은 영화배우 등이 이곳을 다녀갔고, 칸디도는 직접 그들을 대접했다. 지금은 칸디도의 자녀와 손자들이 그의 이름을 내건 레스토랑을 운영하고 있다. 2006년에는 세고비아 교외 지역에 화려한 호텔 칸디도(Hotel Candido)를 세웠다.

따뜻하고 햇살이 좋은 겨울날, 발렌시아 사람들은 장작불을 지펴 빠에야를 요리해 먹는다.

스페인

발렌시아의 빠에야 *Paella in Valencia*

스페인의 지중해 해안가에 위치한 발렌시아는 명실상부한
스페인 대표 요리 빠에야의 중심지다.

발렌시아 사람들이 절대 의견을 굽히지 않는 3가지가 있다. 북쪽 바르셀로나와 카탈루냐 지역과의 관계, 언어 (카탈루냐 어라고 부르는 것을 싫어함), 그리고 빠에야가 그것이다. 이베리아 반도가 이슬람 지배를 받던 시절, 무어 인 농부들이 처음 빠에야를 만들었다. 가난한 농부들의 식사였던 빠에야는 주재료인 쌀에 올리브유, 사프란, 야채, 닭고기, 토끼고기, 오리고기, 달팽이 등 갖은 재료를 넣어서 만든다.

빠에야는 원래 넓고 얇은 철제 냄비를 가리키는 말이다. 빠에야를 좋아하는 스페인 가정에는 빠에야 냄비가 올라갈 만큼 큰 난로가 준비되어 있다. 잘 만든 빠에야는 표면은 부드럽고, 그 아래는 겹겹이 바삭바삭하고 노릇노릇하다. 바삭바삭한 층을 '소카라트(socarrat)'라고 하는데, 빠에야에서 제일 맛있는 부분이다.

빠에야는 크게 고기를 넣은 빠에야 발렌시아나(paella valenciana)와 해산물을 넣은 빠에야 마리네라(paella marinera), 이렇게 두 종류로 나뉜다. 발렌시아 사람들은 빠에야 요리 수칙을 철저히 고수하고 있다. 소시지를 넣어서는 안 되고, 고기와 해산물을 함께 넣지 않으며, 완두콩과 누에콩은 꼭 들어가야 한다는 것이다.

발렌시아에서 유명한 레스토랑으로는 카사 로베르토(Casa Roberto), 엘 포르카트(El Forcat), 라 페피카(La Pepica), 라 마르셀리나(La Marcelina), 엘 랄(El Rall) 등이 있다. 한편 미슐랭 별을 획득한 발렌시아의 요리사들이 카 센토(Ca Sento)나 라 수쿠르살(La Sucursal) 등의 레스토랑에서 새로운 빠에야를 만들어 선보이고 있다.

When to go 빠에야는 1년 내내 먹을 수 있는 음식이다. 발렌시아 시에서는 매년 3월 15일에서 19일까지 5일 동안 '라스 파야스 축제(the fiesta of Las Fallas)'를 성대하게 연다. 이 기간 동안 거리에서는 종이와 석고로 만든 대형 인형인 '니놋(ninot)'의 행렬이 이어진다.

Planning 발렌시아에 가면 고대 바리오 델 카르멘(Barrio del Carmen)과 발렌시아 출신의 건축가 산티아고 칼라트라바가 디자인한 초현대식 과학 예술 종합단지(Ciutat de les Arts i les Ciencies)를 볼 수 있다.

Websites www.gotovalencia.com, www.valencia-on-line.com, www.whatvalencia.com, www.lapepica.com

새로운 빠에야

■ 바르셀로나에서는 빠에야를 아로스(arros)라고 부르는데 '쌀'이라는 뜻이다. 아로스가 변형되어 아로스 아 반다(arros a banda, 껍질을 제거한 해산물을 넣고 만듦)나 아로스 네그레(arros negre, 오징어 먹물로 쌀을 검게 물들인 것) 등으로 발전했다. 피데우아(fideua)라는 것도 있는데 쌀 대신 면발이 가느다란 버미첼리(vermicelli) 국수를 넣고 오징어 먹물로 검게 물들인 빠에야를 말한다.

■ 발렌시아 사람들은 빠에야에 소시지를 넣지 않는다. 하지만 다른 곳으로 전파되면서 이 금기가 깨졌다. 그 예로 이베리아 반도의 자치 지역에서는 반드시 매운 초리조(chorizo) 소시지를 넣어서 빠에야를 만든다.

■ 빠에야도르(Paellador)는 빠에야를 패스트푸드처럼 만든 음식으로 파에야에 대해 잘 알지 못하는 관광객들이 종종 사 먹는다. 하지만 제대로 만든 빠에야의 맛에는 절대 비할 수 없다.

TOP 10

유서 깊은 레스토랑
Historic Restaurants

뿌리 깊은 역사와 품격 있는 실내, 전통 요리 등으로 이름난 레스토랑들이 이제 역사적인 장소로 자리매김하고 있다.

❶ 유니언 오이스터 하우스 Union Oyster House 미국 매사추세츠 주

1826년에 처음 문을 연 유니언 오이스터 하우스는 미국에서 가장 오래된 레스토랑이다. 크램 차우더나 크록 오브 오이스터 스튜(crock-of-oyster stew) 같은 뉴잉글랜드 요리를 판매한다.

Planning 1층에 자리를 잡고 앉으면 요리하는 모습을 지켜볼 수 있다.
www.unionoysterhouse.com

❷ 오와리야 Owariya 일본 교토

교토의 오와리야는 1465년부터 국수를 만들어 온 음식점이다. 소바나 우동 중 하나를 선택하면 국물이 딸려 나온다.

Planning 오전 9시부터 저녁 7시까지 매일 영업한다. 1월 1일은 휴무다.
www.honke-owariya.co.jp

❸ 아시타네 Asitane 터키 이스탄불

아시타네는 19세기 건물을 개조해 1991년 처음 문을 열었다. 오스만 제국 음식을 재해석한 요리를 선보인다. 1539년에 슐레이만 대제의 아들에게 바친 연회 요리를 기본으로 한 음식도 많다. 여름이 되면 안마당에서 호젓한 식사를 즐길 수 있다.

Planning 아시타네는 카리에 호텔 안에 있다. www.asitanerestaurant.com

❹ 야르 Yar 러시아 모스크바

1826년 문을 연 야르 레스토랑은 1910년에 유명한 소비에츠키 호텔(Sovietsky Hotel)로 옮겨 현재까지 영업하고 있다. 정통 프랑스 요리와 함께 새우, 철갑상어, 바닷가재 따위로 만든 요리가 유명하다.

Planning www.sovietskyhotel.com

❺ 올데 한자 Olde Hansa 에스토니아 탈린

올데 한자는 구시가지에 있는 중세 상인의 집을 개조해 만든 곳이다. 중세 시대의 정통 연회에 빠져서는 안 될 요소들이 모두 갖춰져 있다. 멧돼지

고기, 곰으로 만든 요리 등을 판매한다. 허브를 넣은 독한 맥주를 맛보는 것도 좋다.

Planning 바나 투르그 거리에 위치해 있다. www.oldehansa.ee

❻ 비에지네크 Wierzynek 폴란드 크라쿠프

폴란드에서 가장 이름난 레스토랑인 비에지네크는 1364년에 처음 문을 열었다. 당시 폴란드를 방문한 유럽의 군주들을 위해 연회를 열던 장소였다. 메추라기, 사슴 등을 이용해서 만든 고급 폴란드 요리를 선보인다.

Planning 구시가지 광장이 내려다보이는 테이블로 예약하는게 좋다. www.wierzynek.com.pl

❼ 르 프로코프 Le Procope 프랑스 파리

1686년에 문을 연 르 프로코프는 파리에서 역사가 가장 깊은 레스토랑이다. 프랑스 혁명 동안 나폴레옹, 볼테르 등 유명 인사들이 모이는 사교의 장이기도 했다. 두 층으로 이뤄진 응접실과 식당에서는 18세기의 장엄함이 고스란히 느껴진다.

Planning 라시엔 코메디 거리 13번가에 위치해 있다. 오데옹 역에서 내리면 된다. www.procope.com

❽ 라 투르 다르장 La Tour d'Argent 프랑스 파리

라 투르 다르장은 노트르담 강변의 멋진 풍경이 펼쳐지는 곳이다. 겉은 노릇노릇하지만 안이 거의 익지 않은 오리 요리로 유명하다.

Planning 투르넬 부두 15~17번가에 위치해 있다. 생 미셸 역에서 내리면 된다. www.tourdargent.com

❾ 룰스 Rules 잉글랜드 런던

런던에서 가장 유서 깊은 룰스 레스토랑은 1798년에 문을 열었다. 1873년에 보수 공사를 하면서 빅토리아 시대의 분위기를 그대로 재현했다. 브라운 윈저 수프, 다져서 양념한 새우 등의 전통 요리를 선보인다.

Planning 메이든 레인 35번가에 위치해 있다. 레스터 스퀘어(Leicester Square) 지하철역에서 내리면 된다. www.rules.co.uk

❿ 보틴 Botin 스페인 마드리드

16세기풍의 건물에 자리 잡은 이곳은 1725년에 처음 문을 열었다. 어니스트 헤밍웨이가 즐겨 찾던 식당이기도 하다. 오븐에서 구워낸 새끼 돼지나 양 요리가 유명하다.

Planning 카예 쿠치예로스(Calle Cuchilleros) 17번가에 위치해 있다. 라 라티나 역에서 내리면 된다. www.botin.es

> 스페인

마드리드의 레스토랑 *Madrid's Restaurants*

스페인의 수도 마드리드의 식당에 앉아
매우 다채로운 스페인 요리의 전통을 고스란히 느껴 보자.

    16세기 국왕 펠리페 2세는 '무적함대'를 이끌고 엘리자베스 여왕이 통치하던 영국 본토에 상륙하려 했던 일로 잘 알려져 있다. 그는 1561년 톨레도(Toledo)에 있던 스페인 왕실을 이베리아 반도의 중심지 마드리드로 옮겼다. 마드리드를 광대한 스페인 제국의 수도로 삼은 것이었다. 하지만 마드리드에서 누리게 된 부가 스페인 구석구석에까지 영향을 미치리라는 것은 미처 짐작하지 못했을 것이다. 마드리드는 스페인의 제1항구로 오랫동안 자리매김해 왔으며, 대서양과 지중해에서 잡아들인 해산물이 이곳을 통해 스페인으로 들어온다. 연안 지역에서 팔리기만을 기다리는 해산물보다 훨씬 신선하고 좋은 상태를 유지한다.

마드리드의 마요르 광장에 위치한 카페에서 손님들이 편안한 시간을 보내고 있다. 주변에는 타파스를 파는 곳이 많다.

마드리드가 속한 카스티야 지방의 특선 요리로는 보통 겨울에 많이 먹는 구이와 스튜가 대표적이다. 하지만 마드리드의 레스토랑들에서는 스페인 전역의 요리가 메뉴에 오른다. 안달루시아 가스파초(Andalusian gazpacho, 토마토, 후추, 오이 등으로 만들어 차게 먹는 스페인 수프), 지중해 쌀 요리, 갈리시아 해산물, 현대식 카탈루냐 요리 등 사계절 음식을 골고루 맛볼 수 있다.

마드리드 특선 요리로 콩과 고기를 푸짐하게 넣은 스튜인 '코시도 마드릴레뇨(cocido madrilẽno)'를 원한다면 라 볼라(La Bola)나 라르디(Lhardy)에 가보자. 한편 카사 시리아코(Casa Ciriaco)나 카사 루시오(Casa Lucio)는 카스티야 요리로 유명한 레스토랑이다.

맛있는 요리를 찾아서 좀 더 멀리 있는 레스토랑을 찾아가 보는 것도 좋다. 카사 베니냐(Casa Benigna)와 랄부페라(L'Albufera)는 쌀 요리가 맛있고, 라 트라이네라(La Trainera)와 콤바로(Combarro)는 생선 요리로 유명하다. 바스크 소고기 요리를 찾는다면 아사도르 가스텔루(Asador Gaztelu)나 훌리안 데 톨로사(Julian de Tolosa)가 적당하다. 새롭게 재창조한 요리를 맛보고 싶다면 라 테라사 델 카시노(La Terraza del Casino)나 산셀로니(Santceloni)에 가보자.

When to go 마드리드는 해발 667미터에 위치한 이베리아 대륙의 심장부에 위치해 있다. 여행하기에는 봄과 가을이 좋다. 겨울에는 칼바람이 불고, 여름은 덥고 건조하다.

Planning 마드리드의 장엄한 그림들을 감상해 보자. '아트 밀레(Art Mile)'라는 특별 티켓을 사면 프라도 박물관, 소피아 왕비 미술센터, 티센 보네르미사 박물관 등 3곳을 둘러볼 수 있다. 평생이 걸려도 다 보지 못한다는 예술 작품들을 감상할 수 있는 티켓이다.

Websites www.esmadrid.com, www.gomadrid.com

맛있는 타파스

■ 마드리드는 타파스로 잘 알려져 있다. 한 입 음식과 음료를 함께 내는 타파스는 스페인 요리 예술의 축소판이라고 할 수 있다. 카테일 파티처럼 왁자지껄한 소리가 나고 북적대는 식당을 찾아가 보자. 안으로 들어가면 작은 접시에 담긴 멸치, 새우, 염소젖 치즈, 구운 피망 등을 맛볼 수 있다.

■ 산타아나 광장(Plaza de Santa Ana)과 칼레 후에르타스(Calle Huertas)에 가면 수십 개의 타파스 바가 있다. '헤밍웨이 헌트(Hemingway Haunt)'와 '세르베세리아 알레마나(Cerveceria Alemana)'가 유명하다. 카바 바하 지역의 마요르 광장 아래쪽과 카예 엘 알멘드로(Calle el Almendro) 지역을 따라 유명한 타파스 술집이 눈에 띈다. 바리오 데 살라만카(Barrio de Salamanca) 지역도 가볼만 하다.

케이블 전차가 리스본의 수산 시장에서 바이로 알토 지역으로 올라오고 있다.

포르투갈

리스본의 생선 요리 *Fish in Lisbon*

대서양 연안에 위치한 포르투갈의 수도 리스본 사람들은 생선에 열광한다.
해산물 요리만큼은 이곳을 따라올 데가 없다.

    포르투갈의 일인당 생선 소비량은 유럽에서 가장 많다. 리스본의 바이로 알토(Bairro Alto) 지역은 생선 요리에 대한 열정을 느끼기에 안성맞춤인 장소다. 바이로 알토는 리스본의 바이시아(Baixa, '낮은 도시'라는 뜻)와 타구스 강 어귀에 자리하며 좁은 골목길이 모여서 이뤄진 지역이다. 여름에는 임시 바비큐 그릴에서 굽는 정어리 냄새가 대기를 가득 채우고 수십 개의 레스토랑에서 오징어, 게, 대합조개, 새우, 가리비, 고등어 등 각종 해산물로 만든 음식을 판다.

포르투갈 요리는 서민들을 위한 음식이다. 바이로 알토의 남쪽에 있는 패밀리 레스토랑 '토마 라 다 카(Toma-La-da-Ca)'에 가서 직접 이 사실을 확인해 보자. 생선 종류는 모두 갖추고 있겠지만 그중에서도 '바칼라우(bacalhau, 소금에 절인 대구)'를 맛볼 수 있는 곳이다. 포르투갈에서는 파스테이스 드 바칼라우(pasties de bacalhau, 튀긴 어묵)라는 이름의 전채요리, 바칼라우 아 브라스(bacalhau a bras, 양파, 감자, 달걀을 곁들인 것), 바칼라우 콤 피멘토 에 쵸리초(bacalhau com pimento e chourico, 피망과 소시지를 넣은 것), 바칼라우 콤 몰로 드 카릴(bacalhau com molho de caril, 카레 소스를 곁들인 것) 등의 다양한 형태로 바칼라우를 먹는다. 사실 바칼라우 조리법은 365가지를 넘는 것으로 알려져 있다. 하루에 한 개씩 1년 내내 만들어 내야 나올 수 있는 숫자다.

더 분위기 좋은 곳에서 식사를 하고 싶다면 '파파코르다(Pap'Acorda)'에 가보자. 레스토랑의 이름은 빵과 해산물을 넣은 수프 요리에서 온 것이다. 하지만 이름에서 연상되는 소박한 이미지와 달리 거울, 금장식, 크리스탈 샹들리에로 장식되어 매우 화려한 곳이다.

When to go 4월 말에서 5월 초까지가 가장 적당하다. 공기가 신선하고 거리에 꽃이 만발하기 때문이다. 리스본은 1년 내내 활기로 가득찬 곳이다. 하지만 7~8월에는 기온이 섭씨 32도를 넘어 무덥다.

Planning 바이로 알토 지역은 클럽, 밤 문화, 구슬픈 전통 파두(fado) 음악의 중심지다. 포르투갈 사람들은 저녁 식사를 밤 10시쯤 늦게 시작하기 때문에 레스토랑들은 새벽 2시까지 영업한다. '파파코르다'는 루아 다 아타라이아 57번지(Rua da Atalaia 57)에, '토마 라 다 카'는 트라베사 두 세퀘이로 38번지(Travessa do Sequeiro 38)에 위치해 있다. 예약은 하지 않아도 된다.

Websites www.visitportugal.com, www.golisbon.com

페이셰 아사도 노 살

■ 생선에 소금을 뿌려서 구우면 맛이 좋고 살도 연해진다. 특히 연하고 하얀 속살을 자랑하는 오동통한 생선의 경우에 더욱 좋다. 포르투갈에서는 로발로(robalo, 농어과 물고기)에 소금을 뿌려 구워 먹는다. 싱싱한 생선의 내장만 씻어서 제거하고 다른 부위는 그대로 둔다. 바닷소금을 뿌린 생선구이인 페이셰 아사도 노살을 만들어 보자.

■ 재료(4~6인분)

내장을 제거한 농어 2.3kg
굵은 바닷소금 3kg
달걀 3개의 흰자
레몬 조각(레몬 1개 분량)
백리향, 파슬리, 야생 회향 가지

1. 오븐을 220도로 예열하고 큰 구이판에 알루미늄 포일을 깐다. 생선의 겉과 내장을 제거한 안쪽을 두드려서 말린다.

2. 달걀 흰자를 풀어서 거품을 내고 소금을 넣어 잘 섞는다. 달걀 표면이 눈에 덮인 것처럼 보이면 된다.

3. 준비한 달걀 흰자의 1/3을 구이판에 골고루 바른다. 생선을 세워서 레몬 조각과 신선한 허브를 넣고 속을 채운다.

4. 남은 달걀을 생선에 붓고 손으로 잘 펴바른다. 40~45분간 오븐에 구운 다음 꺼내어 10분 정도 그대로 둔다.

5. 조심스럽게 생선 껍질과 소금을 모두 제거한다. 깨끗한 접시에 담고 살을 발라낸 뒤 올리브유와 레몬을 곁들여 낸다.

쿠스쿠스는 알록달록한 튀니지 만찬에서 제일 중요한 역할을 차지한다. 민트 차로 입가심을 하면 좋다.

튀니지

튀니스의 만찬 Feasting in Tunis

북아프리카 튀니지의 수도 튀니스에 가면 놋쇠를 두들기는 망치 소리와
기도 시간을 알리는 종소리가 고기 굽는 냄새와 어우러져 있다.

밥 엘 바르(Bab el Bahr)라는 문을 통해 튀니스의 메디나(Medina, 구시가지)에 들어서는 것만으로도 음식 기행이 시작된다. 메디나 안에 들어서면 미로 같은 골목에 헤맬지도 모르지만, 길은 모두 시장으로 이어지므로 걱정할 필요가 없다. 시장 이곳저곳에서 향수, 양탄자, 옷 등 다양한 물건을 판다. 하지만 정작 발길을 이끄는 곳은 곳곳에 있는 초라

한 식당들이다. 식당 안쪽이나 좁은 골목길에 내놓은 작은 테이블에 앉아 메르게즈(merguez)나 브릭(brik)과 같은 간식거리를 먹어 보자. 맛도 맛이지만 가격도 엄청나게 저렴하다.

좀 더 제대로 된 점심이나 맛있는 저녁 식사를 원한다면 튀니스 항구에 있는 라 갈레트(La Galette)에 가보자. 튀니스 항은 다른 항구들과 마찬가지로 화려했던 시절의 흔적만 남아 있을 뿐이지만 근처의 생선 요리 전문점들은 충분히 가볼 만한 가치가 있다. 프랭클린 루스벨트 거리를 따라 르 카페 베르트(Le Café Vert)나 라브니르(L'Avenir) 등의 레스토랑들이 줄지어 있다. 이 두 곳 모두 현지인들이 싱싱한 생선 요리를 즐기는 곳이다.

튀니스 북동쪽으로 몇 킬로미터 떨어진 시디 부 사이드(Sidi Bou Said)에 가면 '카페 데 나트(Café des Nattes)'에 들러 보자. 스위스 출신의 화가 파울 클레가 이곳에서 영감을 얻었다고 전해져 더욱 유명해진 장소다. 몇 블록 떨어진 곳에 카페 시디 샤반(Café Sidi Chaabane)도 있다. 가게 바깥에 마련된 하얀 벤치에 앉아 차로 입술을 축이며 푸른 튀니스 만의 아름다운 풍광을 감상해 보자.

When to go 여름은 무덥고 겨울은 춥기 때문에 봄과 가을에 가는 것이 제일 좋다. 하지만 겨울철에도 햇볕이 드는 날은 야외에 앉아 점심을 먹어도 될 만큼 따뜻하다.

Planning 튀니스의 와자지껄한 분위기를 좋아하지 않는 사람은 '시디 부 사이드(Sidi Bou Said)' 근처에 숙소를 정하는 것이 좋다. 하얀색 집들과 파란색 대문, 자홍색 꽃이 인상적인 마을이다. 튀니스 도심에서 기차를 타고 20분이면 도착한다. 튀니스에서는 여성이 혼자 여행하는 일이 드물기 때문에 주의해야 한다.

Websites www.darsaid.com.tn, www.tourismtunisia.com

튀니지 음식

- 곡물을 주로 넣고 고기와 야채를 첨가해 만든 맑고 향긋한 스튜인 '쿠스쿠스(couscous)'는 보통 점심 식사로 즐겨먹는 음식이다. 관광객을 상대로 하는 음식점에서는 저녁 식사 메뉴로도 판매한다.

- '음루키아(mloukia)'는 월계수 잎으로 향을 낸 걸쭉한 수프로, 양고기나 소고기를 넣어 만든다. 보통 프랑스 빵과 함께 먹는다.

- '메르게즈(merguez)'는 얇고 매운 양고기 소시지로 레몬을 뿌려 구워 낸다.

- '브리 카 뢰프(brik a l'oeuf)'는 살짝 익힌 달걀로 소를 채운 얇은 페이스트리다. 겉은 튀겨서 바삭바삭하지만 안은 사르르 녹을 만큼 부드럽다. 먹을 때 부서져 가루가 떨어지기 쉬우니 주의해야 한다. 레몬을 뿌려 전채요리로 먹는다.

- 튀니지의 타진(tajine)은 차가운 달걀 요리다. 모로코의 타진은 스튜를 뜻하니 혼동하지 말자.

남아프리카공화국

케이프타운에서 즐기는 외식
Dining Out in Cape Town

케이프타운에서는 1년 내내 장소를 바꿔 가며 저녁 식사를 할 수 있다.

아침 식사로는 프렌치 페이스트리를, 점심에는 현지산 생선 요리를, 오후에는 영국식 다과를 즐긴다면 어떨까? 하지만 아직도 프랑스 요리, 에티오피아 요리, 케이프 말레이 요리 중 저녁 메뉴를 선택하는 일이 남았다. 바다 경치가 아름다운 레스토랑이 해안가를 따라 즐비한 케이프타운에서 외식을 하려면 이런 즐거운 고민에 빠지게 된다. 캠프스 베이의 블루스(Blues)와 벤트리 베이의 바위 위에 당당하게 서 있는 솔트(Salt) 레스토랑, 하우트 베이의 마리너즈 와프(Mariner's Wharf)도 가볼 만하다. 미식가들은 시티 바울(City Bowl) 지역의 멋지고 다양한 레스토랑들도 좋아할 것이다. 케이프타운의 아디스(Addis)에서 에티오피아의 인제라(injera, 반죽을 빚어 만든 팬케이크)를, 아나톨리(Anatoli)에서 터키식 전채요리를 즐길 수 있기 때문이다. 또 오베르진(Aubergine)이나 95 키롬(95

캠프스 베이의 케이프타운 교외 지역에 위치한 블루스 레스토랑.

Keerom)과 같은 유서 깊은 레스토랑에서는 아프리카와 유럽의 맛이 어우러진 새로운 메뉴도 맛볼 수 있다. 마운트 넬슨 호텔에서는 식민지 시대의 영향을 받은 요리를 눈으로 확인할 수 있고, 빅토리아 앤 앨버트 워터프론트(Victoria and Albert Waterfront)에 가면 다양한 가격대의 요리들이 기다리고 있다.

한편 케이프 와인랜드(Cape Winelands) 지역에는 정통 고급 프랑스 요리를 판매하는 곳이 많다. 마리너즈 와프에서는 해변에 앉아 신문지에 포장한 해산물 요리를 먹어 볼 수 있다. 최신식 레스토랑 발두치(Balducci's)에서는 스시를, 바이아(Baia)에서는 아름다운 경치와 함께 요리를 즐길 수 있다.

비스밀라(Biesmiellah)에 가서 케이프 말레이 음식의 매운맛을 즐기는 일을 빠뜨려서는 안 된다. 옥수수와 콩을 만든 음코쇼(umngqusho)와 같은 전통 아프리카 음식도 꼭 먹어 보자. 하지만 무엇보다도 현지산 식재료와 전통 요리법을 결합시킨 새로운 요리를 맛보는 것이 가장 큰 재미다. 최근 각광받고 있는 요리들로는 타이 그린 타조 카레(Thai green ostrich curry), 영양고기를 얇게 썰어 소스를 친 영양 카르파초(springbok carpaccio) 등이 있다.

When to go 크리스마스 시즌이면 케이프타운에 관광객들이 몰린다. 4월까지 날씨가 매우 좋으니 2월이나 3월에 가면 적당하다.

Planning 케이프타운의 대중교통은 썩 좋은 편이 아니기 때문에 자동차를 빌리는 것이 좋다. 레스토랑 예약은 필요할 때만 하면 된다. 케이프타운은 범죄 문제가 심각하니 밤에 다니는 일은 피하도록 하자. 빅토리아 앤 앨버트 워터프론트 지역은 괜찮다. 귀중품이나 현금을 소지하는 것도 위험하니 호텔에 안전하게 맡기는 편이 낫다.

Websites www.dining-out.co.za, www.waterfront.co.za

호박 프리터

■ 달콤한 페이스트리인 호박 프리터는 남아프리카공화국에서 간식으로 사랑받고 있다.

■ 재료

밀가루 125g
베이킹 파우더 꽉찬 1작은술
계핏가루
소금 약간
달걀 2개
삶아서 으깨고 물기를 뺀 호박 650g
튀김용 해바라기유
굵은 설탕 3작은술

1. 밀가루, 베이킹파우더, 계핏가루 1작은술, 소금을 넣고 잘 섞는다.

2. 달걀을 풀어 호박과 함께 넣고 잘 스며들 때까지 젓는다.

3. 프라이팬 바닥이 잠길 정도로 기름을 붓고 충분히 달군다. 달궈진 기름에 한 숟가락 분량의 반죽을 떨어뜨려 노릇노릇해지도록 튀긴다.

4. 종이타월로 기름기를 제거한다. 접시의 모서리 세 군데에는 굵은 설탕을, 나머지에는 계핏가루를 뿌린 후 담아 낸다.

7
최고급 음식
Ultimate Luxuries

이 장에서는 의심의 여지가 없는 최고급 음식을 엄선해 소개한다. 열성적인 음식 애호가에게는 만반의 준비를 갖추는 데 많은 도움이 될 것이다.

우선 인내심과 끈기가 필요하다. 어떤 레스토랑의 경우 테이블을 차지하려면 몇 달, 심지어 몇 년이 걸릴 수도 있기 때문이다. 일단 레스토랑 안에 들어가게 되면 최선을 다해 완벽하게 일생일대의 기회를 느긋하게 즐길 수 있어야 한다. 마지막으로 계산서가 도착하면 두둑한 배짱 그리고 든든한 지갑이 반드시 필요하다. 이만한 규모의 호사는 결코 싼 값에 누릴 수 있는 것이 아니다.

최고급 식도락은 여러 가지 윤택하고 다양한 형태로 즐길 수 있다. 때로는 일본의 고베규처럼 정성을 들여 생산한 진귀한 재료를 통해 호화로움을 누릴 수 있다. 일류 주방장의 예술의 경지에 이른 음식을 경험해 보는 기회를 만날 수도 있다. 이외에 맨해튼 마천루의 옥상, 베네치아의 대운하 가로변, 알프스의 산꼭대기에 있는 여인숙 등 요리를 즐기는 장소를 통해서도 호화로움을 만끽할 수 있다.

'천국 속의 천국'이라는 평을 듣는 모리셔스 섬의 르 생 제랑 호텔에서는 세계 일류 음식을 제공한다. 손님들은 인도양을 바라보며 개별 천막에서 식사를 즐길 수 있다.

맨해튼 그랜드 센트럴 역 너머로 우뚝 솟아 있는 아르데코 양식의 크라이슬러 빌딩. 뉴욕의 문화 중심지 중 하나다.

| 미국 _ 뉴욕 주

뉴욕의 명물 *New York Institutions*

뉴욕 최고의 식당에서 지구촌 곳곳의 음식에 빠져 보자.

뉴욕의 도심과 외곽 어디서든 최고의 식당을 찾을 수 있다. 첼시에서 갤러리를 둘러볼 생각이라면 모리모토(Morimoto)에서 최상급 스시를 즐겨 보자. 링컨 센터로 향하는 치즈 마니아라면 뉴욕 시의 고급 레스토랑이자 훌륭한 치즈 카브(cave, 저장고)로 유명한 '피숄린(Picholine)'을 추천한다. 주방장인 '테렌스 브레넌(Terrance Brennan)'이 선보이는 리코타 치즈에 껍질을 벗겨 구운 배를 넣고 오렌지와 라스베리 농축액을 첨가한 진판델

(Zinfandel) 시럽을 얹은 라이트 크레이프를 맛보자. 식감과 색상, 맛의 조화가 이보다 더 완벽한 메뉴는 어디에도 없을 것이다. 단, 파크 애비뉴에 있는 '브레넌스 아티저널 프로마제리, 비스트로&와인 바(Brennan's Artisanal Fromagerie, Bistro&Wine Bar)'에 들르지만 않는다면 말이다. 여기서는 약 250 종류에 달하는 세계 각지의 유명한 치즈를 선보인다. 그리니치 빌리지에서 산지 직송의 최상급 유기농 재료(farm-to-table)로 만든 신선한 요리를 맛보고 싶다면 '블루힐(Blue Hill)'에 가보거나, 사람들로 북적이고 활기 넘치는 '루파 오스테리아 로마나(Lupa Osteria Romana)'에서 전통 이탈리아 가정식 메뉴를 즐겨 보자.

미슐랭 별을 획득한 우아한 레스토랑이 구미에 당긴다면 방문하기 한참 전에 '르 베르나르댕(Le Bernardin)'에 예약부터 한다. 이곳은 별 3개를 받은 레스토랑들 중에서도 최고로 꼽힌다. 식당 내부의 벽에는 미술관에 전시될 만한 수준의 유화가 걸려 있어 화려함의 극치를 이룬다. 테이블 사이의 공간도 넓찍해 마음 놓고 대화를 나누며 식사를 즐길 수 있다. '유니언 스퀘어 카페(Union Square Café)'는 뉴욕에서 가장 인기 있는 레스토랑이다. 완벽한 미국식 제철 요리가 전문으로, 캘리포니아산 와인이 곁들여지기도 한다.

When to go 뉴욕의 여름은 지독하게 더울 수 있다.

Planning 뉴욕 최고급 레스토랑들은 모두 한참 전에 예약을 해야 한다. 최소 2주 전에 거의 모든 테이블의 예약이 완료되기 때문이다. 꿈에 그리던 레스토랑을 예약할 수 없을 경우 곧장 바(bar)로 향한다. 바에서는 예약 없이도 유명 주방장의 모든 메뉴를 주문할 수 있다.

Websites www.picholinenyc.com, www.le-bernardin.com, www.unionsquarecafe.com, www.wd-50.com

뉴욕 레스토랑 베스트 3

■ 뉴욕에서 가장 독창적인 요리를 맛보고 싶다면 로어이스트사이드로 향한다. 'wd-50'에서는 요리사 와일리 듀프레인(Wylie Dufresne)이 독특하게 조합한 메뉴로 기분을 들뜨게 만들어 줄 것이다. 설탕에 절인 올리브, 완두콩과 비트 주스를 곁들인 푸아그라 요리나 마요네즈 튀김과 토마토 몰라시스(설탕을 정제하는 과정에서 남은 암갈색의 시럽)를 곁들인 우설 요리에 도전해 보자.

■ 미드타운의 '르 베르나르댕'에는 해산물 요리에 열정을 쏟는 유명 주방장인 에릭 리페르(Eric Ripert)가 있다. 그는 생선 요리를 거의 날 것, 살짝 데친 것, 가볍게 요리한 것의 3가지 카테고리로 나누어 제공하고 있다. 얇게 썰어 페루식 마리네이드에 절이고, 말린 옥수수를 곁들인 소라 회를 맛보자.

■ 어퍼이스트사이드의 '피숄린'에서는 레스토랑 주인이자 주방장인 테렌스 브레넌이 선보이는 파와 감자, 다진 베이컨을 곁들여 크림 베르무트(약초나 향미를 가미한 화이트 와인) 소스를 얹은 메인(Maine)산 굴 프리카세 요리가 아주 일품이다.

미국 _ 일리노이 주

시카고 스타일 *Chicago Style*

독창적인 주방장이 공들여 만든 섬세하고 현대적인 요리 덕에
시카고는 훌륭한 요리 명소가 되었다.

바람의 도시 시카고는 여러 가지 풍미를 지닌 음식을 즐길 수 있는 곳으로 유명하다. 시카고에서 가장 존경받는 주방장은 요리업계의 노벨상에 해당하는 '제임스 비어드 재단 상'을 10차례나 수상하고, 14권의 요리책을 집필한 찰리 트로터(Charlie Trotter)다. 그의 음식 제국은 링컨 파크 인근에 있는 연립 주택에 처음 식당을 열면서 비롯되었다. 그는 8가지 코스로 이루어진 맛보기 메뉴(tasting menu, 몇 가지 음식을 소량씩 샘플처럼 맛볼 수 있는 메뉴)로 신선한 제철 재료를 이용한 요리를 선보인다. 또한 레스토랑에 있는 3곳의 와인 창고에 저장된 엄선한 와인이 요리의 풍미를 훨씬 깊이 있게 만들어 준다. 예약을 할 수 없다면 포장 전문 매장인 '트로터스 투 고(Trotter's To Go)'에서 구미에 당기는 음식을 골

알리니아의 종려나무순 디저트. 한 입 크기로 자른 종려나무순의 속을 비우고 향이 강한 거품과 젤을 채워 만든다.

라 사면 된다. 이곳은 대규모 소매 전문점으로 레스토랑 본점에서 몇 블록 떨어진 곳에 자리 잡고 있다.

저녁 시간에 다운타운에 있는 '트루(Tru)'에 가보면 마치 현대식 미술관에서 지중해풍의 프랑스 음식을 대접받는 느낌이다. 트루에서는 6~10가지 코스로 이루어진 맛보기 메뉴만큼이나 디저트에도 중점을 두었다. 그래서 메뉴에 제과 담당 주방장인 '게일 갠드(Gale Gand)'의 매혹적인 디저트 코스가 포함되어 있다. 화려한 캐비아 계단(철갑상어 알을 계단식 접시에 올려 제공하는 메뉴)이 철갑상어 애호가들을 사로잡는다. 한편 사탕 바구니는 윌리 웡카(Wilie Wonka, 영국 아동 소설 《찰리와 초콜릿 공장》에 등장하는 지상 최대의 초콜릿 공장 사장)의 기상천외한 꿈조차 저리 가라 할 정도로 훌륭하다.

거품(foam)과 젤(gel)의 식감을 좋아하는 취향이라면 '알리니아(Alinea)'에 예약해 보자. 혁신적인 요리로 유명한 레스토랑인 엘 불리(el Bullie)의 주방장 페란 아드리아(Ferran Adrià)가 개발한 요리 기법도 이곳에 비하면 걸음마 수준일 뿐이다.

When to go 실내에서 즐기는 식사라 언제 방문해도 좋다. 겨울은 맹추위와 매서운 바람이 기승을 부린다. 여름에는 찜통 더위가 찾아오지만 대개는 호수 근처에서 불어오는 시원한 바람으로 견딜 수 있다.

Planning 찰리 트로터스는 화~토요일 영업, 트루는 일요일 휴무, 알리니아는 수~일요일 영업이다. 가급적 한참 전에 예약하는 것이 좋다. 찰리 트로터스의 경우 최대 4개월 전부터 예약을 받는다. 2월에는 연례 행사로 시카고 레스토랑 주간이 열린다.

Websites www.charlietrotters.com, www.trurestaurant.com, www.alinea-restaurant.com, www.explorechicago.org, www.chicagofoodplanet.com, www.stylechicago.com

미국 대통령이 즐겨 찾는 레스토랑

■ 오바마 대통령 가족은 선거를 마치고 '스피아지아(Spiaggia)'에서 첫 외식을 즐겼다. 이곳은 고급 이탈리아 음식과 호수가 보이는 전망, 치즈 카브로 유명하다.

■ 주방장 '릭 베일리스(Rick Bayless)'는 백악관의 유력한 주방장 후보로 거론된 바 있다. 그가 운영하는 캐주얼 레스토랑인 '프론테라 그릴(Frontera Grill, 2007년에 제임스 비어드 재단이 올해 최고의 레스토랑으로 선정)'과 고급 레스토랑인 '토폴로밤포(Topolobampo)'는 모두 정통 멕시코 요리 전문이다.

■ 미셸 오바마는 자신의 지정 디자이너 중 한 명인 '마리아 핀토'의 매장 옆에 위치한 '세피아(Sepia)'에서 종종 식사를 즐긴다.

미국 캘리포니아 주

샌프란시스코의 색다른 음식
San Francisco Chic Eats

한 그릇의 음식에 반체제 문화 운동인 플라워 파워, 베이 지역의 기업가 정신,
그리고 풍요로운 농산물을 모두 담아 놓았다.

    캘리포니아는 산지에서 직송한 신선한 재료, 갓 잡아 올린 해산물, 최첨단 조리법이 한데 어우러진 독특한 요리로 유명하다. 주방장이자 요리책 저자인 앨리스 워터스(Alice Waters)는 1970년대 초에 버클리에 '셰 파니스(Chez Panisse)'라는 작은 식당을 열면서 캘리포니아식 요리법을 창안했다. 유기농으로 재배하고, 환경친화적으로 생산한 농산물을 주재료로 만든 메뉴로 셰 파니스는 얼마 안 있어 기존과 전혀 다른 새로운 음식 문화를 주도하게 되었고, 캘리포니아의 반(反)문화적 분위기에도 완벽하게 부응했다. 또한 셰 파니스의 주방에서 이곳의 음식 철학에 헌신하면서 베이 지역을 이끌 새로운 요

카발로 포인트 너머로 보이는 샌프란시스코 만의 풍경이 인상적이다.

리사 세대가 탄생했다. 미국 요리 역사에 새 지평을 열게 될 제레마이어 타워(Jeremiah Tower), 마크 밀러(Mark Miller), 러셀 무어(Russell Moore) 같은 거장들이 배출된 것이다.

이들 중 제레마이어 타워는 샌프란시스코에 자신의 첫 레스토랑인 '스타스(Stars)'를 열고 캘리포니아와 아시아의 재료를 사용한 퓨전 음식을 선보이는데 열을 올렸다. 반면, 밀러와 무어는 스페인이 캘리포니아를 지배하던 시절의 분위기를 살린 고급 식당을 여는 등 타워와는 다른 쪽으로 방향을 잡았다.

베이 지역의 요리에는 아스파라거스를 곁들인 게 요리와 아티초크 튀김을 곁들인 양갈비처럼 아주 간소한 것도 있다. 또한 에머 밀(Emmer wheat), 라피니(rapini, 브로콜리와 비슷한 채소), 풋마늘을 곁들인 가자미 통구이처럼 이름에서부터 이국적인 느낌이 물씬 풍기는 요리도 있다. 어느 쪽을 선택하든 지금까지 경험하지 못했던 완전히 색다른 음식을 맛보게 될 것이다.

When to go 샌프란시스코는 짙은 안개가 끼고 관광객이 몰려들어 인산인해를 이루는 여름은 피하는 게 좋다. 겨울에는 비가 많고 추울 수 있다. 봄과 가을 중에서도 특히 가을에 방문하는 것이 가장 좋다.

Planning 10월 초 저스틴 허먼 플라자 앞 야외에서 음식과 와인 축제인 '가을 페스티벌(Fall Fest)'이 열린다. 이 축제에 참여하면 베이 지역에 있는 50군데의 레스토랑에서 선보이는 요리를 맛볼 수 있다. 또한 10월은 '현지산 먹거리의 달(Eat Local Month)'이다. 샌프란시스코 반경 4백 킬로미터 이내의 지역에서 생산된 재료로 만든 음식을 시식할 수 있는 박람회가 개최된다.

Websites www.chezpanisse.com, www.caminorestaurant.com, www.camptonplacesf.com, www.cavallopoint.com, www.ubuntunapa.com, www.sffallfest.com, www.murraycircle.com

캠프턴 플레이스의 특선 요리 중 하나인 콜로라도산 양갈비.

캘리포니아의 고급 레스토랑

■ '머리 서클(Murray Circle)'은 샌프란시스코 만 건너편 카발로 포인트의 금문교 가까이에 자리 잡고 있다. 금문교는 캘리포니아의 낭만적 명소 중 하나다.

■ 〈푸드 & 와인 매거진〉에서 미국 최고의 신인 요리사로 선정한 제레미 폭스(Jeremy Fox)는 자신의 레스토랑인 '우분투(Ubuntu)'를 오픈하기 전에 고든 램지(Gordon Ramsey) 같은 요리사 밑에서 일했다.

■ 샌프란시스코 최고의 우아한 세팅을 자랑하는 '캠프턴 플레이스(Campton Place)'의 주방장 스리지트 고피나트(Srijith Gopinath)와 소믈리에 리처드 딘(Richard Dean)이 이곳에 어울리는 9코스의 맛보기 메뉴를 창안했다.

벨라지오 호텔의 '센시(Sensi)'에서 선보이는 오리구이와 게살 수프.

미국_네바다 주

최고급 음식의 열전, 라스베이거스

Las Vegas Hot Spots

라스베이거스에 세계 최고 수준의 주방장들이 대거 유입되면서
고급 레스토랑이 관광객을 유치하는데 한몫 하고 있다.

유리 섬유로 지은 성, 서커스장 등 실험 정신에 빛나는 카지노가 들어선 이후로 라스베이거스는 엄청난 발전을 이루었다. 죄악의 도시(Sin City)에 복고풍의 화려함이 자리잡고 벨벳으로 치장한 도박장, 세계 일류의 스파, 디럭스 호텔 스위트룸을 비롯한 라스베이거스의 매력이 발산되자 세계적인 주방장들이 몰려들었다.

벨라지오 호텔(Bellagio Hotel)의 레스토랑 '피카소(Picasso)'는 스페인의 화가 파블로 피카소의 조각과 그림으로 가득하며 카지노의 유명한 분수를 한눈에 볼 수 있다. 이곳에

윈 호텔의 바르톨로타에서는 독립된 테이블에서 식사를 즐길 수 있다.

서 일류 주방장인 줄리앙 세라노(Julian Serrano)의 기품 있는 맛보기 메뉴를 즐겨 보자. 그 외에도 시저스 팰리스 호텔의 기 사부아(Guy Savoy), MGM 그랜드 호텔의 조엘 로뷔숑(Joël Robuchon), 맨덜레이 베이(Mandalay Bay) 소재의 더 호텔(THEhotel)에 자리 잡은 알랭 뒤카스(Alain Ducasse)의 믹스(Mix) 등이 모두 라스베이거스에서 최고의 식사를 즐길 수 있는 레스토랑들이다.

미국 최고의 주방장이라고 추앙 받는 캘리포니아 소재 '프렌치 런드리(The French Laundry)'의 토머스 켈러(Thomas Keller)까지도 베네치안 호텔에 '부숑(Bouchon)'을 열고 기막히게 훌륭한 아침 식사를 제공한다. 아침 일찍 일어나는 사람이라면 가벼운 프렌치토스트와 수제 페이스트리, 완벽한 오믈렛으로 배를 채울 수 있다.

이와 같은 레스토랑 중에는 재료비를 아끼지 않는 곳도 있다. 일례로 재력 있는 사람이라면 윈 호텔(Wynn)의 '바르톨로타(Bartolotta)'에서 지중해에서 이곳 사막으로 직송해 온 생선을 정통 이탈리아식으로 조리한 요리를 음미할 수 있다.

When to go 라스베이거스에는 숙박비가 엄청 싼 비수기가 2차례 있다. 그 중 하나가 크리스마스 전 달인 11월로, 도시가 비교적 한산하므로 예약하기가 수월하다. 지독하게 덥고 건조한 한여름도 관광객들이 피하는 시기라 조용한 편이다.

Planning 미리 테이블을 예약하는 것이 좋다. 특히 공휴일 전후에는 도시가 매우 붐비므로 예약이 필수다. 대부분 식당에는 복장 규정이 없지만 일부 고급 레스토랑의 경우 있을 수도 있다. 방문 전에 레스토랑 웹 사이트에서 확인해 보자.

Websites www.bellagio.com, www.caesarspalace.com, www.venetian.com, www.vegasdiningscene.com, www.vegasrestaurants.com

라스베이거스 최고의 뷔페

- 진정한 식도락가들은 라스베이거스의 유명한 뷔페를 거들떠보지도 않는다. 그래도 예외는 있다.

- 윈 호텔과 벨라지오 호텔의 뷔페는 단연 최고다. 매주 주말에는 샴페인을 곁들인 브런치도 제공한다.

- 매주 일요일이면 발리스 호텔(Bally's)에서 '스털링 브런치(Sterling Brunch)'를 마련한다. 라스베이거스에서 가장 비싼 뷔페이지만 돈이 하나도 아깝지 않다. 고급 샴페인이 무제한 제공되고, 바닷가재를 원없이 먹을 수 있다. 또한 굴, 야생버섯, 향나무 판에 조리한 연어 요리, 훌륭한 육류 요리와 해산물 요리가 연이어 나온다. 캐비아도 특별 메뉴로 제공되지만 스시 바에 가서 달라고 요청해야 한다. 유일하게 공개하지 않고 제공하는 메뉴다.

일본

가이세키 연회 *Kaiseki Feasting*

가이세키는 '한 접시의 완벽함'이라고 평가 받는 음식으로
교토는 최고의 가이세키를 먹을 수 있는 곳이다.

'완벽한 요리'로 묘사되는 이 성찬을 즐기는 곳으로 교토만큼 적격인 곳도 드물다. 선승(禪僧)들의 음식에서 비롯되어 사치스러운 일본의 접대 요리가 된 가이세키 요리가 외부 세계의 주목을 받게 된 것은 불과 얼마 되지 않은 일이다. 원래 가이세키는 일본의 중세 시대에 불교 승려들이 다도와 함께 행하던 검소한 식사였다. 그러나 수세기를 거치면서 철마다 바뀌는 요리로 이루어진 14코스의 연회로 변모했다. 지금도 일본

음식을 담아내는 그릇에도 자연의 형태가 담겨 있다.

교토 소재의 사찰인 기요미즈데라가 단풍으로 물들었다.

밖으로 이 요리가 거의 확산되지 않은 까닭은 일본 열도와 그 주변에서만 구할 수 있는 신선한 재료에 의존해야 하는 어려움 때문이다.

가이세키 요리의 메뉴는 대부분 야채나 해산물을 주재료로 한 것인데, 요즘에는 선구적인 주방장들이 육류를 사용하기 시작했다. "저는 요리로 예술 작품을 창조하려 합니다." 일본 최고의 가이세키 요리 주방장 중 한 명으로 유명한 '무라타 요시히로'의 말이다. 정말 요리가 하나같이 미니 예술 작품이기에, 기막히게 좋은 향과 식감의 유혹만 아니라면 먹기가 너무 아까울 정도다.

일본의 교토는 최상급 가이세키 요리의 본고장이다. 우아한 식당의 다다미를 깐 사실에서 누구도 부럽지 않을 정도로 극진한 대접을 받으며 비단 기모노를 입은 게이샤 같은 여종업원들이 내오는 공들여 만든 코스요리를 즐길 수 있다. 무라타의 '기쿠노이(菊乃井)'가 대표적인 식당이다.

When to go 가이세키 요리의 재료는 철마다 달라지므로 이 요리를 즐기기에 좋은 계절이 따로 있지는 않다. 그러나 날씨는 방문 시기를 결정하는 선택 기준이 될 수 있다. 일본의 겨울은 춥고 눈이 많은 편이다. 여름은 덥고 습하다. 벚꽃이 피는 봄과 단풍이 드는 가을이 가장 좋은 계절이다.

Planning 엄청나게 비싼 음식값은 각오해야 한다. 최고급 가이세키 식당의 경우 7코스의 점심 메뉴가 250달러 정도이고, 풀코스인 14코스의 저녁 식사인 경우 가격은 그 2배 정도다. 기쿠노이를 비롯한 대표적인 가이세키 식당의 경우 미리 예약해야 한다. 대다수의 식당은 테이블이 있는 서양식 식당과 함께 바다에 느긋하게 기대앉을 수 있는 일본식 다다미 방을 모두 구비하고 있다.

Websites www.jnto.go.jp, www.kikunoi.jp

기쿠노이의 가이세키 요리

■ 가이세키 요리는 수백 가지의 독특한 음식의 조합으로 이루어지며 레스토랑 별로 특별한 메뉴를 선보이기도 한다. 각 메뉴는 전채요리와 생선회, 탕, 구이, 찜 요리를 비롯해 주방장이 선정한 요리까지 다양한 조리법을 구사한 음식으로 구성되어 있다. 다음은 교토에 위치한 기쿠노이 식당에서 맛볼 수 있는 몇 가지 고전 요리다.

■ 핫슨(八寸, 계절을 테마로 한 전채요리) - 해삼과 소귀나무 열매, 은어를 채운 세 개의 꽈리가 나온다.

■ 무코즈케(向付, 회 또는 포를 뜬 생선) - 얇게 포를 뜬 붉돔와 갯장어 회를 연잎에 얹어 새콤한 매실 소스, 고추냉이 겨자와 함께 내놓는다.

■ 나카초코 코스(中猪口, 입가심 요리) - 무화과를 넣은 흰 된장국을 차게 제공한다.

■ 시이자카나(強肴, 주요리) - 계란찜, 구운 가지, 삼엽채와 산초로 양념한 생선 등을 넣은 더운 국물 요리다.

■ 도메완(止椀, 입가심 요리) - 밥과 연잎에 싼 갯장어, 완두콩 수프, 초절임한 오이와 가지 등을 곁들인다.

■ 미즈모노(水物, 디저트) - 팥과 떡을 얹은 녹차 빙수가 나온다.

호텔 칼 구스타프(Hotel Carl Gustav)에서 바라보는 경치는 카리브 만에서도 으뜸으로 꼽힌다.

생 바르텔르미

이국적인 생 바르트 섬 *Exotic St. Barth*

구릉이 많고 규모도 작은 생 바르트 섬은 부자와 유명 인사들이 즐겨 찾는 전형적인 인기 휴양지다.

생 바르트 섬의 정식 명칭은 생 바르텔르미 섬(Saint Barthélemy)으로, 푸에르토리코 동쪽으로 약 241킬로미터 지점의 카리브 해에 있는 프랑스령 섬이다. 자동차를 타고 구불구불한 도로를 달려 북서부 해안의 푸앵트 밀루(Pointe Milou)로 향한다. 그리고 이 섬에서 최고로 근사한 레스토랑인 '티 생 바르트(Le Ti St.-Barth)' 앞에 다다르면 차를 주차시킨다. 레스토랑의 진홍빛 벽과 은은히 빛나는 샹들리에가 자극적인 밤 분위기를 연출한다. 타이식 소고기 샐러드로 시작해서 만약 고기가 구미에 당긴다면 앙트레(entrée, 전채요리)로 엄청나게 맛있는 소고기 요리인 '리옹 키 리(Le Lion Qui Rit)'를 주문해 보자.

아름다운 사람들에게 인기 있는 이곳에서는 테이블 사이로 미끄러지듯 다니는 모델들의 패션쇼와 함께 식사가 제공되기도 한다. 티 생 바르트에서 열리는 행사 중에는 사람들이 많이 몰리는 것들이 꽤 있다. 조용하게 식사를 즐기고 싶다면 섬의 주도인 구스타비아에 있는 '월하우스(The Wall House)'에 가보는 게 좋다. 이곳은 프랑스 느낌이 물씬 나는 해산물 요리가 주메뉴다. 맛 좋은 바닷가재 요리와 마히마히 생선으로 만든 요리를 주문해 보자. 레드 와인 소스를 넣은 오리 가슴살 요리도 맛이 훌륭하다.

산허리에 자리 잡아 구스타비아 만이 한눈에 들어오는 카를 구스타프 호텔(Hotel Carl Gustaf)의 수영장 옆자리는 지는 해를 바라보며 칵테일을 마시기에 그만이다. 이 화려한 호텔에서는 프랑스와 카리브 해의 영감을 담은 미식 요리도 제공한다.

When to go 길이가 21킬로미터인 이 섬은 언제 가도 유명 인사를 찾는 재미가 있다. 매년 12월에서 이듬해 1월까지는 사람들이 엄청나게 몰려든다. 사람이 비교적 적고 테이블 예약도 그만큼 수월한 늦봄에 방문하는 것이 훨씬 좋다.

Planning 숙소는 WIMCO사의 사이트를 통해 개인 별장에 묵거나 섬에 있는 작고 호화로운 호텔에 투숙할 수 있다. 비행기가 꺼려질 경우 생 마르탱(St. Martin) 섬에서 출발하는 페리를 타면 45분이면 도착한다. 생 마르탱에서 생 바르트로 향하는 초소형 비행기를 타면 생 장(St. Jean)에 있는 아주 작은 활주로 위로 내려앉는다. 미리 차를 빌려서 공항에 대기시켜 놓자. 아무리 작다고 해도 섬 주변을 돌아보려면 차가 필요하다.

Websites www.st-barths.com, www.wimco.com, www.hotelcarlgustaf.com

크레올 아몬드 칵테일

■ 정신이 들게 해주는 식후 음료로, 카를 구스타프 호텔의 수석 바텐더인 '재키 베르트랑(Jacky Bertrand)'이 만들었다. 카페인과 알코올의 조합 덕분에 한밤중까지 깨어 파티를 즐길 수 있다.

■ 재료(2인분)

올드 럼 60ml
아마레토 디사론노(Amaretto Disaronno, 리큐어) 60ml
갓 추출해 차게 식힌 커피 120ml
아몬드 시럽 2큰술
바닐라 시럽 2큰술
시나몬 가루(장식용)
갓 볶은 원두 두 알(장식용)

1. 얼음을 채운 칵테일 셰이커 안에 분량의 재료를 모두 넣는다. 힘차게 흔들어 차게 식혀 놓은 마티니 잔에 붓는다.

2. 시나몬 가루를 뿌리고 원두를 한 알 올려 장식한다.

TOP 10

세계의 유명 주방장
Chefs The Sun Never Sets On

세계 각지에서 음식 혁명을 선도하고 있는
초일류 주방장들을 소개한다.

❶ 알랭 뒤카스 Alain Ducasse

런던, 뉴욕, 도쿄, 모리셔스를 비롯한 그의 레스토랑에서 만드는 프로방스 요리가 세계인의 입맛을 사로잡고 있다.

Planning 뒤카스의 주력 레스토랑은 파리의 호텔 플라자 아테네(Plaza Athénée)와 모나코의 호텔 드 파리(Hôtel de Paris)에 있다. www.alain-ducasse.com

❷ 토드 잉글리시 Todd English

1989년 보스턴 근처에 문을 연 '올리브즈(Olives)'는 그에게 수상의 영예를 안겨 준 주력 레스토랑이다.

Planning 여러 곳의 올리브즈 분점과 고급 피자 체인인 피그스(Figs)를 필두로 미국 전역에 그의 지중해식 레스토랑이 있다. 호화 여객선인 퀸 메리 2호에도 레스토랑이 진출했다. www.toddenglish.com

❸ 피터 고든 Peter Gordon

뉴질랜드 출신의 고든은 동남아와 서양의 음식을 절묘하게 조합해 1980~90년대 퓨전 음식 운동의 선봉에 선 장본인이다. 그의 요리에는 세계 각국의 음식에 대한 애정이 묻어난다.

Planning 영국, 터키, 뉴질랜드에 그의 레스토랑이 있다.
www.peter-gordon.net

❹ 에머릴 라가세 Emeril Lagasse

미국 TV방송을 통해 유명해진 라가세는 케이준과 크레올의 영향을 받은 자신의 요리를 '새로운 뉴올리언스 요리'라고 부른다.

Planning 라가세는 올랜도, 애틀랜타, 뉴올리언스 및 라스베이거스 등 미국 남부 지역에서 레스토랑을 운영하고 있다. www.emerils.com

❺ 노부유키 '노부' 마쓰히사 Nobuyuki 'Nobu' Matsuhisa

노부는 일본과 페루 음식을 섞은 퓨전 음식으로 유명하다. 전통 음식을 서양인의 미각에 맞게 적용시키는 감각이 뛰어나다.

Planning 비버리힐스, 나소, 도쿄, 멜버른, 밀라노 등 세계 각지에 그의 레스토랑이 있다. www.noburestaurants.com

❻ 마이클 미나 Michael Mina

미슐랭 별을 획득한 마이클 미나는 한 가지의 최고급 재료를 이용해 3가지 각각 다른 요리를 만드는 '트리오 메뉴'로 유명하다. 그는 이 메뉴로 수많은 상을 휩쓸었다.

Planning 미국과 멕시코에 여러 매장을 보유하고 있다. 대표 레스토랑은 시스코(Cisco)에 있다. www.michaelmina.net

❼ 볼프강 퍽 Wolfgang Puck

특이하게도 퍽은 TV 만화 '심슨스(The Simpsons)'에 목소리 출연으로 이름을 알렸다. 그의 레스토랑에는 누구도 생각하지 못한 훈제 연어와 캐비아를 토핑한 초호화 피자가 있다.

Planning 미국과 일본에 고급 레스토랑과 함께 자신의 이름을 내세운 카페와 그릴, 비스트로 프랜차이즈도 열었다. www.wolfgangpuck.com

❽ 고든 램지 Gordon Ramsay

램지는 섬세한 프랑스식 요리와 뛰어난 사업 수완으로 세계 각지에 그의 레스토랑 제국을 건설하고 있다. 다수의 요리 관련 미국 TV방송에도 출연하여 더욱 유명해졌다.

Planning 토론토, 뉴욕, 도쿄, 싱가포르, 프라하, 런던, 케이프타운 등 세계 곳곳에 그의 레스토랑이 있다. www.gordonramsay.com

❾ 조엘 로뷔숑 Joël Robuchon

도쿄, 모나코, 뉴욕 등 세계 곳곳에 레스토랑을 보유한 그는 현존하는 주방장 중 가장 많은 미슐랭 별을 획득한 스타 요리사다. 그의 대표 요리 중 하나인 으깬 감자(mashed potato)처럼 단순한 음식이 얼마나 훌륭한 요리로 변모할 수 있는지 보여 준다.

Planning 뉴욕에 있는 로뷔숑의 아틀리에에서 푸아그라 햄버거를 먹어 보자. www.joel-robuchon.com

❿ 장 조르주 봉제리흐탕 Jean-Georges Vongerichten

장 조르주 봉제리흐탕은 〈뉴욕 매거진〉에서 뉴욕 시민의 식습관에 가장 큰 영향력을 미치는 주방장으로 언급되기도 했다. 그의 요리는 깔끔, 담백한 맛이 특징이다.

Planning 뉴욕, 라스베이거스, 밴쿠버, 상하이, 파리, 런던, 보라보라 섬 등에 레스토랑이 있다. www.jean-georges.com

베이징의 심장부에 자리 잡고 있는 자금성은 5세기 가까이 황궁의 지위를 차지했던 곳이다.

중국

세계의 입맛을 사로잡은 베이징 *Beijing*

중국이 눈부신 경제 성장을 이루면서 맛있는 현지 음식과 국제적인 음식을
선보이는 최고급 레스토랑도 많아졌다.

얼마 전까지만 해도 베이징에서 최고의 음식이라고 하면 상어 지느러미, 전복, 제비 둥지 수프(燕窩湯) 정도였다. 그것도 맛보다는 부의 과시나 손님에게 체면 차리기의 인상이 더 강한 코스 연회에서 볼 수 있던 것들이다. 서비스는 한결같이 불친절하고 분위기도 형편없었다. 그러나 지금은 수많은 중국 최고의 요리가 모두 안정적이고 침착하게 제공된다. 뿐만 아니라 한때는 외국인들이 자리 잡기가 힘들었던 이 도시에 지금은 세계 각지에서 온 유명 주방장들이 진출하고 있다.

베이징에서 외국 음식을 먹으려면 몇 군데의 국제 호텔에나 가야 한다는 말도 옛말이 되었다. 뉴욕에서 활동하던 다니엘 블뤼(Daniel Boulud)는 옛 미국 대사관 자리에 '메종 블뤼(Maison Boulud)'를 열었다. 내부는 품위 있고 외관은 장엄한 이 네오클래식풍의 건물에서 그는 현지 재료로 조리한 미국풍 프랑스 요리를 맛보기 위해 찾아온 이들에게 외교 사절 노릇을 톡톡히 하고 있다. 최고의 동양 음식도 만나볼 수 있다. 메종 블뤼 바로 옆에 있는 유리로 된 세련된 건물에 '시로 마쓰(Shiro Matsu)'가 들어서 있다. 복어 요리 전문가인 야쿠와 가즈아키가 일본의 별미 생선 요리를 준비하면서 오랜 세월을 거쳐 숙달시킨 그의 능력을 선보인다.

또한 싱가포르에서 온 홍콩 출신의 요리사 제레미 룽은 '왐포아 클럽(Whampoa Club)'을 열고 베이징의 전통 음식을 정교하고 매력 넘치는 요리로 차원을 높였다. 로비에는 전구를 넣어 둔 새장을 잔뜩 걸어 놓아 눈길을 끈다. 안뜰이 있는 전통 가옥의 지하에 식당을 내어, 머리 위로 보이는 금붕어 연못을 통해 여과된 빛이 은은하게 실내를 비추게 했다.

When to go 방문하기 가장 좋은 시기는 9월과 10월이고, 다음으로 4월과 5월 초가 괜찮다.

Planning 레스토랑은 미리 예약하는 것이 좋다. 점심 메뉴는 저녁 메뉴보다 상당히 저렴하다. 연이어 식도락을 즐기고 싶다면 하루저녁은 분위기 우아한 소피텔 완다 호텔(Sofitel Wanda)의 '프레 레노트르(Le Pré Lenôtre)'에서 전통 프랑스 음식을 즐기고, 다음 날 저녁은 '호라이즌(Horizon)'에서 최고급 정통 광둥식 요리를 만끽해 보자.

Websites www.chienmen23.com, www.sofitel.com

산해진미의 천국, 베이징

■ 중국 외의 지역에서 맛볼 수 있는 중국 음식은 광둥식 인기 요리의 맛을 순화시키고, 이것저것 뒤섞은 것이 대부분이다. 쓰촨 요리, 후난 요리, 항저우 요리, 상하이 요리 등은 메뉴에서 찾아보기가 힘들었다. 다행스럽게도 지금은 중국 각 지방 음식이 인기를 얻고 있으며, 전국의 뛰어난 요리사들이 베이징으로 속속 모여들고 있다. 고추와 기타 매운 향신료를 넣은 기름 속에 쓰촨식으로 자른 메기를 푹 담가서 내오는 '쉐이주위', 소수 민족인 따이 족(傣族) 음식으로 돼지고기와 고수를 쪄서 대통에 넣어 내놓는 '주퉁주러', 남동부의 산악 지역에 사는 소수 민족인 커자 족(客家族)의 비법에 따라 생선을 종이에 싸서 요리하는 '미지 지바오 루위'를 꼭 먹어 보자.

반짝이는 금박으로 장식한 달콤한 만주.

일본

일본 최고의 음식 *Best of Japan*

전 세계적으로 일본 음식을 즐기는 사람들과 일본식 식당이 많아졌지만
일본 최고의 음식을 맛볼 수 있는 기회는 흔치 않다.

도쿄의 료테이(料亭, 요정)은 시내 어디서나 볼 수 있는 고급 전통 음식점이다. 이곳에서는 세계적인 명성을 얻은 독특한 마블링을 지닌 소고기인 '와규(和牛)'를 맛볼 수 있다. 이 부드럽고 풍미가 뛰어난 소고기는 불포화 지방, 즉 마블링의 함량을 높이기 위해 특별한 사육 방식을 통해 생산된다.

일본에는 효고현의 고베(神戶)처럼 와규로 유명한 지역이 몇 군데 있다. 일본 사람들은 고베규(神戶牛) 수준의 고급 소고기를 만들기 위해 전통적인 방식으로 온갖 공을 들여 소를 키운다. 곡물과 맥주를 먹이고 매일 빗질과 마사지까지 해준다. 와규를 스키야키나 샤부샤부로 즐겨 보자. 테이블에서 직접 냄비에 육수를 끓이면서 얇게 저민 쇠고기와 야채 등을 넣어 익힌 다음 소스를 찍어 먹는 요리다.

또 하나의 유명한 일본 고급 요리는 '복어 요리'다. 제대로 손질하지 않으면 복어 독에 중독될 수 있기 때문에, 복어 요리는 국가 공인 자격증을 발급받은 전문가만 다룰 수 있다. 독을 제거한 복어는 접시가 다 비칠 정도로 아주 얇게 회를 뜨거나, 야채와 함께 끓인 맑은 탕 또는 무침 요리로 선보인다. 화려함을 더하기 위해 일부 고급 식당에서는 순금 알갱이나 금박으로 복어 요리를 장식하기도 한다.

When to go 일본은 계절 요리에 엄청난 자부심이 있어서 계절별로 각기 색다른 음식을 선보인다. 뿌리 채소와 속까지 따뜻해지는 음식을 좋아한다면 겨울에 방문해 보자. 여름에는 가볍고 시원한 음식을 내놓는다. 일부 식당의 경우 일본의 명절인 '오봉(お盆, 한국의 백중에 해당하는 날)' 동안 문을 닫는다. 오봉은 8월 중순으로 온 가족이 모여 조상을 기리며 성묘와 제사를 지낸다. 또 일본의 최대 연휴인 5월 초 골든 위크 주간에도 대부분의 가게가 문을 닫는다.

Planning 유명 식당의 경우 며칠 전에 예약해야 한다. 복어 요리는 전문 식당이 따로 있다. 복어 전문이라는 표시로 식당 문 앞에 복어가 그려진 등을 걸어 놓기도 한다.

Websites www.bento.com, www.tsukiji-market.or.jp, www.kahala.in, www.fuchabon.co.jp

일본 별미 요리의 재료인 복어.

쇼진 요리

■ 훌륭한 맛을 내는 일본 요리의 핵심은 제철 식재료를 쓰는 데 있다. 제철에 나는 야채 본연의 맛을 제대로 음미하려면 '쇼진 요리(精進料理)'에 도전해 보자. 쇼진 요리는 채식 위주의 전통 사찰 음식으로 야채와 두부, 콩, 과일로 만든 다채로운 요리를 몇 가지 코스로 제공한다. 육류를 쓰지 않은 것은 불교의 중심 계율에 따른 것이다.

■ 쇼진 요리는 다다미가 깔린 사실(私室)과 같은 전통적 환경에서 제공되므로 요리와 함께 문화 체험도 할 수 있다.

■ 쇼진 요리를 만들 때 가장 중요한 것은 제철 재료를 사용하고, 어떤 재료도 낭비하지 않도록 유의한다는 점이다. 푸성귀의 겉대나 당근 같은 야채의 껍질은 물에 데쳐서 쓰거나 국에 넣기도 한다.

■ 쇼진 요리는 선사(禪寺) 근처에 있는 식당에서 쉽게 접할 수 있다. 또 대부분의 사찰 안에서도 직접 맛볼 수 있는데 이 경우 사찰에 미리 신청해야 한다.

모스크바에서 가장 호화로운 레스토랑인 투란도트에서 18세기 의상을 입은 웨이트리스가 테이블을 정돈하고 있다.

러시아

모스크바의 호화 레스토랑 *Moscow*

최고의 요리사, 엄선한 재료, 화려한 세팅 덕에 모스크바의 레스토랑에서는 호사스러운 식사를 만끽할 수 있다.

단편적으로나마 러시아 혁명 이전의 진면목을 엿보고 싶다면 식당 위층이 마치 대형 도서관 같은 '카페 푸시킨(Café Pushkin)'으로 향하자. 퇴폐적인 모스크바 엘리트 계층의 잔재가 남아 있는 '야르(Yar)'도 있다. 이곳은 1826년에 개점한 이래로 거의 한 번도 쉰 적이 없다고 한다. 레스토랑 'CDL'에서도 화려하기 그지없는 귀족적인 분위기에서 고급 음식을 즐길 수 있다. 영욕의 세월을 느낄 수 있는 곳으로는 구소련의 복고적인 스타일이 살아 있는 '고리키(Gorki)'와 '폴리티카(Politica)'가 있다. 하지만 여기서 제공하는 음식이나 서비스는 공산주의와는 전혀 상관이 없다.

모스크바에는 온갖 종류의 국제적인 음식 역시 많이 소개되어 지금은 스시와 아시아의 퓨전 음식이 유행하고 있다. 모스크바의 부촌, 바르비카 럭셔리 빌리지(Barvikha Luxury Village)에 있는 '오피움(Opium)'에서 재계의 거물들과 나란히 앉아 수련 잎에 싼 베트남식 개구리 뒷다리 요리를 먹어 보거나, 베르사유 궁전을 본뜬 '투란도트(Turandot)'에서 아시아 음식에 도전해 보자.

또 모스크바에서는 제정 러시아 때처럼 프랑스식 요리도 다시 각광받고 있다. 고풍스러운 대저택에 18세기 귀족들의 시대로 되돌아간 듯 꾸며 놓은 '몽 플레지르(Mon Plaisir)', 프랑스 지중해 연안의 관광지인 코트다쥐르 빌라(Côte d'Azur villa)를 닮아 음식도 지중해식으로 제공하는 '레스토랑 빌라(Restaurant Villa)', 프로방스식 요리가 주메뉴인 '캐주얼(Casual)' 등이 유행에 한몫하고 있다. 전망이 좋은 곳으로는 크레믈린 궁전과 붉은 광장이 내려다 보이는 리츠 칼튼 호텔의 고급 레스토랑인 '제로보암(Jeroboam)'이나 구세주 그리스도 성당(Christ the savior Cathedral)의 경관이 한눈에 들어오는 고급 일식 레스토랑인 '요코(Yoko)'만한 곳이 없다.

When to go 겨울에는 모피와 보드카가 필수다. 여름은 6월부터 9월까지 이어지며 7, 8월이 가장 덥고 습하다.

Planning 대부분의 외국인은 관광 비자가 있어야 러시아에 입국할 수 있다. 전문 대행사에 수속을 맡기는 것이 가장 간편하다.

Websites www.quintessentially.com, www.barvikhahotel.com, www.cafepushkin.ee

보드카

- 아무리 빈티지 샴페인만 즐기는 부자들이라고 해도 보드카를 마시지 않고서는 온전히 러시아 여행을 즐겼다고 할 수 없다. 보드카는 알코올 함량이 35~50%에 달하는 무색의 술이다.

- 러시아식으로 보드카를 즐기려면 몇 시간 정도 냉동실에 넣어서 차게 만든 보드카를 건배 후에 한입에 털어 넣는다. 안주로는 훈제 고기, 캐비아, 크래커 등 자쿠스키(zakusky, 캐비아나 훈제 소시지 등을 얹은 카나페 같은 전채요리)를 먹는다. 러시아 인들은 보드카와 소프트 드링크류를 번갈아 마시기도 한다.

- 개봉한 보드카를 다 마시지 않고 남기는 것은 무례한 행위로 간주되며, 한 번 열면 다시 닫을 수 없는 뚜껑이 달린 병으로 나오기도 한다. 요란하게 잔을 부딪치는 행위는 결혼식 파티에서나 어울리는 행동이다.

- 스톨리치나야(Stolichnaya), 모스콥스카야(Moskovskaya)와 같은 표준 보드카 외에 고추와 후추, 향신료를 넣은 페르촙카(Pertsovka)와 같은 특이한 보드카에 도전해 보자. 레몬으로 향을 낸 리모나야(Limonnaya), 초콜릿 맛이 나는 케렌스키(Kerenski), 서양 고추냉이를 첨가한 스푸트니크(Sputnik) 등도 있다.

스위스

클로스터스에서 즐기는 만찬 *Klosters*

클로스터스는 휴식을 취하며 태양과 눈, 훌륭한 음식을 즐기기에 그만인 알프스의 고급 휴양지다.

    미슐랭 별을 획득한 발세르호프 호텔(Hotel Walserhof)의 뒤로 눈 덮인 산맥이 빛나며 매혹적인 배경을 이루고 있다. 이 호텔이 있는 스위스의 클로스터스 마을은 유럽의 왕실과 세계 최고 갑부들의 겨울 휴양지다. 샬레(지붕이 뾰족한 오두막) 스타일의 호텔 내부에 들어서면 해묵은 목재와 벽난로, 소나무와 침엽수의 은은한 기운이 감돌아 안락하면서도 우아한 분위기를 자아낸다. 은제 촛대 위의 가느다란 양초가 샴페인 색상의 벽을 황금빛으로 물들인다. 뷘트너 돌 오븐(Bündner stone oven)에서 음식 냄새가 솔솔 풍겨 나오니, 주방장 아르맹 암라인(Armin Amrein)이 갓 마련한 신선한 요리에 대한 기대도 커진다.

알프스 마을의 특징이 고스란히 남아있는 왕족과 상류층의 휴양지는 근사한 매력이 넘치는 곳이다.

먼저 입맛을 돋우는 조각낸 세라노 햄(Serrano ham)과 알바(Alba)산 흰 송로버섯을 얹은 감자 수프가 나온다. 다음은 완벽하게 저민 송아지 고기 카르파초(날고기를 얇게 썰고 그 위에 소스, 치즈 등을 얹어서 먹는 요리), 아티초크와 검은 송로버섯 스튜가 나온다. 주방장 특제 요리인 소금 옷을 입힌 농어구이와 올리브유 쿨리(coulis, 과일, 야채 등을 갈아 거른 퓌레)에 감자, 제철 야채 등을 곁들인 요리도 차례로 등장한다.

마지막으로 프랑스제 고급 초콜릿으로 만든 따뜻한 수플레와 캐러멜 샴페인 파르페, 이국적인 과일 칵테일이 오감을 만족시킨다. 또 다른 디저트로는 참깨를 뿌린 치즈 파르페, 그레이프와 머스터드 아이스크림, 그레이프 밀푀유(mille-feuille, 결을 많이 낸 파이에 크림을 넣어 여러 층으로 쌓은 케이크)가 있다. 이렇게 많은 재료를 뒤섞어 디저트를 만든 것은 상상력 넘치는 미국 요리법에 경의를 표하기 위해서라고 한다.

발세르호프 호텔에서 제공하는 달콤한 장식을 곁들인 누가 경단.

뷘트너플라이슈

■ 스위스 남동부 알프스 고산지대의 그라우뷘덴(Graubünden) 주에서 뷘트너플라이슈(Bündnerfleisch, 말린 소고기)를 처음 만들게 된 것은 생필품으로 필요했기 때문이었다. 그러나 지금은 별미로 즐기는 음식이 되었다. 지방이 적은 소 다릿살을 소금, 향신료, 알프스산 허브로 양념해서 저온 상태로 5주 동안 저장한 다음 10~15주 동안 말린다.

■ 뷘트너플라이슈는 얇게 저민 후 신선한 검은 후춧가루만 뿌려서 낸다. 때에 따라 껍질이 단단한 빵, 레드 와인과 함께 제공하기도 한다. 또한 만두와 비슷한 피초켈(pizokel)과 같은 그라우뷘덴 특선 음식에 쓰이기도 한다.

When to go 이곳은 스노보드, 스키, 아이스 스케이팅 등 겨울 스포츠 마니아의 천국이다. 여름에는 꽃이 만발한 알프스 초원과 상쾌한 숲 속으로 목가적인 하이킹을 즐길 수 있는 평화로운 휴양지가 된다. 취향대로 시기를 골라 보자.

Planning 발세르호프 호텔은 기차역과 산악 철도에서 도보로 5분 거리에 있다. 취리히까지는 자동차나 기차로 2시간 30분 거리다. 12월부터 이듬해 4월 사이에는 다보스-클로스터스와 취리히 국제 공항 사이에 셔틀 버스를 운행한다. 레스토랑은 예약해 두는 것이 좋다. 여름에는 매주 화요일에 휴업한다. 이외에 투숙객이 아닌 고객도 입장할 수 있는 뛰어난 호텔 레스토랑으로는 '알피나(The Alpina)'와 '알테포스트(Alte Post)'가 있다.

Websites www.walserhof.ch, www.davosklosters.ch, www.myswitzerland.com

TOP 10

세계에서 가장 높은 레스토랑
Restaurants On Top Of The World

절벽과 계곡, 도시 풍경을 회전하면서 감상할 수 있는 이들 레스토랑에서는 여러 의미에서 '최고(最高)'의 경험을 하게 된다.

❶ 360 캐나다 토론토

우주선처럼 보이는 553미터 높이의 CN타워 꼭대기에 위치해 있다. 회전 속도가 빨라 경치를 감상하다가 현기증이 날 수도 있다. 캐나다 요리를 선보이며 최고 수준의 와인 저장고도 갖추고 있다.

Planning 레스토랑이 한 바퀴 도는데 72분 걸린다. www.cntower.ca

❷ 레인보우 룸 Rainbow Room 미국 뉴욕 주 뉴욕

록펠러 센터의 GE빌딩 65층에 자리 잡고 있다. GE빌딩은 1933년에 완공된 아름다운 고층 빌딩으로 뉴욕의 엘리트들이 즐겨 찾던 곳이다. 지정된 날에 대규모 밴드 오케스트라의 연주에 맞춰 춤출 수 있는 댄스 플로어도 있다.

Planning 재킷 차림을 해야 한다. 청바지에 티셔츠, 스니커즈 차림으로는 입장할 수 없다. www.rainbowroom.com

❸ 톱 오브 더 월드 Top of the World 미국 네바다 주 라스베이거스

높이가 350미터로 미국에서 가장 높은 전망대인 '스트래터스피어 (Stratosphere)'에 있다. 80분마다 360도 회전하는 레스토랑에서 스테이크와 해산물을 즐길 수 있다.

Planning 라스베이거스 스트립 지구의 북쪽 끝에 자리 잡고 있다. 저녁 시간에는 비즈니스 캐주얼 차림을 해야 레스토랑에 입장 가능하다. www.topoftheworldlv.com

❹ 엘 토바르 다이닝 룸
El Tovar Dining Room 미국 애리조나 주 그랜드캐넌

스위스 샬레와 노르웨이 빌라를 섞어 놓은 듯한 호텔 내부에 위치한 목가적인 레스토랑이다. 불과 6미터밖에 떨어져 있지 않은 그랜드캐넌의 절경을 감상하며 미국 남서부 특유의 음식을 즐길 수 있다.

Planning 호텔 투숙객은 6개월 전, 일반 손님은 한 달 전부터 예약할 수 있다. www.grandcanyonlodges.com

❺ 베야비스타 Bella Vista 볼리비아 라파스

세계에서 고도가 가장 높은 도시인 라파스에서도 세계 최고의 5성급 호텔인 프레지덴테의 꼭대기층에 자리하고 있다. 육류 그릴 요리와 송어 요리가 일품이다.

Planning 호텔은 라파스 도심에 있다. 해발 고도가 3,658미터에 달하므로 고산병에 유의해야 한다. www.hotelpresidente-bo.com

❻ XEX 타이완 타이베이

최고급 이탈리아 및 일본 요리를 선보일 계획인 XEX 레스토랑은 508미터 높이의 타이베이 금융센터 86층에 오픈할 예정이다.

Planning www.taipei-101.com.tw

❼ 시로코 Sirocco 태국 방콕

야외 발코니가 있는 스테이트 타워 꼭대기(247미터)의 돔에서 저녁 식사와 재즈 라이브를 즐길 수 있다.

Planning 미리 일기 예보를 확인한다. 불빛 희미한 고공의 야외에서 식사하려면 날씨가 맑을 때가 좋다. www.thedomebkk.com

❽ 회전 레스토랑 알라린 Drehrestaurant Allalin 스위스 자스페

회전 레스토랑으로는 세계에서 가장 높은 곳인 3천 5백 미터 높이에 위치해 13개의 봉우리를 비롯한 알프스 산맥의 위용을 감상할 수 있다. 맑은 날은 이탈리아의 밀라노까지 보인다.

Planning 자스페에서 미텔알라린으로 가려면 케이블카를 타고 오른 다음 세계에서 가장 높은 곳에 설치된 산악 지하철을 탄다. www.myswitzerland.com

❾ 벨지움 테이스트 인 더 스카이
Belgium Taste in the Sky 벨기에 브뤼셀

아토미움(Atomium)은 원래 국제 박람회를 위한 임시 구조물이었다. 이곳 꼭대기의 레스토랑에서 탁 트인 전망을 감상하며 벨기에 별미 요리를 맛볼 수 있다.

Planning 아토미움은 브뤼셀 북서부 끝자락에 위치한 헤이젤 역 바로 옆에 있다. www.belgiumtaste.be

❿ 쥘 베른 Jules Verne 프랑스 파리

에펠탑 안에 알랭 뒤카스가 운영하는 레스토랑 '쥘 베른'이 있다. 현대적인 프랑스 요리와 뛰어난 경치를 동시에 즐길 수 있다.

Planning www.lejulesverne-paris.com

실제 모습과 흡사하게 그린 폴 보퀴즈 주방장의 그림이 리옹 근처에 있는 그의 레스토랑에 친근감을 더해 준다.

프랑스

리옹의 고급 레스토랑 *Fine Dining in Lyon*

프랑스 요리의 심장부인 리옹은 각지의 문화와 식재료가 한데 모이는 곳이다.

리옹은 북쪽에서 흘러드는 손 강(Saône River)과 동쪽에서 흘러드는 론 강(Rhône River)이 만나 남쪽으로 향하는 합류 지점에 자리해 있다. 이런 지리적인 이유로 동물성 지방을 사용하는 프랑스 북부 요리와 올리브유를 바탕으로 한 지중해 요리의 영향을 받아 양쪽의 장점만 취할 수 있었다. 게다가 서쪽에 있는 마시프 상트랄(Massif Central, 프랑스 중남부에 있는 고원 산지)의 소고기와 노르망디산 버터, 알프스산 치즈, 남부 지방에서 온 야채와 해산물, 올리브유 덕에 리옹의 요리사들은 풍성한 식재료의 혜택을 누리고 있다.

론알프 주의 주도인 활기 넘치는 리옹은 프랑스 전통 요리와 더불어 육류의 사용을 줄이고 재료 본연의 맛을 중시하는 가벼운 느낌의 현대식 요리법인 누벨 퀴진(nouvelle cuisine, '새로운 음식'이라는 뜻으로 프랑스 고전 요리에 대한 반발로 등장)이 공존하는 곳이다. 리옹에 누벨 퀴진이 등장한 것은 약 반 세기 전 전설적인 요리사 '폴 보퀴즈(Paul Bocuse)'가 소개하면서부터였다. 주로 노동자들이 이용하는 식당 겸 선술집인 부숑(bouchon)을 운영하던 식당 아주머니들이 리옹을 프랑스 요리의 수도로 만들었다면, 리옹의 미래를 이끌어 온 것은 보퀴즈와 니콜라 르 벡(Nicolas le Bec), 크리스티앙 테트두아(Christian Têtedoie), 마티외 비아네(Mathieu Viannay) 같은 젊은 주방장들이다.

론알프 주에서 차지한 미슐랭 별 중 리옹이 차지하는 비중은 매우 크다. 장 크리스토프 앙사네알렉스(Jean-Christophe Ansanay-Alex), 필리프 고브로(Philippe Gauvreau), 파비앙 블랑(Fabien Blanc)을 비롯한 실력 있는 주방장이 날로 늘고 있기 때문에, 리옹이 프랑스 요리의 선두를 놓치는 일은 한동안 없을 것이다.

When to go 12월 초에 개최되는 '빛의 축제' 기간 동안 리옹은 환상적으로 변모한다. 주요 유적과 유서 깊은 건물을 비추는 독창적이고 화려한 조명으로 도시가 밝게 빛난다.

Planning 파리에서 초고속 열차인 TGV를 타고 2시간이면 리옹에 도착한다. 리옹의 분위기를 파악하는 데 3~5일이면 충분하다. 하지만 이 분주하고 국제적인 대도시의 레스토랑과 음악, 예술 작품을 모두 섭렵하려면 일주일은 족히 필요하다. 송로버섯 수프 애호가들은 리옹 북쪽 근교에 있는 콜롱주 오 몽도르(Collonges-au-Mont-d'Or)에 위치한 '폴 보퀴즈'에 정기적으로 들르기도 한다.

Websites www.lyon.fr, www.lyonguide.com, www.bocuse.fr

부숑

- 원래 버스 운전수와 방직공들을 위해 생겨난 리옹의 부숑은 오래전부터 음식이 푸짐하기로 유명했다. 프랑스 어로 '짚'을 의미하는 부숑이라는 이름은 마부에게는 음식과 술, 말에게는 짚을 제공한다고 알리기 위해 선술집 현관에 짚을 매달아 둔 데서 유래한다. 예전에 부숑은 트럭이 잠시 쉬어 가던 곳이기도 했다.

- 부숑을 세운 수십 명의 여인들 중에서 특히 브라지에 아주머니(Mère Brazier), 피유 아주머니(Mère Filiioux)는 이들한테서 배움을 얻은 폴 보퀴즈와 같은 주방장들에게 여전히 존경을 받고 있다.

- 부숑의 명물 요리로는 앙두예트(andouillettes, 송아지와 돼지고기의 위장으로 만든 소시지), 뷘느(bugnes, 돼지 비계 튀김), 포토푀(pot-au-feu, 고기와 야채를 넣어 끓인 스튜), 사보데(sabodet, 돼지 머릿살로 만든 소시지) 등이 있다.

- 최고의 부숑은 벨쿠르 광장과 테로 광장 사이 반도 지역에 몰려 있다. 카페 데 페데라시옹(Café des Fédérations), 셰 위공(Chez Hugon), 가레(Garet) 등이 대표적이다.

> 프랑스

파리의 최고급 요리 *Parisian Haute Cuisine*

자타가 공인하는 세계적인 고급 레스토랑의 본산에서 미슐랭 별에 빛나는
최고급 레스토랑들을 순례해 보자.

일본의 도쿄는 미슐랭 별을 가장 많이 획득한 도시로 유명하며, 메뉴는 뉴욕과 런던이 더 다양하기는 해도 최고급 레스토랑의 정상은 여전히 파리가 차지하고 있다. 그런 파리에서도 미슐랭 별을 획득한 레스토랑은 얼마되지 않는다. 이들 레스토랑의 스타일은 서로 전혀 다르지만 파리 최고의 음식을 선보이겠다는 열정만큼은 모두가 한결같다. 파리의 최정상 레스토랑 중에 가장 격식을 덜 차려도 되는 '라스트랑스(L'Astrance)'의 주방장 파스칼 바르보(Pascal Barbot)는 당일 시장에 나온 최상의 식재료가 무엇인지에 따라 매일 다른 메뉴를 선보인다. 루브르 근처에 위치한 '르 뫼리스(Le Meurice)'는 벨 에포크풍으로 레스토랑을 아름답게 꾸며 놓았다. 샹젤리제 거리 옆에 있는 '르두와이양

베르사유 궁전의 '평화의 방'을 본떠 치장한 르 뫼리스의 실내 장식은 디자이너인 필리프 스탁이 새단장을 맡았다.

(Ledoyen)'과 불로뉴 숲에 자리 잡은 '프레 카틀랑(Pré Catelan)'은 화초를 이용해 세팅을 한다. '라르페주(L'Arpège)'의 주방장인 알랭 파사르(Alain Passard)는 파리 남서부에 있는 자신의 유기농 농장에서 재배한 야채로 만든 메뉴를 내놓는다.

요리사 피에르 가니에르(Pierre Gagnaire)는 자신의 이름을 내건 레스토랑에서 특정 재료를 다양하게 요리한 독창적인 메뉴를 선보인다. 그리고 프랑스 요리의 진정한 거장인 알랭 뒤카스(Alain Ducasse)와 기 사부아(Guy Savoy)는 기술적으로 완벽한 요리를 만드는데 노력을 기울인다. 아름다운 보주 광장(Place des Vosges)에 자리 잡은 '랑브루아지(L'Ambroisie)'는 다른 어느 곳보다 음식에 가장 공을 많이 들이는 느낌이다. 재료에서 최적의 풍미를 끌어내는 이곳 주방장의 노력이 고스란히 드러난다.

어느 곳을 선택하든 극진한 개별 서비스를 받으며 프랑스 최고 중에서도 최고의 요리, 온갖 노력을 다해 사소한 것 하나까지 섬세히 공들여 만든 요리를 경험할 수 있다. 손님이 주문한 요리에까지 프랑스 인의 열정을 담아내는 파리는 세계에서 가장 로맨틱한 도시다.

When to go 파리는 언제 방문해도 좋지만 대다수의 별 3개짜리 레스토랑의 경우 매주 주말과 8월 한 달 내내 문을 닫는다.

Planning 최고급 레스토랑은 점심 식사조차도 예약하기가 매우 어려우므로 미리 계획해 두는 것이 필수다. 고급 호텔에 묵고 있다면 호텔 안내원의 도움을 받을 수 있을 것이다. 하지만 이 경우에도 어디에서 식사를 할 것인지 미리 정해야 한다. 미슐랭 별을 획득한 레스토랑은 고급인 곳이 대부분이나, 모든 레스토랑이 정장 차림을 요구하는 것은 아니므로 레스토랑에 직접 문의해 보자.

Websites www.andyhayler.com, www.dininginfrance.com

미슐랭 별에 빛나는 메뉴들

■ 미슐랭 별을 획득한 레스토랑에는 어떤 메뉴가 있는지 루드와이양을 통해 엿보자.

■ 섬세한 브르타뉴산 랑구스틴(langoustine, 작은 바닷가재의 일종) 요리로 식사를 시작한다. 완벽하게 조리하고 약간의 신맛을 가미하기 위해 레몬 오일을 살짝 뿌려 껍데기째 내놓는다. 그리고 겉을 아주 바삭하게 튀긴 랑구스틴 속살 튀김을 곁들인다.

■ 다음 메뉴로는 파르메산 치즈(Parmesan)로 맛을 낸 파스타다. 파스타로 쌓은 벽 안에 햄이 들어 있고, 파스타 벽을 부수면 흙 냄새가 나는 모렐버섯과 즙이 흘러나온다.

■ 디저트로는 정성스레 만든 5가지 종류의 요리가 나오는데, 그중 기둥처럼 만든 완벽한 그레이프프루트 소르베(sorbet, 과즙에 물이나 설탕을 넣어 얼린 후 빙수처럼 간 것) 위에 그레이프프루트와 바삭한 장식을 얹은 그레이프프루트 콩피(confit)도 있다. 식사를 마친 후의 뒷맛을 개운하게 해준다.

TOP 10

초고가의 칵테일
Bank-Breaking Cocktail Bars

금, 다이아몬드, 빈티지 샴페인, 고가의 숙성된 리큐어를 사용한 세계에서 가장 호화롭고 값비싼 칵테일을 만나 보자.

❶ 블루 바 Blue Bar 미국 뉴욕 주

예전과 다름 없이 스타일리시한 알공킨 호텔의 블루 바에는 고객이 미리 선택해 둔 다이아몬드를 얼음 대신 넣은 '마티니 온 더 락(Martini on the Rock)'이 있다. 가격은 대략 1만 달러 정도로 보석의 크기와 품질에 따라 달라진다.

Planning 영업 시간은 매일 오전 11시 30분부터 다음날 새벽 1시 30분까지다.
www.algonquinhotel.com

❷ 트리스트 Tryst 미국 네바다 주

라스베이거스 윈 호텔의 트리스트에는 무려 3천 달러나 하는 메나제 아 트루아(Ménage à Trois)가 있다. 이 칵테일은 헤네시엘립스 코냑, 크리스털 로제 샴페인, 그랑 마르니에에 금박을 섞어 다이아몬드가 달린 스트로를 꽂아 제공한다.

Planning 복장 규정이 엄격해서 청바지나 운동복 차림으로는 입장할 수 없다.
www.wynnlasvegas.com

❸ 바나인틴 12 Bar Nineteen 12 미국 캘리포니아 주

로스앤젤레스 비버리힐스 호텔에 자리한 이곳은 매우 혁신적인 하우스 칵테일로 유명하다. 750달러짜리 테킬라부터 2만 4천 달러짜리 140년 된 코냑까지 고가의 술을 주문할 수도 있다.

Planning 매일 오후 5시부터 새벽 2시까지 영업한다.
www.barnineteen12.com

❹ 잔부스 바 Janbu's Bar 세인트빈센트그레나딘 카누안 섬

해변에 있는 래플스리조트의 잔부스 바에는 부시도 마티니(Bushido Martini)라는 칵테일이 있다. 보드카와 드라이 베르무트 등을 섞어 금으로 만든 미니어처 사무라이 칼에 올리브를 꽂아 내는 것으로 3백 달러에 판매한다.

Planning www.canouan.raffles.com

❺ **아스트랄 바** Astral Bar 오스트레일리아 시드니

스타시티 카지노의 17층에 자리해 시드니 도심과 하버 브리지를 한눈에 내려다볼 수 있다. 경탄이 절로 나오는 파격적인 칵테일로 유명하다.

Planning 화요일부터 토요일까지, 오후 5시 30분부터 밤 늦게까지 연다. www.astralrestaurant.com.au

❻ **스카이뷰 바** Skyview Bar 아랍에미리트연합국 두바이

버즈 알 아랍 호텔의 꼭대기층에 위치해 있어 두바이의 하늘과 석양을 감상할 수 있다. 칵테일 전문가들이 테이블 사이를 돌아다니며 낙타젖, 사프란 등 이국적인 재료로 칵테일을 만들어 준다.

Planning 매일 낮 12시부터 다음날 새벽 2시까지 영업한다. www.burj-al-arab.com

❼ **GQ바** GQ Bar 러시아 모스크바

미국 패션 잡지에서 이름을 딴 GQ바는 외부는 17세기풍이나 내부는 철저한 21세기형 술집이다. 바텐더에게 직접 요청하면 메뉴에 없는 값비싼 벨루가 보드카(Beluga vodka)를 마실 수 있다.

Planning 연중 무휴 24시간 영업한다. bar.gq.ru

❽ **헤밍웨이 바** The Bar Hemingway 프랑스 파리

기네스 북에 오른 세상에서 가장 비싼 하우스 칵테일은 리츠 호텔 헤밍웨이 바의 '사이드 카(Side Car)'다. 쿠앵트로와 금방 짠 레몬 주스, 1830년산 리저브 코냑으로 만든 칵테일이다.

Planning www.ritzparis.com

❾ **도노반 바** Donovan Bar 잉글랜드 런던

언제라도 제임스 본드가 나타나 마티니를 주문할 것 같은 브라운스 호텔 도노반 바의 대표적인 칵테일로 보드카와 쿠앵트로, 리치 리큐어, 크랜베리, 구아바 주스를 섞은 스페이스 레이스(Space Race)가 있다.

Planning 월~토요일은 오전 11시부터 다음날 새벽 1시까지, 일요일은 낮 12시부터 연다. www.brownshotel.com

❿ **더 바** The Bar 북아일랜드 벨파스트

이곳의 메뉴판은 무려 35페이지나 된다. 335달러짜리 다이키리나 모히토, 250달러짜리 위스키 사워, 150달러짜리 코스모 칵테일을 마셔 볼 수 있다.

Planning www.themerchanthotel.com

그림같이 아름다운 중세 도시인 생 폴 드방스의 비좁은 자갈길 사이로 카페와 갤러리, 부티크가 줄지어 있다.

프랑스

프로방스에서 즐기는 미각 여행 *Provence*

육지와 바다에서 수확한 풍요로운 농수산물 덕분에 프로방스의 요리는
프랑스에서 가장 맛있고 특색 있는 요리로 꼽힌다.

    유쾌한 프로방스 여행을 즐기려면 아비뇽(Avignon)에서 시작하자. 유서 깊은 도시의 성벽 안에 위치한 시장 노점에는 향긋한 황색 과육의 남프랑스산 고급 멜론인 카바용(Cavaillon), 햇빛을 듬뿍 받아 잘 익은 토마토를 비롯해 제철 과일이 가득하다. 가판 행렬을 따라 예술 작품 같은 비누와 올리브나무로 만든 도구 등을 모두 구경하고 나면 '크리스티앙 에티엔느(Christian Etienne)'로 저절로 향하게 된다. 미슐랭 별에 빛나는 이곳은 토마토를 재료로 한 점심 메뉴를 선보이는 레스토랑으로, 파란만장한 역사를 간직한 4세기 교황궁 옆에 자리 잡고 있다. 와인 메뉴로는 이 지역의 뛰어난 샤토뇌프 뒤 파프(Châteauneuf-du-pape)산 와인들을 제공한다.

아비뇽 동부에는 다양한 풍광을 자랑하는 뤼브롱(Luberon)과 장이 서는 마을로 유명한 압트(Apt)가 있다. 또 맛집으로 가득한 루르마랭(Lourmarin)에서 유명한 레스토랑으로는 요리사 에두아르 루베의 '바스티드 드 카플롱그(La Bastide de Capelongue)', 레느 사뮈가 독창적 요리를 선보이는 '오베르주 라 페니에르(Auberge La Fennière)'가 있다.

프로방스의 E80/A8 고속도로는 양쪽으로 아름다운 전원 마을이 펼쳐지는 길을 따라 칸(Cannes)을 지나고, 북쪽으로 방향을 틀어 르네상스 시대부터 고급 향수로 유명한 그라스(Grasse)까지 이어진다. 동쪽으로 예술 애호가들의 천국인 방스(Vence)를 일주일 정도 돌아보고, '콜롱브 도르(La Colombe d'Or)' 레스토랑에서 20세기 예술 작품에 둘러싸여 식사를 즐겨 보자.

프로방스의 끝인 코트 다쥐르(Côte d'Azur)의 니스(Nice)를 향해 굴곡진 도로를 타고 남쪽으로 이동하다 보면 성벽 위와 바다 너머로 파노라마가 펼쳐진다. 그 풍경이 숨이 멎을 정도로 아름다워 가던 길을 잠시 멈추고 감상하지 않을 수 없다.

When to go 한여름에는 매우 덥고 사람들로 붐비므로 비교적 한적하고 예약도 용이한 봄과 가을을 택해 방문한다.

Planning 9월에는 아비뇽에서 다채로운 쌀 수확제가 벌어지는 '아를(Arles)'로 열차를 타고 가보자. 유서 깊은 로마의 다리를 볼 수 있고 카마르그(Camargue) 습지대의 정취도 느낄 수 있다. 또는 컨버터블 차량을 빌려 샤토뇌프 뒤 파프의 와인 저장고를 향해 드라이브하면서 론 강을 따라 탁 트인 전원 풍경을 만끽한다. 코트 다쥐르의 외곽을 훑고 지나는 니스 행 TGV를 타면 산과 바다가 펼쳐내는 절경을 즐길 수 있다. 아니면 혼잡한 공항을 피해 비행기를 타도 좋다.

Websites www.beyond.fr, www.lesaintpaul.com

프로방스의 미각 명소

- 생 폴 드방스의 성벽 위에 세워진 16세기 저택에 자리 잡은 레스토랑 '르 생 폴(Le Saint Paul)'은 호화로운 허니문을 즐기거나 기념일을 은밀하게 지내고 싶은 이들에게 그만인 곳이다. 프로방스풍 고가구로 꾸며진 이곳에서 주방장인 올리비에 보를루(Oliver Borloo)가 선사하는 인상적인 고급 요리를 즐겨 보자.

- 니스의 구시가지에 자리 잡은 호화로운 네그레스코 호텔의 '샹트클레르(Chantecler)' 레스토랑은 장-드니 리외블랑(Jean-Denis Rieubland) 주방장의 특선 요리로 유명한 곳이다.

- 아비뇽에서는 고급 식료품점이나 중앙 시장(Les Halles market)을 찾아가 '파팔린(papaline)'을 맛보자. 파팔린은 꿀을 넣어 단맛을 내고 오레가노를 살짝 넣은 특이한 형태의 초콜릿 알콜 음료다.

세계 최고의 성당 중 하나로 135개의 첨탑을 자랑하는 장엄한 두오모 성당이 밀라노 중앙 광장에 우뚝 서 있다.

이탈리아

전통과 현대가 조화된 밀라노 *Milan*

스타일과 세련미, 독창성의 중심지인 밀라노는
이탈리아에서 가장 현대적인 도시인 동시에 전통 요리의 보루이기도 하다.

다른 도시도 아닌 밀라노가 어째서 이탈리아의 '벨라 피구라(bella figura)'를 구현한 곳인지는 이곳을 조금만 경험해 보면 알 수 있다. 아름다운 면모라는 뜻의 벨라 피구라는 밀라노를 유명하게 만든 세련된 패션이나 멋진 슬리퍼에서 비롯되는 것이 결코 아니다. 이 단어에는 아름다움과 고품격, 운치가 함축되어 있다. 그리고 이 모든 것이 밀라노의 음식 안에도 듬뿍 담겨 있다.

혁신적인 주방장인 카를로 크라코(Carlo Cracco)의 '크라코(Cracco)' 레스토랑에 가면 벨라 피구라를 직접 체험할 수 있다. 밀라노의 상징인 두오모 성당에서 아주 가깝다. 이곳의 따뜻한 초콜릿 크로켓은 마치 입안에서 액체 폭탄이 폭발한 것처럼 터지고, 그 옆 스푼 위에 한가득 올려놓은 차갑고 짭짤한 생선 알은 바다의 향기를 전해 준다. 탐닉에 빠져들게 만드는 초콜릿과 사치의 전형인 캐비아를 한데 모아 놓은 디저트는 진정한 호사스러움이 무엇인지 확실하게 보여 준다.

여기에서 조금 더 내려가면 '펙(Peck)'이라는 고급 식료품점이 있다. 이곳의 햄은 같은 무게의 황금과 맞먹을 만큼 비싸고, 저장고에는 몇몇 나라의 역사보다 더 오래 묵은 와인도 있다. 1883년부터 고급 식료품을 판매해 왔지만 다행이 몇 유로짜리 메뉴도 있다. 맛있는 허니 젤라토 콘을 먹으면서 상점의 진열장을 구경해 보는 것도 좋다. 또 펙의 조리 식품 카운터에서 전통 방식대로 얇게 저민 고기에 빵가루를 묻혀 올리브유에 튀기고 레몬 조각과 함께 내놓은 커틀릿을 찾아보자. 크라코에서는 이 요리를 장난감 블록처럼 생긴 독특한 형태로 선보인다.

When to go 날씨가 청명한 봄과 초여름 또는 가을이 방문하기 가장 좋다. 7~8월은 쇼핑과 관광을 즐기기에 너무 덥다.

Planning 이탈리아에서는 상당수의 상점과 레스토랑이 일요일에 문을 닫는다. 크라코는 토요일 점심과 월요일 점심에도 문을 닫는다. 주방에 있는 주방장 테이블에 앉을 수 있는지 물어보자. 주방장 테이블에서는 자동 유리문을 통해 주방의 상황을 한눈에 확인할 수 있으며, 주방장이 직접 와서 주문을 받는다. 또는 주방장이 직접 한두 가지 코스의 음식을 들고 오기도 한다. 펙 상점 직원들은 매주 일요일과 월요일 오전에 쉰다.

Websites www.ristorantecracco.it, www.peck.it

밀라노 대표 음식

- 밀라노의 음식은 투박하면서도 세련되고, 고전적이면서도 현대적이다. 방식이 다르기는 해도 크라코와 펙 모두 이와 같은 특성을 잘 보여 준다. 맛이 진한 밀라노식 리소토는 사프란의 황금빛 색조와 더불어 사골에서 우러나는 특유의 진한 맛이 특징이다. 펙에서 포장 주문하거나 크라코에서 이 요리를 맛보자.

- 송아지 고기를 밀라노식으로 요리한 비텔로 알라 밀라네제(Vitel-loalla Milanese)는 이탈리아식 비엔나 슈니첼(Wiener schnitzel, 송아지 고기로 만든 커틀릿으로 오스트리아 음식)이라고 할 수 있다.

이탈리아

베네치아의 치프리아니 호텔
Hotel Cipriani, Venice

사람들로 붐비는 곳에서 떨어져 주데카 섬에 자리 잡은 이 유명한 호텔에는 로맨스와 호화로움이 공존한다.

　산 마르코 대성당의 돔을 연상시키는 연속적인 아치가 인상적인 레스토랑 '포르투니(Fortuny)'의 천장에는 샹들리에가 달려 있다. 샹들리에는 유리 공예로 유명한 베네치아의 무라노 섬에서 만들어진 정교하기 그지없는 작품이다. 반원형의 연인석이 리넨을 깔아 놓은 테이블과 은은하게 빛나는 촛불이 자아내는 분위기에 친밀함을 더한다. 높은 창문 너머에는 아름다운 베네치아 대운하와 산 마르코 광장으로 향하는 석호가 흐르고 뒤로는 호텔의 화려한 정원이 있다. 요리를 기다리는 동안 딸기와 이탈리아 스파클링 와인인 프로세코(Prosecco)를 혼합한 '로시니(Rossini)'나, 금방 짠 복숭아 주스와 프

치프리아니 호텔에서 베니스 최고의 경치를 감상할 수 있다.

로세코를 혼합한 '벨리니(Bellini)' 같은 치프리아니 칵테일을 마셔 보자.

베네치아 전통 요리를 선보이는 포르투니의 주방장 레나토 피콜로토(Renato Piccolotto)는 풍부하고 다양한 층의 깊은 맛을 내는 것을 신조로 삼고 있다. 항상 신선한 재료로 음식을 만드는 이탈리아 전통에 따라 새벽에 소형 보트를 타고 시끌벅적한 리알토 수산시장으로 가서 당일 잡힌 가자미, 아귀, 농어 등 생선을 구입한다. 허브나 야채는 바로바로 호텔 정원에서 가져온다. 와인은 이곳 부지의 포도원에서 생산한 것을 쓰는데 '카사노바 살소(Casanova Salso)'라는 상표가 달려 있다.

이렇게 싱싱한 재료가 들어가는 요리는 그 맛 또한 일품이다. 농어와 와일드 펜넬(식용 허브)로 속을 채우고 고기, 생선 등을 끓여낸 국물을 가미한 가정식 라비올리(ravioli, 이탈리아식 만두)가 전채요리로 나와 식욕을 돋운다. 이곳의 대표 요리인 '탈리에리니 베르디(taglierini verdi)'는 면발이 가는 초록색 면에 햄 그라탕을 곁들인 것이다. 달콤쌉싸름한 초콜릿 아이스크림은 이곳을 떠난 후에도 계속 생각날 정도로 훌륭하다.

`When to go` 봄과 초가을이 베네치아를 방문하기에 가장 좋다. 여름은 덥고 사람들로 붐빈다. 치프리아니 호텔은 11월 중순부터 이듬해 3월 중순까지 문을 닫는다.

`Planning` 치프리아니 호텔에서는 산 마르코 광장까지 전용 보트로 셔틀 서비스를 제공한다. 이동 시간은 5분도 채 안 걸린다. 주데카 섬을 경유하는 몇 편의 바포레토(vaporetto, 수상 버스)나 수상 택시를 타고 갈 수도 있다. 포르투니 레스토랑에 입장하려면 적절한 복장을 갖추어야 한다. 미리 예약하는 것이 좋다.

`Websites` www.hotelcipriani.com, www.orient-express.com, www.veneto.to, www.italiantourism.com

비프 카르파초

■ 전해지는 이야기에 따르면 '해리스 바(Harry's Bar)'와 치프리아니 호텔을 설립한 주세페 치프리아니(Giuseppe Cipriani)가 1950년 무렵에 비프 카르파초를 개발했다고 한다. 날고기만 먹어야 하는 백작 부인을 위해 치프리아니는 날쇠고기를 얇게 썰어 머스터드를 곁들인 요리를 창안했다. 요리의 이름은 15세기 후반부터 16세기 초반까지 활동한 베네치아의 화가 '비토레 카르파초(Vittore Carpaccio)'에서 따왔다. 요리의 색조가 이 화가의 작품에서 주조를 이루는 색상인 붉은색과 노란색을 띠기 때문이다.

■ 오늘날 카르파초는 지방질이 적은 고급 쇠고기를 종잇장처럼 얇게 썰고, 그 위에 아르굴라(로켓), 물냉이, 꽃상추를 얹는다. 그리고 올리브유와 레몬 주스로 만들어 차게 식힌 비네그레트 소스를 뿌려서 낸다. 약간의 파르메산 치즈와 케이퍼나 양파를 토핑으로 곁들이기도 한다.

■ 치프리아니 호텔의 정통 카르파초는 레몬 주스와 우스터 소스, 콩소메, 마요네즈, 머스터드에 타바스코 소스 몇 방울을 섞어 드레싱으로 사용한다. 아티초크 몇 조각과 곱게 간 파르메산 치즈, 신선한 파슬리 가지로 접시를 장식한다.

해로즈 백화점의 수석 주방장인 주세페 실베스트리가 그 해의 첫 뇌조를 받아 들고 있다.

잉글랜드 | 스코틀랜드 | 아일랜드

영광의 12일 *The Glorious Twelfth*

영국에서는 한여름이 되면 식도락가들이 뇌조 사냥철의 시작을 반긴다.

8월 12일은 영국의 새 사냥 일정 중에서 가장 분주한 날이다. '영광의 12일'이라고 알려진 이 날은 1773년에 발효된 수렵법에 따라 지정된 홍뇌조를 비롯한 뇌조(雷鳥) 사냥철의 시작일이다. 중간 크기의 통통한 새인 홍뇌조는 영국과 아일랜드에서만 서식한다. 번식은 헤더 관목이 자라는 황야, 특히 스코틀랜드와 잉글랜드 북부 지역에서 이루어진다. 사람들은 해마다 새들이 알을 낳아 기르는 봄철부터 새끼들이 다 자라는 8월 초까지 방해하지 않고 조용히 기다린다.

사냥은 으레 푸짐한 영국식 아침 식사로 시작한다. 몰이꾼들이 헤더 덤불 안에 있는 뇌조들을 놀라게 해 사냥꾼들이 있는 쪽으로 몰면 황야 건너편에 미리 돌로 지어 놓은 은신처 안에서 총을 쏘아 새를 사냥한다. 빠르고 낮게 나는 뇌조들은 매력적인 표적이다. 뇌조가 총에 맞으면 사냥개들이 물어 온다.

대규모 영지에서는 사냥한 뇌조의 대부분을 전국 각지의 고급 레스토랑과 정육점에 내다 판다. 고전적인 뇌조 요리 방식은 특유의 향을 느낄 수 있도록 굽는 것이다. 잘 구운 뇌조 요리는 전통적으로 감자를 얇게 썰어 노릇하고 바삭하게 튀긴 게임 칩(game chips)과 레드 커런트 젤리와 포트 와인으로 맛을 낸 게임 소스(game sauce), 브레드 소스, 그리고 로스팅 팬에 굽고 튀긴 빵 조각이나 슬라이스를 곁들여 먹는다.

When to go 뇌조 사냥 기간은 8월 12일부터 12월 10일까지다.

Planning 영지가 없어도 사냥할 수 있고, 사냥하지 않았더라도 뇌조를 먹을 수 있다. 참가비를 내면 누구든 사냥할 수 있는데, 먼저 하루 동안 클레이피전(사격 연습용 모형)을 이용해 사격 연습부터 해야 한다. 8월 하반기에 스코틀랜드의 수도 에든버러에 체류할 예정이라면 매력 넘치는 뇌조 사냥 축제도 체험해 볼 수 있다. 또 유서 깊은 항구 도시인 리스(Leith)에 있는 '키친(The Kitchen)'처럼 미슐랭 별을 획득한 레스토랑에서 뇌조구이도 즐겨 보자.

Websites www.hunting-scotland.com, www.shootingparties.co.uk, www.rules.co.uk

뇌조의 모든 것

- 사냥한 새는 두 마리씩 세어 판매한다. 육질에 지방 함량이 낮은 뇌조는 포획해서 기를 수 있는 새가 아니므로 인공 사료 걱정을 할 필요가 없다. 새들은 하루에 최대 50g 정도의 먹이를 섭취하며 어린 헤더 관목을 거의 다 먹어 치우다시피 한다.

- 사냥한 뇌조는 털을 뽑아 요리로 만들기 전까지 매달아서 보관한다. 원래는 사냥감 특유의 풍미가 나게끔 목을 매달아 5일 또는 그 이상 서늘한 곳에 걸어 두었는데, 요즘은 사흘 정도만 걸어 두는 추세다. 뇌조를 잡아서 가급적 빨리 요리하는 것을 선호하는 사람들도 있다.

- 코벤트 가든(Covent Garden)에 있는 '룰스(Rules)'는 런던에서 가장 오래된 레스토랑이다. 이곳은 티즈데일(Teesdale)에 전용 사냥터를 소유하고 있어서 해마다 사냥철이 되면 뇌조 요리를 메뉴로 선보인다.

르 마누아르 오 카트세종은 호화로운 전원 생활을 즐기기에 더없이 훌륭한 곳이다.

잉글랜드

영주의 저택에서 즐기는 만찬 *Live Like a Lord*

잉글랜드의 컨트리 하우스 호텔에서 세련되고 기품 있는 과거 세계로 들어가 보자.

노르만 왕조 때 옥스포드셔(Oxfordshire) 주의 구릉 지대에 세워진 영주의 저택에는 요리사 레이몽 블랑(Raymond Blanc)의 '르 마누아르 오 카트세종(Le Manoir aux Quat'Saisons)'이 들어서 있다. 오래된 담으로 둘러싸인 정원, 17세기에 만들어진 연못과 과수원, 허브와 유기농 야채가 자라는 텃밭은 호사스러운 잉글랜드 전원의 전형을 보여 준다. 이처럼 잉글랜드 장원(莊園)에 자리 잡은 컨트리 하우스(Country house, 귀족들이 영지에 세운 저택을 의미) 호텔은 잉글랜드 상류층의 삶을 경험해 보기에 좋은 곳이다.

르 마누아르 오 카트세종의 객실은 방마다 각각 다른 컨셉트로 우아하게 꾸며져 있고, 나이트캡(nightcap, 잠자리에 들기 전에 마시는 술)으로 고급 마데이라(Madeira)산 술이 준비되어 있다. 화려한 주변 환경에 걸맞게 이곳의 음식 역시 최고급이다. 아침에 눈 뜨는 순간부터 밤에 잠들기 직전까지 식도락의 천국에서 지낼 수 있다. 잉글랜드의 전통적인 아침 식사와 라운지에서 마시는 크림을 넣은 차, 샴페인 바에 흠뻑 빠지게 될 뿐 아니라 이 모두를 능가하는 최고의 레스토랑에 매료될 것이다.

미슐랭 별 2개를 획득한 레이몽 블랑의 요리는 친근하고 맛이 풍부하며 고상하다. 그는 고급 식재료와 아름다운 마누아르의 정원에서 가꾼 매우 신선한 재료로 섬세한 요리를 만든다. 허브만 70가지가 쓰이는 등 그 다양함도 놀라울 정도다. 이틀 정도 묵다 보면 마치 이 저택에서 나고 자란 것 같은 기분이 들 것이다.

When to go 장원 생활을 제대로 체험하려면 손질이 잘된 정원을 볼 수 있는 늦봄이나 초여름이 제일 좋다. 이때가 채소를 기르는 정원과 다년초로 된 화단이 가장 아름다운 시기다.

Planning 잉글랜드의 컨트리 하우스 호텔은 격식을 차려야 하는 숙소이므로 옷차림에도 유의해야 한다. 대부분의 저택 레스토랑에 입장하려면 남자들은 타이와 재킷 차림을 해야 하고, 여자들도 정장 차림이어야 한다. 숙박 예약을 할 때 식사도 함께 예약해야 한다.

Websites www.manoir.com, www.lewtrenchard.co.uk, www.georgehotelofstamford.com

유명 컨트리하우스

■ 데번(Devon) 주에 있는 류트렌처드 마너(Lewtrenchard Manor) 호텔에서는 찰스 1세의 왕비 '앙리에타 마리아(Henrietta Maria)'가 소유했던 침대에서 잠을 잘 수도 있다. 이곳의 뛰어난 레스토랑에서는 왕실 식탁에 걸맞은 요리를 제공한다.

■ 링컨셔(Lincolnshire) 주 스탬퍼드(Stamford)에 있는 조지 호텔(The George Hotel)이 들어선 자리는 원래 9백 년이 넘도록 여인숙이 있었던 곳이다. 지금은 두 곳의 고급 레스토랑, 고색창연한 담장이 둘러쳐진 정원, 바짝 달라붙어 앉을 수 있는 벽난로, 사방에 커튼을 드리운 침대 등을 통해 잉글랜드의 역사를 호화롭게 체험할 수 있다.

바라슈아 레스토랑으로 가려면 망그로브 나무 사이로 어지럽게 이어 놓은 널판지 다리를 지나야 한다.

모리셔스

열대 지방의 미식 레스토랑

Tropical Gourmet Dining

지상 낙원과도 같은 아름다운 섬에서 여러 대륙의 화려한 요리를 즐겨 보자.

프랑스 인 주방장인 알랭 뒤카스가 고급 레스토랑을 오픈한다면 해당 지역 요식업계는 분명 활기를 띠게 될 것이다. 인도양 남쪽에 위치한 화산섬인 모리셔스에서 실제로 일어난 일이다. 오래전부터 부자들과 유명 인사들이 즐겨 찾는 모리셔스에 맛있는 레스토랑이 계속해서 늘고 있다. 뒤카스의 '스푼 데 질(Spoon des Iles)' 레스토랑이 북동부 연안의 르 생 제랑(Le Saint Géran) 리조트에 들어서서 눈과 입을 즐겁게 한다. 오픈 키친은 짐바브웨산 검은 화강암으로 공들여 치장했고, 바닥에는 17세기 프랑스 교회에서 쓰던 포석을 깔았다. 메뉴는 주로 현지산 식재료를 이용해 프랑스식으로 조리하는데 바나나 잎으로 싼 생선 요리, 양 갈비 장작 구이, 진한 과카몰레 라임 수프 등이 있다.

이에 뒤지지 않으려 동부 연안의 르 투스록(Le Touessrok) 리조트에서는 런던을 무대로 활동하던 비니트 바티아(Vineet Bhatia) 주방장을 고용해 '사프란(Safran)' 레스토랑을 열었다. 게살 리소토를 곁들인 신선한 새우와 최신 방식으로 조리한 치킨 마살라(masala, 인도식 혼합 향신료를 이용한 요리) 등이 이곳의 특별 메뉴다.

스푼 데 질과 사프란이 현지 음식의 수준과 기대치를 높이기는 했지만 이 섬에 처음으로 식도락의 오아시스를 연 곳은 아니다. 모리셔스의 수도인 포트 루이스(Port Louis)의 시내 중심가에 가면 1848년에 문을 연 '라 플로르 모리시엔느(La Flore Mauricienne)'가 있다. 이곳은 인도양 전 지역을 통틀어 가장 오래된 레스토랑이라고 알려져 있다. 메뉴는 로티(인도식 빵의 통칭), 커리와 같은 인도 요리부터 양 구이와 같은 전형적 프랑스 요리까지 다양하며 제공되는 메뉴는 매일 바뀐다.

When to go 모리셔스는 1년 내내 열대 기후 지역이지만 바닷바람 덕분에 지독하게 더운 날씨는 드물다. 따라서 거의 언제나 야외 식사를 즐길 수 있다.

Planning 모리셔스에서는 상당수의 레스토랑이 의외의 장소에 자리 잡고 있어 레스토랑에 따라 색다른 즐거움도 누릴 수 있다. '르 바라슈아(Le Barachois)'는 연안 하구 한복판의 나무로 만든 부교 위에 떠 있고, 터틀베이(Turtle Bay)의 오브루아(Oberoi) 리조트를 대표하는 세련된 레스토랑은 높이 솟은 야자 지붕 아래에 있다.

Websites www.mauritius.net, www.spoon.tm.fr, www.letouessrokresort.com, www.oberoi-mauritius.com

모리셔스의 음식

■ 16세기까지만 해도 모리셔스는 무인도였다. 그러다 인도, 중국, 영국, 프랑스, 아프리카, 아랍 사람들이 잇따라 들어오면서 다언어 집단이 모여 사는 사회가 형성되었다. 이러한 특징은 이 섬의 음식에서도 잘 나타나 있다. 각 집단은 고유의 음식 문화를 고수하면서 타집단의 문화도 흡수해 이곳 특유의 '크레올(Creole) 요리'를 발전시킨 것이다.

■ 현지인들은 비르야니 라이스(인도식 볶음밥)나 커리 같은 인도 인기 음식을 섬에 맞게 변형한 요리와 더불어 망고 쿠차(생강, 마늘, 칠리와 함께 볶은 요리), 기름에 튀긴 파라타스 빵, 카마롱 오 팔미스트(종려나무 순을 곁들인 새우구이), 빈다에(양념에 재운 생선을 각종 향신료와 볶은 요리) 등을 즐겨 먹는다.

8

세계의 술
The Best Wine, Beer, & More

우리의 잔을 채우고, 갈증을 풀어 주며, 활기를 되찾아 주는 유쾌한 음료의 원천을 찾아가 보지 않고서는 식도락 여행을 완성했다 할 수 없을 것이다. 이제부터는 저마다 다른 다양한 기호를 만족시켜 줄 여행이 펼쳐진다.

훌륭한 와인을 알아보는 안목이 있거나 와인에 관해 자세히 알고 싶은 사람이라면 유명한 와인 생산지로 가 보자. 프랑스 샹파뉴, 캘리포니아 주 소노마카운티, 아르헨티나 멘도사, 남아프리카공화국 웨스턴 케이프의 포도원과 와인 저장고가 우리를 기다리고 있다. 위스키에 조예가 깊은 이들을 위해서는 세계 최고의 싱글몰트 위스키가 생산되는 안개 자욱한 스코틀랜드 아일러 섬의 아름다운 풍경 속으로 머나먼 순례길에도 오른다. 럼주 애호가라면 카리브 해의 온화한 섬들과 엄청나게 다양한 이곳의 독한 술들을 더 좋아할 수도 있겠다. 오랜 전통과 지방색이 풍부한 술을 좋아하는 사람들을 위해서는 아일랜드 전원의 별난 퍼브부터 뮌헨의 흥겨운 옥토버페스트까지 다양한 지역과 행사를 소개한다. 옥토버페스트는 수백만 명의 관광객들이 모여 투박한 독일 음식과 특색 있는 맥주를 한꺼번에 즐기는 쾌활한 축제다.

아일랜드의 퍼브는 사교 중심지로 현지인, 관광객 할 것 없이 모두 이곳에 모여 대화와 음악, 음식을 즐긴다. 무엇보다 좋은 것은 완벽한 술을 만끽할 수 있다는 점이다.

미국 · 켄터키 주

버번 *Bourbon*

켄터키 주의 장엄한 풍경을 배경으로 위대한 증류주가 생산되고 있다.

루이빌(Louisville), 바즈스톤(Bardstown), 렉싱턴(Lexington), 프랭크포트(Frankfort)를 대략적인 경계로 하는 켄터키 주 북동부 지역에서 세계적인 주요 버번의 거의 전부가 생산된다. 육중한 짐빔(Jim Beam) 제조장과 색다른 메이커스 마크(Maker's Mark)의 공장 단지에서 최근에 이름을 바꾼 버팔로 트레이스(Buffalo Trace)로 차를 타고 이동한다. 굽이치는 밀밭과 아름다운 말 목장, 험준하게 노출되어 있는 석회암 광맥, 애팔래치아 산맥의 울퉁불퉁한 산기슭을 지나다 보면 이곳의 다채로운 풍광만큼이나 다양한 종류의 버번과 만날 수 있다.

1934년에 설립된 바즈타운 소재 헤븐힐 양조장에서 직원이 오크통을 비우고 있다.

스트레이트 버번은 옥수수 함량이 최소 51퍼센트 이상, 알코올 함량 80퍼센트 이내로 증류한 위스키다. 여기에 색깔과 풍미를 더하기 위해 새로 만들어 내부를 태운 오크나무 통에 저장해 최소한 4년 이상 숙성시킨다. 이렇게 제조 공정은 평범하지만 켄터키 주의 버번은 부드러운 것부터 향이 강하고 알코올 함량 60퍼센트의 독한 것까지 다양한 종류를 자랑한다. 또 바닐라, 체리, 사탕옥수수의 향과 풍미를 가진 것은 물론 심지어 가죽 냄새가 나는 버번도 있다.

이 호박색 술 병마다 개성이 다른 까닭을 알아보는 가장 좋은 방법은 버번 제조 과정을 견학할 수 있는 버번 증류소를 찾아가는 것이다. 견학 투어는 대부분 시음으로 끝나는데 시간이 흐를수록 켄터키 버번의 매력에 한층 더 빠져들게 될 것이다.

When to go 4월부터 10월까지가 가장 좋다. 대다수의 인기 있는 명소들도 이때 개방된다. 9월 말에는 바즈타운에서 켄터키 버번 축제가 열린다.

Planning 1~2일 동안 8곳의 주요 증류소를 둘러볼 수 있는 공식 '켄터키 버번 트레일'이 마련되어 있다. 물론 켄터키 주를 제대로 관광하려면 4~5일은 족히 걸린다. 루이빌은 투어를 시작하기에 편리한 곳으로 활기가 넘치고 세계적인 예술과 음식, 밤 문화가 존재하는 특색 있는 도시다. 켄터키 주 북동부 전역에는 부티크 호텔과 아침 식사를 제공하는 숙박업체가 있다. 레스토랑이 같이 있어서 버번을 넣은 음식 혹은 버번과 짝을 이루는 혁신적인 요리를 맛볼 수 있는 곳도 있다. 증류소를 둘러보는 동안 짬을 내어 이곳의 향토 음식과 블루그래스 음악, 말 목장, 역사 유적을 찾아가 보자.

Websites www.kentuckytourism.com, www.kybourbontrail.com, www.heaven-hill.com

버번 칵테일

■ 버번 본연의 맛을 느끼고 싶다면 스트레이트로 주문한다. 아니면 물이나 얼음 혹은 둘 다 섞어서 마시거나, 버번을 베이스로 한 칵테일을 마셔 보는 것도 좋다.

■ 올드패션드(Old-Fashioned) - 물, 버번, 비터스(쓴맛이 나는 술), 설탕을 섞고 얼음을 띄운 다음 오렌지 슬라이스와 마라스키노 체리로 장식한다.

■ 민트줄렙(Mint Julep) - 청량감이 있는 여름 음료다. 버번에 설탕을 넣고 잘게 부순 얼음을 채운 잔에 부은 다음 신선한 민트 잎을 몇 개 올린다. 줄렙은 원래 5월 초에 개최되는 켄터키 더비(Kentucky Derby, 영국의 더비를 본뜬 미국의 경마 대회)의 전통주다.

■ 맨해튼(Manhattan) - 버번에 스위트 베르무트(sweet vermouth, 화이트 와인, 허브, 설탕, 캐러멜 등을 첨가한 술)를 섞고 기호에 따라 비터스를 첨가해 만든다. 재료를 모두 섞어 얼린 뒤 칵테일 잔에 따른다. 마라스키노 체리를 얹어 장식한다.

평화로운 소노마 밸리는 포도원 투어를 즐기기에 이상적인 고장이다.

미국 _ 캘리포니아 주

소노마 와인 Sonoma Wines

캘리포니아의 와인 생산지에서 세계 일류의 와인과 아름다운 정경, 고급 음식을 즐겨 보자.

    금주법이 해제된 후 캘리포니아에 와인 붐을 일으킨 곳은 나파(Napa)이지만, 전문가들은 인접 도시인 소노마카운티도 그에 못지 않게 아끼고 있다. 와인의 품질이 뛰어날 뿐 아니라 나파 밸리에서는 사라지다시피 한 시골 느낌과 후한 인심이 남아 있기 때문이다. 소노마카운티의 와인 역사는 1823년부터 시작된다. 스페인 성직자들이 이곳에 샌프란시스코 솔라노 교회(Mission San Francisco Solano)를 세우면서 포도와 와인 제조술이 처음으로 도입되었다. 이후 1850년대에 헝가리에서 이주해 온 어고슈톤 허러스치(Agoston Haraszthy) 백작이 이곳에 최초의 현대식 와이너리인 '부에나 비스타 카르네로스(Buena Vista Carneros)'를 세웠다. 허러스치는 진판델(Zinfandel)을 비롯해 이 지역에서 재배하는 유명한 포도 품종의 대부분을 들여온 장본인이기도 하다.

샌프란시스코에서 북쪽으로 약 65킬로미터 떨어진 소노마는 고색창연하고 보다 로맨틱한 캘리포니아의 모습을 간직한 곳이다. 포도원과 과수원, 조용한 시골 마을이 모자이크처럼 모여 있어 자전거 혹은 걷기 여행과 와인 시음 여행을 한꺼번에 즐길 수 있다. 별빛 아래 삼나무로 된 욕조에 몸을 담그고, 멀리서 들리는 코요테의 울음 소리를 배경음악 삼아 소노마 샤르도네(Sonoma Chardonnay)를 마시면서 하루를 마무리해 보자.

When to go 가을에는 단풍이 무척 아름답고, 봄에는 과수원과 들판에 꽃이 만발하지만 비가 약간 내릴 수 있다. 여름에는 미리 예약하지 않으면 숙소 구하기가 어렵다.

Planning 유서 깊은 '소노마 미션 인 & 스파(Sonoma Mission Inn & Spa)'를 제외하면 소노마 밸리에는 규모가 큰 호텔이 없다. 상당수의 현지 숙박업체들은 빅토리아 시대풍의 숙박시설 및 아침 식사를 제공하는데, 글렌엘렌(Glen Ellen)에 있는 '게이지 하우스 인(Gaige House Inn)'이 대표적이다. 이곳에서는 초저녁에 캘리포니아식 퓨전 전채요리가 포함된 와인 리셉션도 열린다. 해마다 12월에서 2월 사이 매주 주말에 열리는 소노마 올리브 축제에서는 여러 가지 별미 요리와 함께 올리브와 와인을 동시에 맛볼 수 있다.

Websites www.sonoma.com, www.sonomavalley.com/OliveFestival, www.buenavistacarneros.com, www.kenwoodvineyards.com, www.sebastiani.com, www.valleyofthemoonwinery.com

소노마 와이너리

- 허러스치 백작의 유서 깊은 '부에나 비스타 카르네로스(Buena Vista Carneros)' 와이너리에서는 1일 투어와 시음실을 운영한다. 1862년에 중국인 노동자들이 만든 오리지널 저장고도 이곳에 있다.

- '켄우드빈야드(Kenwood Vineyards)'는 이 지역에서 가장 명성이 자자한 와인을 생산하는 곳 중의 하나다. 수상 경험에 빛나는 카베르네(Cabernet), 메를로(Merlot), 소비뇽 블랑(Sauvignon Blanc)이 특히 유명하다.

- 소노마 시내에 있는 '세바스티아니 빈야드 와인 센터(Sebastiani Vineyards Wine Hospitality Center)'는 뛰어난 품질의 피노 누아르와 샤르도네를 선보인다.

- '밸리 오브 더 문 와이너리(Valley of the Moon Winery)'는 동양인 학자 엘리 셰퍼드(Eli Sheppard)부터 광물의 왕 조지 허스트(George Hearst)까지 다양한 인물들이 번갈아 소유해 왔다.

워싱턴 주 컬럼비아 밸리에서 자라는 검게 잘 익은 포도는 카베르네 소비뇽 와인의 재료가 된다.

미국 _ 워싱턴 주

워싱턴의 와이너리 Wineries in Washington

세계 최고의 와인 생산지 중 한 곳인 워싱턴 주는
향이 진하고 품질이 뛰어난 빈티지 와인이 자랑거리다.

워싱턴 주의 쉬라즈 와인에 대해 이야기하자면 향신료, 블루베리, 볶은 견과류의 진한 향과 특유의 자극적인 풍미가 더해져 강렬함과 우아함이 완벽한 조화를 이룬다고 할 수 있다. 프랑스 론(Rhône) 계곡의 북부 지방에서 온 귀한 포도 품종인 쉬라즈가 워싱턴 지역의 가장 외딴 곳에 제2의 고향으로 정착하여 세계적인 찬사를 한 몸에 받으며 이곳 포도원까지 찾아온 관광객들을 매료시키고 있다.

이곳에서 쉬라즈가 새로운 스타로 부상하고는 있지만, 카베르네 소비뇽과 메를로 같은 품종 역시 풍부하고 깊은 맛을 내는 프랑스 보르도 스타일의 최고급 포므롤(Pomerol)과 생테밀리옹(St. Emilion) 와인의 재료로 조용히 저력을 발휘하고 있다.

시애틀처럼 이곳 포도원에서도 안개와 강풍을 동반한 폭우를 뚫고 다니며 와인을 생산할 거라고 생각한다면 오산이다. 포도원이 자리한 캐스케이드 산맥(Cascade Range) 동부의 기후 조건이 서부와는 전혀 다르기 때문이다. 야키모 밸리(Yakima Valley), 레드 마운틴(Red Mountain)과 왈라왈라(Walla Walla) 와인 산지를 아우르는 광대한 컬럼비아 밸리는 따뜻한 사막 같은 지대다. 이곳에 들어서 있는 과수원과 농장, 포도원은 놀라운 장관을 연출하고 있다. 북부의 고위도 지방 역시 기온이 지나치게 높지 않고 일조 시간이 2시간 더 길어 포도 재배에 유리하다.

When to go 야외 활동을 좋아하는 사람이라면 연중 어느 때 방문해도 워싱턴 주를 마음껏 즐길 수 있다. 와인 애호가라면 여름과 가을이 방문하기 가장 좋다.

Planning 시애틀에서는 캐스케이드 산맥을 가로질러 2시간 30분만 차로 달리면 산맥 너머에 있는 햇살 가득한 포도원에 이를 수 있다. 태평양 연안의 퓨젯 사운드(Puget Sound) 와인 산지에는 샤르도네와 리슬링(Riesling) 등 화이트 와인 품종을 주로 재배하는 포도원들이 있다. 이곳에서 워싱턴 주 남동부에 위치한 왈라왈라 지역까지는 차로 5~6시간이 걸린다. 따라서 포도원 답사를 계획할 경우 두 지역의 거리가 멀다는 것을 염두에 두고 계획을 세우자.

Websites www.washingtonwine.org, www.wallawalla.com, www.wineyakimavalley.org, www.adamsbench.com, www.abeja.net

워싱턴 주의 도시들

■ 시애틀에서 북동쪽으로 자동차로 한 시간이 채 안 되는 거리의 사마미시리버 밸리(Sammamish River Valley) 안에는 우딘빌(Woodinville)이 있다. 이곳은 유서 깊고 아름다운 샤토 생 미셸(Chateau Ste. Michelle)과 빅토리아 시대풍 저택에 들어선 컬럼비아 와이너리를 비롯해 40여 곳의 와이너리가 있는 와인의 도시다.

■ 시애틀에서 동쪽으로 3시간 거리에 위치한 야키모밸리는 사과와 호프 재배의 중심지이자, 와이너리가 있는 곳이다. 이곳의 와이너리들은 서로 많이 떨어져 있지만 모두 방문해 볼 가치가 있다. 헤지스 셀러(Hedges Cellars)와 호그 셀러(Hogue Cellars)를 추천한다.

■ 왈라왈라 시의 도심에는 와인 시음실과 노천 카페, 고급 식료품점, 평이 좋은 레스토랑들이 곳곳에 있다. 7월에 열리는 양파 축제에서는 단맛이 무척 강한 왈라왈라 양파와 현지산 와인을 함께 선보인다.

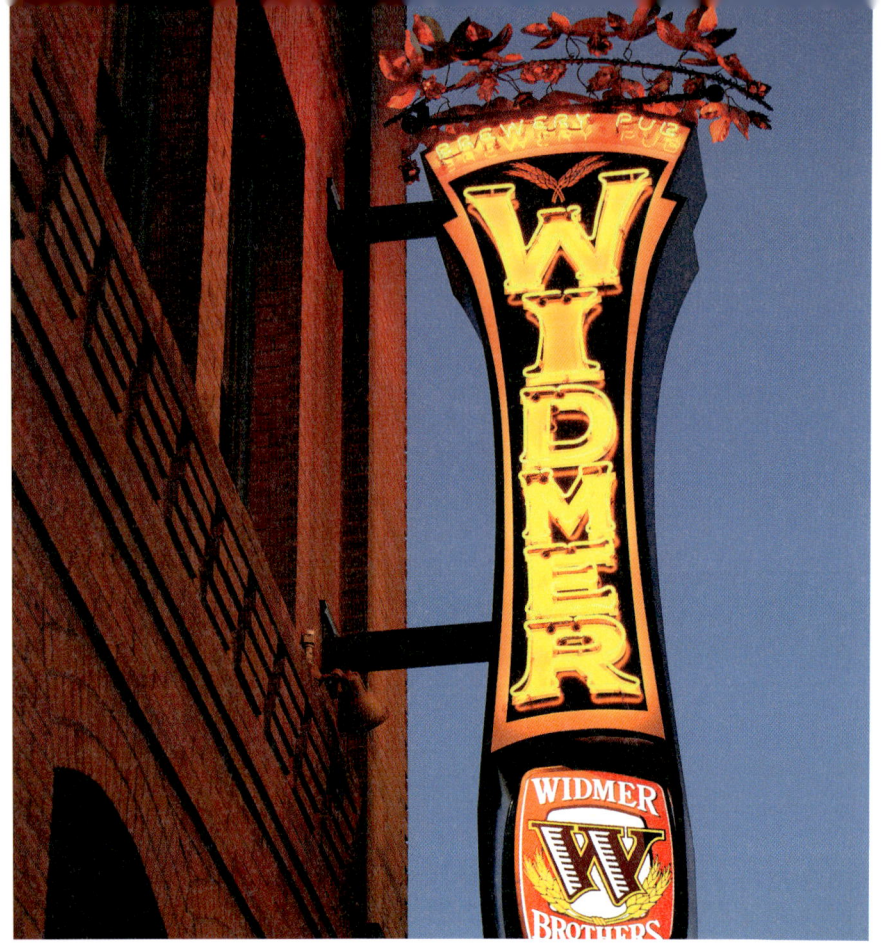

소규모 맥주 제조업체로 유명한 위드머 브라더스는 독일 바이에른의 전통 방식으로 맥주를 생산한다.

미국 _ 오리건 주

오리건의 소규모 맥주 양조장

Oregon's Microbreweries

30년이 넘도록 오리건 주의 사람들은 소규모 양조장 맥주 인기의 선봉에 서 있다.

캘리포니아 주에서 샤르도네의 고급화에 관심을 쏟는 동안 북쪽의 오리건 주에서는 전혀 다른 술인 맥주를 완벽하게 만드는데 골몰하고 있다. 홉과 보리 경작에 이상적인 저온다습한 기후, 아메리카 북부에서 가장 청정한 물, 상점에서 사는 것보다 직접 길러 만든 것을 선호하는 사람들의 성향 등 수많은 요소들이 이와 같은 경향을 부추겼다.

소규모 양조장 맥주의 인기 발단은 1852년 독일에서 이민 온 26세의 청년 '헨리 와인하드(Henry Weinhard)'였다. 그는 훌륭한 맥주를 만들기 위해 구리로 된 양조통과 제조 비법을 들여왔으며, 1970년대 초 와인하드 맥주는 대규모 양조업체와 치열한 경쟁을 벌였다. 그 결과, 와인하드의 원래 제조 비법을 토대로 새로운 '프라이빗 리저브(Private Reserve)' 맥주가 등장했다. 프라이빗 리저브는 이 지역 최초의 수제 고급 맥주로, 이 맥주의 인기를 계기로 다른 양조장들도 앞다투어 자신들만의 독특한 맥주를 만들기 시작했다.

현재 오리건 주 북서부에 위치한 포틀랜드(Portland)는 미국에서 소규모 맥주 양조업체가 가장 많이 모여 있는 도시다. 맥주 품평가들 사이에서는 위드머(Widmer)의 '헤페바이젠(Hefeweizen)', 헤어 오브 더 독(Hair of the Dog)의 '아담(Adam)' 및 스틸헤드(Steelhead)의 '레이징 리노 레드(Raging Rhino Red)' 등 오리건 주의 자가 양조 맥주 상당수가 널리 알려져 있다.

When to go 오리건 주의 소규모 양조장 맥주는 언제 마셔도 좋다. 라거와 라이트 에일은 더울 때 잘 넘어가고, 스타우트(stout)와 다크 에일은 날씨가 춥고 흐릴 때 마시기 좋다.

Planning 고급 맥주 사파리와 함께 유명 겨울 휴양지인 후두(Hoodoo)나 배첼러 산(Mt. Bachelor)에서 겨울 스포츠를 즐겨 보자. 여름에는 로그 강(Rogue River)에서 급류타기, 크레이터 레이크 국립공원(Crater Lake National Park)에서의 하이킹, 컬럼비아 협곡을 가로지르는 외륜 증기선을 타는 크루즈 여행 등 레저 활동을 겸할 수 있다.

Websites www.traveloregon.com, www.widmer.com, www.steelheadbrewery.com, www.raclodge.com, www.mcmenamins.com, www.rogue.com, www.brewersunion.com

오리건 맥주 트레일

■ 포틀랜드는 미국에서 자가 양조 맥주를 파는 술집인 브루퍼브(brewpub)가 가장 성행하는 곳이다. 무려 70곳 이상의 브루퍼브가 있기 때문에 포틀랜드만 둘러봐도 오리건 맥주 탐방 여행을 완벽하게 마칠 수 있을 정도다. 노스 러셀 가(North Russell Street)에 있는 위드머 브라더스 가스트하우스(Widmer Brothers Gasthaus)는 유명한 위드머 맥주를 선보인다. 또 다른 명소로는 비버튼-힐스데일 고속도로에 있는 웨스턴 스타일의 라쿤 로지&브루퍼브(Raccoon Lodge&Brewpub)가 있다.

■ 태평양 연안을 따라 남쪽으로 내려오면 링컨 시티 바로 북쪽에 깎아지른 듯한 캐스케이드 헤드(Cascade Head) 위에 맥머너민스 라이트하우스 브루퍼브(McMenamins Lighthouse Brewpub)가 있다. 101번 고속도로를 타고 남쪽으로 내려오면 뉴포트(Newport)에 로그 브루어리(Rogue Brewery)가 있다.

■ 코스트 산맥을 통과하여 윌래멋 밸리(Willamette Valley)를 향해 동남쪽으로 이동해 유진(Eugene) 시로 가보자. 스틸헤드 브루어리(Steelhead Brewery)와 오크리지(Oakridge) 시에 있는 브루어스 유니언 로컬 180(Brewers Union Local 180)도 방문할 수 있다.

멕시코

메스칼 트레일 *On the Mescal Trail*

다양한 종류를 자랑하는 멕시코의 메스칼은 부드럽고 스모키한 맛으로
전 세계적인 추앙을 받고 있다.

테킬라(tequila)와 비슷하지만 순도가 더 높은 메스칼은 아가베(agave, 용설란)로 만든 증류주로 오악사카(Oaxaca) 주를 포함해 멕시코 남부의 건조 지역에서 생산된다. 오악사카 시의 도심에 있는 초콜릿 거리에서 메스칼 탐방을 시작해 보자. 다른 곳에서는 구할 수 없는 현지 특산 메스칼을 맛볼 수 있는 상점들이 많다.

아가베 나무 한 그루가 멕시코 오악사카 주의 멋진 풍광을 배경으로 외로이 서 있다.

메스칼의 제조 공정을 직접 보거나 다양한 종류의 메스칼을 시음해 보고 싶다면 오악사카에서 산티아고마타틀란(Santiago Matatlán) 마을로 이어지는 메스칼 트레일을 따라가 보자. 메스칼이 처음 만들어진 산티아고마타틀란은 '메스칼의 수도'로 알려져 있다. 마을로 들어가는 길목에는 팔렌케(Palenque, 증류소)가 곳곳에 있다. 대부분의 팔렌케에서는 메스칼 양조 과정을 견학할 수 있다.

메스칼을 만들기 위해 우선 뜨거운 바위 구덩이에 아가베의 속심인 '피냐(piña)'를 넣고 찐 다음 걸쭉하게 으깬다. 대다수의 지역에서는 기계를 사용해 으깨지만, 일부 지역에서는 찐 아가베 위에 무거운 맷돌을 얹고 당나귀를 시켜 돌려서 짓이긴다. 이렇게 으깬 아가베 심을 나무통에 넣어 발효시킨 다음 구리나 자기 증류기에서 이중 증류시킨다. 증류소에서 다양한 종류의 메스칼을 시음해 보고 입에 맞는 것을 사서 돌아와 전채요리와 함께 마셔 보자.

When to go 7월에 개최되는 겔라게차 문화 축제(Guelaguetza cultural celebration) 기간 동안 메스칼 박람회가 열린다. 박람회에 참여하면 많은 종류의 메스칼을 시음해볼 수 있다. 자세한 일정은 mezcal@oaxaca.gob.mx로 메일로 문의한다.

Planning 산티아고마타틀란은 오악사카에서 남동쪽으로 56킬로미터 떨어져 있다. 일정을 여유 있게 잡아 사포텍(Zapotec) 양탄자를 짜는 마을인 '테오티틀란 델 발레(Teotitlan del Valle)'나 대규모 일요일 장이 서는 '틀라콜룰라(Tlacolula)'에도 들러 보자. 플라스틱 병에 넣어 대용량으로 파는 메스칼은 기내 반입이 불가능하므로 병에 정부 인증이 부착된 이름 있는 브랜드를 고르도록 한다.

Websites www.go-oaxaca.com, www.planeta.com/oaxaca.html

바위 구덩이에 아가베 심을 넣고 찐다.

메스칼의 종류

■ '미네로(Minero)'는 이중 증류해서 2달 이내로 숙성시킨 것이다. 실베라도(silverado) 또는 블랑코(blanco)라고도 한다.

■ '레포사도(Reposado)'는 2개월~1년 정도 숙성시킨 것으로 미네로보다 맛이 깔끔하다.

■ '페추가(Pechuga)'는 닭 가슴살과 함께 증류한 것이다. 닭에서 추출된 소량의 지방이 향미와 풍부한 향을 더해 준다.

■ 메스칼의 코냑이라고 칭송되는 '아녜호(Añejo)'는 1년 이상, 최대 12년까지 숙성시킨 것이다. 메스칼 중 가장 부드럽고 값도 비싸다. 천천히 음미하며 마신다.

■ '크레마(Cremas)'는 패션프루트부터 카푸치노까지 다양한 성분을 추가한 것으로 부드러우며 알코올 함량이 낮다.

아이스피요르 브뤼그후스 맥주 중에는 현지산 시로미로 만든 브라운 에일(좌)과 안젤리카로 만든 페일 에일(우)이 있다.

그린란드

그린란드 빙하 맥주 *Greenland Glacier Beer*

그린란드의 맥주 양조업체들은 최고의 청정수로 세계 굴지의 맥주를 만든다.

    그린란드 신생 맥주 산업의 비결은 바로 물이다. "세계 각지의 양조장들은 수질 관리에 엄청난 비용을 들입니다." 양조업자인 살리크 하르(Salik Hard)가 말한다. "하지만 우리는 그럴 필요가 없지요. 이미 세계에서 가장 깨끗한 물을 보유하고 있으니까요. 바로 빙하와 만년설입니다." 하르를 비롯한 여러 양조업자들은 어부들을 고용해 배를 타고 피요르드로 들어가 빙산에서 떨어져 나온 얼음 조각들을 수거한다. 얼음이 녹아 만들어진 청정수에 살리크 하르는 바이에른산 몰트와 캐나다, 독일, 뉴질랜드산 유기농 홉을 섞어 맥주를 제조한다.

이렇게 만들어진 맥주는 그린란드에 숨겨진 또 하나의 비밀인 훌륭한 레스토랑에서 맛볼 수 있다. 카코르토크(Qaqortoq)의 고색창연한 도심 광장이 한눈에 보이는 나파르시비크(Napparsivik)가 대표적인 레스토랑이다. 살리크 하르와 그의 동료들이 이렇게 질 좋은 스타우트와 에일을 만들어 낼 수 있다는 사실은 어쩌면 그다지 놀랄 일이 아닐 수도 있다. 그린란드는 무려 2백여 년간 우리가 칼스버그, 투보그라고 흔히 알고 있는 '카를스베르(Carlsberg)'와 '투보르(Tuborg)' 맥주의 고향인 덴마크의 영토였던 것이다.

나르사크(Narsaq)에 있는 하르의 그린란드 양조장은 서부 연안을 따라 흩어져 있는 몇 군데의 양조장 중 하나다. 수도인 누크(Nuuk)에 위치한 고트호브 브뤼그후스(Godthaab Bryghus) 양조장에서는 4가지 종류의 맥주를 생산한다. 일루리사트(Ilulissat)의 아이스피요르 브뤼그후스 호텔(Hotel Icefiord Bryghus)에서는 대황과 비슷한 안젤리카 등의 현지산 재료를 사용해 향이 있는 맥주를 만든다. 앞이 탁 트인 호텔 테라스에 앉아 인근 레스토랑에서 주문한 요리가 나오길 기다리면서 맥주 한 잔과 함께 디스코만의 빙하를 감상해 보자.

When to go 여름인 5월 하순부터 9월 초까지가 좋다. 상당히 건조하고 맑은 날이 대부분이나 기온은 여름에도 꽤 낮아서 섭씨 11도 이상 오르는 날이 드물다.

Planning 일루리사트 같은 곳은 여름에 햇빛이 매우 강렬하므로 자외선 차단제를 챙겨 가자. 고트호브 브뤼그후스에서 가장 좋은 맥주는 한 잔에 약 18달러나 한다. 경비는 넉넉히 준비하자.

Websites www.greenland.com, www.bryggeriet.dk, www.hotel-icefiord.gl

북국의 음식

■ 그린란드의 맥주는 이곳의 별미 요리와 잘 어울린다. 비교적 덜 춥고 초원이 많은 그린란드 남부는 세계 최고급에 속하는 양고기가 유명하다. 기온도 훨씬 낮고 여름이 짧은 북부 지방의 경우 다양하게 요리한 바다표범 고기를 주로 먹는다. 바다표범 고기로 만든 진한 스튜인 수오사트(suaasat)는 물론 순록과 사향소 스테이크도 인기 있다.

■ 해산물도 인기가 많아 훈제 연어, 가자미, 말린 대구, 신선한 가리비 등을 즐겨 먹는다. 그린란드는 해마다 국제 포경위원회에서 사냥할 수 있는 고래의 수를 할당받기 때문에 고래 고기도 메뉴에 등장한다. 이곳 사람들은 밍크고래의 지방인 '마탁(mattak)'을 별미 요리로 여기지만 식감이 꼭 고무 씹는 것 같다.

카리브 해는 럼과 함께 목가적인 모래사장 해변이 유명하다.

바베이도스 | 세인트루시아 | 자메이카 | 푸에르토리코

카리브 해의 럼 *Rum Around the Caribbean*

당밀이 주재료인 럼은 16세기에 홀연히 시장에 등장해
세계 무역을 점화시켰으며 지금까지 세계적인 사랑을 받고 있다.

카리브 해의 상징이라 하면 레게, 해적과 함께 럼이 있다. 럼은 단순한 술 이상으로 이 지역의 역사와 문화, 경제적 가치를 지닌 존재다. 구세계에서는 이미 1천여 년 전부터 사탕수수의 즙을 증류해 왔지만 17세기에 와서야 비로소 주목을 받을 수 있었다. 서인도 제도에 노예로 잡혀온 사람들이 당밀을 발효시키면 맛 좋은 알코올 음료를 만들 수 있다는 사실을 발견해 낸 덕분이다. 이후 유럽과 북아메리카 식민지의 럼 수요로 인해 카리브 해에서는 사탕수수 재배 붐이 일게 되었다. 그리고 그 결과 더 많은 노동력이 필요해지자, 이를 아프리카의 흑인 노예들에게 의존했다. 이렇게 카리브 해와 미국, 아프리카를 연결하는 '삼각무역'이 발생해 수백 년 동안 북대서양 무역의 토대를 이루었다.

럼은 문화의 일부가 되었으며 때로는 귀금속을 대신해 통화로 이용되기도 했다. 1700년대에는 카리브 해에 주둔한 영국 해군 선박에서는 수병 전원에게 매일 럼을 배급했으며 이러한 제도는 전 세계로 확산되었다(이 전통은 1970년대에 중단되었다). 또한 서인도 제도의 '망자의 함'이라는 노래에도 나오듯 럼은 해적과 강도, 악당들의 술로 널리 알려져 있기도 하다.

전문 감정가들은 럼을 스트레이트나 온더록으로 마신다. 하지만 럼은 '쿠바 리브레(Cuba Libre)'와 '모히토(Mojito)'부터 '롱 아일랜드 아이스티(Long Island Iced Tea)'까지 수많은 칵테일의 훌륭한 베이스이기도 하다.

When to go 카리브 해는 1년 내내 열대 기후이지만 특히 여름에 기온과 습도가 더 높아진다. 대개 8~11월 사이에 허리케인이 몰려온다.

Planning 세인트루시아 음식과 럼 축제(St. Lucia Food and Rum Festival)가 열리면 카리브 해의 각 지역에서 온 럼 제조가들은 시음회와 기타 여러 이벤트를 개최한다. 또한 축제 조직위원들은 럼 칵테일 제조 실력을 뽐내려 세계 곳곳에서 몰려든 사람들 중에서 최고의 바텐더와 새로운 칵테일을 만드는 믹솔로지스트(mixologist)를 선정한다.

Websites foodandrumfestival.com, www.appletonrum.com, www.casabacardi.org

카리브 해 럼 투어

■ 1749년부터 자메이카의 애플턴 농장(Appleton Estate)에서 생산하는 '애플턴 21년(Appleton 21 Years Old)'은 카리브 해 지역 최고의 프리미엄 럼으로 평가받고 있다.

■ 원래 바카디(Bacardi)는 쿠바에서 생산되었으나 지금은 푸에르토리코에 본사가 있다. 카타뇨(Cataño) 공장 투어에서는 체험 박물관 및 시음실을 운영하고 있다.

■ 바베이도스에 위치한 마운트게이(Mount Gay) 증류소의 역사는 3백 년에 이른다. 확신할 수는 없지만 세계에서 가장 오래된 럼 제조소일 것이다.

■ 마르티니크 섬(Martinique)의 생 잠(St. James)에서는 당밀 대신 사탕수수즙으로 럼을 만들어 맛이 풍부하다. 이곳의 증류소에서는 시음실과 럼 박물관도 운영한다.

TOP 10

문인들의 명소 *Literary Watering Holes*

바, 퍼브, 카페를 작업실 삼아 작품을 쓴 작가들이 굉장히 많다.
그들의 흔적을 찾아 문학의 원천이 된 곳으로 떠나 보자.

❶ 로즈 룸 Rose Room 미국 뉴욕 주

지금은 뉴욕 최고의 부티크 호텔이 된 알공킨 호텔의 로즈 룸은 오랫동안 무대와 스크린, 문학 작품에 등장했다. 1919년부터 1929년까지 지성인들이 이곳에 모여 매일 점심을 먹으면서 가장 큰 유명세를 탔다.

Planning www.algonquinhotel.com

❷ 화이트 호스 태번 White Horse Tavern 미국 뉴욕 주

1953년 이곳에서 시인 딜런 토마스가 위스키 18잔을 단숨에 들이키고 호텔로 돌아가 사망했다고 한다. 오래전부터 문학계 명사들이 즐겨 찾던 술집이다.

Planning 화이트 호스 위스키나 훌륭한 에일을 마셔 보자. www.iloveny.com

❸ 플로리디타 Floridita 쿠바 아바나

이곳은 음식보다 칵테일이 훨씬 더 유명한 바 레스토랑으로 누가 봐도 어니스트 헤밍웨이를 기리고 있음을 알 수 있을 정도다. 헤밍웨이는 《누구를 위하여 종은 울리나》의 자료 조사를 위해 아바나에 왔다가 이곳에 들렀다.

Planning 아바나에는 싸고 맛있는 레스토랑이 많다. 이곳에서는 다이키리(Daiquiri)만 마시는 게 좋다. www.cubatravel.cu

❹ 리테라투르노에 카페 Literaturnoe Kafe 러시아 상트페테르부르크

이 카페는 푸시킨이 생애 마지막 저녁 식사를 마친 곳이다. 식사 후에 그는 아내의 연인과 벌인 결투에 패해 죽고 말았다. 도스토예프스키도 이곳 단골이었다. 가끔 시 낭송회를 열어 문학적 전통을 지키고 있다.

Planning 카페는 네브스키 대로에 있다. 이곳 말고도 푸시킨과 관련된 명소가 몇 군데 더 있다. petersburgcity.com/for-tourists/guides

❺ 브라스리 발자르 Brasserie Balzar 프랑스 파리

지성인, 예술가, 작가들의 단골집에서 지적인 분위기에 흠뻑 취해 보자. 옆자리에 앉은 사람들은 소르본 대학의 교수와 제자 혹은 작가와 출판업자일지 모른다.

Planning 프랑스 전통 요리를 맛볼 수 있다. 양파 수프를 추천한다.
www.brasseriebalzar.com, www.parisinfo.com

❻ 그란 카페 데 히혼 Gran Cafe de Gijon 스페인 마드리드 추에카

1888년에 문을 연 이래로 이곳은 언론인, 작가, 예술가, 배우들의 재기 넘치는 활기로 충만했다.

Planning 푸짐한 육류 요리가 특징이다. 저녁 식사를 하려면 예약해야 한다.
www.turismomadrid.es

❼ 에든버러 리터러리 퍼브 투어
Edinburgh Literary Pub Tour 스코틀랜드

이렇게 인기 있고 교육적인 퍼브 순례는 어디에도 없을 것이다. 전문 배우가 에든버러 시내의 술집을 돌며 《보물섬》의 저자 R.L. 스티븐슨부터 《해리포터》 시리즈의 J.K. 롤링까지 스코틀랜드 문학의 역사에 대해 설명해 준다.

Planning 5~9월까지는 매일, 그 외 기간에는 간헐적으로 시행한다. 걸어서 이동하는 이 투어는 저녁 7시 30분에 시작해 두 시간 동안 이어진다. 여름에는 버스 투어도 가능하다. www.edinburghliterarypubtour.co.uk

❽ 체셔 치즈 Cheshire Cheese 잉글랜드 런던

이 퍼브가 문학과 인연을 맺은 것은 아주 오래전으로 찰스 디킨즈, 볼테르, 마크 트웨인, 새뮤얼 존슨 박사 등이 단골 고객이었다.

Planning 샘 스미스의 훌륭한 에일과 피시 앤 칩스, 스테이크, 에일 파이 같은 전통 음식을 먹어 본다. www.visitlondon.com

❾ 딜런스 바 Dylan's Bar 웨일스 뉴키

블랙 라이언스 호텔의 딜런스 바는 웨일스 최고의 유명 시인인 딜런 토머스(Dylan Thomas)가 즐겨 찾던 곳으로 유명한 퍼브다.

Planning 뉴키의 여행사에서 딜런 토머스 트레일에 관한 정보를 얻을 수 있다.
www.blacklionnewquay.co.uk

❿ 와인딩 스테어 레스토랑&북숍
Winding Stair Restaurant & Bookshop 아일랜드 더블린

서점의 낡은 나무 계단을 올라가면 1970년대부터 아일랜드 작가와 예술가들이 즐겨 찾던 장소가 있다. 자리에 앉아 좋은 책과 훌륭한 경치를 만끽해 보자.

Planning 시푸드 차우더나 아일랜드 베이컨말이처럼 단순하고 맛있는 아일랜드 전통 음식을 즐길 수 있다. www.winding-stair.com

이카의 풍경에 매료된 관광객과 인근 지역 주민들이 후아카치나(Huacachina) 오아시스로 모여든다.

| 페루 |

페루의 정신이 깃든 피스코

Pisco-Peru's Essential Spirit

유명한 피스코 사워 칵테일의 주재료가 되는 이 브랜디에 대해 페루 사람들은 대단한 자부심을 가지고 있다.

브랜디 때문에 전쟁이 일어날 뻔 했다고는 누구도 생각하지 못할 것이다. 하지만 실제로 피스코를 두고 두 나라 사이에 팽팽한 신경전이 있었다. 피스코는 페루와 칠레 사이에 수백 년 동안 지속되어 온 불화의 원인이다. 레몬 또는 라임, 계란 흰자, 비터스를 첨가해 만드는 칵테일인 피스코 사워(pisco sour)를 두고 두 나라는 국경 문제로 분쟁을 벌일 때만큼이나 격렬하게 서로 자기 나라의 음료라고 주장했다. 그래도 16세기 페루 남부의 해안 계곡에서 스페인 이주자들이 만들었다는 피스코의 기원에 대해서는 이견이 없다.

피스코라는 이름은 이 술을 선적했던 피스코 항구나 혹은 이 브랜디를 담아 숙성시키는 원뿔형 피스코 단지에서 유래했다고 한다. 지금은 나무가 울창한 오아시스 마을인 이카(Ica)가 페루의 피스코 생산 중심지로, 해마다 80곳이 넘는 보데가(bodega, 저장고)에서 수백만 병의 피스코를 생산하고 있다.

알코올 함량이 19~23퍼센트 정도인 피스코는 단일 품종의 포도로 만드는데, 스페인 사람들이 들여온 검은색의 케브란타(Quebranta) 품종이 주로 쓰인다. 머스캣(Muscat)이나 다른 종류의 청포도로 만들어 향이 뛰어난 피스코, 여러 품종을 혼합해 만든 독한 아촐라도(acholado) 피스코도 있다. 포도는 2~3월에 수확하며, 증류를 거쳐 나온 액체는 맛이 들 때까지 최소 3개월 이상 숙성시킨다. 보수적인 페루 사람들은 피스코를 얼음 없이 스트레이트로 마시며, 사워 칵테일은 피스코의 훌륭한 이름에 먹칠을 하는 것으로 여긴다.

When to go 이카는 1년 내내 덥고 건조하지만 남반구의 겨울인 6~9월 사이에는 날씨가 온화하다. 포도 수확 축제인 '피에스타 데 라 벤디미아(Fiesta de la Vendimia)'는 3월에 열린다.

Planning 이카는 페루의 수도 리마(Lima)에서 팬아메리칸하이웨이(Pan-American Highway)를 따라 남쪽으로 약 320킬로미터 정도 떨어져 있다. 일가족이 운영하는 '보데가 엘 카타도르(Bodega El Catador)'에서는 포도원과 피스코 증류장을 무료로 둘러볼 수 있고 작은 박물관과 바, 레스토랑도 이용할 수 있다. 대형 증류업체의 대표격인 '비스타 알레그레(Vista Alegre)'에서도 1일 견학이 가능하다.

Websites www.peru.info, www.vistaalegre.com.pe

페루식 세비체 요리

■ 페루와 칠레 사람들은 '세비체(Ceviche)'를 두고도 서로 자기들 것이 최고라고 입씨름을 벌인다. 세비체는 남아메리카에서 가장 대표적인 음식으로 맛있는 해산물 모듬 요리다.

■ 세비체는 재료나 종류가 매우 다양하며, 페루식 세비체가 가장 단순한 형태다. 농어회를 레몬, 라임, 양파, 아지 칠리(aji chili)로 만든 마리네이드에 3시간 정도 초절임한 것으로 톡 쏘는 신맛이 일품이다. 농어회를 재워 두었던 마리네이드는 버리지 않고 따로 두었다가 삿글라스에 담아서 구운 옥수수 알갱이와 함께 세비체에 곁들인다.

■ 요즘에는 세비체를 변형시킨 다양한 종류의 요리가 많이 등장하고 있다. 상어, 문어, 오징어, 새우, 가리비, 게, 홍합, 고둥은 물론 기타 모든 종류의 흰살 생선을 재료로 세비체를 만든다.

브라질

브라질의 카샤사 *Cachaça in Brazil*

브라질의 국민적인 인기 칵테일의 베이스로 쓰이는
이 독한 증류주는 그 자체로도 뛰어난 술이다.

브라질 상파울루(São Paulo)에 있는 술집이면 어느 곳을 가더라도 카샤사를 볼 수 있다. 사탕수수로 만든 증류주인 카샤사는 브라질 문화를 상징하는 술이기도 하다. 이 술에는 신데렐라 이야기 같은 탄생 비화가 있다. 16세기 상파울루 주의 상비센치(São Vicente) 마을 근처에서는 노예들에게 수확하고 남은 사탕수수로 즙을 내어 발효시킨 술을 만드는 것이 허용되었다. 그러던 중에 사탕수수 즙을 끓이고 증류해서 제대로 된 강력한 술을 만들어 내자는 발상이 나왔고 머지않아 카샤사가 탄생하게 되었다.

술집 선반에 줄지어 진열되어 있는 카샤사. 그중에 독특한 향을 더하기 위해 허브를 넣어 둔 것도 보인다.

지금의 생산 과정도 예전과 비교해 거의 달라지지 않았다. 사탕수수를 짓이겨 즙을 짜내 24시간 동안 발효시킨 다음 구리 탱크에 넣고 증류시킨다. 곧바로 병에 담기도 하지만 맛을 보다 부드럽게 하기 위해 나무통에 넣고 숙성시키기도 한다.

한때 가난한 사람들의 술이었던 카샤사는 바티도스(batidos, 과일을 섞은 혼합 음료)와 칵테일의 주재료가 되면서 국제적인 위상을 차지하는 술이 되었다. 그중 가장 유명한 칵테일은 브라질의 국민 음료인 '카이피리냐(caipirinha)'다. 카샤사에 라임과 설탕을 섞어 만든 것으로 세계적인 인기를 얻고 있다.

카샤사는 상파울루 주와 미나스제라이스(Minas Gerais) 주, 리우데자네이루(Rio de Janeiro) 주에서 주로 생산되지만, 다양한 종류의 카샤사를 파는 술집인 '카샤사리아스(cachaçarias)'는 브라질 전역에 퍼져 있다. 푸라(pura, 스트레이트)로 마시는 브라질 사람들은 술을 마시기 전에 성자들을 위해 몇 방울을 일부러 흘리기도 한다. 건강하게 경의를 표하는 방식이라고 할 수 있다.

When to go 상파울루는 브라질의 봄(9~11월)이나 겨울(5~10월)에 방문한다. 여름(12~3월)에는 찌는 듯이 덥고 습하므로 피하는 것이 좋다.

Planning 카샤사는 종류가 수백 가지도 넘는다. 상파울루에서 2백 킬로미터 떨어진 피라수눙가(Pirassununga)는 가장 유명한 카샤사인 '카니냐51(Caninha 51)'의 생산지다. 리우데자네이루의 산속 계곡에 아름답게 자리 잡은 카샤사 로히냐(Cachaca Rochinha) 농장 역시 꼭 들러볼 만하다. 상파울루에서 차로 3시간 거리다.

Websites www.braziltour.com, www.planetware.com

카이피리냐 칵테일

■ 전형적인 칵테일임에도 레시피가 지역마다 제각각일 정도로 다양하다. 과일 주스와 레모네이드가 선택적으로 추가되기도 한다.

■ 재료(1인분)

카샤사 50g
라임 1개(8등분한다)
설탕 2작은술
각얼음 또는 잘게 부순 얼음

1. 글라스에 라임과 설탕을 넣고 으깬다.

2. 얼음을 채우고 카샤사를 붓는다. 설탕이 잘 녹도록 재료를 힘차게 휘젓는다.

원형 극장처럼 설계한 우코 밸리의 살렌타인 저장고에서는 와인이 담긴 통을 계단식 보관대에 올려 저장한다.

아르헨티나

멘도사의 와이너리 Mendoza's Wineries

아르헨티나 중부의 멘도사 주는 화려한 풍경만큼이나 근사한 와인을 만들어 내는 와인 명산지로 널리 알려져 있다.

만년설이 뒤덮인 안데스의 지붕 밑에 자리한 멘도사 주는 아르헨티나의 와인 총생산량 중 70퍼센트 이상을 차지하면서 '와인의 수도'로 군림하고 있다. 이곳의 대표 와인인 말벡(Malbec)은 블랙커런트와 서양 자두의 맛이 감돌고, 과일향과 함께 감칠맛이 나며, 스테이크와 환상적으로 어울린다.

나무 숲이 만드는 터널과 가끔씩 나타나 경탄을 자아내는 눈 덮인 봉우리 등이 눈부시게 아름다운 멘도사의 와인 루트를 따라 이동해 보자. 거미줄처럼 이어진 길을 따라가다 보면 650군데가 넘는 와이너리들 중 몇 곳을 반드시 마주치게 된다. 그중 옛날식 와이너리도 있고 최첨단 건축의 걸작품 같은 곳도 있다.

말벡 와인으로 유명한 '하이 존(High Zone)'은 멘도사 주의 주도인 멘도사에서 차로 1시간 정도 거리여서 와인 탐방을 시작하기 가장 좋은 곳이다. 멘도사에서 2시간 정도 거리에 있는 아름다운 우코 밸리(Uco Valley)도 자동차로 다녀올 만하다. 유명한 와이너리들 중 루얀 데 쿠요(Luján de Cuyo)에 자리한 '루이지 보스카(Luigi Bosca)'는 1890년 스페인에서 포도나무를 들여온 이들의 후손이 운영하고 있다. 또한 안데스 산맥의 장관을 배경으로 투누얀(Tunuyán)에 자리한 초현대적인 '보데가스 살렌타인(Bodegas Salentein)', 피라미드를 닮은 멋진 외관으로 랜드마크가 되고 있는 '보데가 카테나 사파타(Bodega Catena Zapata)' 등도 있다.

When to go 3~4월은 아르헨티나의 가을이자 포도 수확기다. 매년 3월 초 포도 수확 축제인 '벤디미아 축제(Fiesta de la Vendimia)'가 열리면 흥겨운 술 잔치가 벌어진다.

Planning 대부분의 와이너리는 무료로 방문할 수 있지만 반드시 미리 예약해야 한다. 호텔이나 멘도사의 와이너리 상점에서 구할 수 있는 '카미노스 데 라스 보데가스(Caminos de Las Bodegas)' 지도를 잊지 말고 챙기자.

Websites www.descubramendoza.com, www.bodegassalentein.com, www.catenawines.com, www.thegrapevine-argentina.com, www.winemapargentina.com.ar

아르헨티나의 기타 와인 생산 지역

■ 멘도사가 훌륭한 와인의 수도라 자칭하기는 해도 포도원은 아르헨티나 서쪽 국경을 따라 1,930킬로미터 넘게 펼쳐져 있다. 살타(Salta) 주의 '카파야테(Cafayate)'는 고품질의 카베르네와 토론테스(Torrontés)의 뛰어난 빈티지로 유명하다. 또한 1831년에 해발 3천 미터 지점에 세워져, 아르헨티나에서 가장 높은 곳에 위치하며 가장 오래된 와이너리인 '보데가 콜로메(Bodega Colomé)'도 이곳에 있다.

■ 라 리오하 주의 칠레시토(Chilecito) 지역은 독특하면서도 품질 좋은 와인으로 유명하다. 한참 남쪽에 위치한 리오네그로 밸리(Rio Negro Valley)에서는 서늘한 기후에서 자라는 소비뇽 블랑과 피노 누아 같은 품종으로 만든 와인이 스파클링 와인과 함께 호평을 받고 있다. 날로 규모가 커지는 것은 물론 와인 품질도 더욱 좋아지는 아르헨티나가 세계 와인 생산의 5위를 차지하는 것은 당연한 일이다.

매년 삿포로에서 열리는 눈 축제의 거대한 눈 조각 작품을 보기 위해 세계 각지에서 사람들이 몰려든다.

일본

삿포로의 싱글몰트 위스키

Single Malt in Sapporo

세계적으로 급속도로 인기를 얻고 있는 일본 위스키를 원산지에서 제대로 음미해 보자.

오랜 세월 동안 일본인들은 누구도 흉내낼 수 없는 싱글몰트 위스키를 개발해 왔으며, 현재 온갖 풍미의 몰트 위스키를 생산하고 있다. 삿포로 시에서 서쪽으로 50킬로미터 떨어진 홋카이도 요이치(余市)에 있는 '닛카 증류소'에 가보자. 완벽하게 제조된 강건한 느낌의 몰트 위스키를 찾을 수 있다. 이곳의 '다케쓰루 퓨어 몰트'는 2008년 영국에서 열린 국제 위스키 품평회(International Spirits Challenge)에서 금메달을 차지했고, '닛카 위스키 요이치 1987(Nikka Whisky Yoichi 1987)'은 스코틀랜드 글래스고에서 열린 2008 월드 위스키 어워드(2008 World Whiskies Awards)에서 최고의 싱글몰트 위스키로 선정되어 국제적으로 인정받았다.

매년 약 2천 병 정도 출시되는 한정판 싱글몰트를 손에 넣기란 거의 불가능하지만, 증류소 투어에 참가하면 수상에 빛나는 위스키가 제조되는 곳을 손쉽게 둘러볼 수 있다.

닛카 위스키의 설립자이자, 일본 위스키의 대부인 다케쓰루 마사타카는 스코틀랜드 글래스고에서 2년 동안 위스키 제조법에 대해 공부하고 돌아와 1934년 홋카이도에 자신의 증류소를 세웠다. 그는 완벽한 위스키를 만드는데 일생을 바쳤다. 요이치 싱글캐스크나 싱글몰트, 퓨어몰트 위스키를 한 번 맛보면 그의 천부적인 재능이 여전히 살아 숨쉬고 있다는 것을 느끼게 될 것이다.

When to go 매년 2월 초에 일주일 동안 열리는 삿포로 눈 축제에 맞추어 여행 계획을 세워 보자. 약 15~24미터 정도 너비에 우뚝 솟은 눈 조각 작품을 보러 온 사람들로 장사진을 이룬다. 삿포로 시의 분주한 환락가인 스스키노(すすきの)에 있는 위스키 바에 앉아 있기만 해도 1백여 점의 얼음 조각품을 보며 축제 기분을 만끽할 수 있다.

Planning 요이치까지는 삿포로에서 기차를 타고 2시간이면 도착한다. 신년 연휴(12월 27일~1월 3일)를 제외하고 매일 오전 9시부터 오후 5시까지 매 30분마다 증류소 견학 서비스를 무료로 제공한다. 또 지도와 팜플렛을 들고 직접 생산 공장, 상점, 레스토랑을 여유롭게 둘러볼 수 있다.

Websites www.nikka.com, www.suntory.com, www.japan-guide.com/e/e5311.html, www.welcome.city.sapporo.jp, www.sta.or.jp, www.hyperdia.com.

위스키 전문점

- 닛카 위스키의 이름을 따서 만든 술집인 '닛카'를 찾아가 보자. 스스키노 역 근처에 있다.

- 역시 스스키노에 있는 '산토리 스타일리시(Suntory Stylish)'와 같은 산토리 바도 이용해 보자. 산토리는 일본의 유명한 또 다른 싱글몰트인 '야마자키'를 생산하는 위스키 제조업체다.

- 허기질 때는 식사와 함께 와인 대신 일본 위스키를 반주로 마셔 보자. 독한 위스키는 식사와 함께 마시기 좋으며 스시 같은 일본 음식의 맛을 살려 준다고도 한다. 치즈와 다른 해산물 요리도 싱글몰트 위스키와 잘 어울린다.

양조업자들이 사케를 만들기 위해 쌀을 쪄서 준비하고 있다.

일본

사케를 찾아서 *Seeking out Sake*

일본의 유명한 국민적인 술인 사케는 어디에도 속하지 않는
자신만의 카테고리와 등급으로 자리매김하고 있다.

    일본인들은 수천 년 동안 쌀로 빚은 독특한 술인 '사케'를 제조하고 개량하면서 이 술을 즐겨 왔다. 그리고 이제는 일본뿐만 아니라 다른 나라에서도 사케를 즐길 정도로 유명해졌다. 일본 내에는 무려 1천 6백 곳이 넘는 사케 양조장이 있으며, 양조장을 방문하는 관광객들은 쌀과 물이 어떻게 일본 최고의 술로 빚어지는지 둘러보면서 다양한 종류의 사케도 맛볼 수 있다.

포도가 와인의 품질을 좌우하듯 사케도 원료인 쌀의 품질에 따라 맛이 크게 달라진다. 양조업자들은 전분 함량이 높은 별도의 사케용 쌀을 사용한다. 쌀로 술을 만드는 과정은 현미를 정미하는 과정부터 시작한다. 정미한 쌀은 잘 씻어서 불린 다음 찐다. 여기에 누룩과 효모를 넣고 섞는다. 기술적으로 볼 때 사케 제조 과정은 와인보다는 맥주에 가깝다. 엄격한 제조 과정이 완료되기까지는 한 달 이상 걸리며 뒤이어 6개월 정도 저장을 통한 숙성 과정을 거치게 된다. 1일 양조장 견학은 도쿄나 오사카에서 계획하는 것이 좋다.

도쿄 서부의 훗사(福生) 시에 있는 '이시카와 양조장'은 1881년에 처음 문을 열었다. 일본 절터가 연상될 정도로 여전히 전통적인 매력이 우러나는 곳이다. 이곳에는 4백 년 수령의 느티나무가 두 그루 있는데, 일본의 부와 행운의 신인 다이코쿠텐(大黑天)과 물의 여신인 벤자이텐(辯才天)이 모셔져 있다고 한다. 이 두 신의 가호는 사케를 만드는데 없어서는 안 될 요소이기도 하다. 1743년에 세워진 '하쿠쓰루 양조장'은 오사카 근처 고베에 위치하고 있다.

When to go 대부분의 양조장은 신년 연휴(12월 27일~1월 3일 경)를 제외하고 1년 내내 운영한다.

Planning 영어 안내를 하고 있는 양조장도 있으니 미리 확인한 다음 예약하는 게 좋다. 하쿠쓰루 양조장 박물관에서는 사케 제조 과정과 역사에 관한 정보를 영어로 확인할 수 있고 시음도 할 수 있다.

Websites www.hakutsuru-sake.com/content/08.html, www.tamajiman.com, www.jal.com/en/sake/visit/index.html, www.sake-world.com

사케 마시는 법

■ 요즘은 사케를 차게 마시는 경우가 많지만 예전에는 항상 따뜻하게 데워서 마셨다. 기존의 양조 과정 및 저장 방식으로는 술을 데워야 맛이 더 좋았기 때문이다. 사케를 데우면 술의 풍미가 더욱 풍성해지고 취기도 빨리 오른다.

■ 와인과 달리 사케는 오래 묵힌다고 품질이 좋아지진 않는다. 제조일로부터 1년 이내의 것을 구입하고 6~12개월 이내에 마신다.

와인이 발효되는 동안 포도 껍질과 즙이 잘 섞이도록 탱크 속 내용물을 순환시켜 주어야 한다.

오스트레일리아

바로사 밸리 와인 *Barossa Valley Wines*

와인 저장고 사이를 이동하면서 아름다운 경치를 감상할 수 있는
오스트레일리아의 바로사 밸리는 여행하기에 더없이 훌륭한 곳이다.

사우스오스트레일리아 주의 주도인 애들레이드(Adelaide)에서 고무나무가 늘어선 지방 도로를 타고 북동쪽으로 약 64킬로미터를 달려가 보자. 포도나무가 줄지어 자라는 산비탈에 들어서면 오스트레일리아에서 가장 오래된 와인 산지인 바로사 밸리가 있다. 이곳은 밝고 감칠맛이 나며 알코올 함량이 높은 레드 와인으로 유명하다. 울프 블라스(Wolf Blass)와 펜폴즈(Penfolds) 같은 유명 와이너리로 이름이 알려졌지만, 이보다는 규모가 작으며 가족 단위로 운영하는 포도농장들도 많다. 이곳에서는 주로 와이너리에서 관광객들이 와인 시음과 식사를 할 수 있도록 개방한 장소인 '셀러 도어(cellar door)'를 통해 와인을 판매하며, 무료 시음은 물론 조언도 아끼지 않는다.

파이퍼 일가(Pfeiffer family)의 아버지와 아들이 운영하는 '휘슬러 와인(Whistler Wines)'은 직접 기른 포도로 해마다 약 9천 상자 정도의 와인을 생산한다. 그중 70퍼센트는 관광객들에게 직접 판매한다. 고객을 위한 주말 콘서트는 인기 있는 행사이며, 전통적인 양철 지붕 농장에 언제든 앉아서 쉴 수 있는 안락한 소파가 있다는 것도 매력적이다. 잔디밭에는 파라솔과 테이블, 의자를 놓아둔 곳이 도처에 있어서 독한 리저브 쉬라즈나 과일향이 나는 오드리 메이 세미용(Audrey May Sémillon)을 즐길 수도 있다.

1857년에 세워진 벽돌로 된 예스런 농장 건물에는 '락포드 와인(Rockford Wines)'이 들어서 있다. 이곳에서는 로버트 오캘러헌(Robert O'Callaghan)이 1백 년이나 묵은 장비를 사용해 30군데의 현지 농장에서 거둬들인 포도로 와인을 만든다. 이들 농장은 전통 방식에 따라 포도를 일일이 손으로 가꾼다. 오캘러헌은 오스트레일리아 최고의 쉬라즈를 생산할 뿐 아니라 잘 알려지지 않은 품종인 알리칸트 부셰(Alicante Bouschet) 포도의 껍질을 벗겨 붉은 과육만으로 상쾌한 맛의 로제(rosé) 와인도 생산한다. 여름철에 셀러 도어를 찾은 극소수의 행운아들만 맛볼 수 있는 완벽한 여름 와인으로 오직 이곳에서만 구할 수 있다.

When to go 셀러 도어는 연중무휴 개방한다. 특히 3, 4월에 방문하면 와인 제조 과정을 직접 볼 수 있는 가능성이 높아진다. 이 시기에는 낮은 따뜻하고 화창하며 밤은 약간 쌀쌀하다.

Planning 바로사의 포도농장 대부분은 예약을 하지 않아도 들를 수 있다. 상당수의 셀러 도어가 오전 11시 전에는 문을 열지 않으므로 방문하기 전에 느긋하게 아침 식사를 하고 시골 풍경을 즐겨 보자. 주말에는 행사가 많은 편이지만 사람들로 붐빈다.

Websites www.barossa.com, www.rockfordwines.com.au

포도농장 체험

■ 바로사 밸리와 그 주변으로 가는 길에 마주치는 풍경 또한 장관이다. 반짝이는 양철 지붕을 얹은 목재 집이 옹기종기 자리한 마을과 양옆으로 대추야자 나무들이 당당하게 늘어선 길을 지나게 된다. 산비탈 사이로 구불구불 이어진 길 옆으로는 올리브나무가 드문드문 자라고 포도나무가 깔끔하게 줄지어 늘어서 있다.

■ 전통적인 와이너리에 가 보면 양동이를 눌러 널빤지 사이로 즙을 추출하는 작업과 엄청나게 많은 양의 포도즙과 과육이 1백 년 묵은 거대한 포도주 탱크에 담겨 있는 광경을 볼 수 있다.

■ 포도농장은 인심이 후해서 무료 시음도 할 수 있다. 또 잔 단위로 와인을 살 수도 있으며, 치즈나 다른 안주도 구입할 수 있다. 알코올 함량은 보통 15%에 육박하므로 음주운전에 유의해야 한다.

독일

밤베르크의 맥주 *Beer in Bamberg*

유네스코 문화 유산으로 지정된 이 보석 같은 마을은
독일 최고의 맥주이자 가장 독특한 맥주의 본고장이다.

따뜻한 가을 저녁, 밤베르크에 있는 수많은 맥주 양조장 중 한 곳을 찾아가 보자. 돌로 포장된 도로를 걷다 보면 문득 17세기 독일에 와 있는 것은 아닌가 하고 깜짝 놀라게 될지도 모른다. 제2차 세계 대전에도 포화를 피할 수 있었던 덕분에 12세기에 지어진 성당과 리틀 베네치아 지역의 다리들, 물레방아, 레그니츠 강변에 늘어서 있는 어부들

고색창연한 도시인 밤베르크는 전통적인 건축과 맥주 양조장으로 명성이 높다.

의 집 등이 고스란히 남아 옛 독일의 모습을 그대로 간직하고 있다. 9군데의 양조장 견학에 나선다면 그림 같은 프랑켄 지방의 도시를 둘러볼 기회도 많을 것이다.

강의 양안을 따라 드문드문 자리 잡고 있는 양조장들은 각기 개성이 강하며, 이곳에서 생산되는 맥주 역시 고유한 특징을 자랑한다. 성당 옆에 위치한 슐렌커를라(Schlenkerla) 양조장에 가면 이 도시에서 가장 유명한 맥주를 만날 수 있다. 훈제 베이컨에 비유되기도 하는 맛과 풍부한 검은 거품 등 개성이 강한 '아에흐트 슐렌커를라 라우흐비어(Aecht Schlenkerla Rauchbier)'는 너도밤나무로 불을 지피는 가마 위에서 몰트를 훈제시켜 만든다. 프랑켄 지방의 전통 음식인 '샤우펠레(Schäufele, 경단과 독일식 김치인 사워크라우트를 곁들인 바삭한 돼지고기 어깨 부위 요리)'와 함께 즐겨 보자. 좀 과음했다 싶으면 패슬라(Fässla) 양조장에 있는 호텔에서 하룻밤 묵어 보는 것도 좋다. 이곳은 강의 북쪽 연안에서 한 블록 떨어져 있다.

When to go 대다수의 유럽 도시들과 마찬가지로 밤베르크도 여름에 많이 붐빈다. 푸짐하게 제공되는 맥주와 음식은 추운 겨울 밤을 나는 데에 큰 도움이 된다.

Planning 자유 여행을 즐기려면 밤베르크 중앙 관광 사무소에서 양조장 투어 팩(tour pack)을 구한다. 이 팩에는 각 양조장에서 쓸 수 있는 음료 쿠폰과 맥주잔, 맥주잔 받침, 배낭이 들어 있다. 밤베르크 주민들과 양조장 주인들은 매우 친절하고 영어도 가능한 사람들이 많다. 궁금한 점이 있으면 망설이지 말고 질문해보자. 적어도 2일 이상 묵으면서 9군데 양조장과 도시의 다른 곳들도 둘러보는 게 좋다. 대부분의 양조장은 저렴한 비용으로 이용할 수 있다.

Websites www.bamberg.info, www.bambergbeerguide.com, www.schlenkerla.de, www.faessla.de

독일 맥주 순수령

■ 수세기 동안 독일 맥주가 순수성을 유지해 온 것은 자존심과 훌륭한 관습을 지키는 일이었을 뿐 아니라 법을 준수하는 일이기도 했다. 1516년 빌헬름 4세는 라인하이츠게보트(Reinheitsgebot, 독일 맥주 순수령)를 공포했다. 이 법령은 맥주의 원료로 물, 보리, 홉만 사용해야 한다고 규정하고 있다. 값싼 곡물이나 건강을 해치는 첨가물의 사용을 막기 위한 조치였다(효모는 당시 알려지지 않은 성분이었다). 최초의 식품 안전법일 수도 있는 이 법령은 1987년 외국산 맥주의 수입을 허용하려는 유럽 연합에 의해 해제되었다. 하지만 독일 맥주는 여전히 전통적인 원칙을 고수하고 있다.

TOP 10

양조장이 있는 수도원
Monastic Tipples

수백 년 동안 수도사와 수녀들이 보기 드문 품질과 독특한 향미를 지닌 훌륭한 술을 만들어 왔다.

❶ 말룰라 Ma'loula 시리아

말룰라에 있는 그리스 정교 수도원인 '마르사르키스(Mar Sarkis)'와 '마르 타클라(Mar Taqla)'에서 와인을 생산한다. 마르사르키스에는 훌륭한 디저트 와인을 무료로 시음할 수 있는 매장이 있다.

Planning 다마스쿠스에서 버스로 한 시간 거리에 있다. www.syriatourism.org

❷ 키코스 수도원 Kykkos Monastery 키프로스 트로도스 산맥

12세기에 처음 이곳 수도원에서 만들어진 호박색의 달콤한 코만다리아 (Commandaria)는 역사가 가장 오래된 브랜드 와인으로 지금까지도 후식용 와인으로 사랑받고 있다.

Planning 키코스 수도원은 관광객에게 문호를 개방하고 박물관도 운영한다. 인근 수도원에서도 코만다리아를 생산하고 있다. 여행사를 통해 트레일 투어를 신청하면 된다. www.kykkos-museum.cy.net, www.visitcyprus.com

❸ 스트라호프 양조장 Strahov Brewery 체코공화국 프라하

프라하 성 근처에는 1142년에 세워져 최근에 수리한 수도원이 있다. 이곳에서 소규모 양조장, 레스토랑, 비어 가든을 운영한다. 매년 12월 5일에는 크리스마스 특별 맥주를 시판한다.

Planning 크리스마스 특별 맥주는 매우 빨리 품절된다. www.klasterni-pivovar.cz

❹ 퍼논헐머 수도원 Pannonhalma Archabbey 헝가리

베네딕트회 수도사들은 서기 996년 수도원 건립 이래로 지속해 오다가 공산당의 과수원 몰수로 중단했던 포도 재배 전통을 최근 들어 재개했다. 2003년에 처음 수확을 거둔 뒤 매년 양조량도 증가해 30만 병 이상 생산하고 있다.

Planning 퍼논헐머에서 수도원까지 오르는 산길이 가파르다. 지드르(Gydr)에서는 기차로 30분 거리다. www.bences.hu

❺ 안데흐스 수도원 Andechs Monastery 독일 바이에른

이 베네딕트회 수도원에서는 양조장과 퍼브, 바이에른 전통 음식을 선보이는 레스토랑을 운영한다.

Planning 양조장 투어에 참여하면 시음도 할 수 있다. www.andechs.de

❻ 벨텐부르크 수도원 Weltenburg Monastery 독일 바이에른

다뉴브 강변에 세계 최고(最古)의 수도원 양조장을 보유하고 있다. 지금은 최신 기술을 사용해 오랜 전통 비법으로 독일 최고의 흑맥주를 생산한다. 음식도 제공하는 비어 가든이 유명하다.

Planning 11월 15일부터 3월 15일까지는 개방하지 않는다. 켈하임에서 배로 30분 거리에 있다. www.klosterschenke-weltenburg.de

❼ 성 식스투스 수도원 Abbey of St. Sixtus 벨기에 베스트블레테렌

매니아들 사이에서 대단히 유명한 이 수도원 맥주는 엄격한 배급 방식으로 판매한다.

Planning 이곳의 맥주를 사려면 엄청난 노력이 필요하다. 전화로만 주문을 받으며 운 좋게 연결이 되면 상품 인계 약속을 잡아야 한다. 최신 일정은 웹 사이트를 참조한다. www.sintsixtus.be

❽ 샤르트뢰즈 Chartreuse 프랑스 부아롱

샤르트뢰즈는 부아롱의 카르투지오 수도사들이 식물과 꽃을 증류해 만드는 초록색의 독주다. 아주 약간 단맛이 있는 덜 독한 옐로샤르트뢰즈도 있다. 알코올 함량은 각기 55, 40퍼센트다.

Planning 저장고는 연중 무휴 개방되며 무료 가이드 투어가 제공된다. 11월부터 3월까지는 주중에만 개방한다. 부아롱은 프랑스령 알프스에 있으며 그르노블에서 기차로 20분 거리다. www.chartreuse.fr

❾ 세인트휴스 수도원 St. Hugh's Charterhouse 잉글랜드 파크민스터

잉글랜드 유일의 카르투지오 수도원으로 사과 와인을 생산한다. 이 와인은 인근 카우폴드에 있는 유니언잭 농산물 직판장에서만 살 수 있다.

Planning 수도원은 브라이튼 북서부에 있으며 자동차로 30분, 버스(17번)로 45분 걸린다. www.parkminster.org.uk

❿ 크리스토보아제 수도원 Kristo Boase Monastery 가나 브롱아하포

아프리카에 몇 곳 안 되는 베네딕트회 수도원 중 하나로 캐슈 너트, 주변에서 자라는 과일로 만든 잼, 네덜란드 진이 주요 수입원이다.

Planning 수도원에서는 아늑한 숙박시설을 제공한다. 캐슈 진은 맛이 뛰어나다. www.touringghana.com

뮌헨의 웨이터와 웨이트리스들은 능숙한 솜씨로 엄청난 양의 주문을 단번에 소화한다.

독일

뮌헨의 옥토버페스트 *Oktoberfest in Munich*

뮌헨 사람들에게는 '비즌'으로 알려진 이 연례 축제는
독일 맥주의 번영을 축하하는 활기 넘치는 행사다.

오전 10시부터 6천 명의 사람들이 거대한 쇼텐하멜(Schottenhamel) 천막 술집의 목재 테이블에 둘러앉아 있다. 긴박한 분위기 속에서 마침내 정오가 되면 뮌헨 시장이 그 해 처음으로 생산된 맥주가 든 나무통의 마개를 나무 망치로 쳐서 연다. 그리고 "오 자프트 이스(O'zapft is, 열렸다)!"라고 외치며 옥토버페스트의 시작을 알린다.

1810년에 바이에른의 황제, 루트비히 1세의 결혼을 축하하며 시작된 옥토버페스트는 이제 세계적으로 가장 사랑받는 축제 중 하나로 6백만 명이 넘는 관광객이 찾는다. 축제가 열리는 곳은 테레지엔 비제 광장으로, '비즌(Wies'n)'이라 일컫기도 한다. 축제에 참가하는 사람들은 각기 분위기가 다른 14개의 거대한 천막으로 된 술집 중에서 마음대로 고를 수 있다. 역사가 가장 오래된 쇼텐하멜(Schottenhamel)부터 황소 한 마리를 통째로 꼬챙이에 꿰어 굽는 오호센브라터라이(Ochsenbraterei)까지 천막 술집마다 개성이 넘친다. 제공되는 맥주는 모두 6곳의 뮌헨 양조업체가 특별히 옥토버페스트를 위해 만든 라거 스타일의 맥주다. 비교적 규모가 작은 바인첼트(Weinzelt) 천막에서는 질 좋은 독일산 와인을 선별해 제공한다.

전통 옥토버페스트 음식도 꼭 맛보도록 하자. 대표적인 음식으로는 '브라텐들(Brathendl)'이 있다. 이것은 파슬리로 속을 채우고 버터를 발라 구운 닭 요리다. 어느 천막에 가도 브라텐들을 굽는 맛있는 냄새가 풍겨 나온다. 또 다른 인기 음식으로 돼지족발 요리인 '슈바인샥슨(Schweinshaxn)', 생선을 통째로 굽는 요리인 '슈터커를피슈(Steckerlfisch)', 커다란 프레첼인 '브레첼(Brezel)' 등이 있다. 웨이트리스와 웨이터들은 바이에른 사람들과 세계 각지에서 온 행복한 관광객들이 뒤섞여 있는 길다란 공용 테이블까지 맥주잔을 한 번에 12잔까지 들고 나른다.

When to go 옥토버페스트는 매년 9월 말부터 시작해 10월 첫째 주 일요일까지 16일 동안 계속된다. 평일보다 주말에 사람들이 더 많이 몰리고 축제 분위기가 훨씬 살아난다. 하지만 자리 구하기는 더욱 힘들어진다.

Planning 항공편과 숙박시설은 축제가 가까워질수록 비싸지므로 일찍 예약해야 한다. 대중교통이 발달되어 있으므로 호텔이 비즌에서 좀 멀리 떨어져 있어도 문제가 되지 않는다. 천막 술집의 주인에게 미리 계약금을 지불하면 자리도 예약할 수 있다.

Websites www.oktoberfest.de, www.muenchen.de

비즌 이외의 명소

- 도심의 유서 깊은 곳에 자리한 비어홀(beer hall, 맥주와 간단한 음식을 파는 술집) 겸 레스토랑이자 정원인 '아우구스티너 켈러(Augustiner Keller)'에서는 전통 음식을 푸짐하게 제공한다.

- 도심에 있는 영국 정원 공원(Englischer Garten park)에는 탑 주변에 대규모의 테이블이 놓여 있는 야외 맥주 공원인 '히네시셔투름(Chinesischer Turm)'이 있다.

- 뮌헨에서 가장 유명한 맥주홀인 '호프브로이하우스(Hofbrauhaus)'는 마리엔 광장(Marienplatz) 근처의 구시가지에 있는 아치형 천장의 우아한 건물에 자리 잡고 있다.

- 마리엔 광장의 남동쪽에 '비크투알리엔 시장(Viktualienmarkt)'이 있다. 오감을 만족시킬 수 있는 근사한 야외 시장으로 월요일부터 토요일까지 열린다.

피에몬테 아오스타 계곡의 카레마에서 네비올로 포도나무가 번성하고 있다.

이탈리아

고귀한 네비올로 포도 *The Noble Nebbiolo*

피에몬테는 최고의 와인을 만드는 매우 특별한 포도가 자라는 곳으로 유명하다.

진한 블랙베리와 장미향에 타르의 풍미까지 뒤섞여 있는 '네비올로'에 대해 알고 싶다면 사람들이 어째서 은밀한 말투와 경건한 태도로 이 포도를 묘사하는지부터 이해해야 한다. 네비올로는 바롤로 와인과 그 친형제 격인 바르바레스코 와인 제조에 없어서는 안될 품종이다. 이 두 와인은 피에몬테(Piedmonte) 지방의 여러 마을과 포도농장 뒤로 웅장하게 솟은 알프스처럼 맛과 향이 쉽게 변치않고 오래간다.

네비올로는 다른 지역에서는 제대로 자라지 못하는 까다롭고 섬세한 성격의 포도다. 이탈리아 북서부 모퉁이에 위치한 피에몬테는 기복이 심한 구릉과 세심하게 유지되는 포도농장으로 유명하며, 이곳에서 자라는 네비올로는 그 품질이 매우 우수하다. 포도 수확기인 늦가을의 이른 아침마다 자욱하게 끼는 '네비아(nebbia, 안개)' 속에 먼지가 뿌옇게 앉은 것 같은 자줏빛 포도송이들이 매달려 있다.

바롤로와 바르바레스코 와인의 이름은 음식과 와인 애호가들의 천국인 알바(Alba) 시의 양옆으로 몇 킬로미터 떨어진 곳에 자리한 마을들의 지명에서 유래했다. 그림처럼 아름다운 이 고장의 음식은 푸짐하게 나오는 것이 특징이다. 진한 레드 와인에 절여 익힌 두툼한 현지산 소고기, 엄청난 양의 파스타, 꿩구이와 비둘기구이, 치즈 장인이 만든 큼직한 수제 치즈, 두껍게 썬 염지육(장기 보존을 위해 처리 과정을 거친 육류), 감동적인 흰 송로버섯 등이 식탁에 오른다. 와인도 훌륭하지만 현지 식당에서 유쾌한 사람들과 함께 탁탁 소리 내며 타는 난롯가에서 따뜻하게 식사를 즐기는 것도 아주 매력적이다.

When to go 가을에 방문하기에 좋다. 포도농장은 온통 심홍색으로 물들어 있어 아름답고, 버섯 채취꾼들이 주변의 떡갈나무 숲에서 수확해 온 귀한 별미인 흰 송로버섯도 즐길 수 있다.

Planning 알바 북동쪽에 위치한 아스티(Asti) 시에 들러 스파클링 와인인 '모스카토 다스티(Moscato d'Asti)'를 마셔 보자. 가비(Gavi) 시는 코르테제(Cortese) 품종 포도로 만든 향기로운 화이트 와인인 '가비 디 가비(Gavi di Gavi)'의 생산지다.

Websites www.langheroero.it, www.italiantourism.com/discov5.html, www.italianmade.com/regions/region2.cfm

바롤로에 절인 쇠고기 요리

■ 재료(6~8인분)

소고기 우둔살 1.3kg
소금, 검은 후추
바롤로 와인 1병
월계수 잎 1장
갓 따온 타임 가지 2개
올리브유 3큰술
양파 큰 것 1개 (다져서 준비)
당근 3개 (다져서 준비)
셀러리 2개 (다져서 준비)

1. 소금과 후추로 간한 소고기를 허브와 와인에 4시간 이상 재워 둔다. 하루 정도 재우면 더 좋다. 값비싼 바롤로 대신 풀바디 레드 와인을 사용해도 된다.

2. 재워 두었던 와인을 따라서 따로 둔다. 오븐을 170도로 예열한다.

3. 커다란 프라이팬에 올리브유 2큰술을 넣고 가열한 다음 양파, 셀러리, 당근을 볶다가 노릇노릇해질 때까지 약한 불에 10분간 익힌다.

4. 오븐용 커다란 찜기 바닥에 익힌 야채를 잘 펼쳐 놓는다.

5. 프라이팬을 잘 닦은 다음 남은 올리브유를 넣고 소고기가 갈색이 될 때까지 강한 불에 지진다.

6. 찜기 속 야채 위에 고기를 올려놓고 따로 준비해 두었던 와인을 붓는다. 뚜껑을 덮고 오븐에서 3시간 동안 가열한다. 다 익은 고기는 따로 꺼내 식지 않도록 둔다.

7. 허브는 버리고 남은 국물과 야채를 믹서에 갈아 소스를 만든다. 고기를 적당한 크기로 잘라 소스와 함께 접시에 낸다.

포도나무로 뒤덮인 키안티의 산기슭과 전통 농가는 현지 특산 와인을 음미하기에 완벽한 배경이 되고 있다.

이탈리아

토스카나의 산지오베제 *Sangiovese in Tuscany*

흙 냄새와 크랜베리와 체리 향기가 그윽한 산지오베제는
토스카나의 햇살 아래에서 자라는 뛰어난 포도다.

    토스카나 와인이라고 하면 라피아(raffia)라고 부르는 짚으로 감싼 병 안에 담겨 있으며, 강렬한 맛에 갈색이 살짝 감도는 키안티(Chianti) 와인을 떠올리던 때가 있었다. 그런데 지금은 얘기가 다르다. 현재 토스카나는 정제된 브루넬로 디 몬탈치노(Brunello di Montalcino)부터 힘이 넘치는 키안티 클라시코(Chianti Classico)까지 훌륭한 와인을 선보이고 있다. 또한 이 두 와인 안에서도 스타일이 다른 여러 종류의 맛있는 와인이 파생되어 나오고 있다.

예전 키안티는 사실 이탈리아 내의 와인 생산을 통제할 목적으로 제정한 법률인 DOC(Denominazione di Origine Controllata, 생산지 명칭 통제)의 희생물이었다. 법률에서 산지오베제 포도에 화이트 와인용 품종의 포도를 섞어서 키안티 와인을 만들어야 한다고 명시한 것이다. 그러다 1980~1990년대에 새롭게 등장한 와인메이커들이 카베르네 소비뇽과 메를로처럼 기존에는 쓰지 않던 포도를 산지오베제 포도와 블렌드하기 시작했고, 와인 제조 기술도 개선시켰다.

새로운 블렌드는 타는 듯한 자줏빛으로 시선을 사로잡았지만 DOC 분류 규정을 지키지 않았다는 이유로 '비노 다 타볼라(vino da tavola, 테이블 와인)'라는 낮은 등급을 받았다. 그러나 대신 와인 애호가들에게 높은 평가를 받아 '슈퍼 토스카나'라는 새로운 명칭을 얻었다. 최근에 DOC 요건이 완화되면서 산지오베제 포도만으로도 풍부하고 섬세하며 복합적인 풍미의 키안티 와인을 만들 수 있게 되었다.

When to go 봄과 여름은 현지 축제인 '사그레(sagre)'의 계절이다. 주말에 열리는 이 축제는 보통 한 가지 음식을 주로 즐기며, 때론 마을 전체가 모여서 먹고 마시는 행사로 끝나기도 한다. 포도 수확이 이루어지는 8월과 9월에도 사그레 축제가 이어진다.

Planning 몬탈치노에서는 카스텔로 반피(Castello Banfi)와 프랑코 비온디 산티(Franco Biondi Santi)를 비롯한 여러 와이너리를 찾아가 보자. 키안티에는 로카 델레 마치에(Rocca Delle Macie), 카스텔로 디 브롤리오(Castello di Brolio), 바디아 아 콜티부오노(Badia a Coltibuono) 등이 있다.

Websites www.castellobanfi.com, www.biondisanti.it, www.roccadellemacie.com, www.ricasoli.it, www.coltibuono.com, www.chianticlassico.com

클라시코와 브루넬로 및 로소

■ 키안티 DOC 지역은 피렌체와 시에나 지방의 거의 대부분을 차지할 정도로 범위가 넓다. 최상의 품질을 찾는다면 '키안티 클라시코(Chianti Classico)' 조합의 갈로 네로(gallo nero, 검정 수탉) 로고를 찾으면 된다. 최고급 키안티 와이너리의 상당수가 참여하고 있는 이 조합에서는 주요 포도농장과 와이너리를 표시한 훌륭한 여행 지도도 제작한다.

■ 투명한 토스카나의 산꼭대기에 자리 잡은 몬탈치노(Montalcino) 마을은 오래전부터 기품 있기로 유명한 와인을 생산해 온 곳이다. 북쪽에 있는 키안티보다는 포도농장의 수가 훨씬 적지만 이곳에서는 항상 산지오베제 단일 품종으로만 와인을 만든다. 가장 유명한 것은 최상급 와인인 '브루넬로 디 몬탈치노(Brunello di Montalcino)'로 가격도 그만큼 비싸다.

■ 역시 산지오베제로만으로 만든 비교적 수수한 와인으로는 '로소 디 몬탈치노(Rosso di Montalcino)'가 있다. 와인 숙성 기간이 짧으며 브루넬로의 1/3 정도의 가격이면 살 수 있다.

이탈리아

파르마의 에노테카 *Enotecas in Parma*

이탈리아 북부 도시인 파르마는 에노테카의 편안한 분위기 속에서
특산 와인과 음식을 즐기기에 이상적인 곳이다.

    시골 사람들이 모이는 소박한 곳이든, 대도시의 현대적인 곳이든, '에노테카(enotecas, 와인 바)'에는 공통적인 불문율이 있다. 바로 현지산 와인과 함께 음식도 판매한다는 것으로, 보통 바 뒤의 벽에 붙은 칠판에 메뉴가 적혀 있다. 파르마의 파리니 거리(Via Farini)는 굉장히 잘 차려입은 시민들과 현명한 관광객들의 발길이 끊이지 않는 곳이다. 이곳에 성격이 전혀 다른 에노테카 두 군데 있다. 바로 에노테카 폰타나(Enoteca Fontana)와 일 타바로(Il Tabarro)다.

    에노테카 폰타나는 점심 시간이면 학생과 노동자들이 긴 나무 탁자 앞에 모여 앉아 '오늘의 특별 메뉴'를 허겁지겁 먹는 옛날식 가게다. 폰타나는 굉장히 다양한 종류의

사람들이 에노테카에서 와인을 들고 서로 건배하고 있다.

현지산 와인뿐 아니라 이탈리아의 다른 지역 와인도 몇 가지 구비하고 있다. 프로세코 와인은 항상 준비되어 있으며, 스파클링 와인이면서도 지나치게 달지는 않은 람부르스코 역시 바닥나는 법이 없다. 뛰어난 품질의 핑크 피노 그리지오(pink Pinot Grigio) 와인도 맛보자. 아주 작은 규모의 현지 생산업체에서 그리지오 품종의 포도로 만든다. 밤이 되면 고객들은 값이 저렴한 햄과 치즈로 만든 전채요리를 곁들여 와인을 마신다.

파르니 거리를 따라 가리발디 광장(Piazza Garibaldi)을 향해 걷다 보면 광장 근처에 자유분방한 젊은이들이 좋아할 만한 일 타바로가 있다. 제공하는 와인은 수시로 바뀐다. 치즈 진열대 위에 놓인 칠판에 와인 리스트를 적어 놓는데 대부분 병째로 살 수도 있다. 와인과 함께 현지 음식을 먹어 보자. 파르미지아노 레지아노(Parmigiano Reggiano) 치즈를 12개월 숙성시킨 것과 36개월 동안 숙성시킨 것의 맛의 차이를 느껴 보는 등 파르마 요리의 진수를 만끽할 수 있다.

When to go 9월과 10월 사이에 3가지 축제가 열린다. '파르마 햄 축제(Festival delProsciutto di Parma)', 주말에 중세 시대의 의상을 입고 경주를 벌이고 깃발 돌리기 등을 펼치는 '팔리오(Palio) 축제', 이 지역에서 배출한 최고의 명사인 베르디(Verdi)의 작품을 기리는 '베르디 축제'가 바로 그것이다.

Planning 에노테카 폰타나에는 실내는 물론 야외에도 테이블이 놓여 있다. 저녁에 야외 테이블에 앉으려면 서둘러야 한다. 파르니 거리는 매우 붐비는 사교의 중심지이기 때문이다. 일 타바로의 주인인 디에고는 현지산 와인과 음식에 관해 해박하며, 새로운 와인이나 음식이 있으면 손님들과 나누는 것을 매우 좋아한다.

Websites www.parmaitaly.it, www.parmaincoming.it

에노테카

- 원래 '에노테카'는 시음 장소를 따로 만들기 어려운 소규모 와이너리들에서 와인을 일반인들에게 공개할 수 있는 수단이었다. '와인 저장고'라는 뜻의 에노테카는 그리스어로 와인이라는 의미의 '오이노스(oinos)'와 저장고라는 의미의 '테케(theke)'가 합쳐진 단어다. 실제로 대부분의 에노테카에서는 와인을 저장하고 있다.

- 보통 유서 깊은 도시의 중심부에 자리 잡고 있는 에노테카는 방문객보다는 소규모 생산업체들에게 더 매력적인 곳이다. 와인 제조 장인들의 입장에서는 와이너리로 손님을 끌어 와인을 알릴 기회가 더 많아지기 때문이다. 관광 산업이 발전하고 와인업계의 규모도 세계적으로 변모하면서 대형 에노테카는 프랑스 와인까지 구비해 놓는 등 다양성을 꾀하고 있다.

브뤼주는 도시를 에워싸고 흐르는 운하 덕에 '북부의 베네치아'라는 별명을 얻었다.

벨기에

브뤼주의 맥주 *Beer in Bruges*

중세 도시의 느낌이 물씬 풍기는 브뤼주의 흥겨운 비어하우스에서
3백 가지가 넘는 벨기에 맥주를 골라서 마셔 보자.

플라망 어로 브뤼허(Brugge)라고도 부르는 벨기에 서쪽의 브뤼주(Bruges)를 찾은 쇼핑객과 여행자들은 우뚝 솟은 교회와 잔잔한 운하, 중세식 종탑에서 시간을 알려 주는 카리용 벨(carillon bell, 편종)을 보며 감탄하기 바쁘다. 그러나 성당 근처에 있는 케멜스트라트의 한적한 골목길로 발길을 돌려 '트브뤼흐스 베이르티어('t Brugs Beertje)'라는 표지판이 있는 곳으로 들어가 보자. 사람들이 목재 테이블 앞에 앉아서 거품이 이는 술잔을 감상이라도 하듯 빛을 향해 들고 있다. 무엇으로 갈증을 풀어야 할지 몰라 망설이고 있으면 바 뒤에 있는 직원들이 알아서 조언해 준다. 대부분의 경우 섬세한 균형감을 자랑하

는 블론드 맥주인 '브뤼허 트리펄(Brugge Tripel)'이나 성 아르놀트(St. Arnold)의 그림이 그려진 '스테인 브뤼허(Steen Brugge)'를 추천할 것이다.

브뤼주 서부에 자리한 아우덴뷔르흐 수도원(Abbey of Oudenburg)을 세운 성 아르놀트는 11세기 양조업자들의 수호자였다. 그는 흑사병을 비롯한 질병 치료용으로 맥주를 권장했다. 실제로도 어느 정도 효력이 있는 처방이었다. 맥주를 만들기 위해 물을 끓이는 과정에서 해로운 박테리아가 제거되었기 때문이다.

진짜 토종 맥주를 맛보려면 브뤼주의 바보라는 뜻의 '브뤼흐서 좃(Brugse Zot)'을 마셔 보자. 브뤼주 중부에서 유일하게 남아 있는 양조장인 더 할버 만(De Halve Maan)에서 생산한 것이다. 맥주 애호가라면 1856년에 세워진 이 양조장에 직접 가보는 것도 좋겠다. 열렬한 맥주광이라면 꼭 '던 디버르(Den Dyver)'에 들러 식사를 해보자. 이곳은 고급 맥주 요리로 유명한 레스토랑이다. 벨기에에서 가장 유명한 술의 맛이 얼마나 다양한지 과시라도 하는 듯 모든 요리는 까다롭게 선별한 맥주와 잘 조화된다.

When to go 브뤼주에는 운하 여행과 중세 후기의 아름다운 미술품을 감상할 수 있는 갤러리를 비롯해 볼거리가 많다. 12월에는 크리스마스 시장도 열린다.

Planning 운하가 내려다보이는 17세기 도시 저택에 자리한 아름다운 부티크 호텔부터 시작해 다양한 가격대의 호텔이 있다. 케멜스트라트 5번지(Kemelstraat 5)에 자리한 트브뤼흐스 베이르티어의 개점 시간은 오후 4시이며, 목요일부터 월요일까지만 영업한다. 데이버르 5번가(Dijver 5)에 있는 던 디버르는 수요일과 목요일은 문을 닫으니 미리 확인하자.

Websites www.brugsbeertje.be, www.dyver.be, www.halve-maan.be, www.brugge.be

다양한 종류의 벨기에 맥주

■ 벨기에의 맥주는 보통 알코올 함량이 5~12%로 강한 편이다. 종류는 브라운 에일부터 담황색의 블론드 에일, 밀로 만든 흰색 맥주까지 있다. 모두 상면 발효 방식의 발효 과정을 거친다. 상면 발효란 발효 시 효모가 상면(上面) 즉 위로 떠오르면서 발효가 되는 것으로, 표면에 막을 형성하여 향을 잡아 준다. 이외에도 발효시 효모가 아래로 가라앉는 하면 발효 방식으로 제조하여 맛이 부드러운 라거와 필젠 스타일의 맥주도 있다.

■ 보통 맥주의 향미는 홉에서 비롯되는데 스테인 브뤼허 맥주는 홉 대신 중세 시대 때부터 사용해 온 허브와 향신료를 섞은 '흐루트(gruut)'라는 재료로 양조한다.

■ 수도원에서 탄생한 맥주임을 알리기 위해 브랜드 이름에 '수도원 맥주(abbey beer)'라고 표기하는 경우가 종종 있는데 대개는 품질이 뛰어나다. 일부 수도원의 경우 민간 양조장에 수도원 이름의 사용을 허가하기도 한다. 쉬메이(Chimay)와 오르발(Orval)을 비롯한 트라피스트 맥주는 수도원에서 직접 양조한 것이다.

네덜란드

스키담의 예네버르 *Jenever in Schiedam*

이제까지 알고 있던 흔한 진 따위는 잊어버리고 진짜 네덜란드 진인
'예네버르'로 전혀 색다른 맛을 경험해 본다.

네덜란드 남부에 위치한 스키담(Schiedam)의 수로 옆에는 세계에서 가장 큰 풍차 5개가 우뚝 서 있다. 옹기종기 예쁘게 모여 있는 예스런 건물들 위로 날개가 돌아가는 풍차는 스키담 최고의 명산물인 진(gin), 아니 진의 원형이라고 할 수 있는 '예네버르'와 역사를 함께 한다. 밀짚 색깔과 곡물 몰트의 향기가 매혹적인 이 술의 이름은 네덜란드 어로 예네버르라 부르는 노간주나무에서 비롯되었다. 1650년경에 한 의사가 증류한 주정(酒精)에 노간주나무 열매를 넣으면서 이 술이 탄생했기 때문이다.

예네버르 증류소의 직원이 증류기를 가열하기 위해 아궁이에 석탄을 넣고 있다.

19세기 무렵 다양한 종류의 진들이 탄생했다. 이때부터 스키담은 세계적으로 진의 명산지가 되었다. 20곳의 풍차에서 주정의 제조에 쓸 보리와 호밀, 옥수수를 끊임없이 빻았고, 4백여 곳의 증류소에서 진을 만들어 세계 각국으로 수출했다. 더 자세히 알고 싶다면 시내에 있는 예네버르 박물관을 찾아가 보자. 옛 증류소 자리에 세워진 박물관에서는 네덜란드 진의 역사에 대해 소개하고 있다. 또한 전통 진 제조 방식과 첨가되는 향미료 등에 대해서도 알 수 있다. 또한 시음용 바인 '프루플로칼(proeflokaal)'도 직접 운영하고 있어서 다양한 종류의 진을 맛보는 기회도 있다.

예전에는 대다수의 증류소에 프루플로칼이 있어서 고객들은 먼저 시음해 본 다음 술을 구입할 수 있었다. 이와 같은 시설은 스키담뿐만 아니라 네덜란드의 다른 지역에도 많이 남아 있다. 박물관의 프루플로칼을 둘러본 뒤 본격적으로 예네버르를 즐기고 싶어졌다면 스키담의 '카페 예네베리 트스퓔(Café-Jeneverie 't Spul)'에 가보자. 이곳에는 4백여 종의 예네버르가 구비되어 있다.

When to go 북풍이나 동풍이 부는 겨울이 오면 네덜란드는 지독하게 추워진다. 이 시기에 예네버르가 몸을 덥히는데 큰 도움이 된다. 예네버르 박물관은 월요일에 휴관한다.

Planning 스키담은 로테르담 북서쪽에 위치해 있으며 기차로 10분 거리다. 박물관과 역사 유적, 풍차가 유명하다. 더 니우 팔름봄(De Nieuwe Palmboom)이라는 이름의 풍차에는 풍차 방앗간 박물관이 있다. 예네버르 박물관은 랑어 하번(Lange Haven) 74-76번지, 카페 예네베리 트스퓔은 호흐스트라트(Hoogstraat) 92번지에 있다.

Websites www.schiedam.nl, www.schiedamsemolens.nl

예네버르의 종류

■ 예네버르에는 '아우더(oude, 구식)'와 '용어(jonge, 신식)', 두 가지 종류가 있다. 이것은 숙성 기간에 따른 구분이 아니라 증류 방식의 차이에 따른 것이다. 1900년경에 도입된 용어 스타일은 가볍고 몰트의 끝맛이 덜하다.

■ 향을 첨가한 진은 오렌지, 레몬, 사과, 초콜릿, 헤이즐넛, 바닐라 등 종류가 굉장히 다양하다. 예네버르는 섞어 마시면 망친다고 할 정도로 매우 훌륭한 고급 술로 여겨진다. 아주 작은 잔에 따라 식사 전에 식욕을 돋우는 식전주로 마시거나, 식후 소화 촉진용으로 마신다. 또 필젠 맥주와 같은 순한 술을 마신 뒤에 입가심용으로 마시기도 한다.

TOP 10

프랑스 와인 기행 *Wine Tours In France*

포도나무로 뒤덮인 북동부의 알자스부터 남서부의 코르비에르까지 프랑스 곳곳에서 온갖 종류의 와인이 생산된다.

❶ 라인 계곡 Rhine Valley 알자스 주

알자스의 와인 가도는 로제 와인으로 유명한 마를렌하임(Marlenheim)에서 시작해 남쪽으로 오베르네(Obernai), 바르(Barr)를 지나 에기솅(Eguisheim)까지 이어진다.

Planning 수확기인 8월부터 10월까지 라인 계곡의 마을들에서 와인 축제가 벌어진다. www.alsace-route-des-vins.com

❷ 아르부아 Arbois 프랑슈콩테 주

쥐라 산맥 안에 자리 잡은 중세 도시 아르부아는 옐로 와인인 '뱅 존'이 가장 널리 알려져 있으며, 포도를 짚 더미 위에서 말려서 만든 달콤한 '뱅 드 파이유'도 유명하다.

Planning 한겨울에 6년 3개월을 숙성시킨 뱅 존을 시음하는 축제를 연다. www.jura-vins.com

❸ 발 드 루아르 Val de Loire 상트르 주 | 페이드라루아르 주

루아르 계곡 투어는 스파클링 와인으로 유명한 부브레(Vouvray)부터 시작해 시농(Chinon), 생 니콜라 드 부르죄이유(St.-Nicolas-de-Bourgeuil)로 이어진다. 서쪽으로 이동해 앙제(Angers)에서 사브니에르를 맛보자.

Planning www.loirevalleywine.com

❹ 지앙부터 상세르까지 Gien to Sancerre 상트르 주

지앙에 있는 샤토 드 지앙(Château de Gien)을 둘러보고 루아르 강을 따라 남쪽으로 내려오며 와인을 즐기다. 상세르 근처의 샤비뇰(Chavignol)과 뷔(Buie)에 들러 소비뇽 블랑을 맛보자.

Planning 생 푸르생의 뱅 드 수아프(vins de soif) 와인은 현지 소시지 요리와 샐러드에 완벽하게 어울린다. www.vins-centre-loire.com

❺ 코트 드 뉘 Côte de Nuits 부르고뉴 주

디종(Dijon) 남부에는 세계 최고의 와인 산지들이 있다. 코트 드 뉘의 북쪽 끝에 위치한 제브리 샹베르탱(Gevrey-Chambertin)부터 투어를 시작한다.

450

고가의 와인뿐만 아니라 현지 음식과 잘 어울리는 괜찮은 가격의 와인도 생산하고 있다.

Planning www.burgundy-wines.fr

❻ 코트 뒤 론 빌라주 Côtes du Rhone Villages 프로방스

볼렌(Bollène) 남쪽, 론 계곡의 와인은 자두 향이 풍부한 그르나슈 포도의 특징을 고스란히 간직하고 있다. 남쪽에는 13종의 포도로 만드는 와인인 샤토뇌프 뒤 파프(Châteauneuf-du-Pape)가 있다.

Planning 성벽 도시인 바케라스에서 7월에 와인 축제가 열린다. www.vins-rhone.com

❼ 코르비에르 Corbières 랑그도크루시용 주

고대 로마 때부터 와인을 생산해 온 유서 깊은 지역이다. 투샹(Tuchan)에서 피투와 코르비에르를 맛보고 남쪽의 모리(Maury)에서는 초콜릿 디저트와 완벽하게 어울리는 스위트 와인을 즐겨 보자.

Planning 여름의 강렬한 일광을 피하려면 4월과 5월에 방문한다. 산지에서 불어오는 매서운 바람에 대비해 만반의 준비를 하자. www.mont-tauch.com

❽ 마디랑 Madiran 오트피레네

포(Pau) 주변의 베아른 포도원에서 만든 마디랑 와인은 오크통에서 10년 동안 숙성시켜 맛이 부드럽다. 가을에는 사냥한 새, 송아지, 버섯 요리에 마디랑이나 과일향의 튀르상(Tursan)을 곁들여 마시고 아르마냑(Armagnac)으로 입가심한다.

Planning 8월 중순에 4일간 마디랑 와인 품평회가 열린다. www.vins-du-sud-ouest.com

❾ 보르도 Bordeaux 지롱드

와인 제조자인 베르나르 마그레즈(Bernard Magrez)가 저택을 개방해 숙박, 교육 및 와인 애호가들을 위한 다양한 체험 기회를 제공한다. 화려한 성에 묵으면서 다양한 와인 체험과 오크나무 통 만들기 등에 참여할 수 있다.

Planning 원하는 대로 기간을 정해 묵을 수 있다. 헬리콥터, 개인용 제트기로 이동하는 초호화 코스도 있다. www.luxurywinetourism.fr

❿ 생 테밀리옹 St.-Emilion 지롱드

차를 타고 산비탈을 올라 생조르주(St.-Georges), 몽타뉴(Montagne), 뤼삭(Lussac), 퓌스갱(Puisseguin) 등의 포도원을 둘러보자.

Planning 6월 3째 주 일요일에 와인 판촉을 위해 생테밀리옹 위원회의 위원들이 붉은 제복을 입고 행렬에 나선다. www.saint-emilion-tourisme.com

451

프랑스

소규모 샴페인 하우스 *Small Champagne Houses*

대부분의 유명 와인 술집에는 와인보다 샴페인이 많다.
소규모 생산업체에서 선보이는 훌륭한 샴페인을 시음해 보자.

　프랑스 북부의 마른 강(Marne River) 계곡에는 목가적인 시골 마을들이 모자이크처럼 펼쳐져 있다. 백악질 성분이 토양 속에 함유되어 있는 산비탈과 고원에는 포도농장이 가득 들어서 있다. 그리고 오직 이곳에서만 절대 군주의 술인 샴페인이 생산되고 있다. '샴파뉴의 진주'라고 불리는 예스러운 도시인 오빌레(Hautvillers)에는 일가가 운영하는 와인 저장고인 '샴파뉴 G. 트리보(Champagne G. Tribaut)'가 있다. 3가지 종류의 샴페인에 섞여 들어가는 프르미에 크뤼(Premier Cru) 품종의 포도나무가 12헥타르 규모의 양지 바른 산비탈에서 자라고 있다. 트리보의 와인메이커가 실버 라벨의 '그랑 퀴베 스페시알(Grand Cuvée Spéciale)'을 들고 있다. 그는 은박지를 벗기고 철망으로 된 병마개인 뮈즐레(muselet)를 연 다음, 한 손으로 코르크를 능숙하게 쥐고 다른 손으로 병을 돌려 딴다. 잘 숙성된 퀴베 스페시알의 희귀한 스파이스 향이 은은하게 감돈다.

미로처럼 보이는 이 지역 와인 저장고 중 하나.

포도나무가 뒤 마을 위로 솟은 산자락을 뒤덮고 있다.

남쪽으로 몇 킬로미터 아래에 있는 코트 데 블랑(Côte des Blancs)의 작은 마을인 퀴(Cuis)에서는 피에르 지모네 에 피스(Pierre Gimonnetet Fils)가 샤르도네 품종으로 샴페인을 생산한다. 가녀린 플루트 잔에 담긴 '지모네 가스트로놈 블랑 드 블랑(Gimonnet Gastronome Blanc de Blancs)'이 부드러운 색상과 함께 훌륭한 깊이를 드러낸다. 와인을 입안에 넣고 굴리면 처음에는 꿀과 토피 캔디, 미네랄, 갓 구운 빵의 냄새가 느껴지고 마지막에는 상쾌하고 고소한 견과류의 맛과 향이 난다.

랭스(Reims) 북쪽에 자리한 메르피(Merfy)에는 16세기부터 와인을 생산해 온 일가 소유의 작은 저장고인 샤르토뉴 테예(Chartogne Taillet)가 있다. 해묵은 포도나무는 블렌드의 강화에 유용한데, 특히 향기롭고 거품이 섬세한 와인인 '퀴베 생트 안느 브뤼(Cuvée Sainte-Anne Brut)'를 강화시키는데 쓰인다. 옅은 밀짚색의 거품 주위로 사과, 배, 아몬드 향기와 함께 따뜻한 캐러멜의 향기가 은은하게 퍼지며 뒷맛으로 미네랄의 여운이 살짝 남는다.

샹파뉴 지역의 특산 치즈

- '샤우르스(Chaource)'는 14세기 초부터 생산된 치즈다. 카망베르 치즈와 유사하지만 질감은 크림에 가깝다. 저온 살균을 거치지 않은 소젖 치즈로 은은한 버섯 향과 함께 풍부한 과일맛이 감돈다. 완전히 숙성되면 샤우르스는 견과류 맛과 약간 짭짤한 맛이 난다.

- 샹파뉴 지역의 고원 지대에서 생산되는 '랑그르(Langres)' 치즈의 기원은 18세기로 거슬러 올라간다. 치즈는 돌로 만든 축축한 저장고에서 5주 동안 숙성되며 오렌지 색소로 정기적으로 씻어 준다. 이 과정으로 자극적인 냄새가 나고, 겉껍질이 선명한 오렌지색을 띠며, 진하고 약간 무른 치즈가 된다. 치즈 상층부에 움푹 팬 부분이 생기는데 이것을 퀴베트(cuvette, 분지) 혹은 퐁텐느(fontaine, 샘)라고 한다. 여기에 약간의 샴페인을 부어서 함께 즐길 수도 있다.

When to go 샹파뉴 지역을 방문하려면 5~9월이 가장 좋다. 9월에는 포도 수확이 끝나는 마지막 날을 기념하는 '르 코슐레(Le Cochelet) 축제'를 볼 수 있다. 이때 포도 재배와 수확에 참여한 사람들은 고기와 여러 야채를 넣어 만든 향토 음식인 '포테 샹프누아즈(potée champenoise)'로 푸짐하게 잔치를 벌인다.

Planning 보통 저장고들은 여름 동안 정기 투어를 실시하지만 여행에 나서기 전에 반드시 미리 확인해야 한다. 샹파뉴 지방을 제대로 즐기려면 이 고장의 마을과 포도원을 두루 둘러볼 수 있도록 차를 빌리는 게 좋다. 에페르네(Épernay)나 랭스에서 샹파뉴 도로 지도를 구할 수 있다.

Websites www.champagne.g.tribaut.com, www.chartogne-taillet.fr

포르투갈

포르투의 포트 와인 *Port Wine in Porto*

포르투갈의 제2의 도시에서 이 나라 최고의 수출품인 강화 와인을 마셔 본다.

포트 와인이라는 이름은 도루 강(Douro River)과 바다가 만나는 도시인 '포르투'에서 유래했다. 강화 와인으로 세계에서 가장 유명한 식후주가 이곳에서 탄생하게 된 사연은 1689년으로 거슬러 올라간다. 당시 프랑스와 전쟁을 벌이면서 영국은 프랑스 와인을 대체할 것이 필요했는데, 도루 계곡의 테라스처럼 늘어선 포도농장에 이끌려 포르투갈로 눈을 돌렸다. 영국인들은 와인이 저장된 나무통들을 '바르쿠스 라벨라스(barcos

빌라 노바 드 가이아 로지의 나무통에서 토니 포트 와인이 숙성되고 있다.

도루 강에 정박한 바르쿠스 라벨라스.

rabelas)'라고 하는 범선에 실어 운반하기 위해 포르투로 날랐다. 그러나 무역상들은 와인에 브랜디를 첨가하여 강화시키면 장기 운송에 유리하고 맛도 더 좋아진다는 사실을 발견하게 되었다. 이 우연한 발견이 지금까지도 와인의 맛을 결정짓고 있다.

40여 종에 달하는 품종의 포도 수확을 마치면 모두 '킨타(quinta, 농장)'로 가져가 압착한 다음 발효 과정을 거친다. 발효 중간에 포도로 만든 브랜디를 첨가해 완전 발효를 막고 특유의 단맛이 나도록 한다. 토니(tawny) 포트는 나무통에, 루비(ruby)와 빈티지 포트는 병에 와인을 담아 완전히 숙성시킨다.

포르투 시내의 어느 바에 가든 뛰어난 포트 와인을 맛볼 수 있다. 그러나 강 건너편에 있는 '빌라 노바 드 가이아(Vila Nova de Gaia)'를 방문하지 않고서는 포르투 관광을 마쳤다고 할 수 없다. 이곳에는 포트 와인을 숙성시키는 곳인 로지(lodge)가 많이 모여 있다. 샌드맨즈(Sandeman's)나 테일러즈(Taylor's)와 같은 로지의 이름을 통해 이곳에 영국의 영향이 아직도 뚜렷이 남아 있음을 알 수 있다.

When to go 포르투의 기후는 온화해서 겨울에도 따뜻하므로 언제 방문해도 좋다. 그러나 관광객으로 붐비는 것을 피하고 싶다면 4~5월, 10~11월이 좋다.

Planning 며칠 묵으면서 이곳 분위기에 흠뻑 젖어 보자. 아름다운 상 프란시스쿠(São Francisco) 교회, 산타 클라라(Santa Clara) 교회와 같이 바로크식 건물을 비롯해 웅대한 포르투의 진면목을 만끽할 수 있다. 포트 와인에 대해 제대로 알아보고 싶다면 '솔라르 두 비뉴 두 포르투(Solar do Vinho do Porto)'를 방문해 보자. 이곳은 포트와인 협회(Port Wine Institute)의 공식 본부로 방문객들은 시음도 할 수 있다.

Websites www.portotours.com, www.cellartours.com

포트 와인

■ 포트 와인이라는 명칭은 도루계곡의 3곳에서 만든 와인에만 붙일 수 있다. 도루 강의 지류인 코르구 강의 이름을 따서 만든 '바이수 코르구(Baixo Corgo)', '시마 코르구(Cima Corgo)', '도루 수페리오르(Douro Superiore)'다.

■ 포트 와인의 종류는 매우 다양하지만 진한 과일향의 레드 포트 와인으로 생산 연도가 다른 와인을 섞은 '루비', 호박색 와인으로 단맛은 덜한 '토니', 최고급 품질의 싱글 빈티지로만 만든 뛰어난 '빈티지' 포트가 주류를 이룬다. 루비와 토니 포트 와인은 실온 또는 그보다 낮은 온도로 보관해서 마신다. 병 속에서 8년 이상 숙성시킨 빈티지 포트 와인은 디캔팅을 해 주어야 한다. 병을 24시간 동안 똑바로 세워 두었다가 마시기 몇 시간 전에 코르크를 제거한 다음 디캔터에 따른다. 병목에 침전물이 보이면 따르기를 중단한다. 향기를 즐기려면 커다란 와인잔에 반쯤 채워 마신다.

■ 프랑스에서는 포트 와인을 식전주로 제공하는 반면 영국에서는 치즈와 완벽한 짝을 맞추어 식사 후에 제공한다. 포트 와인은 테이블에서 시계 방향으로 따르는 것이 전통으로, 손님들은 자기 잔에 직접 와인을 따른 다음 왼쪽에 앉은 사람에게 와인을 넘겨 준다.

소테른에서 가장 유명한 포도농장 가운데 하나인 샤토 드 말.

프랑스

프랑스의 스위트 와인 Sweet Wines of France

프랑스의 남서부에서 생산되는 황금빛 고급 스위트 와인의
매혹적인 향기에 흠뻑 빠져 보자.

보르도(Bordeaux) 남쪽, 소테른(Sauternes) 구릉 지대를 흐르는 시롱 강(Ciron River)에서 솟아오른 얕은 안개가 언덕 위로 자욱해지는 가을이면 여섯 단계에 걸친 세미용(Sémillon) 포도 수확이 시작된다. 그중 가장 잘 익은 포도는 마지막 단계에서 일일이 손으로 거둬들인다. 마지막으로 수확한 포도는 '보트리티스 시네레아(Botrytis cinerea)균', 즉 귀부병(貴腐病)에 감염되어 있다. 이 곰팡이는 포도에 당도를 높여 와인에 특유의 단맛을 선사한다. 포도를 으깬 다음 쇼비뇽과 뮈스카델(Muscadelle) 포도즙과 섞고 10년 이상 숙성시

킨다. 시간이 흐르면서 설탕에 절인 과일의 진한 향과 관능적인 질감을 지니는 복합적인 풍미의 와인으로 변모한다. 이 '소테른 빈티지' 와인은 남서부 지역의 스위트 와인 중 가장 유명한 것으로 19세기 중반부터 부자들의 입맛을 사로잡았다.

소테른과 좀 더 향긋한 스위트 와인을 생산하는 바르삭(Barsac)의 포도농장을 둘러보았다면 랑공(Langon)에서 가론 강(Garonne River) 건너편으로 가보자. 훨씬 달콤한 와인이 우리를 기다린다. 유서 깊은 성벽 마을인 생트 크루아 뒤 몽(Sainte-Croix-du-Mont)에 가서 '루피악(Loupiac)'과 '생 크루아 뒤 몽' 스위트 와인을 마셔 보자. 또 다른 행선지로는 앙트르 되 메르(Entre-deux-Mers)의 매력적인 와인 산지와 도르도뉴 강(Dordogne River)을 따라 위치한 베르주락(Bergerac)과 몽바지약(Monbazillac)이 있다. 해질녘에 역사 도시인 샤토 드 몽바지약(Château de Monbazillac)에서 환상적인 풍경을 자랑하는 포도농장의 경치를 감상해 보자. 예전부터 식전주로 즐겨 온 노블 스위트 와인의 진정한 참맛을 느낄 수 있을 것이다.

When to go 4월 초에는 자두꽃이 산비탈에 흩날린다. 이 시기는 약간 쌀쌀할 수 있지만 날씨가 청명해서 지역 특선 요리를 즐기며 여행하기에 그만이다. 수확기인 10월부터 11월 초까지는 랑공 시장 등 다채로운 농산물 시장에 들러 구경하기 좋다.

Planning 보르도 남부 지역을 둘러보고 동부 지역으로 향하려면 적어도 일주일 정도는 필요하다. 여행을 하다 보면 가방에 넣어 갈 만한 크기의 스위트 와인을 구할 수 있다. 대다수의 와인 부티크에서 보통 병 크기의 반 정도 되는 스위트 와인을 판매하는데 선물용으로 좋다.

Websites www.bergerac-tourisme.com, www.chateau-monbazillac.com, www.sauternes-barsac.com

스위트 와인 와이너리 탐방

■ 질감이 벨벳 같은 이 지역 특산 푸아그라와 몽바지약 한 잔으로 첫 번째 코스를 시작해 보자. 아니면 식사를 마친 후에 페이스트리 미트 파이인 투르티에르(tourtière)와 소테른을 즐겨 보자. 스위트 와인은 블루 치즈와 금방 껍질을 벗긴 호두, 아몬드와도 잘 어울린다.

■ 소테른에서는 매년 11월 둘째 주에 와인메이커들이 방문객들에게 와이너리를 개방하는 행사가 열린다. 와이너리를 둘러보기 전에 먼저 포도나무 사이를 가로질러 하이킹 한 다음 현장에서 호화로운 점심 식사를 즐겨 보자.

■ 몽바지약에서는 샤토 저장고에서 전시하는 구식 와인 제조 도구도 잊지 말고 챙겨 보자. 티켓에는 관광객 센터에서 가이드가 이끄는 와인 시음도 포함되어 있다.

1929년에 무어 양식으로 지은 세비야의 스페인 광장은 잠시 쉬어 가거나 점심 도시락을 즐기기에 좋다.

스페인

세비야의 셰리와 타파스

Sherry and Tapas in Seville

스페인 남부의 세비야에서는 단숨에 마시는 셰리와 쉽게 맛보기 힘든 별미인
타파스를 함께 즐길 수 있다.

    세비야는 스페인 타파스 전통의 발상지인 안달루시아(Andalusia) 지방에서도 가장 국제적인 명성을 얻고 있는 곳이다. 세비야의 타파스와 잘 어울리는 술로는 두 가지 종류의 셰리(Sherry)가 인기를 차지하고 있다. 바로 '피노(fino)'라는 이름의 드라이 셰리와 산루카르 데 바라메다(Sanlúcar de Barrameda)에서 생산된 '만사니야(manzanilla)'라는 셰리다. 입가심용이나 여름날의 더위 해소로는 깨끗하고 차며 달지 않은 피노를 거부하기 힘들다. 헤레스 데 라 프론테라(Jerez de la Frontera), 푸에르토 데 산타 마리아(Puerto de Santa Maria) 또는 산루카르 데 바라메다(Sanlúcar de Barrameda) 등 어디에서 만든 것이든 상관없이 말이

다. 만사니야는 피노와는 다른 풍미를 지니고 있다. 산루카르(Sanlúcar)의 과달키비르 강 어귀에서 양조된 이 셰리에는 바다를 연상시키는 짭짤한 맛이 살짝 감돈다.

스페인 어디서든 타파스 여행을 즐길 수 있지만, 세비야를 둘러보며 타파스를 즐기는 경험은 매우 특별하다. 세비야에는 4군데의 타파스 주요 구역이 있다. '센트로 와 엘 아레날(Centro and El Arenal)' 구역에서는 바르 카사블랑카(Bar Casablanca)와 엔리케 베세라(Enrique Becerra)가 최고의 선택이다. 또 다른 구역인 '바리오 데 산타 크루스(Barrio de Santa Cruz)'에서는 라 히랄다(La Giralda)가 시내에서 가장 좋은 타파스 가게일 것이다.

'바리오 데 라 마카레나와 산 로렌소(Barrio de la Macarena and San Lorenzo)'에서는 세비야에서 가장 오래된 술집인 엘 리콘시요(El Rinconcillo)가 훌륭하다. 그리고 과달키비르 강 건너편에 오래전부터 선원, 투우사, 플라멩코의 본거지인 '트리아나(Triana)'가 있다. 이곳에서는 트리아나 다리 끝에 자리 잡아 강이 내려다보이는 라 알바리사(La Albariza)에서 탐방을 시작해 보자.

When to go 세비야에서는 매년 봄이면 성(聖) 수난 주간인 세마나 산타(Semana Santa)가 지나고 10일 뒤에 대규모 연례 행사인 '페리아 데 아브릴(Feria de Abril)'이 이어진다. 말과 황소, 플라멩코 의상을 멋지게 차려입은 아름다운 안달루시아 미녀들로 흥겨운 행사다.

Planning 세비야를 둘러보는 데는 3~7일이면 족하다. 세비야를 거점으로 삼고 주변 지역까지 둘러보려면 최대 2주 정도 잡으면 된다. 헤레스 데 라 프론테라를 비롯한 기타 셰리 생산지는 도시 남쪽에 있다. 세비야에서 헤레스까지는 차로 약 1시간 15분 거리다.

Websites www.andalucia.com, www.flamencoshop.com

세비야의 풍부한 식재료

- 만사니야는 생산지의 저온다습한 기후 덕분에 와인 발효 기간 동안 비타민A가 풍부한 효모가 두껍게 형성된다. 덕분에 와인의 풍미가 더욱 신선하고 섬세할 뿐 아니라 숙취도 적다.

- 과달키비르 강 하구에서 잡은 해산물과 우엘바(Huelva)산 이베리코 햄, 고원 지대에서 온 야생 버섯과 치즈 등이 세비야의 주방을 풍성하게 만든다. 그 결과 세비야의 타파스에서는 빵, 페이스트, 크림 등을 보기 힘든 대신 생선, 햄, 치즈, 야채 등 신선한 재료로 가득하다.

- 세비야의 3대 유명 요리로는 라 히랄다의 '카수엘라 티오 페페(표고버섯, 새우, 돔발상어 요리)'와 바르 에스텔라의 '파바스 콘 프링가(누에콩 스튜)', 엘 리콘시요의 '칼데레타 데 베나도(사슴 고기 스튜)'가 있다.

> 스페인

라 리오하의 와인 *Wines of La Rioja*

스페인의 가장 유명한 와인 산지에서 전통과 혁신의 진수를 즐겨 보자.

스페인 중부의 발데페냐스(Valdepeñas)에서도 항상 괜찮은 와인을 생산하지만 오크통에 숙성시켜 바닐라 향이 나는 라 리오하 주의 탁월한 와인은 이미 오래전부터 자타가 공인하는 수준이다. 명실공히 세계 최고의 와인으로 손 꼽히는 질 좋은 전통 리오하 와인은 숙성 규정에 따라 3가지로 나뉜다. 오크통 보관 1년을 포함해 최소 2년 이상 와이너리에서 숙성 과정을 거친 '크리안사(crianza)', 오크통 보관 1년을 포함해 최소 3년 이상 숙성시킨 '레세르바(reserva)', 오크통 보관 2년을 포함해 최소 5년 이상 숙성시킨 '그란 레세르바(gran reserva)'가 바로 그것이다. 오크 향과 과일향이 스모키한 향과 대비를

매년 6월 29일에 아로 근처의 리스코스 데 빌리비오(Riscos de Bilibio)에서는 '와인 전쟁'이 열린다.

이루는 것은 이 와인만의 특징으로, 구운 육류나 소스를 듬뿍 얹은 요리와 훌륭하게 어울린다.

최근 들어 상당수의 소규모 현지 와이너리들은 기존의 3가지 숙성 규정을 고수하지 않고 있다. 그들은 오크통 보관 기간을 줄이고 다양한 종류의 향기로운 포도로 레드 와인을 만든다. 템프라니요(Tempranillo), 그라시아노(Graciano) 및 기타 여러 포도 품종의 과일향을 최대한 풍부하게 살린 것이 특징이다.

어떤 와인을 선택할지는 각자의 취향에 달려 있다. 이곳에서 모든 종류의 리오하를 시음해 보자. 또한 라 리오하 주는 훌륭한 음식을 비롯해 온갖 식도락을 즐길 수 있는 곳이다. 레드 와인과 훌륭한 가정식 레스토랑이 있는 것으로 유명한 아로(Haro)에서 여행을 시작해 보자. 테레테(Terete)와 쿠에바 라 레칼라(Cueva La Recala)가 대표적인 레스토랑이다.

When to go 라 리오하의 가을은 포도 수확기로 언제나 매력적이다. 의례를 통해 와인과 인간 사이의 유대 관계를 공고하게 다지는 모습을 볼 수 있다.

Planning 시에라 데 라 데만다의 에스카라이(Ezcaray)에는 미슐랭 별을 획득한 '에차우렌(Echaurren)' 레스토랑과 호텔이 있다. 사냥감으로 만든 요리를 먹고 싶다면 나헤리야 밸리(Najerilla valley)의 '라 벤타 데 고요(La Venta de Goyo)' 레스토랑으로 향한다. 라과르디아(Laguardia)에 있는 '마릭사(Marixa)'와 '포사다 마요르 데 미겔로아(PosadaMayor de Migueloa)'도 훌륭한 음식을 제공하는 곳이다. 인근 엘시에고(Elciego)에 있는 마르케스 데 리스칼 호텔에는 에차우렌의 프란시스 파니에고(Francis Paniego)가 운영하는 두 군데의 레스토랑이 있다. 라과르디아의 서쪽에는 뛰어난 레스토랑인 '카사 토니(Casa Toni)'가 있다.

Websites www.haro.org, www.marquesderiscal.com

로그로뇨의 타파스 트레일

- 카예(Calle)와 라우렐 골목길을 따라 형성된 로그로뇨(Logroño)의 '센데로 데 로스 엘레판테스(sendero de los elefantes)'에 비견할 만한 선술집 순례길은 많지 않을 것이다. 이 골목에는 20여 군데의 바가 자리 잡고 있는데, 각기 한 가지 또는 그 이상의 전문 음식으로 유명하다.

- 마늘로 채운 버섯 위에 새우를 올린 '참피스'를 맛보고 싶다면 바르 소리아노(Bar Soriano)로 간다. 블랑코 이 네그로(Blanco y Negro)는 오징어 요리가 유명하다. 카사 루시오(Casa Lucio)는 잘게 조각낸 빵에 마늘, 소시지를 넣고 볶은 요리인 '미가스 데 파스토르'가 맛있다.

- 라 트라베시아(La Travesia)는 감자 오믈렛인 '토르티야 데 파타타스'가 유명하다. 바르 알레그리아(Bar Alegria)에는 꼬치에 꽂은 메추라기알과 길게 찢은 소시지, 매운 그린 페퍼로 만든 유명한 '코호누도'가 있다. 또 엘 도노스티(El Donosti)는 양의 내장튀김인 '엠부차도스'를 선보인다.

블란디스를 소유한 마데이라 와인 회사의 중역인 자크스 파루 다 실바가 1860년산 세르시알을 시음하고 있다.

포르투갈

마데이라 와인 *Wines of Madeira*

포르투갈의 남서쪽 대서양에 자리 잡은 마데이라 섬에서
역사 속에 둘러싸여 있는 와인을 음미해 보자.

올드 블란디스 와인 로지(Old Blandy's Wine Lodge)의 시음실에 들어서면 안도감이 든다. 로지는 마데이라 최고의 와인을 나무통에 넣어 숙성시키는 곳이다. 이 섬의 중심지인 푼샬(Funchal)에서 햇빛 따갑고 분주한 거리를 두어 시간 정도 돌아다니다 보면 로지의 서늘하고 그늘진 실내는 훌륭한 휴식처가 아닐 수 없다. 로지의 분위기는 느긋하고 편안하면서도 와인 숙성에 필요한 사려 깊은 고요함이 존재한다.

이곳의 와인은 세계에서 가장 뛰어나고 보존 기간이 매우 긴 와인 중 하나다. 포트 와인처럼 마데이라 와인도 발효를 중단시키고 달콤한 과일맛을 보존하기 위해 포도 브랜디를 섞어 강화시킨다. 그러나 포트 와인과 달리 약 45도 정도로 가열하는 과정을 거치는데, 이로 인해 병을 개봉한 뒤에도 와인의 질이 떨어지지 않는다. 이 방식은 유럽인들이 마데이라 와인을 배에 싣고 동인도 제도를 오가면서 적도를 넘나들다 얻은 행복한 발견이다.

개봉을 하더라도 심각한 변질의 위험이 없으므로 여러 로지에서 지나치게 비싸지 않은 가격으로 유서 깊은 빈티지를 제공하고 있다. 프레이라 돌리베이라(Pereira d'Oliveira)나 아르투르 드 바루스 이 수사(Artur de Barros e Sousa) 로지는 방문해 볼 만한 곳이다. 블란디스의 경우 가장 최근 제조된 와인이 1977년산 베르델류(Verdelho)로, 한 잔에 약 9달러 정도다. 이 로지의 1908년산 부알(Bual)은 한 잔에 1백 달러 이상으로 결코 싸지 않다. 하지만 포드 자동차 회사의 설립자인 헨리 포드(Henry Ford)가 최초의 '모델 T'를 판매한 역사적인 해에 만든 와인을 맛보는 데 가격을 따질 사람은 없을 것이다.

When to go 1920년대부터 마데이라는 인기 있는 겨울철 피한지(避寒地)였다. 바닷바람이 불어서 여름에도 기온이 못 견딜 정도로 오르지는 않는다.

Planning 푼샬은 밀집형 도시로 대다수의 로지는 도심에서 걸어서 갈 수 있는 거리에 위치해 있다. 섬 내륙은 사방 1미터 규모의 평지만 되어도 작물을 심어 놓아 온통 초록색으로 물든 것처럼 보인다. 포도농장을 둘러보려면 차를 빌리거나 섬 주변을 도는 투어 버스를 이용한다.

Websites www.madeira-web.com, www.madeirawinecompany.com

마데이라 와인과 음식 궁합

- 마데이라 와인의 이름은 와인을 만드는 포도 품종의 이름과 같다. '말바지아(Malvasia)'는 마데이라에서 생산되는 4가지 와인 중 가장 달콤하다. 소테른 와인 대신 말바지아를 곁들여 푸아그라 테린을 먹어 보자.

- 말바지아보다는 덜 달콤한 '부알'은 페이스트리, 케이크와 잘 어울린다. 특히 경질 치즈 및 블루 치즈는 물론 마데이라 고유의 꿀을 넣은 케이크인 볼루 드 미엘(bolo de miel)과도 잘 어울린다.

- '베르델류'는 소금 뿌린 아몬드나 자연 건조 햄, 건조 과일과 함께 식전주로 마시면 그만이다.

- 가장 드라이한 '세르시알(Sercial)'은 스시와 사시미 요리, 훈제 연어, 굴 및 기타 갑각류 요리와 잘 어울린다.

구리로 만든 단식 증류기는 알코올 함량을 높이기 위해 주정을 가열해 증발시키는 데 이용한다.

스코틀랜드

아일러 위스키 증류소 *Islay Whiskey Distilleries*

기러기와 검독수리의 비행 경로를 따라 스코틀랜드 서부의 아일러 섬에 자리한
전설적인 증류소로 찾아가 보자.

스코틀랜드의 열혈 위스키 추종자들이 자신들의 나라에서 가장 유명한 수출품이자 타의 추종을 불허하는 싱글 몰트 위스키 군단에 '국가적인 와인'이란 별명을 붙여 주었다. 세계 최고의 와인들과 마찬가지로 이곳의 위스키도 저마다 독특한 면모를 지니고 있으며, 생산지의 진면목과 전통이 고스란히 담겨 있다.

위스키 애호가에게는 아일러 섬을 방문하는 것은 와인 애호가가 보르도 순례에 나서는 것만큼이나 매력적인 일이다. 아일러 몰트는 제각기 개성을 자랑하고 있으면서도 이탄(泥炭)의 훈제 맛을 공통적으로 지니고 있다. '라프로익(Laphroaig)'과 같은 일부 위스키는 강렬하고 스모키한 향을 가지고 있다. '컬일러(Caol Ila)'나 '부나하벤(Bunnahabhain)'을 비롯한 다른 위스키는 꽃과 과일의 섬세한 향이 감돌고 보다 미묘한 맛으로 유명하다.

섬을 가로질러 여행하다 보면 이탄 기슭과 소금기 감도는 공기, 산비탈을 따라 흘러내리는 부드러운 강물 등을 통해 이 훌륭한 위스키의 탄생 배경이 절로 이해될 것이다. 인상적인 해안에 자리 잡은 증류소들은 섬의 경치를 완벽하게 만들어 준다. 증류소마다 독자적인 특징을 지니고 있어서 증류기의 형태와 규모, 원천수, 몰트에 사용한 보리의 산지도 모두 제각각이다.

When to go 증류소는 1년 내내 운영된다. 부활절부터 9월 중순 사이가 날씨도 가장 좋고 묵을 곳도 가장 많으므로 방문하기 적당하다.

Planning 아일러 섬은 숙박시설이 많이 부족하다. 그러므로 여행철에는 미리 예약하는 것이 좋다. 북쪽의 보모어(Bowmore) 및 브루클라디(Bruichladdich), 남쪽의 아드벡(Ardbeg), 라프로익 및 라가불린(Lagavulin)과 같은 증류소들은 관광 안내 서비스를 제공하는 방문객 센터와 위스키를 시음할 수 있는 샘플 룸을 운영한다. 그 외의 증류소들은 미리 신청한 방문객에 한해 개방한다. 즐겁게 위스키를 즐기려면 일행 중 운전할 사람은 절대 술을 입에 대선 안 된다. 스코틀랜드에서 음주운전은 강력한 처벌 대상이다.

Websites www.islayinfo.com, www.calmac.co.uk

아일러의 먹을거리와 마실거리

■ 아일러 섬에는 증류소에서 나온 유출물 덕에 섬에 사는 굴도 즙이 많고 향미가 진하다는 말이 있다. 마을 이름과 똑같은 포트 샬럿 호텔(Port Charlotte Hotel)이나 보모어의 하버 인(Harbour Inn)에서는 굴 요리가 메뉴에 자주 등장한다.

■ 며칠 더 여유가 있다면 브루클라디(Bruichladdich) 양조장에서 운영하는 위스키 아카데미에 참여해 보자. 증류주 제조 과정에 직접 참여해 볼 수 있다.

■ 아드벡에서는 올드 킬른 숍(Old Kiln Shop)에 들러 쇼핑도 하고 올드 킬른 카페에서 훌륭한 가정식 음식을 맛보자.

■ 아일러 섬에서 작은 페리를 타고 동쪽에 있는 황량하고 바위가 많은 주라(Jura) 섬까지 가본다. 이곳에는 수상 경력이 있는 인상적인 이름의 '슈퍼스티션(Superstition)'을 제조하는 증류소가 있다.

아일랜드

딩글 타운의 퍼브 *Pubs in Dingle Town*

소문에 따르면 아일랜드 서부의 작은 해변 마을인 딩글에는
1년 내내 문을 여는 퍼브가 있다고 한다.

아일랜드의 매력적인 마을 '딩글(Dingle)'은 색다른 풍광으로 이곳을 찾은 방문객의 눈길을 사로잡기로 유명하다. 그 비결 중 하나인 이곳의 퍼브는 한결같이 독특하고 개성이 강해 어떻게 한데 어우러져 있을 수 있는지 의문이 들 정도다. 사실 그 이유는 '퍼브가 거의 어디나 있기 때문'이다. 철물점이나 가죽 전문점처럼 보일지라도 자세히 들여다보면 퍼브일 정도로 곳곳에 자리 잡고 있다.

딩글 동부의 유명한 퍼브인 댄 폴리스에 들어서면 화려한 색채의 인테리어와 더불어 독특한 지방색을 느낄 수 있다.

이들 중 가장 매력적인 곳은 그린 스트리트(Green Street)에 있는 '딕 맥스(Dick Mack's)'다. 교회 건너편에 자리한 까닭에 '마지막 신자석(信者席)'이라는 별명이 붙은 이곳은 일요일 아침에 신실하지 못한 현지인들이 교회 대신 찾는 곳이다. 안락하고 따뜻한 딕 맥스는 실제로 최근까지 가죽 가게였으나 보건 법규 문제로 퍼브 사업에만 집중하게 되었다. 과거의 잔재처럼 신발과 가죽 제품이 아직도 남아 있고, 건물 밖 보도에는 할리우드식으로 유명 인사들의 이름이 새겨져 있다. 그중에는 유명한 미국의 싱어송라이터인 폴 사이먼(Paul Simon)과 영화배우 로버트 미첨(Robert Mitchum)도 있다.

악명 높은 아일랜드의 전직 수상이자 이 고장의 영웅인 찰스 호이(Charlie Haughey)의 초상화 아래에서 기네스(Guinness) 맥주를 즐겨보자. 기네스를 별로 좋아하지 않으면 질 좋은 아이리쉬 위스키 중에서 고를 수도 있다. 온갖 장식으로 그득한 술집에 앉아 친절한 주인, 주민들과 함께 어울려 재미있는 수다와 잡담을 즐겨 보자.

When to go 딩글은 물론 딩글 반도 주변은 여름이 가장 좋다. 8월에 열리는 '딩글 레가타(Dingle Regatta, 딩글 요트 레이스)'나 10월에 열리는 '딩글 반도 음식과 와인 축제'에 참여해 보자. 두 행사 모두 활기와 에너지에 넘친다.

Planning 자전거를 빌려 딩글 반도 남서부 끝에 위치한 슬리 헤드(Slea Head)로 떠나 보자. 운이 좋으면 날씨가 맑아 환상적인 전망을 감상할 수 있다. 페리를 타고 자연 보호 구역인 블라스킷 섬(Blasket Islands)으로 나가 바닷새들을 관찰할 수도 있다. 딩글에서 가장 유명한 명물은 돌고래 '펑기(Fungi)'다. 딩글의 야생 돌고래를 보려면 보트 여행에 나서는 것도 좋다.

Websites www.dingle-peninsula.ie, www.dingle-insight.com, www.blasketislands.ie

아이리시 소다 브레드

■ 재료(1개)

밀가루 4컵 (400g)
베이킹 소다 2작은술
소금 2분의 1작은술
버터 50g (작게 잘라서 준비)
버터밀크 284ml
우유 1큰술

1. 오븐을 180도로 미리 예열한다. 제빵용 팬에 기름칠을 해둔다.

2. 커다란 볼에 밀가루와 베이킹 소다를 섞고 버터를 넣어 손으로 이긴다. 여기에 버터밀크를 넣어서 부드러운 반죽을 만든다. 1분 정도 더 반죽해 둥글게 만들어 놓는다.

3. 반죽 위를 살짝 눌러 평평하게 만든 다음 윗면 전체에 십자로 칼집을 낸다. 윗면에 우유를 바르고 밀가루를 살짝 뿌린다.

4. 황갈색으로 잘 부풀어 오를 때까지 약 40분 정도 굽는다. 오븐에서 꺼내 철망 선반 위에 올려 빵을 식힌다.

TOP 10

잉글랜드의 퍼브 *English Pubs*

진짜 잉글랜드의 진면목을 체험하고 싶다면 퍼브로 가야 한다.
안락한 퍼브에서 친밀한 분위기를 즐겨 보자.

❶ 베처먼암스 The Betjeman Arms 런던 세인트팬크러스 역

잉글랜드 최고의 에일을 즐기고 싶다면 유로스타가 정차하는 세인트판크러스 역 안에 있는 베처먼암스로 달려가자. 음식과 술 모두 훌륭하다.

Planning 영업 시간은 오전 10시부터 밤 11시까지다. www.stpancras.com

❷ 로열오크 The Royal Oak 런던 버러

서섹스의 뛰어난 맥주인 '하비스(Harveys)'를 찾는 단골들의 순례지인 이곳에는 퍼브를 중심으로 하는 런던 생활의 전통이 살아 있다.

Planning 주중에는 오전 11시, 주말에는 낮 12시부터 영업을 시작한다.
www.fancyapint.com

❸ 브릭레이어스 암스 The Bricklayer's Arms 런던 퍼트니

템스 강 가까이 막다른 골목에 위치한 이 아담한 퍼브에는 요크셔에일인 '티모시 테일러'가 다양하게 구비되어 있다. 때로 맥주 페스티벌을 개최하며 저녁에는 맛있는 식사도 제공된다.

Planning 매일 낮 12시에 문을 연다. www.bricklayers-arms.co.uk, www.beeralewhatever.com

❹ 새처스암스 The Thatchers Arms 에식스 마운트부어스

산등성이에 자리 잡은 새처스암스는 이 지역 출신의 풍경화가 존 컨스터블이 즐겨 찾던 곳이다. 이 지역은 산책하기 좋은 고장으로도 유명하니 느긋하게 산책을 하고 난 후 새처스암스로 가서 휴식을 취하면 더할 나위 없이 좋다.

Planning 매일 낮 12시에 문을 열며 월요일은 쉰다. www.thatchersarms.co.uk

❺ 앵커 The Anchor 서퍽 월버스윅

1920년대에 튜더엘리자베스 왕조 양식으로 지어진 이 퍼브에서는 바다와 면한 테라스에서 야외 식사를 즐길 수 있다. 전통 방식으로 제조된 에일과 엄청난 종류의 와인, 훌륭한 현지 음식이 제공된다.

Planning 월~토요일은 오전 11시에 문을 열며 일요일은 낮 12시부터 영업을 시작한다. www.anchoratwalberswick.com

❻ 로드 넬슨 인 The Lord Nelson Inn 서퍽 사우스월드

맥주 양조법을 배우는 학생들은 사우스월드 해변에 오면 으레 이 아늑한 해안가 퍼브로 직행한다. 마을 한쪽에는 말이 필요 없는 뛰어난 비터(Bitter) 맥주와 묵직한 브로드사이드(Broadside) 맥주를 제조하는 양조장이 있다.

Planning www.thelordnelsonsouthwold.co.uk

❼ 케임브리지 블루 The Cambridge Blue 케임브리지

도심에서 1.6킬로미터쯤 떨어진 계단식 가옥이 있는 거리에 자리 잡은 케임브리지 블루는 아늑한 분위기의 퍼브다. 유쾌한 분위기에서 12가지가 넘는 리얼 에일(여과나 살균 처리를 하지 않고 전통 방식으로 제조한 맥주)을 즐길 수 있다.

Planning 매일 낮 12시부터 영업을 시작한다. www.the-cambridgeblue.co.uk

❽ 커낼 하우스 Canal House 노팅엄

이곳은 운하의 선창가 건물이었던 붉은 벽돌집에 자리 잡은 활기찬 분위기의 퍼브다. 현지 양조장인 캐슬록에서 생산하는 리얼 에일을 마셔 보는 것을 잊지 말자.

Planning 매일 오전 11시에 문을 연다. www.viewnottingham.co.uk, www.beeralewhatever.com

❾ 로열 오크 The Royal Oak 첼튼엄 프레스트버리

16세기 퍼브인 이곳은 경마가 있는 날이면 활기에 넘치지만 다른 때에는 스포츠와 상관 없는 즐거움으로 충만하다. 소시지와 맥주 축제, 굴과 스타우트 축제도 열린다.

Planning www.royal-oak-prestbury.co.uk, www.beeralewhatever.com

❿ 올드 그린 티 Old Green Tree 바스

바스는 온갖 종류의 퍼브가 모여있는 곳이지만 한적한 곳에 위치한 올드 그린 티보다 안락한 곳은 드물다. 관광과 쇼핑을 즐길 후 3백 년된 건물에 자리한 이 퍼브에서 잉글랜드 남서부 지역의 정취가 듬뿍 담긴 리얼 에일로 피로를 풀어 보자.

Planning www.viewbath.co.uk, www.beeralewhatever.com

남아프리카공화국

프란스훅 밸리 와인 *Franschhoek Valley Wines*

남아프리카공화국의 웨스턴 케이프 주에서 프란스훅 밸리의 절경과 함께 자극적인 블렌드의 질 좋은 와인을 즐겨 보자.

와인 기행을 교도소에서 시작하라고 한다면 의아하겠지만, 웨스턴 케이프 주에서는 나름의 타당한 이유가 있다. 포도나무로 뒤덮인 프란스훅 밸리(Franschhock Valley)의 산비탈 한복판에 '흐로트 드라켄스테인(Groot Drakenstein) 교도소'가 자리 잡고 있기 때문이다. 1988년 12월에 석방을 14개월 앞둔 흑인인권 운동가 넬슨 만델라가 이곳으로 이감되어 왔다. 이곳에서 그는 아파르트헤이트(인종 차별 정책)의 종식을 알리는 자유를 향한 작은 발걸음을 내디뎠다.

새로운 시대의 도래로 남아프리카공화국의 와인 산업에도 혁명이 촉발되었다. 그 결과 전면적인 세계 시장 진출, 외국 자본의 유입, 와인 제조 기법의 혁신 등을 이루어 냈

카브리에르 농장에서는 와인을 마시면서 장미 화단 너머로 멀리 보이는 경치를 감상할 수 있다.

다. 교도소 밖에 있는 만델라의 청동상에 경의를 표하고, 계곡을 내려가 한 폭의 그림 같이 아름다운 프란스훅 마을로 내려가자. 이곳은 남아프리카 공화국의 '프리미어 와인 구역' 중 한 곳의 중심지다. 주변을 둘러보면 계곡의 비탈은 온통 포도밭으로 뒤덮여 있다. 그 사이로 오래되고 정결한 흰색의 농가들이 듬성듬성 자리 잡고 있다. 대다수의 와이너리에서는 매일 와인 시음이 이루어진다. 카브리에르 농장(Cabrière Estate)에서 이곳의 대표 상품인 화이트 샤르도네-피노누아와 진한 레드 피노 누아, 브륏 소바주(Brut Sauvage) 스파클링 와인을 시음해 보자.

프란스훅 산의 높은 비탈에 새로 들어선 소규모의 부켄호츠클로프(Boekenhoutskloof) 와이너리에서는 쉬라즈, 그르나슈 누아(Grenache Noir), 카베르네 소비뇽을 비롯한 5가지 포도 품종을 섞어서 환상적인 '초콜릿 박스(Chocolate Box)' 와인을 만든다. 서쪽으로 한참 가면 이 계곡에서 가장 규모가 크고 유명한 보스헨달(Boschendal) 농장이 있다. 1685년에 세워진 이곳에서는 샤르도네와 소비뇽 블랑부터 카베르네 소비뇽과 메를로까지 모든 포도 품종이 자라고 있다.

When to go 연중 언제나 열려 있다. 남반구의 가을에 해당하는 2월과 3월에 가면 포도 수확을 볼 수 있다.

Planning 계곡의 뛰어난 경치도 감상하면서 훌륭한 와인을 즐기려면 '디외 돈느(Dieu Donne)'와 '라 프티트 페르므(La Petite-Ferme)' 농장을 방문한다. 프란스훅 마을과 인근 와이너리에는 훌륭한 레스토랑이 많다. 이중 샤모니(Chamonix) 농장에 있는 '몽플레지르(Mon Plaisir)'는 전망도 뛰어나다. 프란스훅의 미술 작품, 공예품, 골동품 상점도 둘러보자.

Websites www.franschhoek.org.za, www.wine.co.za, www.cape-town.info

프랑스가 남긴 유산

■ 7월 14일과 가장 가까운 주말에 프란스훅을 방문하면 프랑스 마을에 들어온 듯하다. 17세기 후반에 프랑스 신교도들이 이 계곡에 정착했는데, 해마다 바스티유 축제(Bastille Festival)를 열면서 프랑스와의 인연을 자랑스럽게 이어가고 있다. 이 축제에 참여하면 현지산 와인과 음식을 맛볼 수 있다.

■ 축제용 발포 음료로 샴페인처럼 병속에서 발효시킨 '캅 클라시크(Cap Classique)' 스파클링 와인을 마셔 보자. 이중에는 프란스훅 밸리 산 포도도 일부 함유된 '흐라함 베크 브륏 NV(Graham Beck Brut NV)'도 있다. 이 와인은 2009년에 버락 오바마 미국 대통령의 취임 만찬 때 쓰였던 것이다. 프란스훅에서는 매년 12월 첫째 주말에 '캅 클라시크와 샴페인 축제'를 개최한다.

9

디저트의 천국

Just Desserts

철학자들은 약간의 방종은 영혼에도 이롭다고 한다. 충치와 뱃살이 늘어날 것은 각오해야 하지만 맛있는 디저트가 사람을 더욱 행복하게 하는 것은 분명하다. 인간의 본능처럼 굳어진 달콤한 맛을 추구하는 열망을 만족시키기 위해, 세계적으로 유명한 제과점과 제과업자들은 독창적인 방법을 고안해 오고 있다. 맛으로 유혹하는 것은 물론이고 아름다운 외양으로도 우리를 매료시킨다. 아메리칸 파이는 그 종류가 노래 제목보다도 많다. 과일이 가득 든 파이를 보면 어느 지역을 대표하는 파이인지 금방 알 수 있다. 미국 플로리다의 매력적인 키라임 파이는 독특한 키웨스트가 본고장이고, 정이 듬뿍 담긴 가정식 슈플라이 파이와 허클베리 파이는 펜실베이니아 주의 고요한 아미시 마을에서 만든다.

훌륭한 제과점과 아름다운 건축을 동시에 즐기고 싶은 사람이라면 빈과 부다페스트로 순례를 떠나 벨 에포크 시대의 커피하우스에서 초콜릿과 과일, 크림이 이루어 내는 화려한 작품을 만끽하면 더할 나위 없을 것이다. 아시아로 발길을 돌려 터키 이스탄불에서 터키시 딜라이트라고도 부르는 전통 젤리인 로쿰을 맛보거나, 인도 뭄바이의 초파티 해변에서 망고즙이 들어간 쿨피를 먹어 볼 수도 있다.

사진 속 과일과 채소 등은 마지팬(아몬드 가루, 설탕, 달걀 흰자로 만든 반죽)으로 정교하게 만들어 식용 물감으로 물을 들인 '프루타 마르토라나(frutta martorana)'다.

맨해튼의 리틀 이탈리아에 있는 페라라 베이커리&카페에서 주방장이 카놀리 껍질 안에 리코타 치즈를 채워 넣고 있다.

미국 뉴욕 주

뉴욕의 달콤한 디저트 Sweet Time in New York

쿠키, 치즈 케이크부터 카놀리까지 수많은 디저트의 향연이 벌어지는
뉴욕에서는 혈당이 치솟을 것을 우려해 자제심을 길러야 할 수도 있다.

    밤낮을 가리지 않고 언제든 달콤한 음식에 빠져 지낼 수 있는 곳으로 뉴욕만한 곳도 없다. 맨해튼 미드타운의 페트로시안 카페(Petrossian Café)에서 보르도 스타일의 '카늘레(cannelés)'를 먹어 보자. 이것은 틀에 넣어 구운 작은 케이크로 커스터드 같은 속에 캐러멜로 겉을 입힌 것이다.
    역시 맨해튼에 있는 르뱅 베이커리(Levain Bakery)에서 햄버거 만한 크기의 초콜릿칩 월넛 쿠키를 남기지 않고 다 먹어 보거나, 유니언 스퀘어(Union Square) 근처의 모모푸쿠 밀크 바(Momofuku Milk Bar)로 가서 쿠키를 맛보며 속에 들어간 재료가 무엇인지 맞춰

보자. 두 곳의 쿠키 모두 좀 끈적거리므로 손가락을 빨아가며 먹어야 할지 모른다. 걸어 다니면서도 디저트를 즐길 수 있도록 모모푸쿠에서 초코바 파이도 한 쪽 주문해 보자. 달콤한 캐러멜에 땅콩버터 누가, 땅콩 캐러멜, 프레첼을 올리고 그 위에 초콜릿을 입힌 파이다. 미처 반 블록도 지나기 전에 다 먹어 치우지 않으려면 엄청난 의지력이 필요하다.

훌륭한 치즈 케이크를 찾는다면 조용한 레이디 M 케이크 부티크(Lady M Cake Boutique)로 가보자. 이곳에서는 구름 케이크라는 뜻의 '가토 뉘아주(gâteau nuage)'를 꼭 먹어 봐야 한다. 케이크가 마치 혀 위에 떠 있는 것 같다고 하여 붙은 이름이다. 통밀 비스킷을 부수어 만든 바닥에 부드럽고 달콤하며 톡 쏘는 맛의 크림치즈와 사워크림 블렌드를 얹은 것이다. 또 느긋하게 의자에 앉아 있다가도 레이디 M의 '밀 크레이프(mille crêpes)'를 보면 벌떡 일어나게 된다. 프랑스 어로 1천 장의 크레이프라는 뜻이지만 사실 20장의 얇고 부드러운 크레이프 사이마다 폭신한 페이스트리 크림을 발라 겹겹이 쌓은 케이크다. 맨 위층에는 파우더 슈거를 뿌린 뒤 불에 달구어 크렘 브륄레(crème brûlée)의 캐러멜 껍질처럼 만들었다.

When to go 한여름은 피한다. 지하철 안이 케이크를 굽고 난 오븐처럼 뜨겁다. 뉴욕을 방문하기에 가을이 훨씬 좋다.

Planning 르뱅 베이커리는 센트럴 파크나 미국 자연사 박물관을 답사하기 전이나 후에 잠시 들러 쉬기에 그만이다. 페트로시안 카페와 레이디 M은 상점이 즐비한 5번가에서 조금만 걸으면 쉽게 찾을 수 있다.

Websites www.petrossian.com, www.levainbakery.com, www.momofuku.com, www.ladymconfections.com, www.roccospastry.com, nymag.com

뉴욕의 시칠리아 카놀리

■ 세월이 흐르면서 뉴욕의 리틀 이탈리아 구역도 갈수록 줄어들고 있다. 하지만 뉴욕은 여전히 시칠리아 밖에서 가장 진하고 바삭한 카놀리를 즐길 수 있는 중심지다.

■ 카놀리는 튜브처럼 생긴 페이스트리를 노릇하게 튀겨 그 안에 달콤한 리코타 치즈를 채운 것이다. 일부 베이커리에서는 잘게 부순 피스타치오나 초콜릿칩, 설탕에 절인 감귤 등을 넣기도 하지만 이는 본래의 맛을 해치는 일이다.

■ 카놀리를 만들 때 가장 중요한 것은 주문과 동시에 리코타 치즈를 신속하게 채워 넣는 것이다. 하루 종일 그리니치 빌리지(Greenwich Village)를 둘러본 뒤에 '로코스 페이스트리 숍&에스프레소 카페'에 들러 최고의 카놀리를 맛보며 휴식을 취하자.

예전부터 아미시 여인들은 함께 모여 사진에 보이는 작품들과 같은 퀼트를 만들어 왔다.

미국 _ 펜실베이니아 주

펜실베이니아 더치 파이 *Pennsylvania Dutch Pies*

펜실베이니아 주의 더치 지역 농장에서 슈플라이 파이를 비롯한 여러 가지 디저트를 먹어 보자.

　랭커스터(Lancaster)에서 올드 필라델피아 파이크(Old Philadelphia Pike, 340번 주도)를 따라 동쪽으로 향하다 보면 1인용 마차가 터벅거리며 지나는 소리가 들린다. 이곳은 잘 가꾼 농장과 교실이 하나뿐인 학교, 지붕이 덮인 다리, 손으로 만든 퀼트를 외지인들에게 파는 상점 등이 있는 '아미시 마을(Amish country)'이다. 길을 따라 들어가 보면 레스토랑, 빵집, 농장에서 금방 만들어 온 신선한 음식을 팔고 있는 농산물 직판장 등이 즐비하다. 물론 온갖 종류의 펜실베이니아 더치 파이도 팔고 있다. 그중 슈플라이 파이는 이 지역 고유의 특선 디저트로 매우 유명하다. 또한 허클베리 파이와 사과로 만든 아미시 반달 파이도 빼놓을 수 없는 명물 디저트다.

'버드 인 핸드 베이크 숍(Bird-in-Hand Bake Shop)'과 '버드 인 핸드 베이커리'에서는 복숭아, 호박, 딸기, 루바브(rhubarb, 신맛이 나는 채소의 한 종류), 체리, 건포도를 넣은 사워크림 등 온갖 재료를 사용해 파이를 만든다. '플레인 & 팬시 팜 레스토랑'에서도 달콤하고 맛있는 파이를 먹을 수 있다.

340번 도로를 따라 몇 킬로미터 지나면 인터코스(Intercourse) 마을이 있다. 이곳 주차장에는 말고삐를 매어 놓을 수 있는 말뚝이 설치되어 있다. 키친 케틀 빌리지(Kitchen Kettle Village)에 있는 인터코스 캐닝 컴퍼니(Intercourse Canning Company)나 잼 앤드 렐리시 키친(Jam and Relish Kitchen)을 찾아가 아미시 및 메노나이트(Mennonite) 교파의 여인들이 수백 가지의 잼과 버터, 살사를 비롯한 저장 식품을 만드는 과정을 구경해 보자. 호박 스프레드, 향신료를 넣은 복숭아, 라스베리 살사 등으로 장바구니를 가득 채우기 전에 서양배에 설탕과 약간의 향신료를 넣어 졸인 페어 버터와 서양자두 잼을 먼저 시식해 보자.

When to go 언제 가도 좋지만 일부 상점과 레스토랑의 경우 겨울(대개 1~2월) 동안 문을 닫는다. 대부분은 일요일에 휴점한다.

Planning 랭커스터 카운티는 필라델피아 국제 공항에서 자동차로 90분 거리다. 340번 도로 주변은 교통이 혼잡할 수 있으며 방문객이 몰리는 여름과 가을에는 특히 더 심하다. 따라서 넉넉히 시간을 잡고 오거나 사람이 덜 붐비는 주중에 방문한다. 최소 일주일을 묵을 수 있도록 계획을 세운다.

Websites www.padutchcountry.com, www.kitchenkettle.com, www.intercoursecanning.com

슈플라이 파이

- 랭커스터 카운티에 있는 제과점과 레스토랑 어디서든 볼 수 있는 파이다. 당밀과 황설탕으로 만들어 끈끈하며 사실 파이보다는 케이크에 가깝다. 왜 '슈플라이'라는 이름이 붙게 되었는지 정확히 알려진 것은 없지만, 갓 구운 달콤한 파이를 식히는 동안 몰려드는 '파리(fly)'를 '내쫓다(shoo)'라는 데서 유래했다는 것이 중론이다.

- 파이 밑에 당밀을 두껍게 깔고 그 위에 잘게 부서지는 황설탕 토핑을 얹은 것을 웨트 보텀(wet-bottom) 파이라 하고, 당밀을 얇게 깔은 것은 드라이 보텀(dry-bottom) 파이라고 한다. 파이 위에 향신료나 초콜릿을 얹어 놓은 것도 있지만 진성한 애호가들은 오로지 오리지널 스타일만 먹는다. 슈플라이 파이는 따뜻하게 먹어야 맛있고, 바닐라 아이스크림을 얹어 먹으면 더욱 좋다.

TOP 10

카페 문화가 살아 있는 도시
Places To Enjoy Café Society

카페는 즐거운 대화와 커피, 케이크가 있는 곳뿐만 아니라 사색과 문화예술의 공간이다.

❶ 퀘벡 Quebec City 캐나다

프랑스의 영향이 강하게 남아 있는 퀘벡의 구시가지에 위치한 '카페 드 라 페'와 '카페 생 말로', 구항구에 위치한 '카페 뒤 몽드'는 음식과 술, 분위기 모두 파리의 비스트로를 그대로 재현해 놓았다.

Planning 카페 뒤 몽드는 주말과 공휴일에 아침 식사를 제공한다.
www.bonjourquebec.com, www.lecafedumonde.com

❷ 맨해튼 Manhattan 미국 뉴욕 주

'카페 사바르스키', '카페 지탄', '카페 비발디'에서 빈, 프랑스, 이탈리아 분위기에 젖어 보자. 미국 스타일로는 극장가에 있는 '웨스트 뱅크 카페'나 '핑크 포니(Pink Pony)'가 좋다.

Planning 카페 비발디에서는 매일 저녁 라이브로 음악을 연주한다. 핑크 포니에서는 정기적으로 시 낭송회를 연다. www.iloveny.com

❸ 시애틀 Seattle 미국 워싱턴 주

'스타벅스'는 1971년에 시애틀에서 처음 문을 열었다. 그 외에도 '카페 라드로', '톱 포트(Top Pot)' 등의 체인점이 있다.

Planning 라드로는 번화가의 두 곳을 비롯해 시애틀 전역에 매장이 있다. 케이크와 페이스트리 메뉴는 매일 바뀐다. www.visitseattle.org

❹ 하노이 Hanoi 베트남

식민지 시절 프랑스 인들이 이곳에 최초의 커피 농장을 세우면서 하노이의 사교 생활도 카페를 중심으로 이루어졌다. 하노이 구시가지에 있는 '카페 난(Café Nhan)'은 현지 시민들과 배낭 여행객들로 붐빈다.

Planning www.tourism.hochiminhcity.gov.vn

❺ 첸나이 Chennai 인도

인도는 차로 유명하지만 타밀나두의 커피도 결코 뒤떨어지지 않는다. 고급 카페로 '애미시스트(Amethyst)'와 '카사피콜라(Casa Piccola)'가 있다.

Planning 남인도에서는 보통 커피를 우유와 함께 끓여서 걸러 마신다.
www.tamilnadutourism.org

❻ 프라하 Prague 체코공화국

공산주의 치하에서 프라하의 카페는 레지스탕스들의 온상이었다. '카페 슬라비아(Café Slavia)'에서는 프라하 성을 감상할 수 있다. 카프카와 아인슈타인이 자주 드나들던 '카페 루브르(Café Louvre)'도 들러 보자.

Planning www.pragueexperience.com

❼ 베를린 Berlin 독일

베를린에서는 세계 각국의 젊은이들이 '아나 블루메(Anna Blume)'에서 훌륭한 아침 식사를 즐긴다. '오페른팔라이스(Opernpalais)'에는 베를린에서 가장 많은 종류의 케이크가 있다. 상류 사회 사람들과 가까이 하고 싶다면 '카페 아인슈타인(Café Einstein)'이 좋다.

Planning 베를린 시민들이 카페 문화를 가장 많이 즐기는 때는 토요일 오후와 일요일 오전이다. www.berlin-tourist-information.de

❽ 로마 Rome 이탈리아

로마에서 가장 오래된 카페는 1760년에 문을 연 '안티코 카페 그레코(Antico Caffè Greco)'다. 로마의 분위기를 느낄 수 있는 '카페 로자티(Caffè Rosati)', 독특한 커피 비스킷을 파는 '카페 산테우스타키오(Caffè Sant' Eustachio)'도 있다.

Planning 로마 사람들은 주로 카운터에 서서 에스프레소를 즐긴다. 자리에 앉아서 마실 경우 커피 값이 훨씬 비쌀 수 있다. www.turismoroma.it

❾ 파리 Paris 프랑스

파리의 카페는 지성인들의 로망스를 간직하고 있다. '되 마고(Les Deux Magots)'는 파리의 문화사가 고스란히 남아 있는 곳이다. 랭보, 베를레느, 피카소, 장 폴 사르트르 등의 작품 세계가 모두 이곳에서 형성되었다.

Planning 파리의 카페는 보통 아침 7~8시에 문을 열고 자정 전후에 문을 닫는다.
www.parisinfo.com

❿ 마드리드 Madrid 스페인

1880년대부터 예술가, 정치가, 지성인들의 단골인 '카페 코메르시알'과 '카페 델 시르쿨로 데 바야스아르테스'가 유명하다. '카페 다 마요르키나'에서는 마드리드 최고의 페이스트리를 맛볼 수 있다.

Planning 라테인 카페 콘 레체(cafe con leche), 에스프레소에 따뜻한 우유를 끼얹은 코르타도 등 다양한 커피가 있다. www.esmadrid.com

미국 _ 플로리다 주

키라임 파이 Key Lime Pie

부드러운 맛 뒤로 톡 쏘는 끝맛이 일품인 키라임 파이는
햇살 강렬한 키웨스트의 진면목을 고스란히 간직하고 있다.

    여행객을 태운 트롤리 전차가 지나갈 때마다 '키웨스트 라임 숍(Key West Lime Shoppe)'
의 주인인 커밋 카펜터는 머랭을 듬뿍 얹은 파이를 들고 뛰어간다. 진녹색의 요리사 모
자를 쓴 그는 놀란 승객들에게 파이를 던지는 시늉을 한다. 하지만 머지않아 승객들은
웃음을 터뜨린다. 파이가 가짜였던 것이다. 그리고 나서 카펜터는 진짜 키라임 파이로
승객들을 유혹한다.
    키라임 파이는 미국 최남단 도시인 키웨스트의 대표 음식이다. 키웨스트는 미국의
유명한 작가인 어니스트 헤밍웨이와 테네시 윌리엄스의 영혼이 각양각색의 보헤미안,

키웨스트 라임 숍의 주인인 커밋 카펜터는 익살스러운 장난뿐 아니라 맛있는 키라임 파이를 만드는 것으로도 유명하다.

해적, 선원, 보물 사냥꾼들과 뒤섞여 사는 곳이다. 플로리다 키스(Florada Keys) 전역에서 자라는 키라임은 라임의 원조 격으로, 상업적으로 재배되는 라임에 비해 크기가 작고 신맛이 더 강하다. 즙을 내면 초록색이 아닌 노란색이다.

키라임 파이를 만들기 위해 키라임 주스와 계란 노른자, 가당 연유를 섞는다. 연유는 냉장고가 등장하기 전에 키스 지역에서 우유보다 널리 쓰이던 것이다. 통밀 비스킷으로 만든 파이 반죽 위에 섞어 놓은 재료를 채우고 계란 흰자를 휘저어 만든 머랭으로 덮는다. 예전에는 속 재료를 굽지 않고 재료가 응고되어 단단해질 때까지 기다렸지만 요즘은 10~15분 정도 구워서 만든다. 파이에 신선한 휘핑크림을 얹거나, 싱싱한 라임을 빙 둘러 장식하기도 한다. 키라임 파이는 아주 차갑게 해서 먹어야 한다. 초록색 색소를 사용하는 것은 파이에 대한 무례 행위로 여긴다.

When to go 키웨스트는 1년 내내 햇빛이 따뜻하고 상쾌한 바람이 부는 곳이다. 1월과 2월에 '와인 시음 및 음악 축제'가 열리고 뒤이어 3월에는 연례 행사인 '고둥 나팔 불기 대회(Conch Shell Blowing Contest)'가 벌어진다. 또한 3월에는 키스 제도 중부에 위치한 매러손(Marathon)에서 오리지널 해산물 축제가 해마다 열리기도 한다. 연례 행사인 '키웨스트 먹거리 축제(Taste of Key West)'는 4월, '키웨스트 바닷가재 축제(Key West Lobsterfest)'는 8월에 열린다.

Planning 키웨스트는 마이애미에서 43개의 다리로 섬들을 목걸이처럼 이어 놓은 해상 고속도로를 따라 들어갈 수 있다. 차로 3시간 정도 걸린다.

Websites www.fla-keys.com, www.keylimeshop.com, www.visitflorida.com

고둥 공화국(Conch Republic)

■ 19세기 초에 바하마 사람(Bahamians)들이 키스로 이주해 오면서 고둥 맛도 이 섬에 처음으로 알려지게 되었다. 현지 사람들은 이 바닷조개의 쫄깃한 맛에 반했고, 콩크(고둥)를 키웨스트 원주민이라는 뜻으로 사용하면서 키웨스트도 '고둥 공화국(Conch Republic)'이라는 별칭을 얻었다.

■ 현재 미국 연안에서 살아 있는 고둥을 잡는 행위는 불법이다. 대신 바하마 제도에서 고둥을 들여와 고둥 튀김, 고둥 샐러드 및 매콤한 고둥 차우더 등을 만들어 먹는다. 레스토랑마다 요리법이 제각기 다르기는 하지만 전통 차우더는 고둥과 토마토, 감자, 라임 주스, 소금에 절인 돼지고기, 마늘 등으로 만든다.

잉글랜드가 본고장인 크림과 잼을 바른 스콘을 머나먼 아시아에 위치한 페닌슐라 호텔에서 즐겨 보자.

중국

홍콩의 애프터눈 티 *Afternoon Tea in Hong Kong*

유서 깊은 페닌슐라 호텔은 오후의 티 타임이 되면 모든 것이 고요하게 정지된다.
식민지풍의 화려함을 간직한 이곳에서 애프터눈 티를 즐겨 보자.

    영국의 지배에서 벗어난 열대의 여러 나라에서 제국의 잔재 중 유독 한 가지만은 살아남아 있는 경우가 있다. 바로 애프터눈 티를 즐기는 풍습이다. 영연방에서 독립을 한 이후에도 과거 식민지 중 상당 지역에서는 아직도 설탕 집게, 케이크 스탠드, 장식 냅킨, 찻잎 거르개, 핑거 샌드위치, 맛있는 스콘, 케이크 등 티 타임에 관련된 온갖 다구(茶具)와 다과를 만날 수 있다. 또한 이 전통으로 인해 1997년 중국에 반환된 홍콩에서는 영국이 중국에 차를 수출하는 기이한 무역 현상이 발생하기도 했다.

주룽 반도(九龍半島)에 위치한 페닌술라 호텔에서는 오후의 티 타임 분위기가 1928년 호텔을 개점했던 당시와 거의 변함없다. 크림색과 황금색으로 치장한 네오클래식풍의 격조 높은 로비에 앉아 있으면 발코니에서 현악 사중주가 들려온다. 그리고 본차이나 찻잔에 가득 담긴 다르질링을 스푼으로 젓는 소리도 음악처럼 들린다. 창을 통해 들어온 햇살이 정교한 패턴의 대리석 바닥을 비추고, 반사된 빛에 야자나무를 심어 놓은 구리 단지가 반짝인다. 잉글랜드의 극작가이자 배우인 노엘 카워드(Noël Coward)가 언제라도 나타나 오이 샌드위치나 오렌지 피코(고급 홍차)를 찾을 것만 같다. 고풍스러운 이곳의 분위기를 즐기고 있으면 눈처럼 흰 제복 차림의 웨이터들이 케이크 스탠드와 찻주전자를 잔뜩 준비해서 조용하고 재빠르게 나타날 것이다.

When to go 11월에서 이듬해 1월까지는 따뜻하고 건조한 날씨를 즐길 수 있다. 여름에는 덥고 매우 습하지만 호텔 로비와 쇼핑몰은 물론이고 홍콩 섬과 주룽 어디든 혼잡 지역을 교차하는 지하 통로에는 에어컨이 가동되므로 쾌적하다.

Planning 페닌술라 호텔의 애프터눈 티는 매일 오후 2시부터 7시까지 운영된다. 그러나 높은 인기로 오후 3시 30분쯤 되면 이미 차례를 기다리는 사람들의 행렬이 길게 늘어서 늦은 오후까지 이어진다. 점심을 거르고 일찍 애프터눈 티를 즐기는 것도 한 가지 방법이다. 이곳에 투숙하면 줄을 서지 않아도 되는 특혜를 누릴 수 있다. 복장은 세련된 캐주얼 차림이 좋다. 비치 샌들, 플라스틱 소재의 신발은 피하도록 하자. 7시가 지나면 남자들은 긴 바지와 긴팔 셔츠 차림만 허용된다.

Websites www.peninsula.com, www.discoverhongkong.com

허기질 때 요긴한 한 잔의 티

■ 빅토리아 여왕의 친구였던 베드포드 공작 부인 '애나'가 애프터눈 티 타임을 처음 시작한 것으로 알려져 있다. 차가 잉글랜드의 심장부에서 인기 있는 음료로 자리 잡게 된 것은 18세기 중반부터다. 티 타임에 먹는 간식은 점심과 저녁 사이의 허기를 훌륭하게 채워 주었다. 공작 부인이 만들어 낸 이러한 혁신에 어울리게 차의 수준 또한 최고급이었으며, 지금도 그 수준은 한결같다.

■ 애프터눈 티 타임에 마시는 차는 질 좋은 찻잎을 사용하고 절대 티백을 쓰지 않는다. 뜨거운 물로 주전자 안을 헹궈 예열하고, 물을 버린 다음 찻잎을 넣는다. 펄펄 끓는 물을 붓고 차 종류에 따라 3~4분 정도 우려낸다. 중국 찻잔을 사용하는 것이 가장 좋다. 중국 찻잔에 마실 때 맛이 더 좋기 때문이다. 기호에 따라 우유와 설탕을 넣어 마신다. 우유 대신 레몬 조각을 띄워 마실 수도 있다.

석양으로 초파티 해변이 황금빛으로 물들면 사람들이 몰려들기 시작해 쿨피와 맛있는 스낵을 즐긴다.

인도

초파티 해변의 쿨피 *Kulfi at Chowpatty Beach*

뭄바이 최고 인기 해변에서 달콤한 쿨피를 즐기며 흥겨운 밤 분위기에 흠뻑 빠져 보자.

　초파티 해변은 뭄바이의 혼잡한 도심으로 향하는 차량들로 붐비는 머린 드라이브(Marine Drive, 해안 도로)와 아라비아 해 사이에 있는 모래 사장이다. 낮에는 비교적 조용하여 사람들은 이곳에서 한가로이 몇 시간씩 보내거나, 햇빛을 피해 나무 아래에서 쉬곤 한다. 그러나 밤이 되면 해변에 생기가 돌기 시작한다. 음식 가판대에 불이 켜지고 사람들이 몰려들어 화끈한 '벨푸리(bhelpuri, 타마린드 소스를 넣은 쌀, 감자 요리)'와 같은 매운 스낵이나 나무 막대에 꽂아서 주는 달콤한 쿨피를 큰 소리로 주문한다.

쿨피는 인도식 아이스크림이라 할 수 있으며 식감이 놀라울 정도로 부드럽다. 기본적으로 무가당 연유와 가당 연유로 만들며 카르다몸, 사프란, 피스타치오, 커스터드 애플(열대 과일의 한 종류), 바닐라, 장미, 초콜릿, 바나나, 망고 등으로 맛을 낸다. 원래 쿨피는 '마트카(matka)'라고 하는 토기에 소금과 얼음을 채워서 만들었다. 토기의 다공질 특성 덕분에 우유가 잘 얼었던 것이다. 요즘은 재료를 혼합해 틀에 붓고 전기 냉동고를 사용하는 경우가 대부분이다.

머린 드라이브의 육지 쪽 길가에는 보도를 따라 '뉴 쿨피 센터(New Kulfi Centre)' 밖으로 사람들이 길게 줄지어 있다. 이곳은 근 반세기 동안 뭄바이 최고의 쿨피를 판매해 온 곳이다. 다양한 메뉴 중에서 원하는 맛을 골라 해변으로 가지고 돌아가서 맛보자. 밤이면 마치 보석처럼 아름답게 빛나는 가로등 덕분에 '여왕의 목걸이'라고도 알려진 머린 드라이브의 경치도 감상할 수 있다.

When to go 6~9월 동안은 몬순 철이므로 여행을 피한다. 관광하기에 가장 좋은 시기는 10~2월 사이이다.

Planning 초파티의 남쪽 부근에 있는 파르시 데어리 팜(Parsi Dairy Farm)에서 쿨피와 요거트 혹은 요거트로 만든 달콤 짭짤한 음료인 '라씨(lassi)'를 먹어 보는 것도 좋다. 위생관념이 천차만별이므로 길거리 음식을 먹을 때는 알아서 유의해야 한다. 갓 짜서 손님에게 내놓는 사탕수수 주스도 인기다. 단, 컵을 미리 챙겨 가야 한다.

Websites www.mumbaihub.com, www.mumbai.org.uk

판의 위력

- 초파티 해변 건너편으로는 머린 드라이브 길가에 눈에 잘 띄지도 않는 노점이 있다. '판(paan)'을 파는 이 가게 밖으로 스포츠카와 운전수가 운전하는 자가용 리무진들이 줄지어 서 있는 놀라운 광경을 흔히 볼 수 있다. 판은 베텔(betel)이라고 하는 식용 빈랑나무 잎에 속을 채워 삼각으로 접은 것이다. 가판대에는 상호가 없지만 그래도 상관없다. 이미 뭄바이의 부유층과 발리우드의 사교계 인사들 중에 이곳에서 파는 차가운 판에 매료된 사람들이 부지기수이기 때문이다.

- 예전부터 입가심이나 구강 청결의 역할을 해 왔던 판에는 얇게 썬 빈랑나무 열매, 카르다몸, 라임 페이스트, 대추야자 등 다양한 속 재료를 넣는다. 담배를 넣거나 아주 작은 금이나 은 조각을 넣기도 한다. 능숙하게 판을 만드는 사람들을 '판왈라(paanwala)'라고 하는데, 종종 예술가로 간주되기도 한다.

터키

이스탄불의 달콤한 디저트 *Sweet Treats in Istanbul*

이스탄불의 카드쾨이 지구에 위치한 사탕 가게, 티 하우스, 카페에서 파는
군침 도는 제과들을 마음껏 먹어 보자.

    토프카프 궁전(Topkapı Palace)과 골든혼(Golden Horn) 등 명승지가 있는 곳에서 보스포러스 해협 건너편, 이스탄불의 아시아 연안에 자리한 카드쾨이(Kadıköy)의 분위기는 유럽풍의 인근과는 판이하게 다르다. 수백 년 동안 카드쾨이 항은 사람과 물자가 터키로 들어오는 관문이었다. 유럽에서 페리를 타고 카드쾨이 이스켈레시(İskelesi, 부두)로 들어서는 순간부터 이색적인 분위기를 감지할 수 있을 것이다. 연안은 현대식 개발과 커피

카드쾨이의 하즈 베키르에서 사탕 과자를 꺼내는 모습.

오르타쾨이 모스크가 보스포러스 해협의 유럽 해안에 세워져 있다.

체인점으로 훼손되기는 했지만, 한 블록만 안으로 들어가면 활기 넘치고 다채로운 상점들이 지배하는 상점가가 나타난다. 카드쾨이의 유명한 제과점과 사탕 가게들도 이곳에 있다. 많은 종류의 과자류와 페이스트리, 캔디에 눈이 어지러울 정도다.

이른 아침부터 저녁 8시 사이면 아무 때든 카드쾨이의 쇼핑객과 노점상들처럼 커피와 차이(çay, 차), 쿠키와 케이크, '터키시 딜라이트(Turkish delight)'로 잘 알려진 터키 전통 젤리인 '로쿰(lokum)'으로 원기를 북돋을 수 있다. 이런 디저트들은 바일란(Baylan), 베야즈 프른(Beyaz Fırın), 하즈 베키르(Hacı Bekir), 셰케르지 자페르 에롤(Şekerci Cafer Erol) 등 대대로 이스탄불에 달콤한 캔디류를 제공해 온 업체에서 만든다.

맛있는 간식으로 기운을 차렸다면 갓 잡은 생선을 파는 행상, 제철 농산물이 넘칠 듯 쌓여 있는 노점 가판대와 올리브, 치즈, 말린 과일, 허브, 견과류를 파는 가게들이 뒤섞여 있는 상점가 주변을 둘러보자.

When to go 연중 언제 가도 좋지만 봄과 가을에 날씨가 가장 쾌적하다. 라마단이 끝나면 사탕 축제인 셰케르 바이라므(Seker Bayramı)를 4일 동안 개최해 온갖 종류의 달콤한 음식을 즐긴다. 개최 날짜는 매번 달라진다.

Planning 유럽 해안에 있는 에미네뉘(Eminönü), 카라쾨이, 베쉬크타슈(Beşiktaş)에서 페리가 정기적으로 오간다. 카바타슈(Kabataş)도 있지만 운항 횟수가 적다. 도착하는데 20~25분 정도 걸린다. 2~3시간 정도 시간을 투자해 카드쾨이의 사탕 가게와 카페에 들러 보자. 천천히 상점가를 둘러보거나 항구 남쪽에 있는 모다(Moda)의 세련된 주택가를 걸어도 좋다.

Websites www.ido.com.tr, www.hacibekir.com.tr, www.baylan-pastanesi.com, www.istanbulcityguide.com

카드쾨이의 유명 제과점

- 1934년에 창립한 그리스 인 소유의 '바일란'은 차와 페이스트리를 파는 매장으로 1960~70년대에 이스탄불의 작가, 화가, 배우들이 즐겨 찾던 곳이다. 이곳에서 차이를 마시고 달콤한 간식을 즐겨 보자. 아이스크림과 캐러멜 소스, 피스타치오, 아몬드 등을 넣은 쿠프 그리예(cup griye)가 대표적 메뉴 중 하나다.

- 마케도니아 출신의 제빵 기술자인 게오르게 스토야노프(George Stoyanof)가 1836년에 문을 연 '베야즈 프른'은 지금까지 이 일가가 운영해 오고 있다. 흰색 오븐이라는 뜻의 베야즈 프른의 대표 인기 메뉴 중에는 빵, 마지팬, 화려한 케이크, 마카롱이 있다.

- 유리로 된 커다란 사탕 단지가 '셰케르지 자페르 에롤'의 카운터를 가득 메우고 있다. 그중에는 아키데 셰케리(akideşekeri, 단단한 캔디), 수제 초콜릿, 참깨와 꿀을 넣어 만든 터키의 과자, 시럽에 적신 쿠키를 비롯해 갖가지 종류의 사탕 과자가 들어 있다.

이탈리아

시칠리아의 마지팬 *Sicilian Marzipan*

시칠리아의 해안 전역과 기복이 심한 내륙 지방에서는
갖은 모양의 달콤한 마지팬이 눈길을 끌어당긴다.

페이스트리 가게의 쇼윈도에 무화과와 선인장 열매, 향기로운 딸기와 복숭아 바구니가 가득하다. 그 외양이 너무나 완벽해서 실제라고 철석같이 믿을 정도다. 하지만 사실 이것들은 아몬드 페이스트인 '파스타 레알레(pasta reale)'로 만든 것이다. 아몬드 페이스트는 아랍 지역이 원산지다. 2세기에 걸친 아랍인 지배의 영향으로 이곳에 정착하게 된 여러 음식 중 하나라고 알려져 있다.

시칠리아의 모든 축일과 성일에는 마지팬으로 만든 특별 음식으로 기념한다. 마지팬으로 만든 어린 양인 '아넬로 파스콸레(agnello pasquale, 부활절 어린 양이라는 의미)'는 부활절 전통의 일부다. 또 생일이나 특별한 날에는 진짜 과일 같은 '프루타 마르토라나

에리체에서 선보이는 과일 모양의 마지팬.

(frutta martorana)'로 축하한다. 11월 초에 거행되는 만성절(All Saints' Day)에는 이 과일 모양의 과자를 아이들의 신발 안에 넣어 두고 조상의 영혼이 두고 갔다고 말하기도 한다. 프루타 마르토라나를 처음 만든 곳은 팔레르모(Palermo)의 마르토라나(Martorana) 수도원이다. 오래전 수녀들은 대주교의 방문을 환영하기 위해 오렌지와 레몬 등 마지팬 과일을 만들어 수확이 끝나 헐벗은 나뭇가지에 매달아 놓았다.

팔레르모의 알바(Alba)와 카플리시(Caflish) 페이스트리 가게에서 정교하게 만든 프루타 마르토라나를 만날 수 있다. 타오르미나스 파스티체리아 에트나(Taormina's Pasticceria Etna)에 가보는 것도 좋다. 하지만 진정한 애호가라면 시라쿠사(Syracuse) 남부의 산비탈에 자리한 바로크풍 도시인 노토(Noto)로 한달음에 달려갈 것이다. 이곳에서 카페 시칠리아(Caffé Sicilia)의 카를로와 코라도 아센차(Carlo and Corrado Assenza) 형제가 만든 마지팬을 맛볼 수 있다.

When to go 겨울에는 춥고 습할 수 있으므로 여행을 피하는 것이 좋다. 시칠리아 남부의 봄은 날씨가 변덕스러우니 우산과 선글라스를 챙긴다. 3월 초 노토 주변의 가파른 산등성이에 아몬드 꽃이 만발한다.

Planning 시칠리아의 태평한 분위기에 맞추어 느긋하게 지내 보자. 섬을 모두 둘러보려면 최소 일주일은 머무르는 것이 좋다. 주요 도시들이 모두 철도와 버스로 이어져 있지만 외딴 곳까지 다니려면 차를 빌리는 것이 가장 편하다. 카타니아(Catania)에서 에트나 산(Mount Etna)으로 올라가는 기차가 있으며, 도중에 아드라노(Adrano)와 브론테(Bronte)에서 정차한다.

Websites www.weather-in-sicily.com, www.thinksicily.com, www.grifasi-sicilia.com/indicedolcigbr.html

시칠리아 식도락 여행

■ 저녁에 카타니아의 에트나 거리(Via Etna)를 친구, 가족과 산책하면서 노천 카페에서 카스텔몬테 프리찬테(Castelmonte Frizzante) 한 잔과 함께 아라치네(arancine, 야채 등을 밥으로 싸서 튀긴 것)를 먹는 맛은 그야말로 최고다.

■ 에트나 산 위의 아드라노(Adrano) 북쪽, 드넓은 피스타치오 나무 숲에 위치한 '브론테'는 피스타치오 마을로 알려졌다. 열매는 2년에 한 번씩 수확하며, 9월에 축제를 열어 수확을 기념한다. 시칠리아 최고의 피스타치오 젤라토와 비스코티, '피오리 디 피스타키(fiori di pistacchi)' 케이크가 이곳에서 나온 것은 당연하다.

■ 시칠리아 서부 해안에 있는 에리체(Erice)에서도 훌륭한 페이스트리를 구할 수 있다. 팔레르모 근처, 산꼭대기에 자리한 에리체는 중세의 모습을 간직한 마을이다. 미로처럼 이어진 길에 자리한 몬테 산 줄리아노 레스토랑(Ristorante Monte San Giuliano)이 있다. 다진 가지를 채워 넣은 해산물 롤인 '인볼티니(involtini)'로 점심 식사를 즐길 수 있다.

■ 에리체 남부에 위치한 해안 도시인 마르살라(Marsala)에서는 수십 가지의 자체 생산 와인을 시음해 볼 수 있다. 숙성 기간이 5~7년인 스위트 마르살라 베르지네(Sweet Marsala Vergine)는 강한 맛의 디저트와 잘 어울린다.

아치카스텔로에 세워진 노르만 양식의 성이 카타니아 북부의 바다 위에 우뚝 솟아 있다.

> 헝가리

맛있는 부다페스트 *Delicious Budapest*

헝가리의 수도 부다페스트에는 오랜 세월 동안 공산주의자들의
무관심 속에 버려져 있다가 화려하게 부활한 카페가 있다.

150년 역사를 자랑하는 '제르보(Gerbeaud)'는 부다페스트의 뵈뢰슈머르티 광장(Vörösmarty Square)에 자리 잡은 이 도시 최고의 카베하자크(kávéházak, 커피하우스)다. 이곳에서 나이 지긋한 헝가리 사람들과 어울려 케이크와 페이스트리를 먹어 보자. 대표적인 케이크로는 과일 브랜디를 넣은 초콜릿 케이크인 제르보 토르터, 초콜릿과 캐러멜을 넣은 도보시 토르터, 케이크에 살구 잼과 호두 간 것으로 켜를 쌓고 그 위에 초콜릿을 얹은 제르보 셀레트(Gerbeaud szelet) 등이 있다.

관광을 마치고 제르보 커피하우스에서 우아하게 휴식을 취해 보자.

북쪽으로 멀리 떨어진 곳에서는 고색창연한 '첸트랄 카베하즈(Centrál Kávéház)'가 예전 보헤미안 분위기를 되찾았다. 스폰지 케이크에 초콜릿, 바닐라, 호두 비스킷, 초콜릿 소스, 바닐라 크림을 섞은 숌로이 갈루슈커(somlói galuska)와 그랑 마르니에 월넛 파이 같은 훌륭한 디저트를 먹어 보자. 첸트랄에서 걸어서 20분 거리에는 '뉴욕 카베하즈(New York Kávéház)'가 있다. 내부가 아케이드처럼 되어 있고, 프레스코 천장화 아래를 샹들리에와 대리석으로 치장해 화려하다.

아직도 기름지고 건강에도 좋지 않은 음식을 먹고 있는 사람에게는 최고급 재료를 사용하는 '루카치 추크라스더(Lukács Cukrászda)'를 추천한다. 금방 짠 레몬즙과 유기농 꿀로 만든 레몬에이드로 목을 축여 보자. 부다페스트 최고의 전망을 즐기면서 세계 각지의 최고급 음식을 즐기고 싶다면 다뉴브 강이 한눈에 펼쳐지는 힐튼 캐슬 지구(Hilton Castle District)의 '이촌(Icon) 레스토랑'으로 가 보자. 미니어처 예술 작품이라고 할 수 있는 이곳의 훌륭한 페이스트리는 눈으로 느끼는 매력만큼이나 맛도 기막히게 좋다.

제르보 셀레트.

부다페스트의 레스토랑

■ 1894년에 문을 연 '군델(Gundel)' 레스토랑은 벨 에포크 시대의 화려한 분위기를 느낄 수 있는 곳으로 부다페스트에서 꼭 한 번은 들러 봐야 할 곳 중 하나다. 일요일 뷔페 브런치는 이곳의 디저트를 모두 맛볼 수 있어서 좋다. 럼, 건포도, 호두, 레몬 껍질을 넣고 초콜릿 소스를 얹은 군델 팬케이크를 꼭 먹어 보자.

■ 현대식의 우아한 '오닉스(Onyx) 레스토랑'은 원래 제르보의 테이크아웃 매장으로, 1990년대 이후로 헝가리 음식과 와인이 어떻게 진화해 왔는지 관찰하기에 그만인 곳이다. 이름도 적절한 5코스로 이뤄진 식사인 '헝가리 진화'가 있다.

When to go 날씨가 좋은 5월과 9월에는 테라스가 있는 카페가 가장 활기가 넘친다. 3월의 마지막 2주 동안은 헝가리의 문화를 소개하는 봄 축제가 열린다. 8월에는 시게트 섬(Sziget Island)에서 유명 록 페스티벌이 대규모로 열린다.

Planning 부더바리(Budavári) 지구는 유서 깊은 카페들이 있는 꿈결 같은 분위기를 자랑한다. 이곳의 상점들은 일찍 문을 닫는 편으로 비수기에는 특히 더하다.

Websites www.gerbeaud.hu, www.centralkavehaz.hu, www.boscolohotels.com, www.gundel.hu

코펜하겐의 유명 빵집 중 하나인 '레인 반 하우엔'은 시내에 여러 군데의 분점이 있다.

덴마크

덴마크 페이스트리 *Danish Pastries*

달콤한 음식을 좋아하는 관광객이라면 입안에서 살살 녹는
페이스트리가 넘치는 덴마크의 수도를 그냥 지나치기 힘들다.

    아침 일찍 코펜하겐의 좁고 구불거리는 거리를 걷다 보면 길모퉁이의 수많은 빵집에서 솔솔 풍겨 나오는 갓 구운 페이스트리와 빵 냄새에 코가 즐거워진다. 안으로 들어가면 점원의 미소와 함께 놀라울 만큼 다양한 종류의 제과들이 반갑게 맞이한다.
    덴마크 페이스트리의 기원은 1800년대 중반으로 거슬러 올라간다. 당시 덴마크 인 제빵 기술자들이 파업을 벌이는 통에 빵집 주인들은 할 수 없이 오스트리아 빈 출신의

기술자들을 고용했고, 그들은 가볍고 버터가 많이 들어가는 자신들의 방식으로 빵을 만들었다. 이후 덴마크 인 제빵 기술자들이 돌아왔지만 그들 역시 빈 스타일의 방식을 뒤따르게 되었다. 이렇게 해서 '비네르브뢰드(Wienerbrød)', 즉 '빈의 빵'이라고 불리는 덴마크 페이스트리가 탄생했다.

오늘날 코펜하겐의 빵집에서는 크림을 채운 페이스트리와 초콜릿을 바른 롤빵, 타르트, 그 외 달콤한 디저트들이 줄줄이 만들어져 나와 보는 이들을 애타게 만든다. 크림으로 속을 채우고 초콜릿 옷을 입힌 퍼프 페이스트리인 쇼콜라데볼레(chokoladebolle) 또는 계피와 바닐라의 자극적인 향이 유혹적인 카넬스네글레(kanelsnegle)를 먹어 보자. 나폴레옹 황제가 쓰던 삼각형 모자와 생김새가 비슷하여 나폴레옹의 모자라는 뜻의 나폴레온스핫테(Napoleonshatte)를 한 입 베어 물면 속에 든 진하고 달콤한 마지팬의 맛이 입안 가득 퍼진다. 스판다우에르(Spandauer)는 잼이나 커스터드가 페이스트리 안에 갇혀 있다고 해서 붙은 이름이다.

When to go 덴마크의 기후는 온화하고 따뜻한 편이다. 봄과 가을이 방문하기 가장 좋지만 비가 자주 내리므로 우산을 챙겨 가는 게 좋다.

Planning 최소 일주일은 머무르는 게 좋다. 생동감 넘치는 도시인 코펜하겐을 관광하거나 주변의 여러 섬들을 방문해 보자. 코펜하겐 토르베가데(Torvegade) 45번지에 위치한 '레인 반 하우엔(Reinh van Hauen)'과 '라그카게후세트(Lagkagehuset)'가 가장 유명한 빵집이다. 1870년에 스코우보가데(Skoubogade) 3번지에 문을 연 '콘디토리 라 글라세(Konditori La Glace)'는 덴마크 최고의 제과점 중 하나로 데코레이션 케이크가 유명하다.

Websites www.visitdenmark.us, www.laglace.dk

전통 링 케이크인 크란세카게.

기념일 케이크

■ '파스텔라운스볼레르'는 스칸디나비아의 사육제인 파스텔라운(Fastelavn) 휴일 동안 먹는 빵이다. 롤빵 안에 크림이나 아몬드 페이스트를 넣을 수도 있고, 장식을 할 수도 있다. 에뢰(Ærø) 섬에는 아이들이 새벽 5시경에 일어나 자신들이 먹게 될 이 롤빵에 관한 노래를 부르는 풍습이 있다.

■ '크란세카게(Kransekage, 링 케이크)'는 다양한 크기의 고리 형태로 만들어 구운 마지팬을 위로 갈수록 점점 작아지는 원뿔 형태로 쌓아 올린 것이다. 깃발부터 크래커까지 다양한 소재로 케이크를 장식할 수 있으며 크리스마스나 결혼식, 세례식 등 특별한 날에 사용된다.

독일

바이에른의 제빵 장인 *Master Bakers of Bavaria*
세련되게 차려 입은 뮌헨 주민들과 함께 어울려 커피와 케이크를 즐겨 보자.

바이에른의 빵집과 커피숍 창문 너머로 한가득 진열되어 있는 케이크와 페이스트리가 안으로 들어와 먹고 가라고 유혹한다. 얇고 바삭한 페이스트리 안에 사과가 들어 있는 '아펠슈트루델(Apfelstrudel)'을 먹어 보자. 사과를 좋아하지 않는다면 서양 자두나 톡톡 터지는 씨앗, 치즈가 든 것을 고른다. 입안에서 사르르 녹는 부드러운 식감을 원한다면 바닐라 향의 묽은 커스터드인 바닐라 소스가 들어간 것을 고른다.

뮌헨의 디저트는 입맛 까다로운 사람들을 위한 것이 아니기에 누구라도 맛있게 즐길 수 있다. 바닐라 소스가 듬뿍 들어간 달콤한 '담프누델(Dampfnudel)'이나, 이름 그

영국 정원 입구 바로 밖에 자리한 탐보시 까페의 야외 테이블에 앉아 뮌헨의 풍경을 만끽해 보자.

대로 '황제의 오믈렛'인 놀라운 '카이저슈마른(Kaiserschmarnn)'을 먹어 보자. 두꺼우면서도 솜털처럼 부드러운 팬케이크를 큼직하게 잘라 버터와 설탕을 녹여 만든 캐러멜에 구운 다음 따뜻할 때 사과나 서양 자두 소스를 곁들여 내는 메뉴다.

넘치는 칼로리의 향연에 지쳤다면 도심의 풍경을 즐기는 것으로 기분을 전환해 본다. 시청 맞은편에 있는 리샤르트(Rischart)에 테이블을 잡고 앉아 보자. 뮌헨의 아름다운 중앙 광장인 마리엔 광장(Marienplatz)을 감탄에 찬 눈으로 내려다볼 수 있다. 여름에는 열린 창문 너머로 유명한 움직이는 시계의 종소리도 들린다. '콘디토라이 뮌히너 프라이하이트(Conditorei Münchner Freiheit)'의 슈바빙(Schwabing) 지점에서는 유행의 첨단을 걷는 이 대학 지구의 가로수 길에 놓인 야외 테이블을 차지하고 앉아 보자. 날씨가 맑은 날이면 언제나 도시 곳곳에 있는 노천 카페에서 부유한 숙녀들이 커피를 덮고 있는 휘핑크림을 스푼으로 떠내는 광경을 볼 수 있다. 추운 겨울에는 담요를 준비해 주기도 한다.

When to go 뮌헨은 겨울에 눈이 많이 내리며 인근에 스키를 즐기기에 좋은 곳이 있다. 여름에는 일광욕을 즐기려는 사람들이 카페와 이자르 강 기슭, 영국 정원(English Garden)으로 몰려든다.

Planning 리샤르트에 가려면 오전 11시나 정오, 오후 5시 직전에 도착하거나 떠날 수 있도록 시간을 잘 맞춰 보자. 종이 울리면 시계에서 실물 크기에 가까운 기사 인형이 말 위에서 창 시합을 벌이고 춤추는 농부 인형이 돌면서 나왔다가 들어가는 장관을 볼 수 있다. 여름에는 바이에른 사람들과 이자르 강을 내려오는 뗏목 래프팅을 해보자. 자세한 내용은 여행 안내소에 문의한다.

Websites www.dallmayr.de, www.muenchen.de

그 외의 명소

■ 뮌헨의 중앙 식료품 시장인 비크투알리엔 시장(Viktualienmarkt)은 먹거리를 찾아 순례하는 이들의 천국이다. 차게 먹는 짭짤한 훈제 생선 샌드위치나 '바이스부르스트(weisswurst, 스위트 머스터드를 발라 먹는 흰색 소시지)'와 같은 인기 있는 바이에른 특산 음식을 먹어 보자. 매점에서 먹거나 시장 안의 비어 가든으로 들고 가서 바이른 최고의 맥주를 주문해 함께 즐길 수 있다.

■ 독일 전역에서 커피로 유명한 '달마이어(Dallmayr)'는 훌륭한 음식과 술이 있는 구세계의 성지다. 꿀과 잼만 다루는 곳을 포함해 온갖 종류의 식료품을 파는 코너가 있다. 미식가를 위한 바에서 샴페인과 굴을 먹거나 위층의 레스토랑이나 카페로 향한다. 커피 코너에서 님펜부르크(Nymphenburg)산 핸드페인팅 도자기도 꼭 챙겨 보자. 향기만으로도 바로 찾아갈 수 있다.

빈의 카페 '데멜'에 있는 커다란 진열장에서 온갖 케이크들이 손님들을 유혹하고 있다.

오스트리아

빈의 카페 *The Cafés of Vienna*

유서 깊은 커피하우스가 있는 우아한 도시 빈에서
느긋하게 커피와 디저트를 즐기는 여유를 누려 보자.

수세기 동안 커피하우스는 빈 문화의 중심지로, 온갖 분야의 사람들이 모여 대화를 하고, 체스를 두거나, 신문을 보던 곳이었다. 그리고 무엇보다 커피를 음미하던 곳이었다. 빈에 있는 수많은 카페 중 어디든지 들어가 보면 모든 것이 옛날로 돌아간 듯한 느낌을 받게 된다. 화려한 실내 장식과 높은 아치형 천장은 유서 깊은 건물 특유의 차별성을 간직하고 있다. 나무로 된 바닥과 아름답게 휘어진 우아한 목재 가구, 벨벳 커버를 씌운 긴 의자와 대리석 테이블, 턱시도를 입은 약간 무뚝뚝한 듯 해도 매력적인 웨이터, 금속 쟁반에 스푼이 부딪치며 내는 소리가 세월이 흘러도 결코 변치 않을 것만 같다. 또한 '아펠슈트루델(Apfelstrudel)', '자허토르테(sachertorte)'라고 알려진 유명한 초콜릿 케이크와 '아인슈패너(Einspänner)', '멜랑주(Melange)' 커피가 메뉴의 격조를 높여 준다.

전통 커피하우스에서는 언제든 신문을 읽거나, 당구와 음악회, 문학 작품 낭독회도 즐길 수 있고, 심지어 내실에서 정치 집회도 열 수도 있다. 유명한 카페들은 대개 빈의 유서 깊은 중심지인 제1구역과 그 주변에 몰려 있으며, 상당수가 링스트라세(Ringstrasse, 환상도로)를 따라 자리 잡고 있다. 대표적인 곳으로 그린슈타이들(Griensteidl), 첸트랄(Central), 란트만(Landtmann), 디글라스(Diglas), 프뤼켈(Prückel), 슈퍼를(Sperl), 임페리알(Imperial)이 있다.

훌륭한 케이크가 구미에 당긴다면 자허(Sacher)나 데멜(Demel)이 좋다. 독특한 곳을 찾는다면 하벨카(Hawelka)를 추천한다. 어느 곳을 택하든 빈 사람들처럼 여유를 가지며 천천히 맛과 분위기를 즐기도록 하자.

When to go 빈의 여름은 매우 더워서 기온이 섭씨 35도까지 오르는 날이 많다. 그러나 매우 적은 수의 카페만이 에어컨을 가동한다. 여름에 간다면 더위는 각오해야 한다.

Planning 커피하우스는 1년 내내 문을 연다. 대개는 이른 아침부터 늦은 밤까지 운영한다. 일부 커피하우스에는 야외 테이블이 마련되어 있는데, 비교적 최근에 비롯된 유행이다.

Websites www.aboutvienna.org, www.wiener-kaffeehaus.at

간략한 커피 소개

■ 커피와 스팀 우유를 섞고 때에 따라 휘핑 크림을 얹기도 하는 '멜랑주'는 가장 유명한 커피 메뉴 중 하나다. '아인슈패너'는 긴 잔에 커피를 따르고 휘핑 크림을 얹은 것으로, 우리가 흔히 '비엔나 커피'로 알고 있는 것과 비슷하다.

■ '아이스카페(Eiskaffee)'는 차가운 모카에 바닐라 아이스크림을 한 덩이 띄우고 그 위에 휘핑크림을 얹은 커피다. '게뤼터 아이스카페(Gerührter eiskaffee)'는 차가운 모카에 바닐라 아이스크림을 섞은 것이다.

■ 좀 더 강한 커피를 찾는다면 '오버마이어(Obermayer)'를 주문해 보자. 에스프레소에 크림을 부어서 마신다. 반대로 휘핑크림을 가득 채운 에스프레소 잔에 천천히 에스프레소를 부어 만든 '위버슈튀르처 노이만(Überstürzter Neumann)'도 있다.

■ 자극적인 커피를 원한다면 '피아커(Fiaker)'를 시도해 보자. 에스프레소 싱글 샷에 뜨거운 럼을 약간 섞은 것이다. 에스프레소 더블 샷에 오렌지 리큐어를 넣고 휘핑크림을 푸짐하게 얹은 '마리아 테레지아(Maria Theresia)'도 있다.

트리니타 데이 몬티 교회 아래에 있는 스페인 계단은 항상 관광객들로 분주하다.

> 이탈리아

로마의 아이스크림 *Ice Cream in Rome*

영원한 도시 로마에서 더위를 식히는 데는 부드럽고 시원하게
갈증을 달래 주는 맛있는 젤라토가 그만이다.

    로마 사람들은 '젤라토(gelato)'라고 알려진 그들의 아이스크림을 매우 자랑스럽게 여긴다. 아이스크림 자체의 품질은 물론이고, 그 외에 3가지 조건이 맞아야 완벽한 젤라토를 즐길 수 있다고 한다. 첫 번째는 '와플 콘'으로 바삭바삭하며 씹는 맛이 있어야 한다. 두 번째는 젤라토 위에 얹는 '휘핑크림'으로 살짝 단맛이 나면서 제자리에서 떨어지지 않을 정도로 충분히 단단해야 한다. 마지막은 젤라토를 파는 '젤라타이오(gelataio)'의 기술이다. 절대로 둥근 스푼을 써서는 안되며 전통 주걱으로 젤라토를 마사지하듯 떠서 아몬드 모양으로 깔끔하게 콘 위에 얹어야 하는 것이다.

로마에서 가장 훌륭한 젤라테리아(gelateria) 두 군데가 사적지의 중심부에 자리하고 있다. 트레비 분수(Trevi Fountain) 근처에 있는 '산 크리스피노(San Crispino)'에서는 가장 순수한 형태로 젤라토를 제공한다. 콘을 쓰지 않고 오직 종이컵만 사용하며 고유의 맛을 떨어뜨리는 초콜릿 소스나 토핑도 없다. 피스타치오 아이스크림도 완전히 견과류 그 자체의 맛을 자랑한다. 또 다른 한 곳은 판테온 옆에 자리한 '지올리티(Giolitti)'로 매우 다양한 맛을 선보이고 있다. 정신을 차릴 수 없을 정도로 많은 젤라토 중에 먹고 싶은 맛을 골라 마음에 드는 토핑을 얹어서 먹어 보자.

젤라토 마니아라면 파리올리(Parioli) 인근에 있는 '란찰로토(Lanzallotto)'로 가서 '마롱 글라세(marron glacé, 설탕에 절인 밤)'와 '노치올라(nocciola, 헤이즐넛)' 아이스크림, 신선한 과일로 만든 '소르베티(sorbetti)'를 맛보자. 바티칸 근처의 우아한 프라티(Prati) 인근을 둘러보고 '알 세티모 젤로(Al Settimo Gelo)'에 들를 수도 있다. 이곳은 핫 칠리 초콜릿, 꿀, 도금양(허브의 한 종류) 젤라토 등과 같은 모험적인 맛으로 유명하다.

When to go 젤라테리아는 1년 내내 문을 연다. 그래도 로마에서 젤라토를 즐기기 가장 좋은 때는 4월부터 10월 중순까지다. 5월부터 9월 사이에는 그라니타(granita)와 그라타케카(grattachecca)를 먹기 가장 좋은 시기다.

Planning 젤라테리아는 대부분 오전 10시~저녁 8시 사이에 문을 열지만 자정까지 영업하는 곳도 많다. 로마에서는 아무 때나 빙과류를 즐겨도 좋다. 브리오슈와 커피 그라니타가 있다면 아침 식사로 완벽하다.

Websites www.romaturismo.it, www.enjoyrome.com, www.ilgelatodisancrispino.it, www.giolitti.it

그라니타와 그라타케카

■ 소르베(셔벗)와 비슷하나 입자가 더 굵은 전형적인 그라니타의 고향은 시칠리아다. 중세 시대 때 에트나 산에서 퍼온 눈에 레몬 주스를 넣어 먹은데서 유래한다. 요즘은 향을 가미한 물과 설탕을 휘저어 반쯤 얼려 만든다.

■ 타는 듯이 더운 오후에 휘핑크림을 얹은 커피와 딸기, 아몬드 그라니타로 열기를 식혀 보자. 산테우스타키오(Sant'Eustachio)와 같은 로마에서 흔히 볼 수 있는 고급 커피 전문점과 시칠리아식 젤라테리아인 젤라르모니(Gelarmony), 페이스트리 가게인 파스티체리아 미치카(Pasticceria Mizzica)에서 훌륭한 그라니타를 즐길 수 있다.

■ 그라타케카는 로마식 그라니타다. 순수한 얼음을 갈아서 그 위에 과일 시럽을 부은 것으로 그라니타보다 얼음 입자가 더 크다. 여름이면 그라타케카 가판대가 보통 늦은 밤에 문을 여는데, 더위에 지친 로마 사람들이 구름처럼 몰려든다. 가장 인기 있는 가판대 중에 프라티(Prati) 인근의 '소라 마리아(Sora Maria)'가 있다. 체리와 타마린드 시럽으로 만들고 레몬과 코코넛 토핑을 얹은 '그라타케카 미스타'를 먹어 보자.

TOP 10

맛있는 아이스크림 가게
Cool Places To Eat Ice Cream

일본의 장어 아이스크림, 피렌체의 녹차 아이스크림 등 세상에는 상상을 초월하는 별난 아이스크림이 많다.

❶ 카포지로젤라토 Capogiro Gelato 미국 펜실베이니아 주 필라델피아

신선한 원료로 만든 젤라토와 소르베를 매일 직접 공들여 만든다. '마다가스카르 버본 바닐라'나 호박으로 만든 '주카' 같은 아이스크림은 여기서만 맛볼 수 있다.

Planning 필라델피아에 4군데의 카페가 있다. capogirogelato.com

❷ 테드 드루즈 프로즌 커스터드
Ted Drewes Frozen Custard 미국 미주리 주 세인트루이스

신선한 크림과 달걀, 설탕으로 만들어 얼린 '프로즌 커스터드'는 아이스크림과 매우 흡사한 미국 중서부 지역의 디저트다.

Planning www.teddrewes.com

❸ 봄베이 아이스 크리머리
Bombay Ice Creamery 미국 캘리포니아 주 샌프란시스코

쉽게 접하기 어려운 다양한 인도 아이스크림을 판매한다. 우유를 얼려 만든 인도 전통 디저트인 '쿨피'와 요거트 음료인 '라씨'도 맛볼 수 있다.

Planning www.bombayicecream.com

❹ 데번 하우스 Devon House 자메이카 킹스턴

19세기의 뛰어난 건축물인 데번 하우스 안에 자메이카에서 가장 유명한 아이스크림 가게가 있다. 기존의 평범한 맛을 비롯해 열대 과일이나 특산 재료로 만든 27종류의 아이스크림을 판매한다.

Planning 데번 하우스는 킹스턴 중심부에 있다. 입장료를 내면 저택과 정원을 둘러볼 수 있다. www.devonhousejamaica.com

❺ 엘라도스 스카나피에코
Helados Scannapieco 아르헨티나 부에노스아이레스

이탈리아 이민자가 1938년에 문을 연 이후로 거의 변한 것이 없는 작은 아이스크림 가게다. 초코와 바닐라, 온갖 과일맛을 비롯해 브라질 칵테일

인 '카이피리냐' 맛까지 50가지 종류의 아이스크림을 판매한다.

Planning 엘라도스 스카나피에코는 팔레르모 지구의 아베니다 코르도바 4826번지에 있다. www.easybuenosairescity.com

❻ 아이스크림 시티 Ice Cream City 일본 도쿄

무려 3백 가지가 넘는 아이스크림을 판매하는 매장이다. 닭 간장조림, 장어, 말 사시미 등 세계에서 가장 특이한 소재로 아이스크림을 만든다. 기존의 평범한 맛의 아이스크림도 판매한다.

Planning 이케부쿠로 역 근처 선사인 시티 복합 쇼핑몰의 난자 타운 푸드 테마 파크에 있다. www.japan-guide.com, www.sunnypages.jp

❼ 글라세 Glacé 오스트레일리아 시드니

최첨단 기술로 만든 아이스크림 디저트를 판매한다. 장미 꽃잎, 바닐라 빈, 스트로베리 피스타치오, 벨기에 초콜릿 등 대표적인 맛이다.

Planning 시드니 라이카트 지구 매리언 스트리트 27번지에 글라세 직매점이 있다. www.glace.com.au

❽ 아지아 호텔 A'jia Hotel 터키 이스탄불

여름날 저녁, 보스포루스 해협을 옆에 두고 아지아 호텔의 야외 테라스에 앉아 아이스크림을 먹는 것처럼 낭만적인 일도 없을 것이다. 튀긴 바닐라 아이스크림이나 염소젖으로 만든 터키 전통 아이스크림인 '돈두르마(dondurma)'도 선보인다.

Planning 보스포루스 해협 서안에 위치한 아지아 호텔은 19세기 저택을 해안가 호텔로 개조한 것이다. www.ajiahotel.com

❾ 바펠바게리트 Vaffelbageriet 덴마크 코펜하겐

1백 년 역사를 자랑하는 이 아이스크림 매장은 티볼리 정원(Tivoli Garden) 안에 있다.

Planning 코펜하겐 중심부에 위치한 티볼리 정원은 4월 중순부터 9월 하순까지 개방한다. www.copenhagen.com, www.visitcopenhagen.com, www.tivoli.dk/composite-3351.htm

❿ 페르케 노! Perchè No! 이탈리아 피렌체

1939년부터 운영한 페르케 노!('그래 좋아!'라는 뜻)에서는 매일 만들어 신선하고 향이 진한 아이스크림을 선사한다. 다양한 아이스크림과 더불어 수많은 과일 소르베와 그라니타도 판매한다.

Planning 페르케 노!는 두오모 성당에서 걸어서 2분 거리인 타볼리니 거리에 있다. www.percheno.firenze.it

벨기에

브뤼셀의 초콜릿 *Chocolate in Brussels*

세계에서 가장 훌륭하고 순수한 초콜릿을 파는 초콜릿 상점들이
브뤼셀의 시내 곳곳에 자리하고 있다.

아기자기한 그랑 사블롱 광장(Place du Grand Sablon)에 있는 피에르 마르콜리니(Pierre Marcolini)의 세련된 부티크에서는 아무것도 섞지 않은 순수한 초콜릿이 손님들을 맞이한다. 유리 너머로 보이는 선반에는 입이 딱 벌어지게 만드는 멋진 초콜릿들이 보석 가게의 진열장에 버금갈 정도로 세련된 모습으로 전시되어 있다. 무엇보다도 최상의 초콜릿에서 배어 나오는 상쾌하고 깔끔하며 우아한 향이 미각을 일깨운다.

'피에르 마르콜리니'는 벨기에에서 가장 유명한 쇼콜라티에(초콜릿 장인) 중 한 사람이다. 또한 광장 건너편에는 브뤼셀에서 가장 유명한 업체 중 하나인 위타메르(Wittamer)

벨기에 초콜릿에는 신선한 크림을 넣은 것이 많다. 서늘하게 보관할 경우 선반에서 약 4주 정도 보관이 가능하다.

가 있다. 1910년에 개점한 이래로 지금까지 위타메르 일가가 운영하고 있다. 우아한 실내에서 기가 막힐 정도로 부드러운 초콜릿 케이크 한 조각을 특선 티나 커피와 맛보자. 루아얄 거리(Rue Royale)를 따라가다 보면 작지만 유쾌한 '마리(Mary)'가 있다. 이곳은 벨기에 왕실에 초콜릿을 공급하는 곳이기도 하다.

부티크에서 최고급 초콜릿을 판매하는 대형 체인점들이 브뤼셀과 그 주변 곳곳에 자리 잡고 있다. 브뤼셀에만 30군데의 부티크가 있는 '레오니다스(Leonidas)', '코르네 포르 루와얄(Corné Port-Royal)', '고디바(Godiva)' 그리고 1912년에 프랄린(초콜릿 속에 견과류, 크림, 버터 등을 채운 것)을 창안한 것으로 유명한 얀 노이하우스(Jean Neuhaus)의 '노이하우스' 등이 그 예다. 흰 장갑을 낀 점원이 리큐어가 든 초콜릿과 신선한 크림이 든 화이트 초콜릿, 초콜릿 트러플, 아몬드 마지팬, 다크 초콜릿에 담긴 크리스털 오렌지 껍질 등 헤아리기 힘들 정도로 많은 초콜릿을 '발로탱(ballotin)'이라고 하는 특별한 상자에 담아 준다.

When to go 브뤼셀은 1월부터 12월까지 행사가 끊이지 않아 언제라도 볼거리와 즐길거리가 넘치는 곳이다. 관광 성수기에는 호텔 객실료가 비싸지만 주말 같은 비수기에는 상당히 저렴해진다.

Planning 브뤼셀 공항은 도시 북동부의 자벤템(Zaventem)에 있어서 도심과의 연계성이 좋다. 국제 철도 서비스도 도심 가까이 위치한 역까지 이어진다. '코코아와 초콜릿 박물관(Museum of Cocoa and Chocolate)'은 그랑 플라스에서 가깝다.

Websites www.corne-port-royal.be, www.leonidas.be, www.neuhaus.be, www.godiva.be, www.marcolini.be, www.wittamer.com, www.marychoc.com, www.mucc.be, www.brusselsinternational.be

포토쇼콜라

■ 재료(6인분)

우유 150ml
유지방을 다량 함유한 크림 300ml
다크 초콜릿 300g
계란 노른자 4개
설탕 50g

1. 오븐을 40도로 예열한다. 팬에 우유와 크림을 넣고 끓기 직전까지 천천히 가열한다.

2. 불을 끄고 초콜릿을 넣은 다음 다 녹을 때까지 저어 준다. 계란 노른자와 설탕을 볼에 넣고 옅은 색의 거품이 일 때까지 휘젓는다. 초콜릿 혼합한 것을 천천히 휘저으며 거품 낸 계란을 섞는다.

4. 오븐에 넣을 수 있는 단지나 램킨이라는 속이 깊은 원통형 종지 6개에 혼합물을 붓는다. 단지를 로스팅 팬에 넣고 단지의 중간쯤까지 잠기도록 팬에 끓는 물을 채운다.

5. 오븐에 넣고 응고될 때까지 30분간 굽는다. 단지를 식힌 다음 필요한 만큼 차게 만든다.

루브르 박물관의 유리 피라미드 주변으로 사람들이 모여 있다.

프랑스

파리 페이스트리 기행 *Paris Pastry Hunt*

프랑스의 중심인 파리의 20개 구역을 구석구석 다니며
세상에서 가장 맛있는 페이스트리를 찾는 제과점 순례를 떠나 보자.

페이스트리 애호가들은 빛의 도시인 파리의 보물은 루브르 박물관이나 샹젤리제(Champs-Élysées) 거리가 아닌 파리의 20개 구역에 뿔뿔이 흩어져 있는 수많은 제과점에 존재한다고 말한다. 파리지앵들은 대부분 몇 세대에 걸쳐 운영하고 있는 이 제과점들을 날마다 드나들며 케이크와 타르트를 사 간다. 타르트 타탱, 샤를로트 오 프람부아즈, 리슐리외, 생토노레, 밀푀이유, 마들렌 등 이름만 들어도 황홀하다.

대부분 전통 제과점의 외관은 19세기에 제작된 유리에 멋들어진 그림이 그려져 있어 매우 아름답다. 내부로 들어가 보면 샹들리에와 아름다운 타일, 몰드 천장이 세월을 초월하는 우아함을 한층 더 깊이 있게 만들어 준다. 이곳에서 맛볼 수 있는 '샤를르누아(charlenoit)'는 헤이즐넛 아몬드 머랭 위에 부드러운 초콜릿 크림을 바르고 2.5센티미터 두께로 프랄린 커스터드 크림을 얹은 다음 커다란 헤이즐넛으로 장식한 것이다. 퍼프 페이스트리에 뭉근하게 익힌 신선한 배를 깔고 머랭 크림을 덮은 '타르트 프렝세스 오 푸아르(tarte princesse aux poires)', 커피와 초콜릿 트러플 크림으로 층을 만들어 자른 뛰어난 아몬드 맛 케이크인 '오페라(opéra)' 같은 디저트도 접할 수 있다.

When to go 파리의 제과점들은 프랑스 인들이 연례 휴가를 떠나는 8월 동안 문을 닫는다. 대부분 월요일을 제외하고 매일 문을 연다.

Planning 가장 많은 추천을 받은 3군데의 제과점은 12구역의 르 트리옹프(Le Triomphe, 일·월요일 휴무), 13구역의 파티세리 생트 안느(Patisserie-Sainte Anne, 수·목요일 휴무), 17구역의 보드롱(Vaudron, 월요일 휴무) 등이다.

Websites europeforvisitors.com/paris/articles/paris-patisserie-tours.htm, chowhound.chow.com/topics/377859

커피 에티켓

■ 프랑스에서 판매하는 커피는 모두 에스프레소 방식으로 추출한 것이다. 카페(café), 카페 엑스프레스(café express), 또는 카페 누아(café noir)를 주문하면 된다. 연하게 물을 탄 커피를 마시고 싶다면 '카페 알롱제(café allonge)'를 주문한다. 우유가 든 커피는 '카페 크렘(café crème)'이다.

■ 프랑스 인들은 커피를 절대로 음식과 함께 마시지 않는다. 아침 식사로 입에서 살살 녹는 황금색 브리오슈에 부드러운 커스터드 크림을 듬뿍 넣은 '팽오레쟁(pain aux raisins)'를 먹는다면 그것만 즐겨라. 절대로 입안에 든 페이스트리를 커피로 쓸어내리지 말고 완전히 삼킨 다음 진한 블랙 커피를 한 모금 들이키는 것이다.

■ 카페에서는 바에 서서 마실 경우 커피 값은 테이블에 앉았을 때의 절반이다. 테라스 밖에 앉으면 더 저렴한 가격에 마실 수 있다.

TOP 10

초콜릿 천국
Places To Try Death By Chocolate

온갖 초콜릿 디저트를 마음껏 먹을 수 있는 뷔페부터 유명한 초콜라테리아까지 초콜릿 세상에 빠져들어 보자.

❶ 초코홀릭 뷔페 Chocoholic Buffet 캐나다 밴쿠버

서튼 플레이스 호텔의 플러리(Fleuri) 레스토랑에서는 초콜릿 뷔페를 제공한다. 고급 초콜릿으로 만든 갖가지 디저트가 나온다. 칵테일과 리큐어까지 초콜릿으로 만든다.

Planning 뷔페는 매주 목~토요일 저녁마다 두 차례씩 운영한다.
www.vancouver.suttonplace.com / www.tourismvancouver.com

❷ 매그놀리아 베이커리 Magnolia Bakery 미국 뉴욕 주

TV 시리즈인 〈섹스 앤 더 시티(Sex and the City)〉에 등장하면서 유명해진 곳이다. 화려한 색의 컵케이크를 비롯해 바나나 푸딩, 쿠키, 케이크 등 다양한 디저트가 있다. 그중에서도 저먼 초콜릿 케이크가 일품이다.

Planning 드라마에 등장한 곳은 블리커 스트리트에 있는 매장이다.
www.magnoliacupcakes.com

❸ 맥스브레너 Max Brenner 미국 뉴욕 주

따뜻하게 양손으로 쥐고 마실 수 있는 특유의 '허그머그'에 담아 내는 핫 초콜릿이 유명하다.

Planning www.maxbrenner.com / www.nycgo.com

❹ 마야 초콜릿 Mayan Chocolate 멕시코 타바스코

초콜릿의 발상지인 마야의 핫 초콜릿은 진하고 거품이 많다. 여기에 칠리 고추를 약간 가미해 마신다. 스페인 정복자들은 설탕과 시나몬, 아몬드 간 것을 함께 넣고 끓여 쓴맛을 줄였다.

Planning 타바스코 주 마야 지방에서 초콜릿 루트 투어를 할 수 있다.
www.mayatabasco.com / www.visitmexico.com

❺ 자허토르테 Sachertorte 오스트리아 빈

초콜릿 스펀지 케이크에 살구잼을 얇게 바르고 다크 초콜릿으로 코팅한 자허토르테는 1832년에 프란츠 자허(Franz Sacher)가 자신의 고용주인

메테르니히 오스트리아 외상을 위해 만든 케이크다. 빈에 가면 아름다운 자허 카페와 4군데의 자허 숍을 꼭 들러 보자.

Planning 자허토르테에 무가당 휘핑크림을 얹어 커피나 샴페인과 함께 먹는다.
www.sacher.com, www.wien.info

❻ 핫초콜릿 Hot Chocolate 이탈리아 토리노

초콜릿의 고장인 토리노에는 추위를 녹이는데 그만인 '치오콜라토 칼도(cioccolato caldo)'가 있다. 무척 진하고 기분 좋게 쌉쌀한 맛의 핫초콜릿으로 휘핑 크림을 얹어 마신다. 핫초콜릿과 에스프레소를 섞은 '비체린(bicerin)'은 토리노에서만 맛볼 수 있다.

Planning 2월에 치오콜라토 초콜릿 축제가 열린다. www.turismotorino.org, www.cioccola-to.com

❼ 발로나 초콜릿 Valrhona Chocolate 프랑스 탱 레르미타주

유명 와인 산지에서 세계적으로 유명한 초콜릿 장인들과 주방장들이 사랑하는 발로나 초콜릿의 본산이 있다. 팩토리숍에서 초콜릿을 시식하고 구입할 수 있다. 전문가들은 발로나 초콜릿 학교에서 수업에 참여할 수 있다.

Planning 팩토리숍은 일요일을 제외하고 매일 문을 연다. www.valrhona.com

❽ 초콜릿과 추로스 Chocolate and Churros 스페인 마드리드

연중 무휴인 유명 초콜라테리아(chocolaterias)의 간판 음식은 추로스로 굉장히 진한 핫초콜릿에 찍어 먹는다. 1894년에 문을 연 유서 깊은 '초콜라테리아 산 히네스'를 추천한다.

Planning 초콜라테리아 산 히네스는 파사디소 산 히네스의 변화가에 있다.
www.gomadrid.com, www.esmadrid.com

❾ 네메시스 Nemesis 잉글랜드 런던

초콜릿 네메시스 케이크는 런던 최고의 레스토랑 중 하나로 제이미 올리버를 비롯한 유명 주방장을 배출한 '리버 카페(River Café)'의 대표적 디저트다. 엄청난 양의 초콜릿을 사용해 진하고 풍부한 맛을 자랑한다.

Planning 초콜릿 중독자들에게는 런던의 초콜릿 엑스터시 투어를 권한다.
www.rivercafe.co.uk, www.chocolateecstasytours.com

❿ 초콜릿 호텔 Chocolate Hotel 잉글랜드 본머스

초콜릿을 먹고, 숨쉬고, 그 안에서 잘 수 있는 독특한 호텔이다. 초콜릿 시식과 초콜릿 제조 등 만족스러운 초콜릿 체험을 즐길 수 있다.

Planning 호텔은 웨스트클리프의 시내와 해변 사이에 자리 잡고 있다.
www.thechocolateboutiquehotel.co.uk, www.bournemouth.co.uk

부활절이 되면 파리의 초콜릿 상점과 제과점은 매우 다양한 종류의 부활절 달걀로 쇼윈도를 장식한다.

프랑스

파리의 부활절 달걀 *Easter Eggs in Paris*

파리에서는 예술적인 달걀과 초콜릿 조각품이 부활절이 왔음을 가장 먼저 알린다.

　작지만 세련된 부티크에 들어서면 직원이 "주아이외 파크(Joyeux Pâques)!"라고 부활절 인사를 건넨다. 손으로 정교하게 그림을 그려 서까래에 매달아 놓은 달걀 껍데기를 피해 다니면서 말이다. 부활절 달걀을 의미하는 '외프 드 파크(oeuf de Pâques)'는 수세기 동안 이어져 온 프랑스의 부활절 풍습을 현대적인 방식으로 표현한 것이다. 예전에는 귀족들이 사순절 동안 달걀을 부활절 선물로 나눠 주기 위해 공들여 장식을 하면서 겨울철 막바지 추위를 견디곤 했었다. 18세기에 부활절용으로 빈 달걀 껍데기에 초콜릿을 채우기 시작하면서 파리의 초콜릿 장인들은 부활절 달걀을 완벽한 예술 작품으로 승화시켰다.

길을 걷다가 쇼윈도에 달콤한 부활절 간식이 보이면 잠시 멈춰 서서 감상해 보자. 제라르 뮐로(Gérard Mulot)에서는 마카롱으로 만든 거대한 부활절 달걀을 볼 수 있고, 라뒤레(Ladurée)에는 파스텔 색조로 칠한 달걀과 가나슈를 채운 부활절 종인 '클로슈 드 파크(cloches de Paques)'가 있다. 피에르 마르콜리니(Pierre Marcolini)에는 금박을 입힌 거대한 달걀이 있고, 장 폴 에뱅(Jean-Paul Hévin)에는 물고기 모양의 작은 전통 초콜릿이 가득 든 초콜릿 암탉을 볼 수 있다.

아이들을 위한 파리의 부활절 행사 중 백미는 오스만 대로에 있는 라파예트 백화점(Galeries Lafayette)에서 해마다 개최하는 부활절 달걀 찾기 행사다. 아르데코풍의 화려한 백화점 안에서 아이들이 초콜릿 달걀을 찾는 동안 어른들은 격조 높은 유리 돔 아래에서 커피와 '가토 드 파크(gâteau de Pâques, 장식을 얹은 진한 초콜릿 케이크)'를 즐기면서 기다린다.

When to go 부활절 시기는 해마다 조금씩 다르다. 부활절이 3월 초인 경우 겨울 옷차림을 준비한다. 4월 말이 될 경우에는 기온이 온화한 편이나 비가 많이 내리므로 우산을 챙겨 가자.

Planning 부활절 일요일은 휴일이라 상당수의 점포와 레스토랑이 문을 닫는다. 또 월요일에도 문을 닫는 곳이 있으므로 레스토랑에 갈 예정이라면 전화로 확인을 해보는 것이 좋다. 라파예트 백화점의 부활절 달걀 찾기 행사는 참가비가 무료이지만 백화점 홈페이지에서 미리 예약해야 한다. 참가 신청은 3월 31일까지다.

Websites en.parisinfo.com, www.eurostar.com, www2.galerieslafayette.com

크레이프와 갈레트

■ 팬케이크와 크레이프는 원래 마르디 그라(Mardi Gras, 사순절이 시작되기 전날인 참회의 화요일)와 관련된 오랜 역사를 지닌 음식이다. 40일 간의 사순절 금식을 시작하기 전에 부패하기 쉬운 식료품을 모두 처리하려다 이 음식들을 고안하게 되었다. 대표적인 것으로는 브레즈 카페(BreizhCafé)의 가염 버터 캐러멜 크레이프와 크레프리 브르통(Crêperie Bretonne)의 고소한 메밀 갈레트가 있다. 갈레트 역시 크고 납작한 케이크 또는 타르트를 지칭하는 이름이다.

■ 중세 시대 때부터 1월의 주현절(예수의 탄생을 축하하기 위해 동방박사가 찾아온 날을 기념하는 축제)을 주현절 케이크로 기념했다. 요즘은 맛있는 퍼프 페이스트리 안에 아몬드 크림을 채워 케이크를 만드는데, 특별한 장식물을 넣어 구운 다음 종이 왕관과 함께 내온다. 이 장식물이 든 케이크 조각을 차지한 사람은 그날의 왕 또는 여왕이 된다.

수제 누가의 맛은 대량 생산되는 초콜릿 바 속에 들어 있는 합성 누가와는 차원이 다르다.

프랑스

몽텔리마르의 누가 *Montélimar Nougat*

금방 만든 누가를 한입 먹어 보면 한때 이것이 신들의 음식이었다는 말에 절로 고개가 끄덕여질 것이다.

프로방스의 모퉁이에서 매미 소리가 들려오고 진한 라벤더 향이 배어 나온다면 몽텔리마르가 가까워졌다는 신호다. 발랑스 남쪽에 위치한 이곳은 세계적인 누가의 본산지다. 몽텔리마르의 중심가에는 누가 전문점과 아틀리에가 즐비하고, 피에르 보니외(Pierre Bonnieu) 같은 누가티에(누가를 만드는 장인)들이 남아 수백 년 전통을 지키고 있다.

누가는 계란 흰자와 설탕, 따뜻한 꿀을 섞은 것에 아몬드와 피스타치오를 넣은 역사가 오래된 달콤한 과자다. '몽텔리마르산 누가(Nougat de Montélimar)'라는 명칭을 얻으려면 누가 안에 향기로운 현지산 라벤더 꿀 28퍼센트, 아몬드 30퍼센트, 시칠리아산 피스타치오 2퍼센트가 반드시 함유되어야 한다.

고대 로마에서는 '눅스 가툼(nux gatum)'이라고 하는 견과류 케이크를 만들어 신들에게 바치고, 특별한 날에 누가를 선물하는 전통이 있었다. 이 풍습은 지금까지 이어져 오고 있다. 프랑스 남부에는 '트레즈 데세르(treize desserts)'라고 해서 크리스마스 이브에 13개의 디저트를 먹는 전통이 있다. 13이라는 숫자는 예수와 12제자를 상징한다. 여기에 흰색 누가와 검은색 누가는 절대 빠지지 않고 포함된다.

더운 여름 오후에는 더위를 식히기 위해 약간의 꿀과 견과류를 섞은 걸쭉한 '글라스 오 누가(glace au nougat)'를 마셔 보자. 프로방스의 훌륭한 맛을 경험할 수 있다.

When to go 누가의 고장을 제대로 여행하려면 최소 일주일은 필요하다. 4~6월 말, 9~10월이 여행하기 가장 좋은 시기다. 덥고 사람들로 붐비는 8월은 피한다.

Planning 프랑스 고속 열차인 TGV를 이용하면 파리에서 발랑스나 몽텔리마르, 아비뇽까지 3시간 이내에 도착한다. 상당수의 아틀리에에서 누가 제작 과정을 관광객들에게 공개한다. 역사 도시 아비뇽에서 당일치기로 소(Sault)에 있는 부아예(Boyer)를 비롯해 누가를 만드는 아틀리에를 방문할 수 있다. 또한 소에 위치한 누가 장인 '앙드레 부아예(André Boyer)'의 상점을 찾아가 보자. 프로방스의 구릉 지대까지 들어가야 하는 수고를 아끼지 않을 가치가 있다.

Websites www.montelimar-tourisme.com, www.beyond.fr

달콤한 프로방스

■ 아몬드 페이스트로 만든 마름모꼴의 과자인 '칼리송(calisson)'은 1454년 왕실 결혼식을 위해 만들어진 것으로 엑상프로방스(Aix-en-Provence)의 별미 과자다. 엑상프로방스에서는 매년 9월 1일이면 1630년에 흑사병이 소멸된 것을 축하하는 특별 미사를 드리는데, 이때 성찬용 빵 대신 칼리송으로 영성체를 거행한다. 엑스(Aix)에 있는 파를리 부티크에서 질 좋은 칼리송을 구입할 수 있다.

■ 3월에는 압트(Apt) 주변을 둘러싼 산등성이와 그 주변에 체리 꽃이 만발한다. 과일을 설탕에 절인 당과인 '크리스탈 프루트(crystallized fruit)'의 중심지인 이곳을 방문하기 가장 좋은 시기다. 부티크와 페이스트리 가게에서 최고급 크리스털 체리, 배, 멜론, 감귤류 껍질을 판매한다. 12세기부터 매주 토요일마다 열리는 유명한 압트 시장에 가면 신선한 과일과 집에서 직접 만든 잼을 살 수 있다.

■ 작은 배 모양으로 만든 '나베트(navettes)'는 전통 페이스트리로 오렌지 꽃물을 살짝 넣기도 한다. 프로방스 시장에서 맛볼 수 있다. 마르세이유에서는 나베트가 2월 2일에 거행되는 성촉절 행사에 쓰이기도 한다. 12달을 기념해서 12개를 사가는 것이 전통이다.

베티스에서는 요크셔 특유의 친절함으로 특제 티와 커피, 맛있는 케이크와 빵을 제공한다.

잉글랜드

베티스에서 즐기는 차 한 잔 *Tea at Bettys*

요크셔에서 일가족이 운영하는 '베티스'가 오후의 티타임을 완벽하게 만들어 준다.

해러게이트(Harrogate)가 지도상에 이름을 올리게 된 계기는 자극적인 냄새의 유황이 풍부한 온천의 발견이었다. 그러나 노스요크셔(North Yorkshire)에 위치한 이 품위 있는 마을로 사람들이 몰리는 이유는 온천보다는 맛있는 디저트 때문이다.

꽃바구니가 매달려 있는 화려하고 정교한 베티스의 철제 차양이 티룸으로 발걸음을 이끈다. 이곳은 1919년에 처음 문을 열었을 때 이후로 거의 변하지 않은 것 같다. 당시

엔 베티스도 몇 군데 없었을 뿐더러 모두 요크셔에만 몰려 있었다. 설립자는 스위스 출신의 제과업자인 프레더릭 벨몬트(Frederick Belmont)다. 전통 다과인 타르트나 케이크, 삶은 감자 위에 녹인 치즈를 얹어 먹는 라클레트(raclette)와 감자를 채썰어 부친 요리인 뢰스티(rösti) 같이 스위스 요리들이 메뉴에 보이는 까닭이 여기 있다.

눈부시게 흰 에이프런을 두른 종업원에게 애프터눈 티와 샴페인 반 병을 주문하자. 그리고 훈제 연어와 현지산 요크셔 햄이 주재료인 핑거 샌드위치를 먹으면서 진열장에 그득한 훌륭한 케이크들을 바라보자. 다른 다과로는 아몬드와 감귤류 껍질, 체리를 넣은 속이 꽉 차고 두툼한 스콘인 '패트 래스컬'과 버터를 넣어 만든 따뜻한 '파이클릿(작은 팬케이크)', 설탕에 졸인 생강을 넣은 촉촉한 '스템 진저 케이크', 요크셔의 대표적인 치즈인 웬슬리데일(Wensleydale)과 함께 내놓는 '베티스 프루트 케이크' 등이 나온다.

프레더릭 벨몬트는 가게의 이름이기도 한 베티가 누구인지 자신의 가족 이외의 사람에게는 전혀 알리지 않았다. 그래서 거의 1백 년이 지난 지금까지도 그녀의 존재는 베일에 싸여 있다.

When to go 탁 트인 요크셔의 거친 황야는 언제 봐도 놀랍다. 하지만 헤더 꽃이 만발했다가 어두운 자주색으로 변하는 8월부터 9월까지가 가장 아름답다.

Planning 해러게이트의 할로 카(Harlow Carr)에 위치한 RHS(왕립 원예 학회) 정원에도 베티스가 있다. 또 요크, 노샐러튼(Northallerton) 및 일클리(Ilkley)에도 분점이 있다. 모두 대단히 인기가 있으므로 방문하려면 예약부터 해야 한다.

Websites www.bettys.co.uk

스콘

■ 요크셔의 주부라면 보통은 어머니한테서 물려받은 저마다의 스콘을 만드는 비법을 알고 있다. 프루트 스콘의 경우 노란 건포도와 설탕을 추가한다.

■ 재료(9개)

베이킹 파우더가 든 밀가루 225g, 체에 쳐서 준비
버터 4큰술
고운 설탕 2큰술
우유 150ml, 광택용으로 약간 더

1. 오븐을 220도로 예열한다.

2. 믹싱볼에 밀가루를 붓고 버터를 넣어 잘 비벼 섞는다. 여기에 설탕을 넣은 다음 반죽을 만들 수 있을 만큼 충분한 양의 우유를 붓는다.

3. 바닥에 밀가루를 살짝 뿌리고 2cm 두께로 반죽을 밀어 직경 5cm 정도로 둥글게 떼어 낸다.

4. 반죽을 살짝 기름칠한 팬에 올리고 남은 우유를 반죽 표면에 바른다. 오븐에 넣고 황갈색으로 잘 부풀어 오를 때까지 10~12분간 굽는다. 버터와 잼을 푸짐하게 곁들여 따뜻할 때 낸다.

데번의 비옥한 목장에서 풀을 뜯는 젖소들은 지방 함량이 풍부한 우유를 생산한다.

잉글랜드

데번셔 크림 티 *Devonshire Cream Tea*

데번 주에서 스콘과 잼, 풍성한 크림을 즐기다 보면 왜 이곳이 잉글랜드 사람들이
가장 좋아하는 애프터눈 티의 중심지 중 한 곳인지 알 수 있다.

데번(Devon)과 콘월(Cornwall) 전역에 있는 농장이라면 어디서나 저온 살균 처리를 하지 않은 가장 질 좋고 신선한 우유를 두껍고 진한 크림으로 만드는 장면을 볼 수 있다. 우유를 팬에 넣고 가열하여 만드는데, 이는 10세기에 데번 주 태비스톡(Tavistock)의 베네딕트회 수도사들이 수도원 재건을 돕던 순례자들에게 나눠 주었던 크림을 만드는 방

법이다. 크림이라고는 하지만 버터 정도로 딱딱하여 '클로티드 크림(clotted cream, 응고 크림)'이라고도 하며, 데번 크림 티에 꼭 필요한 재료다.

버터를 넣어 만든 갓 구운 스콘 또한 티 타임에 빠져서는 안 될 주인공이다. 1인당 2개씩 제공되는데 기호에 따라 플레인 또는 과일을 넣은 스콘을 택할 수 있다. 스콘에는 집에서 만든 딸기 잼을 곁들인다. 스콘을 쪼개 클로티드 크림과 잼을 듬뿍 바르고 진한 애프터눈 티와 함께 즐겨 보자. 이 맛과 질감의 조화는 말로 형용하기 어려울 정도로 훌륭하다. 부드러운 크림이 달콤한 잼의 맛을 누그러뜨리며 여운을 남기고, 쿠키와 케이크의 중간 정도의 질감을 지닌 스콘이 또 다른 풍미를 선사한다.

스콘과 잼 모두 전통 농가의 주방에서 흔히 만들던 음식이다. 특히 먹으면 배가 든든해지는 큼직한 스콘은 예전부터 농부의 아내가 오후에 허기가 진 일꾼들을 위해 준비한 것이었다. 하지만 요즘은 농장이나 티룸, 퍼브에서 제공하는 크림 티가 하루를 여유롭게 보내는데 완벽한 동반자가 되어 준다.

When to go 데번 주를 관광하고 클로티드 크림을 즐기기에 여름이 가장 좋다. 이 시기에 날씨가 가장 쾌적하고 생산되는 우유가 가장 진하다. 일부 영세 목장에서는 여름 기간에 한해서 방문객에게 개방하기도 한다.

Planning 대부분의 농장은 자신들의 크림 티를 광고하지 않는다. 현지 사람들에게 선호하는 농장이 어디냐고 물어보자. 모두가 자신의 의견을 말해 줄 것이다.

Websites www.visitdevon.co.uk, www.devonsfinest.co.uk, www.davidgregory.org/primrose_cottage.htm, www.beautiful-devon.co.uk

클로티드 크림 만들기

■ 데번까지 찾아가 진짜 크림 티의 진수를 맛볼 수 없다면 집에서 직접 클로티드 크림을 만들어 보자. 단, 아주 신선한 우유를 구할 수 있어야 한다. 갓 짠 신선한 우유를 넓고 얕은 커다란 팬에 붓고 서늘한 곳에 하룻밤 놔둔다. 다음 날 팬을 아주 천천히 한 시간 정도 가열한다. 이때 우유가 끓어서는 안되고, 끓기 직전 아주 약간 흔들림이 있을 때까지만 가열한다. 점차 표면 위로 노란색 층의 두꺼운 크림이 물결치듯 올라오면 불을 끈다. 조심스럽게 팬을 옮겨 완전히 식힌 다음 우유 상층부에 형성된 크림만 걷어낸다. 스콘이 없으면 금방 구운 빵에 클로티드 크림을 발라서 먹는다

찾아보기

북아메리카

그린란드
그린란드 빙하 맥주	416

멕시코
동방박사의 날	146
마야 초콜릿	510
메스칼 트레일	414
멕시코시티의 맛	288
베라크루즈의 다양한 음식	230
세상에서 가장 매운 칠리 고추를 찾아서	32
엘 체페 열차	274
유카탄식 요리	176
푸에블라의 시장들	84

미국
네펜시_캘리포니아 주	320
뉴올리언스 시의 케이준 요리_루이지애나 주	278
뉴욕 델리_뉴욕 주	76
뉴욕의 길거리 요리사_뉴욕 주	218
뉴욕의 달콤한 디저트_뉴욕 주	476
뉴욕의 명물_뉴욕 주	360
램프_웨스트버지니아 주	128
레인보우 룸_뉴욕 주	384
로스앤젤레스 패스트푸드 기행_캘리포니아 주	224
로즈 룸_뉴욕 주	420
마운트 호렙 겨자 박물관_위스콘신 주	24
마이애미의 누에보 라티노 요리_플로리다 주	280
매그놀리아 베이커리_뉴욕 주	510
매디슨 강_몬태나 주	58
맥스브레너_뉴욕 주	510
맨해튼_뉴욕 주	312, 480
메이플 시럽_버몬트 주	22
물렁게_메릴랜드 주	130
바나인틴 12_캘리포니아 주	390
바나나 포스터_루이지애나 주	206
바비큐 세계 챔피언 대회_테네시 주	244
방울뱀 대회_텍사스 주	244
버번_켄터키 주	406
버섯 채취_캘리포니아 주	124
벤 앤 제리_버몬트 주	24
보트하우스_사우스캐롤라이나 주	320
봄베이 아이스 크리머리_캘리포니아 주	504
블루 바_뉴욕 주	390
블루리지 산맥_버지니아 주	162
비버킬 강_뉴욕 주	58
사과와 호박_코네티컷 주	122
산타페의 칠리 예찬_뉴멕시코 주	170
샌안토니오 시의 텍사스풍 멕시코 요리_텍사스 주	276
샌프란시스코_캘리포니아 주	312
샌프란시스코의 색다른 음식_캘리포니아 주	364
선단 축복 행사_코네티컷 주	146
셰 파니스_캘리포니아 주	126
소노마 밸리와 나파 밸리_캘리포니아 주	162
소노마 와인_캘리포니아 주	408
솔뱅_캘리포니아 주	174
수박 깨뜨리기 축제_텍사스 주	244
시애틀_워싱턴 주	480
시카고 스타일_일리노이 주	362
엘 토바르 다이닝 룸_애리조나 주	384
오렌즈 캔디 스토어_메인 주	96
오리건의 소규모 맥주 양조장_오리건 주	412
오이스터 바_뉴욕 주	274
워싱턴의 와이너리_워싱턴 주	410
월드 오브 코카콜라_조지아 주	24
유니언 오이스터 하우스_매사추세츠 주	348
유니언 스퀘어 그린마켓_뉴욕 주	110
이코노미 캔디_뉴욕 주	96
인디애나폴리스 국제 공항_인디애나 주	274
입스위치 도끼조개_매사추세츠 주	26
찰스턴 시의 음식_사우스캐롤라이나 주	272
최고급 음식의 열전, 라스베이거스_네바다 주	366
카포지로젤라토_펜실베이니아 주	504
캔자스시티의 바비큐_미주리 주, 캔자스 주	222

캘리포니아의 장인 치즈_캘리포니아 주	30
키라임 파이_플로리다 주	482
테드 드루즈 프로즌 커스터드_미주리 주	504
톱 오브 더 월드_네바다 주	384
트래버스 시티의 체리_미시간 주	28
트리스트_네바다 주	390
패트리넬라스_텍사스 주	126
페놉스코트 강_메인 주	58
페리 빌딩 마켓플레이스_캘리포니아 주	78
펜실베이니아 더치 파이_펜실베이니아 주	478
필라델피아 샌드위치_펜실베이니아 주	220
햄버거_코네티컷 주	34
화이트 호스 태번_뉴욕 주	420

바베이도스
카리브 해의 럼	418
쿠쿠와 날치	34

생 바르텔르미
이국적인 생바르트 섬	372

세인트루시아
카리브 해의 럼	418
캐스트리스 마켓	110

세인트빈센트그레나딘
잔부스 바	390

자메이카
데번 하우스	504
보스턴 베이의 돼지고기 육포	226
아키와 소금에 절인 대구	34
카리브 해의 럼	418

캐나다
360	384
가스페 반도	58
그랜빌 아일랜드 시장	82
글로브 앳 와이브이알	274
몬트리올에서 즐기는 퀘벡 음식	270
바닷가재와 굴	20
밴쿠버	312
비버클럽	274
세인트 로렌스	110
위캐닌니시 인	320
초코홀릭 뷔페	510

퀘벡	480
프린세스 로열 섬	58

쿠바
아바나	312
아바나에서 맛보는 가정식	172
플로리디타	420

트리니다드토바고
디왈리	174

푸에르토리코
산후안에서 맛보는 퓨전 요리	286
카리브 해의 럼	418

남아메리카

베네수엘라
카라카스 지방의 아레파	228

볼리비아
베야비스타	385

브라질
리우데자네이루의 페이조아다	283
베르오페소	110
브라질의 카사사	424

수리남
파라마리보	174

아르헨티나
리오그란데 강	59
멘도사의 와이너리	426
부에노스아이레스의 스테이크	290
살타 지방	162
엘라도스 스카나피에코	504
추부트 계곡	174

칠레
메르카도 센트랄	110

페루
쿠스코의 크리스마스 시장	86
페루의 정신이 깃든 피스코	422

오세아니아

뉴질랜드
남섬의 시가스 요리 학교	190
뉴질랜드	59

오스트레일리아
글라세	505
더 배스	320
바로사 밸리 와인	432
브리즈번	313
시드니의 해산물 요리	316
아스트랄 바	391
앱슬리 협곡 빈야드 카페	320
콜로니얼 트램카 레스토랑	275
퀸 빅토리아 시장	104
타이타닉 극장 레스토랑	294

아시아

그루지야
작은 마을로 떠나는 봄 소풍	148

대한민국
불고기	34
한국의 길거리 음식	238

레바논
키베	34

말레이시아
라마단 시장	82
코타바하루에서 즐기는 야식	246

몰디브
이타	294

몽골
차강 사르	152

베트남
베트남의 길거리 음식	248
원단절	152
집에서 배우는 베트남 요리	186
하노이	480

스리랑카
우나와투나	321

시리아
말룰라	436
키베	34

싱가포르
싱가포르 스타일	298
싱가포르 슬링	206
싱가포르 차이나타운	312
싱가포르의 퓨전 음식	233
크레타 에이어 웨트 마켓	111

아랍에미리트연합국
스카이뷰 바	391

요르단
페트라 키친	188

이란
노루즈	153

이스라엘
이스라엘의 길거리 음식	258

인도
간테왈라 할와이	96
고아 지방의 복합적인 요리	307
다르질링 차	206
라자스탄	162
라자스탄 주의 향신료	183
뭄바이에서 먹는 챠트	250
방갈로르에서 맛보는 탈리	314
올드 델리의 찬드니 초크	98
첸나이	480
초파티 해변의 쿨피	486
캘커타의 푸츠카	256
푸두체리	175

인도네시아
자카르타	313

일본
가이세키 연회	369
도쿄 역	275
도쿄의 이자카야	292
사케를 찾아서	430

삿포로의 싱글몰트 위스키	428
송년회	152
신요코하마 라멘 박물관	24
쓰키지 어시장의 스시	40
아이스크림 시티	505
아이스크림 엑스포	244
오사카의 다코야키	236
오와리야	348
일본 최고의 음식	378

중국
마카오	174
백호은침차	36
베이징 오리구이	300
베이징 요리 학교	178
베이징의 알뜰 먹거리	240
세계의 입맛을 사로잡은 베이징	376
쓰촨 요리	304
제철에 즐기는 털게	135
춘절	152
한식절	138
홍콩에서 즐기는 딤섬	302
홍콩의 애프터눈 티	484

타이완
XEX	385

태국
담넌 싸두악 수상시장	90
로열 드래곤	294
방콕의 길거리 음식	242
시로코	385
태국 요리의 비법	180
푸켓 채식주의자 축제	140
환상적인 도시 방콕	310
황금의 삼각지대	162

터키
무화과 수확	38
아시타네	348
아지아 호텔	505
알리 무히딘 하즈 베키르	96
이스탄불의 달콤한 디저트	488
이스탄불의 발륵 파자르	94
지중해 해안	163

필리핀
마닐라의 통돼지 꼬치구이	296
비논도	313
살세도 시장	88

유럽

그리스
그리스 섬의 요리	192
아테네의 타베르나	318
올리브 수확	43

네덜란드
데 카스	126
새해 전야	153
스키담의 예네버르	448
암스테르담의 리즈스타펠	328
헤이그에서 맛보는 청어	264

노르웨이
루테피스크	144

덴마크
덴마크 페이스트리	496
덴마크의 스뫼르레브뢰	326
바펠바게리트	505

독일
달마이어	80
뮌헨의 옥토버페스트	438
바이에른의 제빵 장인	498
밤베르크의 맥주	434
베를린	481
베스트팔렌의 품퍼니클	54
벨텐부르크 수도원	437
빵 문화 박물관	24
아스파라거스 축제	150
안데흐스 수도원	437
카데베	80

러시아
리테라투르노에 카페	420
모스크바의 호화 레스토랑	380
새해 전야	152

야르	348
옐리세예프스키	80
GQ바	391

벨기에
겐트의 프렌치프라이	262
매톤즈	175
벨지움 테이스트 인 더 스카이	385
브뤼셀의 초콜릿	506
브뤼주의 맥주	446
성 식스투스 수도원	437
코코아 · 초콜릿 박물관	25
콩피즈리 트메르망	97

북아일랜드
더 바	391

보스니아 헤르체고비나
사라예보에서 즐기는 체바피	260

스웨덴
성 마틴 축일	146

스위스
알리멘타리움	25
클로스터스에서 즐기는 만찬	382
회전 레스토랑 알릴린	385

스코틀랜드
아일러 위스키 증류소	466
에든버러 리터러리 퍼브 투어	421
에든버러의 고품격 요리	340
영광의 12일	398
자연 그대로의 스코틀랜드	56
호그머네이	153

스페인
그란 카페 데 히혼	421
나르세아 강	59
라 리오하의 와인	462
라 비올레타	97
라만차 지방의 사프란 수확	66
레이알 클럽 마리팀	321
마드리드	481
마드리드의 레스토랑	350
메르카트 데 라 보케리아	101
바스크 요리	342

바스크 지방	163
발렌시아의 빠에야	346
보틴	349
새해 전야	153
성 야고보 축일	147
세고비아의 새끼 돼지 구이	344
세비야의 셰리와 타파스	460
안달루시아에서 즐기는 아랍 요리	208
초콜릿과 추로스	511
카페 델 마	321
투론 공장	97
하몬 이베리코	68

아이슬란드
페를란	295

아일랜드
딩글 타운의 퍼브	468
롱빌 하우스	127
모이 강	59
성 패트릭 축일	147
아이리시 스튜	35
영광의 12일	398
와인딩 스테어 레스토랑 & 북숍	421

안도라
산트 안토니 아바트	147

에스토니아
올데 한자	348

오스트리아
겨울 별미	154
비엔나 슈니첼	35
빈의 카페	500
자허토르테	510

웨일스
딜런스 바	421

이탈리아
고귀한 네비올로 포도	440
그로타 팔라체세	295
나폴리의 피자	322
다이앤 시드의 로만 키친	195
디비나 쿠치나	194
라 부치리아	111

로마	481
로마의 아이스크림	502
리알토 어시장	108
맘마 아가타	195
모데나의 발사믹 식초	48
무세오 델 페페론치노	25
베네치아의 치프리아니 호텔	396
벨리니 칵테일	206
볼로냐	324
빌라 산 미켈레	194
빌라 지오나	194
산 다니엘레 햄	46
새해 전야	153
성 로렌조 축일	147
성 마르코 축일	146
성 요셉 축일	147
세이버링 사르디니아	195
시칠리아의 마지팬	491
안티코 피치케리아 데 미콜리	80
알라 마돈나 델 피아토	194
에트나 산의 오렌지	52
전통과 현대가 조화된 밀라노	394
카사 베키에	195
캄포 데이 피오리	112
쿠치나 콘 비스타	194
토리노의 슬로푸드	132
토스카나 지방의 고귀한 전통	196
토스카나의 산지오베제	442
파르마 햄	206
파르마의 에노테카	444
페르케 노!	505
포르테차 메디체아	295
폰타나 델 파파	195
피렌체 사람들과의 식사	204
피에몬트	163
피에몬트의 치즈들	50
핫초콜릿	511

잉글랜드

네메시스	511
뉴몰든	175
당 르 느와르	295
더 트리하우스	295
데번셔 크림 티	518
도노반 바	391
디 올디스트 스위트 숍 인 잉글랜드	97
딸기의 계절	166
런던	313
런던의 레스토랑	330
런던의 푸드 홀	116
로드 넬슨 인	471
로열오크	470, 471
룰스	349
맨체스터	313
미시즈 키블즈 올드 스위트 숍	97
배노피 파이	207
베처먼암스	470
베티스에서 즐기는 차 한 잔	516
보로 마켓	111
브라마 홍차·커피 박물관	25
브릭레이어스 암스	470
브릭레인 베이글 베이크	81
새처스암스	470
샴페인 바	275
세인트휴스 수도원	437
소고기 구이와 요크셔 푸딩	35
앵커	470
에클스 케이크	207
영광의 12일	398
영주의 저택에서 즐기는 만찬	400
올드 그린 티	471
이 올드 포크파이 숍	81
장어의 날	245
체다 치즈	207
체셔 치즈	421
초콜릿 호텔	511
칠리 축제	245
커낼 하우스	471
케임브리지 블루	471
탠저린 드림 카페	127
패드스토의 해산물 요리	210
팩스턴 앤 위트필드	81
플레인 푸드	275
피시 앤 칩스	266
피치 멜바	207
피터샴 너서리즈	127

체코공화국
스트라호프 양조장	436
프라하	481
프라하의 크리스마스 시장	106

크로아티아
쿠파 강	59

키프로스
키코스 수도원	436

포르투갈
리스본의 생선 요리	352
마데이라 와인	464
포르투의 포트 와인	455

폴란드
비에지네크	349
비톨드 부드릭 챔버	294
플리크	126

프랑스
도르도뉴의 야시장	114
돼지 축제	245
라 투르 다르장	349
라인 계곡	450
라틀리에 드 장뤼크 라바넬	126
로크포르 치즈	65
르 트랑 블뢰	275
르 프로코프	349
리옹의 고급 레스토랑	386
마디랑	451
마루왈 치즈	65
마이유	81
몽텔리마르의 누가	514
바다의 풍미	60
바슈랭 뒤 오두 치즈	65
발 드 루아르	450
발로나 초콜릿	511
버섯 채취	156
보르도	451
부르고뉴	163
부르고뉴의 포도 수확	160
브라스리 발자르	420
브리 치즈	64
브와쟁	81
생 테밀리옹	451
샤르트뢰즈	437
샤우르스 · 에푸아스 치즈	64
샤토 드 라 부르데지에르	127
셰브르 치즈	64
소규모 샴페인 하우스	452
송로 산지로 떠나는 여행	158
아 라 메르 드 파미유	96
아르부아	450
야생의 코르시카	164
여성 요리사 축제	146
오소 이라티 치즈	65
정통 부야베스	338
쥘 베른	385
지앙부터 상세르까지	450
치즈 축제	245
카망베르 치즈	64
카술레를 만드는 비법	333
캉탈 치즈	65
코르비에르	451
코트 뒤 론 빌라주	451
코트 드 뉘	450
콩테 치즈	64
쿠르 살레야	111
클럽55	321
타르트 타탱	207
파리	481
파리 최고의 바게트	62
파리 페이스트리 기행	508
파리의 르코르동블뢰	202
파리의 부활절 달걀	512
파리의 비스트로 모던	336
파리의 최고급 요리	388
포숑	80
포토푀	35
프랑스의 스위트 와인	458
프로방스에서 즐기는 미각 여행	392
프로방스의 맛	199
핫초콜릿 축제	245
헤밍웨이 바	391

핀란드
가재 파티	142
스노우캐슬	294

카우파토리 111

헝가리
굴라시 35
맛있는 부다페스트 494
양배추 축제 244
퍼논헐머 수도원 436
피크 살라미 · 세게드 파프리카 박물관 25

아프리카

가나
크리스토보아제 수도원 437

나미비아
빈트후크 175

남아프리카공화국
뮤스보스컴 321
보캅의 케이프 말레이 요리 214
실버트리 127
케이프 와인랜즈 163
케이프타운에서 즐기는 외식 356
프란스훅 밸리 와인 472

레위니옹
바닐라 72

리비아
트리폴리타니아 175

마다가스카르
바닐라 72

모로코
마라케슈에서의 저녁 식사 253
현대 모로코 음식 212

모리셔스
열대 지방의 미식 레스토랑 402

에티오피아
커피의 고향 70

이집트
칸 엘 칼릴리 118

코모로
바닐라 72

튀니지
튀니스의 만찬 354

옮긴이

김화곤 | 고려대학교 영어영문학과와 오스트레일리아 맥쿼리대학교 통역번역대학원 한영과를 졸업했다. 번역한 책으로는《샬롯의 거미줄》, 영한대역《성경 이야기》와《탈무드 이야기》등이 있다.

김명하 | 오스트레일리아 맥쿼리대학교 통역번역대학원 한영과를 졸업했다. 공공기관 및 대학교의 프리랜서 통번역사로 활동했으며, 〈내셔널 지오그래픽〉 한국판의 번역 작업에도 참여하고 있다.

이선희 | 서강대학교 화학과를 졸업. 〈내셔널 지오그래픽〉 한국판 창간호부터 기사 번역에 참여하고 있다. 〈내셔널 지오그래픽〉 협회의 단행본 및 화보집도 다수 번역했다.

세계여행사전❷
일생에 한번은 맛보고 싶은
음식 여행 500

초판 1쇄 발행 2011년 5월 15일
2판 1쇄 발행 2017년 4월 25일

엮은이　　내셔널 지오그래픽
옮긴이　　김화곤, 김명하, 이선희
펴낸이　　진영희
펴낸곳　　(주)터치아트
출판등록　2005년 8월 4일 제396-2006-00063호
주소　　　10403 경기도 고양시 일산동구 백마로 223, 630호
전화번호　031-905-9435　팩스 031-907-9438
전자우편　editor@touchart.co.kr

ISBN 979-11-87936-04-6　13980

* 책값은 뒤표지에 표시되어 있습니다.